# Le Routard

# Restos et bistrots de Paris

Cofondateurs : Philippe GLOAGUEN et Michel DUVAL

Directeur de collection et auteur
**Philippe GLOAGUEN**

Secrétaire général
**Gavin's CLEMENTE-RUIZ**

Rédacteurs en chef
**Amanda KERAVEL (France)**
**Benoît LUCCHINI (Étranger)**

Directrice administrative
**Bénédicte GLOAGUEN**

Conseiller à la rédaction
**Pierre JOSSE**

Responsable voyages
**Carole BORDES**

Direction éditoriale
**Élise ERNEST**

Rédaction
**Isabelle AL SUBAIHI**
**Emmanuelle BAUQUIS**
**Mathilde de BOISGROLLIER**
**Thierry BROUARD**
**Marie BURIN des ROZIERS**
**Diane CAPRON**
**Véronique de CHARDON**
**Laura CHARLIER**
**Florence CHARMETANT**
**Fiona DEBRABANDER**
**Anne-Caroline DUMAS**
**Éléonore FRIESS**
**Géraldine LEMAUF-BEAUVOIS**
**Olivier PAGE**
**Alain PALLIER**
**Anne POINSOT**
**André PONCELET**

## 2020/21

hachette

## *Remarque importante aux hôteliers et restaurateurs*

Les enquêteurs du *Routard* travaillent dans le plus strict anonymat. Aucune réduction, aucun avantage quelconque, aucune rétribution n'est jamais demandé en contrepartie. Face aux aigrefins, la loi autorise les hôteliers et restaurateurs à porter plainte.

## *Avis aux lecteurs*

Le *Routard,* ce n'est pas comme le bon vin, il vieillit mal. On ne veut pas pousser à la consommation, mais évitez de partir avec une édition ancienne. Les modifications sont souvent importantes.

Les réductions accordées à nos lecteurs ne sont jamais demandées par nos rédacteurs afin de préserver leur anonymat. Les hôteliers et restaurateurs sont sollicités par une société de mailing, totalement indépendante de la rédaction, qui reste donc libre de ses choix. De même pour les autocollants et plaques émaillées.

## *Avec routard.com, choisissez, organisez, réservez et partagez vos voyages !*

✓ Rejoignez la plus grande communauté francophone de voyageurs : ***plusieurs millions d'internautes.***

✓ Échangez avec les routarnautes : forums, photos, avis d'hôtels.

✓ Retrouvez aussi toutes les informations actualisées pour choisir et préparer vos voyages : plus de 300 guides destinations, une centaine de dossiers pratiques et un magazine en ligne pour découvrir tous les secrets de votre destination.

✓ Enfin, comparez les offres pour organiser et réserver votre voyage au meilleur prix.



**Pictogrammes du *Routard***

**Établissements**

- Restaurant
- Spécial burger
- Pizza
- Boulangerie, sandwicherie
- Glacier
- Pâtisserie
- Café, salon de thé
- Café, bar
- Bar musical
- Terrasse
- Faim de nuit


Le *Routard* est imprimé sur un papier issu de forêts gérées.

I.S.B.N. 978-2-01-787067-8

# TABLE DES MATIÈRES

## 17e ARRONDISSEMENT ........ 195



## 18e ARRONDISSEMENT ........ 205



## 19e ARRONDISSEMENT ........ 218



## 20e ARRONDISSEMENT ........ 225



## BANLIEUE DE PARIS ........ 233



## INDEX DES RESTOS PAR THÈMES ........ 255



## INDEX DES RESTOS PAR SPÉCIALITÉS ........ 271

**IMPORTANT : DERNIÈRE MINUTE**

Sauf rare exception, le *Routard* bénéficie d'une parution annuelle à date fixe. Entre 2 dates, des événements fortuits (formalités, taux de change, catastrophes naturelles, conditions d'accès aux sites, fermetures inopinées, etc.) peuvent intervenir et modifier vos projets de voyage. Pour éviter les déconvenues, nous vous recommandons de consulter la rubrique « Guide » par pays de notre site ● ***routard.com*** ● et plus particulièrement les dernières ***Actus voyageurs.***

**Recommandation à ceux qui souhaitent profiter des réductions et avantages proposés dans le *Routard* par les hôteliers et les restaurateurs.**

À l'hôtel, pensez à les demander au moment de la réservation ou, si vous n'avez pas réservé, **à l'arrivée.** Ils ne sont valables que pour les réservations en direct et ne sont pas cumulables avec d'autres offres promotionnelles (notamment sur Internet). Au restaurant, parlez-en **au moment** de la commande et surtout **avant** que l'addition ne soit établie. Poser votre *Routard* sur la table ne suffit pas : le personnel de salle n'est pas toujours au courant et une fois le ticket de caisse imprimé, il est souvent difficile de modifier le total. En cas de doute, montrez la notice relative à l'établissement dans le *Routard* de l'année et, bien sûr, ne manquez pas de nous faire part de toute difficulté rencontrée.

☎ **112 :** c'est le numéro d'urgence commun à la France et à tous les pays de l'UE, à composer en cas d'accident, d'agression ou de détresse. Il permet de se faire localiser et aider en français, tout en améliorant les délais d'intervention des services de secours.

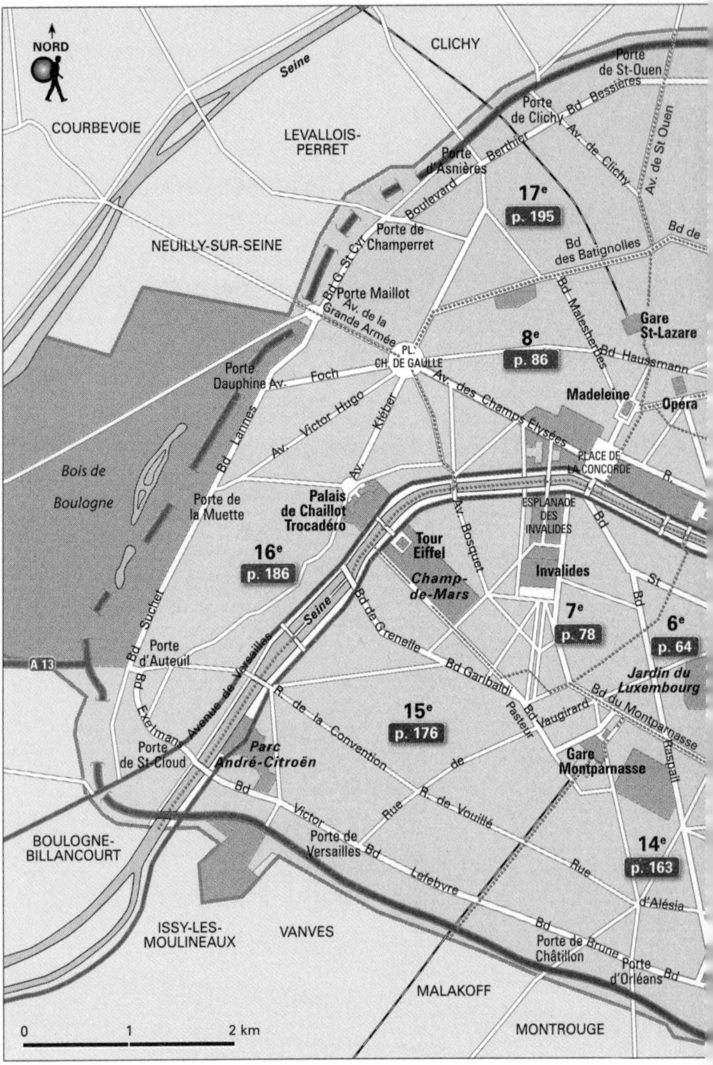
NORD
CLICHY
Seine
COURBEVOIE
LEVALLOIS-PERRET
Porte de St-Ouen
Bd Bessières
Porte de Clichy
Av. de St Ouen
Av. de Clichy
Porte d'Asnières
Berthier
Boulevard
17e
p. 195
NEUILLY-SUR-SEINE
Porte de Champerret
Bd G. St Cyr
Bd de
Bd des Batignolles
Porte Maillot
Av. de la Grande Armée
Bd Malesherbes
Gare St-Lazare
8e
p. 86
PL. CH. DE GAULLE
Bd Haussmann
Porte Dauphine
Av. Foch
Madeleine
Opéra
Av. Victor Hugo
Av. Kléber
Av. des Champs Élysées
Bd Lannes
PLACE DE LA CONCORDE
Bois de Boulogne
Porte de la Muette
Palais de Chaillot Trocadéro
ESPLANADE DES INVALIDES
Av. Bosquet
Tour Eiffel
16e
p. 186
Invalides
Champ-de-Mars
Bd Suchet
Seine
7e
p. 78
6e
p. 64
Bd de Grenelle
A 13
Porte d'Auteuil
Bd Garibaldi
Jardin du Luxembourg
Avenue de Versailles
Bd du Montparnasse
Bd Exelmans
R. de la Convention
15e
p. 176
Bd Pasteur
Vaugirard
Porte de St-Cloud
Parc André-Citroën
Gare Montparnasse
Raspail
Rue de
R. de Vouillé
Bd Victor
BOULOGNE-BILLANCOURT
Porte de Versailles
Bd Lefebvre
14e
p. 163
Rue d'Alésia
ISSY-LES-MOULINEAUX
VANVES
Bd Brune
Porte de Châtillon
Porte d'Orléans
Bd
MALAKOFF
MONTROUGE
0
1
2 km

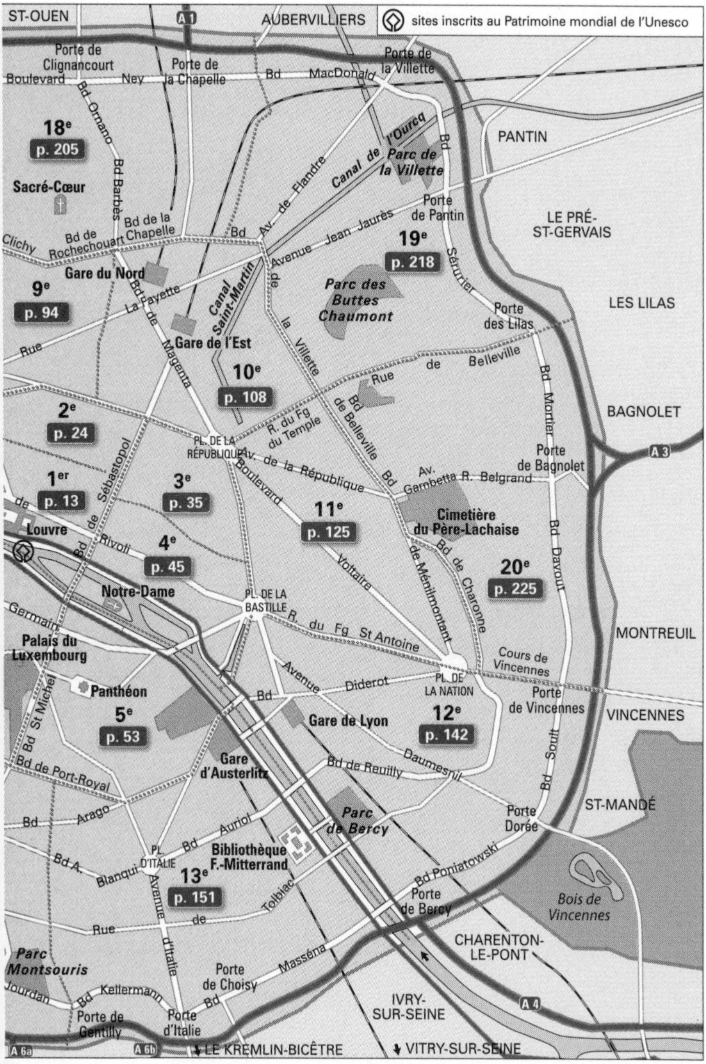
ST-OUEN
AUBERVILLIERS
sites inscrits au Patrimoine mondial de l'Unesco
Porte de Clignancourt
Porte de la Chapelle
Porte de la Villette
Boulevard Ney Bd MacDonald
18e
p. 205
Sacré-Cœur
Canal de l'Ourcq
Parc de la Villette
PANTIN
Porte de Pantin
LE PRÉ-ST-GERVAIS
19e
p. 218
Gare du Nord
9e
p. 94
Parc des Buttes Chaumont
LES LILAS
Porte des Lilas
Gare de l'Est
10e
p. 108
2e
p. 24
BAGNOLET
PL. DE LA RÉPUBLIQUE
Porte de Bagnolet
1er
p. 13
3e
p. 35
11e
p. 125
Cimetière du Père-Lachaise
Louvre
4e
p. 45
20e
p. 225
Notre-Dame
PL. DE LA BASTILLE
MONTREUIL
Palais du Luxembourg
Panthéon
PL. DE LA NATION
Porte de Vincennes
VINCENNES
5e
p. 53
Gare de Lyon
12e
p. 142
Gare d'Austerlitz
ST-MANDÉ
Parc de Bercy
Porte Dorée
Bibliothèque F.-Mitterrand
PL. D'ITALIE
13e
p. 151
Bois de Vincennes
Porte de Bercy
CHARENTON-LE-PONT
Parc Montsouris
Porte de Choisy
Porte de Gentilly
Porte d'Italie
IVRY-SUR-SEINE
LE KREMLIN-BICÊTRE
VITRY-SUR-SEINE

**PARIS**

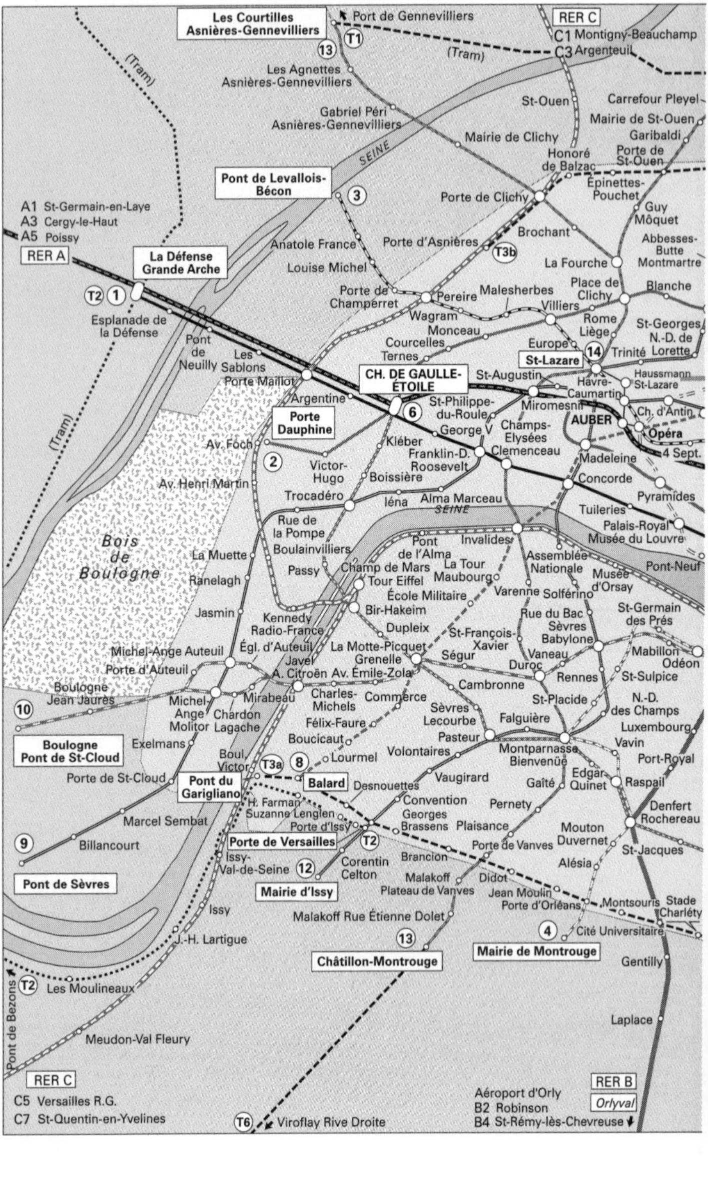

Les Courtilles
Asnières-Gennevilliers
Port de Gennevilliers
RER C
C1 Montigny-Beauchamp
C3 Argenteuil
(Tram)
T1
13
Les Agnettes
Asnières-Gennevilliers
Gabriel Péri
Asnières-Gennevilliers
St-Ouen
Carrefour Pleyel
Mairie de St-Ouen
Garibaldi
Mairie de Clichy
Porte de
St-Ouen
Honoré
de Balzac
SEINE
Pont de Levallois-
Bécon
3
Porte de Clichy
Épinettes-
Pouchet
Guy
Môquet
A1 St-Germain-en-Laye
A3 Cergy-le-Haut
A5 Poissy
RER A
Brochant
Abbesses-
Butte
Montmartre
La Défense
Grande Arche
Anatole France
Porte d'Asnières
T3b
La Fourche
Louise Michel
Place de
Clichy
Blanche
T2
1
Porte de
Champerret
Pereire
Malesherbes
Villiers
Wagram
Rome
St-Georges
Esplanade de
la Défense
Monceau
Liège
N.-D. de
Lorette
Pont
de
Neuilly
Courcelles
Europe
14
Trinité
Les
Sablons
Ternes
St-Lazare
Haussmann
St-Lazare
Porte Maillot
CH. DE GAULLE-
ÉTOILE
St-Augustin
Havre-
Caumartin
Argentine
St-Philippe-
du-Roule
Miromesnil
Ch. d'Antin
Porte
Dauphine
6
AUBER
Opéra
George V
Champs-
Elysées
Clemenceau
Av. Foch
Kléber
Madeleine
4 Sept.
2
Victor-
Hugo
Franklin-D.
Roosevelt
Concorde
(Tram)
Av. Henri Martin
Boissière
Pyramides
Trocadéro
Iéna
Alma Marceau
SEINE
Tuileries
Rue de
la Pompe
Palais-Royal
Musée du Louvre
Bois
de
Boulogne
Pont
de l'Alma
Invalides
La Muette
Boulainvilliers
La Tour
Maubourg
Assemblée
Nationale
Musée
d'Orsay
Pont-Neuf
Ranelagh
Passy
Champ de Mars
Tour Eiffel
École Militaire
Varenne
Solférino
Jasmin
Bir-Hakeim
Rue du Bac
St-Germain
des Prés
Kennedy
Radio-France
Dupleix
St-François-
Xavier
Sèvres
Babylone
Michel-Ange Auteuil
Égl. d'Auteuil
La Motte-Picquet
Grenelle
Ségur
Vaneau
Mabillon
Odéon
Porte d'Auteuil
Javel
A. Citroën
Av. Émile-Zola
Duroc
Rennes
St-Sulpice
Boulogne
Jean Jaurès
Michel-
Ange
Molitor
Mirabeau
Charles-
Michels
Commerce
Cambronne
St-Placide
N.-D.
des Champs
10
Chardon
Lagache
Sèvres
Lecourbe
Falguière
Luxembourg
Félix-Faure
Boulogne
Pont de St-Cloud
Exelmans
Boucicaut
Pasteur
Montparnasse
Bienvenüe
Vavin
Lourmel
Volontaires
Port-Royal
Boul.
Victor
T3a
8
Porte de St-Cloud
Pont du
Garigliano
Balard
Desnouettes
Vaugirard
Gaîté
Edgar
Quinet
Raspail
H. Farman
Suzanne Lenglen
Convention
Pernety
Denfert
Rochereau
Marcel Sembat
Porte d'Issy
Georges
Brassens
Plaisance
Mouton
Duvernet
Porte de Versailles
T2
Porte de Vanves
St-Jacques
9
Billancourt
Issy-
Val-de-Seine
12
Corentin
Celton
Brancion
Alésia
Pont de Sèvres
Mairie d'Issy
Malakoff
Plateau de Vanves
Didot
Jean Moulin
Porte d'Orléans
Montsouris
Stade
Charléty
Issy
Malakoff Rue Étienne Dolet
4
Cité Universitaire
J.-H. Lartigue
13
Mairie de Montrouge
Châtillon-Montrouge
Gentilly
T2
Les Moulineaux
Pont de Bezons
Laplace
Meudon-Val Fleury
RER C
RER B
C5 Versailles R.G.
C7 St-Quentin-en-Yvelines
Aéroport d'Orly
Orlyval
B2 Robinson
B4 St-Rémy-lès-Chevreuse
T6
Viroflay Rive Droite

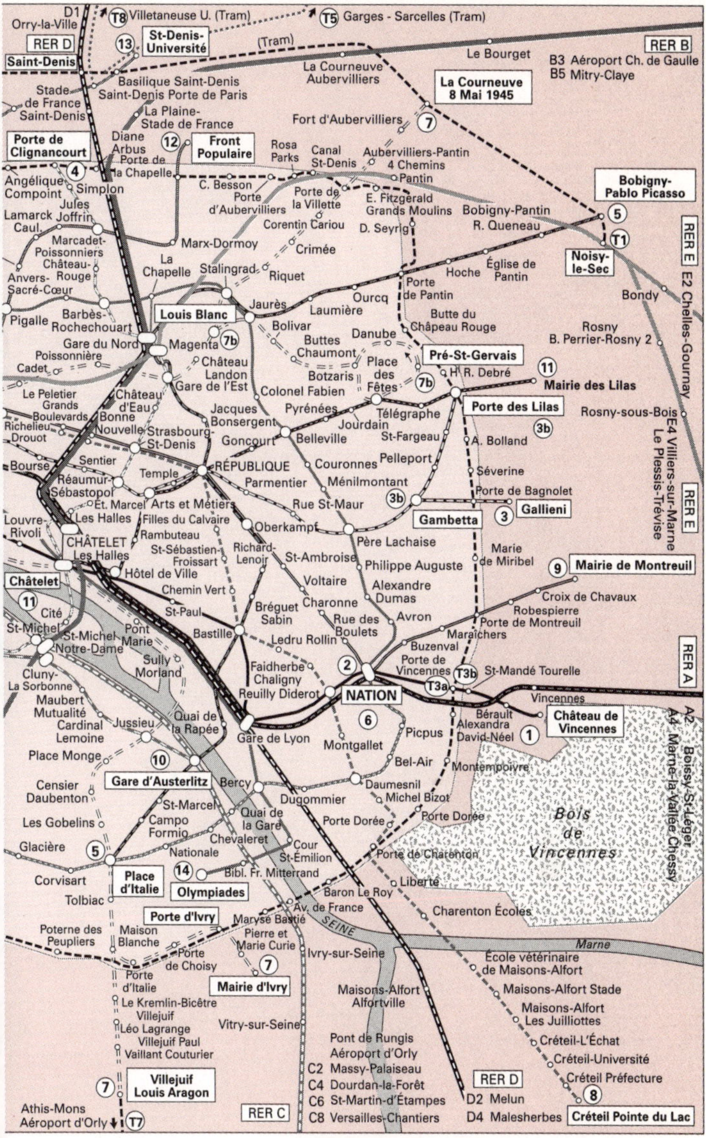

Saint-Denis
RER D
St-Denis-Université
La Courneuve 8 Mai 1945
RER B
B3 Aéroport Ch. de Gaulle
B5 Mitry-Claye
Porte de Clignancourt
Front Populaire
Bobigny-Pablo Picasso
Noisy-le-Sec
RER E
E2 Chelles-Gournay
Louis Blanc
Pré-St-Gervais
Mairie des Lilas
Porte des Lilas
E4 Villiers-sur-Marne Le Plessis-Trévise
RÉPUBLIQUE
Gambetta
Gallieni
Mairie de Montreuil
CHÂTELET Les Halles
Châtelet
NATION
Château de Vincennes
RER A
A2 Boissy-St-Léger
A4 Marne-la-Vallée Chessy
Gare d'Austerlitz
Gare de Lyon
Bois de Vincennes
Place d'Italie
Olympiades
Porte d'Ivry
Mairie d'Ivry
Villejuif Louis Aragon
RER C
C2 Massy-Palaiseau
C4 Dourdan-la-Forêt
C6 St-Martin-d'Étampes
C8 Versailles-Chantiers
RER D
D2 Melun
D4 Malesherbes
Créteil Pointe du Lac
Athis-Mons Aéroport d'Orly
SEINE
Marne


# LE MÉTRO

PARCOUREZ
PARIS
ÎLE-DE-FRANCE
à Vélo
avec Le Routard
Paris
Île-de-France
à vélo
Le Routard
15€
hachette
routard.com
UN GUIDE ILLUSTRÉ TOUT EN COULEURS
plus de
800 km
de voies cyclables
50
étapes
6
itinéraires
ET TOUS LES BONS PLANS DU ROUTARD

# 1er ARRONDISSEMENT

• Plan p. 14-15

**Le jardin des Tuileries, le Louvre, la place Vendôme... sont des joyaux historiques qui contrastent avec le forum des Halles relooké et qui attirent les touristes du monde entier. Côté restos, la cuisine française occupe le devant de la scène. Ici, une poignée de petites adresses où manger sur le pouce, mais surtout des troquets contemporains bons (voire très bons !) mais assez chics et relativement chers. Si vos papilles aspirent à des mets plus exotiques, dirigez-vous vers le quartier du Palais-Royal, où de nombreux restos japonais maintiennent leur solide réputation depuis des années. Si vous comptez poursuivre la soirée dans le coin, il est difficile de trouver un bar sympa où se poser vers la bruyante (voire grouillante) rue de Rivoli : remontez plutôt vers Étienne-Marcel, bien pourvu en adresses de nuit !**

## Où manger ?

### Sur le pouce

**Le Stube** (plan C1, **2**) : *31, rue de Richelieu, 75001. ☎ 01-42-60-09-85. Ⓜ Palais-Royal-Musée-du-Louvre ou Pyramides. Mar-sam 11h30-22h30. Formules déj 15-18,50 € ; en-cas et plats 6,10-15 €.* Dans cette petite enclave germanique à deux pas du Louvre, on savoure, sur le pouce ou confortablement installé au resto, une choucroute garnie avec une saucisse artisanale, une *Currywurst* ou encore des harengs Bismack. Côté liquides, une Beck's, un verre de pinot gris de Baden ou un Fritz-Cola feront bien l'affaire. Pour conclure (ou pour le goûter), beau choix de pâtisseries traditionnelles : strudel, forêt-noire, épais cheese-cake...

**La Guinguette d'Angèle** (plan C2, **7**) : *34, rue Coquillère, 75001. Pas de*

**Où manger ?**

- **2** Le Stube (C1)
- **3** Claus, Palais Royal (C2)
- **4** On the Bab (B1)
- **5** La Cantine des Tsars (C2)
- **6** Ravioli Nord-Est (D2)
- **7** La Guinguette d'Angèle et San (C2)
- **8** Kodawari Ramen (C2)
- **9** Salon du Fromage Hisada (C1)
- **10** Au Petit Bar (B1)
- **11** Higuma (B1)
- **12** Kunitoraya (C1)
- **13** Bistrot Victoires (C1)
- **14** Le Comptoir de Tunisie (C1)
- **15** La Fresque (D2)
- **16** La Mousson (B1)
- **17** Le Petit Bouillon Pharamond (D2)
- **18** Yahmi (D3)
- **19** Au Vieux Comptoir (D2-3)
- **20** Les Artizans (D2)
- **21** Le Comptoir Montevideo et Olio Pane Vino (C1-2)
- **22** Joe Allen (D2)
- **23** Lai'Tcha (D2)
- **24** Uno (C-D2)
- **25** Zen Restaurant (B2)
- **26** Nodaïwa (B2)
- **30** À l'Épi d'Or (C2)
- **31** Odette, l'Auberge Urbaine (D2)
- **32** La Régalade Saint-Honoré (C2)
- **33** L'Absinthe (B1)
- **34** Ellsworth (C1)
- **35** Champeaux (D2)
- **36** Le Soufflé (A1)
- **37** Les Fines Gueules (C1)
- **38** La Poule au Pot (C2)
- **43** À la Cloche des Halles (C2)

**Bars à vins**

- **40** Le Rubis (B1)
- **41** Le Garde-Robe (C2)
- **42** Willi's Wine Bar (C1)

**Restaurants de nuit**

- **50** Au Pied de Cochon (C-D2)
- **52** À la Tour de Montlhéry, Chez Denise (C-D2)

**Où boire un verre ?**

- **61** Le Café Marly (C2)
- **63** Le Fumoir (C2)

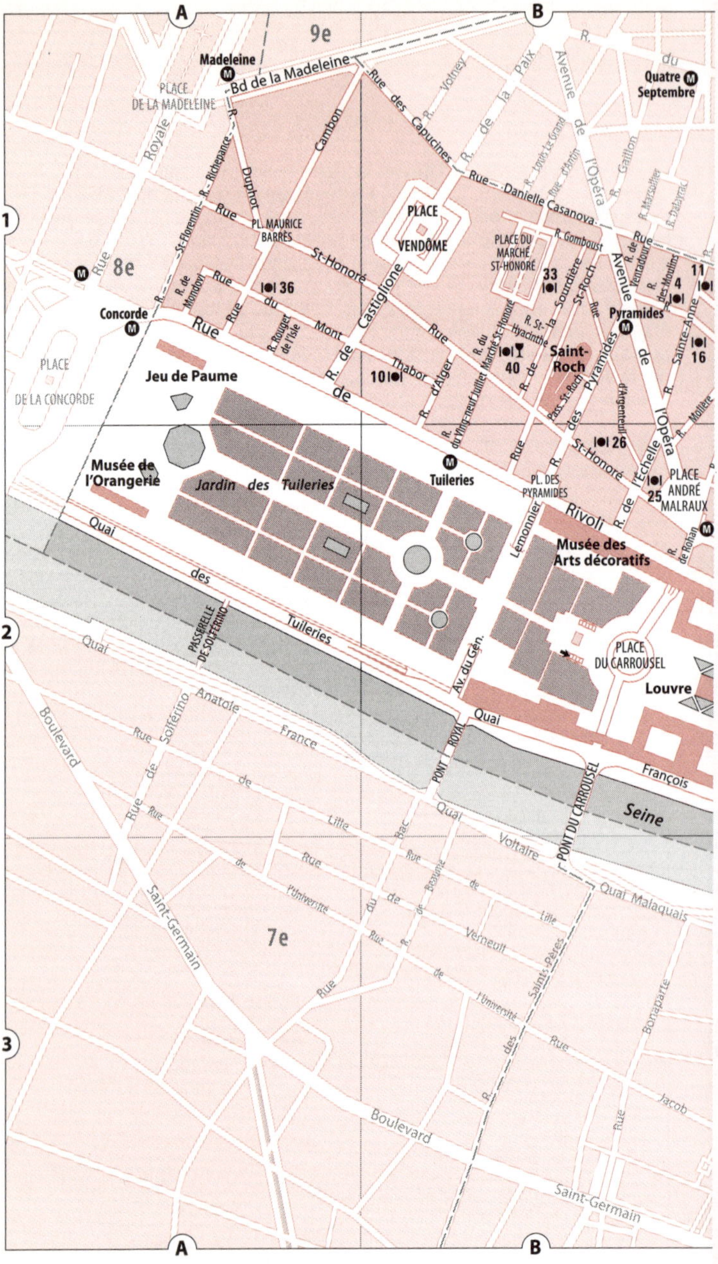

A
B
1
2
3
9e
8e
7e
Madeleine
Bd de la Madeleine
PLACE DE LA MADELEINE
Quatre Septembre
Rue des Capucines
PLACE VENDÔME
Rue Danielle Casanova
PL. MAURICE BARRÈS
PLACE DU MARCHÉ ST-HONORÉ
Rue St-Honoré
Concorde
PLACE DE LA CONCORDE
Jeu de Paume
Musée de l'Orangerie
Jardin des Tuileries
Tuileries
Pyramides
Saint-Roch
PL. DES PYRAMIDES
Musée des Arts décoratifs
PLACE ANDRÉ MALRAUX
PLACE DU CARROUSEL
Louvre
Quai des Tuileries
Rue de Rivoli
PASSERELLE DE SOLFERINO
PONT ROYAL
PONT DU CARROUSEL
Seine
Quai Anatole France
Quai Voltaire
Quai Malaquais
Boulevard Saint-Germain
Rue de Lille
Rue de l'Université
Rue de Verneuil
Rue du Bac
Rue des Saints-Pères
Rue Bonaparte
Rue Jacob
Avenue de l'Opéra
Rue de Castiglione
36
33
40
10
26
25
4
11
16

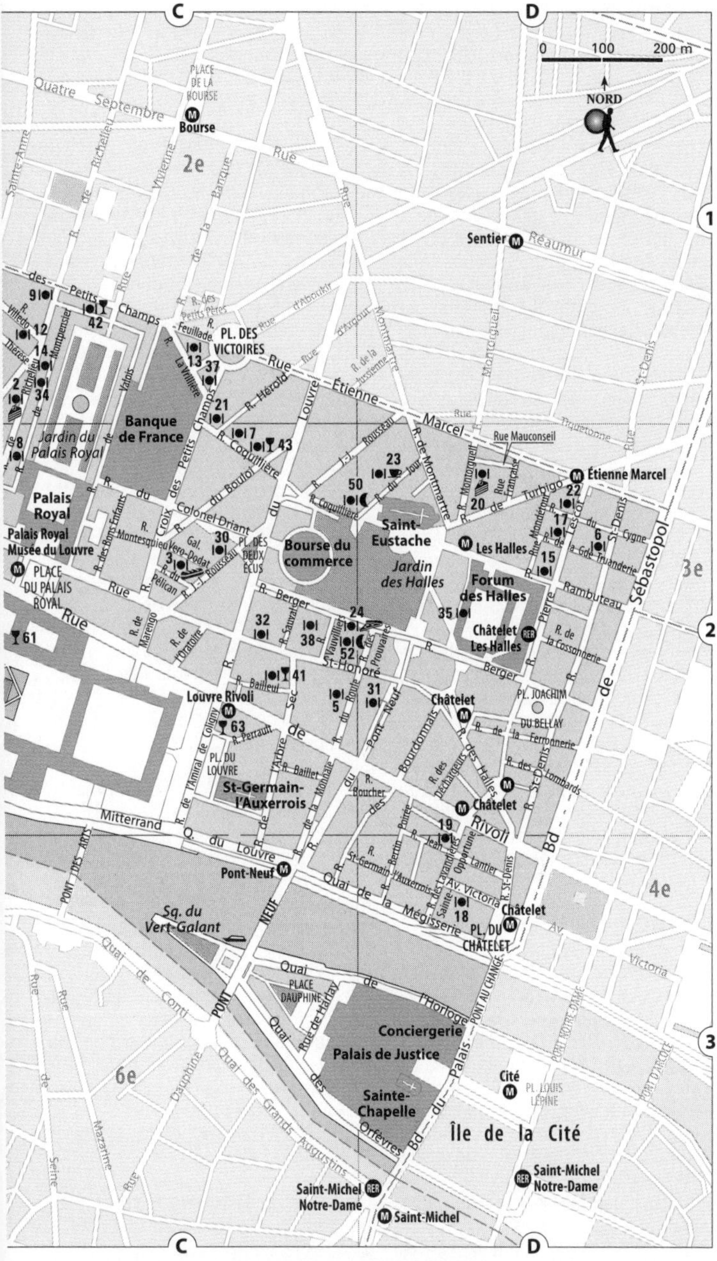


# 1er ARRONDISSEMENT

1er

*tél.* Ⓜ *Les Halles, Louvre-Rivoli ou Palais-Royal-Musée-du-Louvre. Tlj sauf sam-dim 11h30-15h. Congés : août. Formules 11,50-17 € ; lunchbox ou plat chaud 9 €.* Cette petite échoppe à la devanture champêtre, ouverte sur la rue, ne propose que de la vente à emporter... Cela limite l'expérience aux beaux jours (le jardin des Halles est à deux enjambées), à moins de rentrer avec son panier garni chez soi ou au bureau ! Sur l'ardoise, les propositions variées changent tous les jours : plats, soupes et *lunchbox* à base de super aliments, desserts vegan ou pas (tartes, crèmes et généreux cookies), jus et smoothies détox (préparés à l'avance, c'est moins top). Un bain de verdure et de fraîcheur revigorant.

**Claus, Palais Royal** *(plan C2,* **3***) : 14, rue Jean-Jacques-Rousseau, 75001. ☎ 01-42-33-55-10.* Ⓜ *Louvre-Rivoli ou Les Halles. Lun-ven 8h-17h, sam-dim et j. fériés 9h30-17h. Résa fortement conseillée, surtout pour le brunch sam. Formules 17,50-35 € ; plats env 14-15 €, gâteaux 3-5 €.* Après la fermeture des cuisines *(14h30 lun-ven, 15h w-e)*, devient salon de thé. Un petit salon de thé mignon comme tout, ouvert en continu, avec une sélection de bons plats du jour, et un coin épicerie où l'on peut se ravitailler en bons produits et sandwichs à emporter. Déco vraiment sympa, avec à l'étage une petite salle très cosy et des banquettes confortables qu'on peine à quitter ! Les pâtisseries sont extra.

## Très bon marché

**La Cantine des Tsars** *(plan C2,* **5***) : 21, rue du Roule, 75001. ☎ 09-82-44-48-48.* Ⓜ *Louvre-Rivoli. Tlj sauf dim-lun 12h-14h, 19h-22h (22h30 ven-sam). Pas de résa. Menus 12,50-16,50 € ; menu « Duo » 48 € ; carte env 15 €. Café offert sur présentation de ce guide.* Dans cette rue où les restos font voyager, celui-ci nous transporte dans l'intimité d'une cuisine russe. Juste quelques tables, mais un cadre pimpant et des formules qui tournent autour du plat phare, les *pelmeni*, ces raviolis farcis au porc ou à l'agneau. Simple et délicieux ! Comme le bortsch ou les pirojki, ils sont faits par la maman, qui s'active aux fourneaux avec de bons produits fermiers. En salle, accueil charmant du fils.

**Ravioli Nord-Est** *(plan D2,* **6***) : 115, rue Saint-Denis, 75001. ☎ 09-81-17-19-08.* Ⓜ *Les Halles ou Étienne-Marcel. Tlj sauf dim 12h-15h, 18h-23h (en continu sam). Formules 9-12 €.* Grillés ou à la vapeur, les raviolis se déclinent ici en une dizaine de versions, toutes bien préparées, pleines d'arômes et juteuses à souhait. Parfait pour un en-cas sur le pouce (ça tombe bien, le cadre basique n'incite pas à jouer les prolongations). Un must dans sa catégorie !

**On the Bab** *(plan B1,* **4***) : 18, rue Thérèse, 75001. ☎ 01-47-03-94-38.* Ⓜ *Pyramides. Lun-sam 11h30-22h30. Fermé dim. Repas 20-25 €.* Fraîchement débarquée de Londres, cette chaîne de *street food* coréenne s'est exportée à Paris et remporte un franc succès. Pas de réservation possible, il faut donc arriver tôt ou patienter pour avoir une table. Dans un décor de cantine industrielle, on se régale de bonnes spécialités coréennes (*bibimbap,* riz sauté au *kimchi,* ragoûts épicés, barbecue coréen, *baos* garnis, poulet frit...). Service agréable. *NOUVEAUTÉ.*

**Higuma** *(plan B1,* **11***) : 32 bis, rue Sainte-Anne, 75001. ☎ 01-47-03-38-59.* Ⓜ *Pyramides. Tlj 11h30-22h. Fermé 1er janv, 14 juil et 25 déc. Menus 11-14 € ; carte 7,50-11 €.* C'est une cantine basique et sans charme, où les employés du quartier débarquent en masse pour se sustenter rapidement et copieusement. Au programme, bols de bouillon variés qui ne vous laissent pas sur votre faim, bons raviolis grillés, ou encore de généreuses nouilles sautées à la commande. À déguster au comptoir, face aux cuistots en action, ou dans les 2 salles embaumant le graillon. Parmi les moins chers du coin !

## Bon marché

**Salon du Fromage Hisada** *(plan C1,* **9***) : 47, rue de Richelieu, 75001. ☎ 01-42-60-78-48.* Ⓜ *Pyramides ou Palais-Royal-Musée-du-Louvre. Tlj sauf dim-lun ; service continu 12h-18h30* *(dernière commande). Fermé 1er janv et 25 déc. Congés : 2 sem en août. Formules sandwichs à emporter 8-10 € ; plateaux 2-8 fromages 10-30 €. Un fromage original offert pour tte commande de 20 € et plus sur présentation de ce guide.* L'accueillante Mme Hisada affiche fièrement son diplôme de maître fromager. Au rez-de-chaussée, la minuscule fromagerie traditionnelle, où sont également vendus des produits d'épicerie fine à emporter. À l'étage, le « salon » où sont servis de beaux plateaux de fromages, ainsi que des plats du jour, des salades et des en-cas comme des quiches maison. Un bon plan original pour le quartier. Mais le plus fun, c'est de participer le 3e ou 4e samedi du mois au repas avec fromage à volonté pendant 70 mn chrono *(compter 30 € avec un verre de vin).* Avis aux voraces !

**Au Petit Bar** *(plan B1, **10**) : 7, rue du Mont-Thabor, 75001. ☎ 01-42-60-62-09. Ⓜ Tuileries. Tlj sauf dim et j. fériés ; service 12h-15h, 19h-20h. Congés : août. Plat 11,50 €.* Caché derrière le luxueux hôtel *Meurice,* un minuscule bistrot de quartier comme on n'en fait plus, un vrai résistant dans un secteur très huppé. Et la gentillesse est au rendez-vous. Papa est à la caisse, maman en cuisine et les fistons au service. Clientèle de fidèles où se côtoient employés du quartier, prolos venus en amis et jeunes branchés égarés, le tout dans une ambiance de cantine vieille école. Tout ce petit monde s'entasse autour des quelques tables qui en ont vu d'autres, pour goûter une omelette ou le plat du jour, pas très copieux mais simple et bon, servis dans des assiettes vintage ! Venir tôt ou tard car la salle est vite pleine.

**Kunitoraya** *(plan C1, **12**) : 1, rue Villedo, 75001. ☎ 01-47-03-33-65. Ⓜ Bourse ou Palais-Royal-Musée-du-Louvre. Tlj sauf mer ; service 12h-16h (16h30 w-e), 19h-22h30. Udon 10-22 €.* C'est très branché. Ce qui signifie que c'est toujours bondé, et pas donné. Cela dit, LE spécialiste des *udon,* ces fameuses nouilles japonaises épaisses à la farine de blé, fait bien les choses. Tout est préparé sur place et cuisiné à l'instant : bonne élasticité, bonne température du bouillon, bonnes saveurs. Quant aux tempura, ils sont également intégralement réalisés à la commande. Une expérience intéressante, où l'on mange au coude-à-coude sur des tables communes, dans une salle étroite à la déco brute de décoffrage façon New York.

**À la Cloche des Halles** *(plan C2, **43**) : 28, rue Coquillière, 75001. ☎ 01-42-36-93-89. Ⓜ Louvre-Rivoli ou Les Halles. Lun-ven 7h30-minuit. Congés : 3 sem en août. Formules déj 16,90-21 € ; assiette de charcuterie ou de fromages et plat du jour 12-16 €.* Une cloche qui, du temps des Halles, annonçait le début et la fin des marchés surplombe la façade. Aujourd'hui, les habitués se retrouvent toujours avec plaisir dans ce petit bistrot à l'ancienne pour profiter, dans une ambiance sans chichis, d'honnêtes menus du jour ou de solides assiettes de charcuterie, accompagnés d'un petit verre de derrière les fagots.

**Kodawari Ramen** *(plan C2, **8**) : 12, rue de Richelieu, 75001. ☎ 09-84-30-99-26. Ⓜ Palais-Royal-Musée-du-Louvre. Tlj 12h-15h, 18h30-22h30. Pas de résa. Ramen 12-14 € ; carte env 25 €. Konichiwa* et bienvenue au marché aux poissons de Tsukiji ! Une reconstitution plus vraie que nature de ce marché désormais fermé dans la capitale nippone mais qui revit ici, à deux pas de la Comédie-Française. On s'attable entre les balances et les étals de poissons pour savourer un bol de *ramen,* cette soupe de nouilles maison délicieusement parfumées. Un décor bluffant et un service qui dépote. Tant mieux, car les candidats au dépaysement sont nombreux, en particulier le soir. D'ailleurs, leur adresse du 6e *(29, rue Mazarine),* spécialisée dans les *ramen* au poulet, fait aussi carton plein ! *NOUVEAUTÉ.*

**Le Comptoir de Tunisie** *(plan C1, **14**) : 30, rue de Richelieu, 75001. ☎ 01-42-97-14-04. Ⓜ Pyramides ou Palais-Royal-Musée-du-Louvre. Lun-ven 12h-14h ; le soir, réservé aux privatisations (à partir de 15 pers). Formules 16-19 €. Couscous ts les mer et ven, sur place ou à emporter.* Un concept vraiment sympa et dépaysant, dans un secteur traditionnellement investi par les cantines japonaises. Chaque jour, en fonction du marché et de l'inspiration, le menu propose de savoureuses spécialités comme la *mloukhia,* de l'agneau cuit dans la jarre, ou de la daurade avec sa *tastira,* cuisinés uniquement avec des produits issus d'une ferme biologique tunisienne et servis dans de la vaisselle traditionnelle. Fait également épicerie fine et salon de thé l'après-midi (pâtisseries maison). Décor plaisant, à mi-chemin entre la salle à manger cosy et la belle boutique. Accueil charmant.

**Bistrot Victoires** (plan C1, **13**) : *6, rue La Vrillière, 75001. ☎ 01-42-61-43-78. Ⓜ Bourse ou Palais-Royal-Musée-du-Louvre. Tlj 12h-23h. Plats 11-13,50 €. Vin au verre 3,40 €.* À deux pas de la place du même nom, ce petit bistrot Belle Époque est une aubaine, autant pour son atmosphère vivante que pour sa cuisine honorable, servie généreusement et surtout à prix démocratiques pour le quartier. Le cadre, lui, nous plonge dans un roman de Maupassant avec ses belles boiseries sombres, ses grands miroirs et son antique comptoir en étain. Carte courte mais efficace. Une pépite dans sa catégorie.

**Uno** (plan C-D2, **24**) : *37, rue Berger, 75001. ☎ 01-42-36-20-47. Ⓜ Châtelet, Louvre-Rivoli ou Les Halles. Lun-ven 12h-14h30, 19h-22h30 ; sam-dim 11h30-23h30. Formule déj en sem 17 € ; plat du jour 14 €, pizzas 10-21 € ; carte env 35 €.* Dans l'effervescence des Halles, une joyeuse trattoria baignée de lumière, prolongée par quelques tables en terrasse face au jardin et à la Fondation Pinault. Autour du bar central et du four à pizzas, c'est l'accent chantant de l'Italie qui fuse. Un régal que les pizzas bien soufflées, garnies de produits frais : un parfum de Naples ! Les pâtes, forcément maison et cuites al dente, déclinent quelques recettes subtiles. C'est bon, efficace, et on apprécie le service enjoué. *NOUVEAUTÉ.*

**La Fresque** (plan D2, **15**) : *100, rue Rambuteau, 75001. ☎ 01-42-33-17-56. Ⓜ Étienne-Marcel ou Les Halles. Tlj sauf dim ; service 12h-15h30, 19h-minuit. Congés : 2 sem autour du 15 août. Formule déj 16,50 € ; carte env 27 €. Apéritif maison ou café offert sur présentation de ce guide.* Un bistrot de quartier sympa, avec terrasse le long des Halles, installé dans la boutique d'un ancien marchand d'escargots : antiques carreaux de faïence blancs et luminaires Art déco, fresques colorées, longues tables en bois, etc. Le midi, une formule rapide mais consistante. Tous les jours, des entrées qui tiennent la route, 4 ou 5 plats, et toujours une assiette végétarienne (excellente tourte aux légumes en l'occurrence). Ambiance très animée.

**La Mousson** (plan B1, **16**) : *9, rue Thérèse, 75001. ☎ 01-42-60-59-46. Ⓜ Pyramides ou Palais-Royal-Musée-du-Louvre. Tlj sauf dim 12h-14h30, 19h-22h30. Congés : 3 sem en août. Résa conseillée. Menus 11,90-17,90 € le midi, 17,90-22,90 € le soir ; carte env 25 €.* Dans une rue calme, un petit resto de spécialités cambodgiennes (khmères). Le cadre est simple et convivial, la musique rappelle les bords du Mékong, et vous dégusterez une cuisine joliment parfumée, accompagnée de vin de palme ou de gingembre. C'est copieux sans jamais être trop relevé. *Autre maison dans le 15e.*

## Prix moyens

**Lai'Tcha** (plan D2, **23**) : *7, rue du Jour, 75001. ☎ 01-40-26-05-05. Ⓜ Châtelet-Les Halles. Tlj sauf dim soir, lun et mar midi 12h-15h (11h-16h dim), 19h-22h. Congés : 2 sem à Pâques, août et 2 sem à Noël. Résa possible sauf sam. Formules déj en sem 24-29 € ; menus dégustation 50-150 € ; carte env 40 € ; tea time 12 €.* Non content de voir scintiller une étoile du côté de son restaurant de la rue Saint-Honoré *(Yam'Tcha),* le couple franco-hongkongais offre une escale aux accents tout aussi asiatiques dans une tonnante salle cathédrale réchauffée par la pierre apparente, le pisé et la mezzanine. Au menu, flan de maigre au curry rouge, poitrine de porc confite laquée et achards de concombre... servis en plats à partager (ou pas !). On se régale ! Également une option mange-debout et un service traiteur. Équipe pro et très sympa. Petite terrasse.

**Le Petit Bouillon Pharamond** (plan D2, **17**) : *24, rue de la Grande-Truanderie, 75001. ☎ 01-40-28-45-18. Ⓜ Étienne-Marcel ou Les Halles. Tlj 12h-minuit. Carte env 20 €.* À deux pas des Halles, la façade à colombages rappelle les origines normandes de ce resto dont le décor Belle Époque (inscrit à l'inventaire des Monuments historiques) vaut à lui seul le détour. Miroirs, émaux, dorures, motifs végétaux... le cadre ne manque pas de panache ! Outre les incontournables tripes à la mode de Caen ou l'andouillette, quelques plats de brasserie bien ficelés et moins connotés terroir. En amoureux ou pour une occasion spéciale, pensez à réserver l'un des salons confidentiels du 2e étage *(+ 10 €/pers).*

**Au Vieux Comptoir** *(plan D2-3, **19**) : 17, rue des Lavandières-Sainte-Opportune, 75001. ☎ 01-45-08-53-08. Ⓜ Châtelet. Tlj sauf dim-lun ; service 12h-15h, 19h-22h45. Congés : 2 sem en août. Plats du jour le midi 16-18 € ; carte env 35 €.* Dans ce joli petit bistrot d'angle, l'accueil est une qualité naturelle. On s'y sent tout de suite à l'aise, d'autant que le cadre rustique est charmant et que la cuisine est savoureuse, dans un registre traditionnel classique. Avec un bon petit verre conseillé avec justesse par la maison, vous ne ferez guère monter l'addition.

**Le Comptoir Montevideo** *(plan C1-2, **21**) : 44, rue Coquillère, 75001. ☎ 01-40-26-84-31. Ⓜ Palais-Royal-Musée-du-Louvre ou Les Halles. Tlj sauf dim, midi et soir jusqu'à minuit. Formules 19-24 € ; menus 25-30 € ; carte 35-40 €.* Cette sympathique cantine uruguayenne est une aubaine pour les amateurs de viande et une découverte culinaire de ce petit pays, coincé entre les géants argentin et brésilien : viandes fondantes et goûteuses issues d'élevages traditionnels, original *chivito* (burger local), *empanadas,* mais aussi ceviche... à accompagner d'un nectar du pays. Tout est fais maison, présenté avec soin, et délicieux ! Même le service, quasi en v.o., est sympathique comme tout. Également des sandwichs à emporter et une formule tapas en *happy hour.*

**À l'Épi d'Or** *(plan C2, **30**) : 25, rue Jean-Jacques-Rousseau, 75001. ☎ 01-42-36-38-12. • alepidor.com • (résa en ligne possible.) Ⓜ Louvre-Rivoli. Ouv lun-ven midi et soir. Fermé sam-dim. Formules et menu 27-36 €.* Murs patinés jaunis par le temps, banquettes de moleskine et carrelages mosaïques attestent de l'ancienneté de ce bistrot des années 1930 repris par Jean-François Piège et Élodie, son épouse. Dans ce décor de toujours, la cuisine reste immuable, à ceci près que les produits de saison intègrent le réseau de choix des fournisseurs du grand chef ! Au menu, les « incontournables » pâté en croûte, Croque-Madame, poisson pané et steak tartare, ainsi qu'un semainier qui revisite des recettes traditionnelles. Un lifting qui s'inscrit dans la modestie. On *like* ! *NOUVEAUTÉ.*

**San** *(plan C2, **7**) : 32, rue Coquillère, 75001. ☎ 01-42-60-41-02. Ⓜ Louvre-Rivoli ou Palais-Royal-Musée-du-Louvre. Lun-ven 12h-15h, 19h-23h. Formules déj 14-17 € ; le soir, carte env 30 €. Café offert sur présentation de ce guide.* Le petit resto thaï de quartier qu'on aurait presque envie de garder pour soi. Les plats sont copieux, savoureux et pleins d'élégance. Élégance et raffinement que l'on retrouve dans le décor et l'atmosphère de cet écrin chaleureux, et dans la douceur du service. Plusieurs plats végétariens goûteux complètent le menu, véritable carte d'embarquement pour emmener vos papilles en voyage.

**Les Artizans** *(plan D2, **20**) : 30, rue Montorgueil, 75001. ☎ 01-40-28-44-74. Ⓜ Les Halles ou Étienne-Marcel. Tlj ; service 12h-23h. Formule déj en sem 19 € ; menu-carte 37 € ; pâtisserie env 8 € (5,90 € à emporter).* On aime bien ce concept original de « bistrot-gâteaux », fruit d'une association – bienfaitrice – entre un chef cuisinier (Patrick Canal) et un « champion de France du dessert » (Mathieu Mandard). Dans un joli décor d'aujourd'hui, on savoure, à toute heure (important de le préciser), une bonne cuisine de marché, suivie de succulentes pâtisseries : traditionnels éclairs au chocolat (ou autres parfums), babas au rhum et millefeuilles à la minute, ou les créations du moment. On peut s'asseoir aussi seulement pour un dessert. Généreux... et diablement bon.

**Olio Pane Vino** *(plan C1-2, **21**) : 44, rue Coquillère, 75001. ☎ 01-42-33-21-15. Ⓜ Louvre-Rivoli. Lun-sam 12h-14h15, plus jeu-sam 19h30-22h30. Résa conseillée. Le midi en sem, menu 17 € ; carte env 30 €.* Petit resto transalpin au cadre à la fois sobre et chaleureux, que les habitués apprécient pour ses plats du jour frais et soignés. Excellents produits importés d'Italie, et toujours plusieurs choix de pâtes cuites parfaitement al dente. Accueil sympa.

1er

Yahmi (plan D3, 18) : 25, av. Victoria, 75001. ☎ 01-45-08-09-51. Ⓜ Châtelet. Tlj sauf dim 12h30-15h30, 18h-22h30. Carte 30-35 € le soir. Le QG des gens de théâtre (l'entrée du Châtelet est à deux pas) est aussi une table orientale réputée, tenue par 2 sœurs, l'une en cuisine, l'autre à l'accueil. Spécialités traditionnelles à dominante marocaine : tajines, couscous, pastillas, grillades, *briouats* fins et savoureux. Tout comme la fine semoule fondante à souhait. Le tout servi dans un cadre élégant et contemporain, aux murs peints à la chaux et aux lumières tamisées. Dans le petit coin épicerie, sélection de produits pointue. Une belle adresse.

***Joe Allen*** (plan D2, **22**) : 30, rue Pierre-Lescot, 75001. ☎ 01-42-36-70-13. Ⓜ Étienne-Marcel. Tlj 12h-minuit. Formule déj 16 € ; carte env 30 €. Ouvert en 1972, tenu et fréquenté par des Américains (toujours bon signe), c'est LE resto *US* historique de Paris, QG des expats les soirs d'élection ou pour les grosses fêtes comme Thanksgiving ou Halloween. Hors mode, *Joe Allen* reste fidèle à son style *old New York* : murs de brique placardés de vieilles affiches de Broadway et écrans TV vissés au-dessus du comptoir. On y sert une honnête *comfort food* (cuisine de tous les jours) traditionnelle et maison, arrosée de Brooklyn Lager ou d'un verre de vin de Coppola.

***Zen Restaurant*** (plan B2, **25**) : 8, rue de l'Échelle, 75001. ☎ 01-42-61-93-99. Ⓜ Pyramides ou Palais-Royal-Musée-du-Louvre. Tlj midi et soir. Congés : 3 sem en août. Menus 20 € le midi, 30-55 € le soir. Dans le quartier du Palais-Royal, ce restaurant un poil élégant grouille de monde à midi. Clientèle nippone et parisienne, soucieuse de déjeuner rapidement pour un excellent rapport qualité-prix. Dans l'assiette à midi, les classiques de la cuisine japonaise : *donburi* (bol de riz garni), makis, sushis, et des suggestions plus originales. Le soir, la carte est plus élaborée, et l'addition grimpe vite si on se laisse aller à goûter différents petits plats *(izakayas)*, comme les boulettes de racines de lotus, sauce kumquat et foie gras... Difficile de s'arrêter, c'est ludique et délicieux !

***Nodaïwa*** (plan B2, **26**) : 272, rue Saint-Honoré, 75001. ☎ 01-42-86-03-42. Ⓜ Pyramides. Tlj sauf dim ; service 12h-14h30, 19h-22h. Congés : 1re quinzaine d'août. Menus 23-95 € ; carte env 40 €. Ce minuscule resto monomaniaque est l'antenne parisienne d'un restaurant réputé de Tokyo qui, depuis le XVIIIe s, ne sert que de l'anguille. Déco sobre et raffinée, ikebana et petites estampes. L'anguille, d'une exquise délicatesse, est préparée selon un processus complexe : d'abord grillée, elle est ensuite cuite à la vapeur, puis de nouveau grillée pour obtenir un résultat à la fois fondant et caramélisé. Servie avec une sauce sur un lit de riz avec consommé chaud et légumes salés (c'est le *kabayaki*), ou encore en sushi, elle fond littéralement dans la bouche.

## De chic à plus chic

***Odette, l'Auberge Urbaine*** (plan D2, **31**) : 25, rue du Pont-Neuf, 75001. ☎ 01-44-88-92-78. Ⓜ Châtelet ou Pont-Neuf. Tlj 12h30-14h, 19h-22h. Formules déj en sem 24-35 € ; carte 40-60 €. L'empire Rostang s'est étoffé d'une nouvelle adresse, pensée comme une auberge urbaine. Il y a bien une grande table d'hôtes pour rappeler l'auberge, mais pour le reste, c'est surtout très urbain : décor soigné tout en courbes sensuelles, recoins très cosy façon lounge, et, dans les assiettes, une cuisine de saison moderne, légère et inspirée, servie en portions réduites pour faciliter le partage et la dégustation (à moins de se laisser tenter par les « belles pièces » au format plus généreux !). Tout est délicieux, jusqu'aux madeleines servies encore tièdes avec le café ! Excellent accueil, pro et décontracté.

***La Régalade Saint-Honoré*** (plan C2, **32**) : 106, rue Saint-Honoré, 75001. ☎ 01-42-21-92-40. Ⓜ Louvre-Rivoli. ♿ Tlj 12h15-14h30 (15h sam-dim), 19h15-23h. Congés : 3 sem en août. Formules déj sauf dim 35-37 € ; le soir, menu-carte 43 € ; dim, menu 35 €. Pas évident d'y dégotter une table au débotté ! Il faut dire que la salle en longueur n'est pas bien grande, avec ses banquettes colorées qui tranchent sur les murs bruts (décorés quand même du bœuf en costard !), et que le menu-carte a ses adeptes. Bien équilibré, très court, il ne s'encombre pas d'une litanie de plats et préfère donner l'avantage aux produits de saison. Et les grands classiques qui ont fait le succès de la maison campagnarde (terrine, riz au lait) côtoient de belles assiettes, généreuses et inventives, et des plats de rôtisserie. Service tout sourire.

**La Poule au Pot** *(plan C2, **38**) : 9, rue Vauvilliers, 75001. ☎ 01-42-36-32-96. Ⓜ Louvre-Rivoli ou Les Halles. Tlj 12h-14h, 19h-23h. Fermé 1er janv et 24-25 déc. Toujours beaucoup de monde : résa conseillée. Menus 48-82 € ; plats 28-52 € ; carte 56-90 €.* Cette belle et vieille institution prend un petit coup de jeune sous la houlette de Jean-François Piège, le nouveau propriétaire ! Cela dit, dans ce décor immuable d'affiches anciennes, de lumières rétro ménageant une certaine intimité et d'innombrables plaques dorées incrustées dans les boiseries, portant les noms des célébrités venues y manger, pas question de toucher aux valeurs sûres de la tradition française, avec notamment la fameuse poule au pot qui justifie l'enseigne. Le tout généreux et répondant aux exigences du grand chef (excellents fournisseurs).

**L'Absinthe** *(plan B1, **33**) : 24, pl. du Marché-Saint-Honoré, 75001. ☎ 01-49-26-90-04. Ⓜ Tuileries ou Pyramides. Tlj sauf sam midi et dim ; service 12h-14h15, 19h-22h15 (22h45 ven-sam). Résa conseillée. Formule déj en sem 26 € ; menus 32-45 € ; carte env 45 €.* Ce bistrot chic de la famille Rostang est dirigé par Caroline, la fille. Décor élégant mêlant sobriété et éléments chinés délicieusement vintage, le tout prolongé par une belle terrasse. Ardoise de suggestions classiques revisitées, ce qui donne dans l'assiette du bon, du neuf, du créatif. Tout est à base de produits frais, parfois transcendé par quelques touches asiatiques. Le vendredi, c'est gratin de macaronis (au homard quand même !). Et en dessert, un incontournable : les petits pots de crème au chocolat en hommage au paternel. Service un peu long en cas d'affluence.

**Ellsworth** *(plan C1, **34**) : 34, rue de Richelieu, 75001. ☎ 01-42-60-59-66. Ⓜ Palais-Royal-Musée-du-Louvre ou Pyramides. Tlj sauf dim-lun ; service 12h15 (12h30 sam)-14h15, 19h-22h30. Résa conseillée. Formules déj en sem 24-30 € ; le soir, plats 26-33 €.* Un long comptoir, une salle en enfilade, à l'ombre de la statue de Molière. Déco minimaliste en bois clair, presque intimiste en soirée. Cuisine délicate, servie en formules au déjeuner et sous forme de tapas le soir. Viandes ou poissons, crus ou cuits, accompagnements colorés et craquants, les assiettes sont copieuses, alléchantes à l'œil et savoureuses en bouche. Alliances originales (poulet frit au lait fermenté, glace au malt, sorbet chocolat ou coquilles servies avec un beurre aux algues) et service jovial en v.o. (le patron est américain). Carte des vins (possibles au verre) ouverte sur le monde. Très fréquenté par les Anglo-Saxons, parfait pour réviser son anglais !

**Champeaux** *(plan D2, **35**) : 12, passage de la Canopée (Forum des Halles), 75001. ☎ 01-53-45-84-50. Ⓜ Les Halles. Tlj 12h-minuit (1h ven-sam) ; service 12h-14h30, 19h-22h30 (en continu le w-e). Le midi en sem, formule 28 € et menu 34 € ; le soir et le w-e, carte 40-45 € ; soufflés 10-16 €.* Alain Ducasse a installé sa brasserie à l'entrée de la Canopée ondoyante, face à l'église Saint-Eustache. Son architecture adopte le même credo que le centre commercial métamorphosé : l'ouverture ! Larges vitres en arrondi pour jouir de l'extérieur, volumes imposants, long bar, déco et mobilier design... Le cadre est réussi, l'animation continue sans cacophonie, et les plats, à défaut d'être copieux, tiennent les promesses d'une brasserie très parisienne : enlevés mais chers. Le soufflé, qui tient le haut du pavé, est aussi décliné en version sucrée. En zieutant le monumental tableau d'affichage (oui, le même que dans les gares !) qui annonce les sorties du four à la minute, vous éviterez peut-être les 20 mn d'attente réglementaires pour ce plat irrésistible.

**Le Soufflé** *(plan A1, **36**) : 36, rue du Mont-Thabor, 75001. ☎ 01-42-60-27-19. Ⓜ Concorde. Tlj sauf dim et j. fériés ; service 12h-16h, 19h-22h. Congés : 3 sem en août. Formule déj en sem 29 € (avec boisson) ; menus 37-46 € ; carte 40-45 €.* Un petit resto connu de longue date pour ses bonnes spécialités de soufflés : une douzaine de versions salées et autant pour le sucré se partagent la vedette ! Pour les fans, il y a même un menu tout soufflé. Sinon, on peut se laisser tenter par quelques plats traditionnels de viande ou de poisson. Une adresse conviviale, au cadre classique gentiment désuet, très prisée par les touristes des grands hôtels alentour.

**Les Fines Gueules** (plan C1, **37**) : *43, rue Croix-des-Petits-Champs (angle rue La Vrillière), 75001. ☎ 01-42-61-35-41. Ⓜ Palais-Royal-Musée-du-Louvre, Bourse ou Pyramides. Tlj 12h-14h30 (15h w-e), 19h30-22h30 (23h ven-sam). Formules déj en sem 19-23 € ; le soir, carte seulement, env 50 €.* Un resto-bar à vins de poche à la déco monacale. Ici, on va droit au but : la qualité, garantie par des produits en provenance des meilleurs producteurs. Résultat, on se pâme d'aise devant des plats aussi basiques que le tartare au couteau de bœuf charolais. Aucun tape-à-l'œil, mais un bon tour de main en cuisine. Vins bio de petits propriétaires à déguster au verre, accoudé au bar en zinc.

## Bars à vins

**Le Rubis** (plan B1, **40**) : *10, rue du Marché-Saint-Honoré, 75001. ☎ 01-42-61-03-34. Ⓜ Pyramides ou Tuileries. Tlj sauf dim et le soir des j. fériés 7h-2h ; service 12h-15h, 19h-23h. Congés : 2 sem en août. Plats du jour 17-24 € ; carte env 32 €.* Le voilà, le Paris canaille, avec ses joyeux sires, ses petits plats bien tradi et costauds, ses vins « en direct de la propriété » qu'on s'arrache... C'est la vie, la vraie, celle qu'on croyait disparue à jamais dans ce quartier huppé. En été, il y a tant de monde entassé sur les vieilles banquettes qu'on déguste dehors, accoudé aux tonneaux.

**Le Garde-Robe** (plan C2, **41**) : *41, rue de l'Arbre-Sec, 75001. ☎ 01-49-26-90-60. Ⓜ Louvre-Rivoli. Tlj sauf sam midi et dim ; service 12h15-15h30, 17h-22h30. Le midi, formule et menu 15,50-19 €.* À deux pas du Louvre, un caviste attentionné qui anime un joli petit espace tout en longueur, mi-boutique, mi-resto. Planches de charcuterie ou de fromages le soir, plats du jour soignés... que du frais et du bon. Vins nature essentiellement.

**Willi's Wine Bar** (plan C1, **42**) : *13, rue des Petits-Champs, 75001. ☎ 01-42-61-05-09. Ⓜ Palais-Royal-Musée-du-Louvre ou Louvre-Rivoli. ♿ Tlj sauf dim 12h-minuit ; service 12h-14h30, 19h-23h. Congés : 2 sem en août. Résa conseillée. Formules déj 21-26 € ; le soir, menu 36 € ; brunch sam 25,80 €.* Derrière les jardins du Palais-Royal, cette excellente adresse au cadre sobre et agréable est bien connue des amateurs de vin. Certains viennent même de loin pour goûter quelques flacons devenus rares (le patron a de formidables allocations !). Le bien-boire fait donc dans l'exception, mais le bien-manger n'est pas en reste : chaque jour, le chef concocte une savoureuse cuisine du marché, élaborée avec de bons ingrédients et joliment présentée. La formule au comptoir vaut le coup : un plat servi avec un verre de bon vin. Impec pour un repas rapide. Une adresse bien conviviale, mais il faut prendre la précaution de réserver.

## Restaurants de nuit

**À la Tour de Montlhéry, Chez Denise** (plan C-D2, **52**) : *5, rue des Prouvaires, 75001. ☎ 01-42-36-21-82. Ⓜ Louvre-Rivoli, Châtelet ou Les Halles. Tlj sauf sam-dim ; service 12h-15h, 19h30-5h. Congés : 1 sem en fév et de mi-juil à mi-août. Plats 23-28 €.* L'un des plus anciens restos de nuit de Paris, bondé à toute heure. Même si le train n'apporte plus les légumes depuis Montlhéry, l'endroit a conservé de cette époque son beau zinc à l'entrée, sa caisse hors d'âge, son perco qui en a vu d'autres et sa salle patinée. Atmosphère ! Habitués de toujours, touristes et noctambules s'y restaurent dans un joyeux brouhaha. Les plats de tradition sont servis en quantités plus que généreuses, qu'il s'agisse des rognons de veau, des tripes ou de l'andouillette AAAAA, le tout accompagné de frites maison de préférence aux petits légumes. Du solide, quoi ! L'accueil est du même tonneau, franc et direct. Aux murs, nombreux dessins et affiches de Raymond Moretti, dont on retrouve le trait jusque sur les sets de table. Ça vaut le coup d'œil !

**Au Pied de Cochon** *(plan C-D2,* ***50****) : 6, rue Coquillière, 75001. ☎ 01-40-13-77-00. Ⓜ Louvre-Rivoli ou Les Halles. Tlj 24h/24. Formule déj env 20 € ; carte env 50 € ; plateaux de fruits de mer 30-80 €.* Tout le monde connaît le *Pied de Cochon.* Depuis 1947, cette vénérable institution a bâti sa réputation sur ses horaires hors normes et sur sa carte de brasserie pléthorique. Aujourd'hui encore, la soupe à l'oignon gratinée se défend bien, de même que l'andouillette AAAAA, ou encore la Tentation de saint Antoine, plat qui réunit museau, oreilles, pieds et queue de porc grillés. Rien de gastronomique ici, mais des plats de tradition simples et convenables, bien en adéquation avec un cadre archi-classique tout en moulures et dorures. En revanche, les prix n'ont rien de populaire, et s'offrir un repas dans ce monument nécessite d'alléger le petit cochon ! Accueil pro et sympathique.

1er

## Où boire un verre ?

**Le Café Marly** *(plan C2,* ***61****) : 93, rue de Rivoli, 75001. ☎ 01-49-26-06-60. Ⓜ Palais-Royal-Musée-du-Louvre ou Louvre-Rivoli. Tlj 8h-2h (cuisine jusqu'à minuit). Pour déjeuner ou dîner, résa préférable. Café 5 € ; soda 7 € ; apéritifs 8-21 €.* Le décor est somptueux (dorures et mobilier contemporain), mais ce qui motive vraiment la visite, c'est la vue imprenable sur la cour du Louvre depuis la terrasse sous la galerie. Profitez de ce lieu magique – aux 1ers ou aux derniers rayons du soleil surtout – pour boire un verre (en dehors des heures de repas) face à la pyramide !

**Le Fumoir** *(plan C2,* ***63****) : 6, rue de l'Amiral-de-Coligny, 75001. ☎ 01-42-92-00-24. Ⓜ Louvre-Rivoli. Tlj 11h-2h (1h dim-mer).* Ambiance mode garantie dans ce vaste et beau café stratégiquement situé sur la place du Louvre. Le coin salon-bibliothèque très cosy et la vue sur la place encadrée par de longs rideaux justifient à eux seuls le détour. Une occasion de goûter aux excellents cocktails.

# 2e ARRONDISSEMENT

• Plan *p. 26-27*

**De la place de l'Opéra au boulevard de Sébastopol, les bars et restos du 2e représentent un véritable patrimoine de la vie parisienne. Comptoirs patinés en acajou, lustres et carrelages d'antan, banquettes de moleskine rouge et chaises Thonet, du petit troquet à la brasserie chic, la tradition bistrotière parisienne s'impose à tous les coins de rue. Si les adresses s'étendent sur tout l'arrondissement, le quartier animé des Grands Boulevards (autour du passage des Panoramas) remporte les faveurs des Parisiens. Dans ce périmètre, qui s'étend jusqu'à la Bourse, les petites adresses de cuisine rapide, fréquentées par les travailleurs du coin, ne désemplissent pas. Rue Montorgueil, rue des Petits-Carreaux ou encore rue d'Argout, on apprécie les nombreuses terrasses qui jalonnent ces agréables voies piétonnes truffées d'adresses bobos-branchées ! Le quartier est animé à toute heure, et idéal pour un dîner entre amis ou en amoureux. Pour prolonger la soirée, il faut faire le grand écart entre les Grands Boulevards et le secteur d'Étienne-Marcel.**

## Où manger ?

### Sur le pouce

***BollyNan*** (plan C2, **1**) : *12, rue des Petits-Carreaux, 75002. ☎ 01-45-08-40-51. Ⓜ Sentier ou Les Halles. Tlj sauf dim 11h-23h30. Formules à emporter plat + dessert ou boisson 9,50-11 € ; naans 2-4 €, sur place ou à emporter.* Quoi de meilleur qu'un naan préparé et cuit sur commande dans un vrai *tandoor* (four en terre), comme en Inde, sous vos papilles alléchées ? À base de farine bio, nature, au fromage, à l'ail, ou version sucrée au Nutella. Également des « nanwichs », galettes garnies faites à la minute. Le comptoir propose aussi des plats à composer soi-même, le tout délicatement épicé. Excellent lassi et bière indienne. Petite terrasse sur la rue piétonne, salle voûtée au sous-sol. Accueil gentil tout plein.

***Grillé*** (plan B1, **2**) : *15, rue Saint-Augustin, 75002. ☎ 01-42-96-10-64. Ⓜ Richelieu-Drouot ou Bourse. Lun-sam 12h-15h30 (21h mer-ven). Kebab 9,20 €, frites 3,10 €.* Agneau, veau ou bœuf du boucher star Hugo Desnoyer, dans un *take away* sans fioritures (néons au plafond, azulejos bleu et blanc aux murs). Le tout est roulé dans une galette de farine blanche et d'épeautre bio cuite sous vos yeux, relevé de coriandre et de 4 sauces au choix. La version chic et savoureuse du kebab. À déguster sur le pouce ou sur la petite terrasse abritée.

***Rice & Fish*** (plan D2, **3**) : *16, rue Greneta, 75002. ☎ 01-42-36-63-72. Ⓜ Réaumur-Sébastopol. Mar-sam 12h-15h, 19h30-23h. Congés : août. Formules déj 10-15 € ; carte env 20 €. Résa possible slt mar-jeu. Les autres jours, mieux vaut arriver tôt.* Un petit bar à sushis pas comme les autres. Le chef manie le sushi et le maki avec dextérité, et il réalise avec son équipe des gourmandises d'une belle fraîcheur. Bonnes bières japonaises et... addition toute douce. Juste à côté, au n° 22, la maison a ouvert un bar à grillades. Concept tout aussi bon et sympa. Et une autre adresse, *Fish and Chill,* au *39, rue des Vinaigriers, 75010.*

***Joyeux, Servi avec le Cœur*** (plan B1, **4**) : *23, rue Saint-Augustin, 75002. Ⓜ Quatre-Septembre. Lun 11h-15h, mar-ven 9h-18h, sam 11h-18h. Menu 14 €.* À côté du passage Choiseul, un *coffee shop* pimpant et atypique, qui emploie des jeunes ayant un handicap mental, au service comme en cuisine. À l'ardoise, soupes, salades et tartes, préparées avec des produits frais et servies avec un sourire rayonnant. Une adresse qui réchauffe le cœur ! Ça tombe bien, une annexe a ouvert au 87, passage Choiseul, pour la vente à emporter *(mar-ven 11h-14h30).*

**Riha Durum** (plan C2, **5**) : *1, rue des Petits-Carreaux, 75002. Ⓜ Sentier. Tlj 11h30-23h30. Sandwichs, sur place ou à emporter, 6,50-8,50 €.* Une petite échoppe où le four et le barbecue ne laissent guère de place qu'à quelques tables basses. Ce n'est de toutes façons pas le genre d'endroit où l'on s'attarde. Même si assister à la fabrication des *dürüm* et des *lahmacun* peut s'avérer un véritable spectacle. Brochettes d'agneau, de poulet, de sardine et autres boulettes de lentilles viennent fourrer de moelleuses galettes maison, également garnies de légumes frais. Pour un en-cas au bon goût de Kurdistan.

**Friterie De Clercq** (plan C1, **7**) : *169, rue Montmartre, 75002. ☎ 09-75-61-46-05. Ⓜ Grands-Boulevards. Tlj 11h-minuit (2h ven-sam). Cornets 3 tailles 3-5 €.* Une vraie friterie à la belge. Et les règles sont respectées : des bintjes fraîches importées du plat pays, coupées à la main, calibrage idéal, cuisson en 2 temps dans la graisse de bœuf. Résultat : de succulentes frites tendres, dorées et croustillantes à l'extérieur. Différentes sauces, et snacks en accompagnement : croquettes de fromage, fricadelle, boulette, poulet pané, burgers. Génial pour les faims tardives ! *NOUVEAUTÉ.*

**Blend** (plan C2, **8**) : *44, rue d'Argout, 75002. ☎ 01-40-26-84-57. Ⓜ Étienne-Marcel, Sentier ou Les Halles. Tlj 12h-23h. Formules déj en sem 15-19 € ; burgers 9-14 €.* Le secret d'un hamburger gourmet, c'est la qualité des ingrédients et le *blend* (mélange de différents morceaux de bœuf : persillé, maigre, tendre, etc.), la fusion des saveurs. Cette petite cantine branchée prend ça très au sérieux. La viande de bœuf est fournie par l'artisan-boucher Yves-Marie Le Bourdonnec. Et tout est maison, du pain brioché au ketchup en passant par les frites, tradi ou de patate douce (hmm la sauce à l'ail qui va avec). Souvent plein, mais le service est rapide.

**FTG** (plan C-D1-2, **9**) : *9, rue du Nil, 75002. ☎ 01-42-21-96-92. Ⓜ Sentier. Tlj 8h30-17h. Congés : 2 sem en août. Sandwichs, plats 8-23 €.* Un espace agréable pour s'attabler (ou pas) et goûter à la version *street food* du chef étoilé Greg Marchand. Les produits viennent des mêmes fournisseurs qu'au gastro voisin. Rien n'est laissé au hasard dans la qualité. Les sandwichs sont copieux, et les petits plats, ou autres brownies, tout autant. Si vous êtes en fonds, goûtez la cuisine gastro *(résa indispensable sur Internet • frenchie-ruedunil.com • ; menus 50 € le midi jeu-ven, 88 € le soir),* formidable. Beau succès aussi au bar à vins juste en face !

**Le Dénicheur** (plan D2, **14**) : *4, rue Tiquetonne, 75002. ☎ 01-42-21-31-01. Ⓜ Étienne-Marcel. Tlj sauf mar 18h-2h. Congés : 3e sem d'août. Carte 20-25 €. Verres de vin 6-7 €.* Tout petit troquet rigolo comme tout, avec sa déco de bric et de broc mêlant mobilier vintage et toutes sortes de bibelots chinés à une joyeuse mosaïque. Ambiance sympa et relax donc, à l'image d'une cuisine sans façon, familiale et copieuse, et de la sélection de vins naturels. Idéal pour les petites bourses ou pour se retrouver entre copains.

**Les Bols de Jean** (plan B1, **6**) : *2, rue de Choiseul, 75002. ☎ 01-44-76-00-58. Ⓜ Quatre-Septembre. Lun-ven 11h30-15h30, plus mer-ven 19h-21h30 ; sam 11h30-17h, 19h-21h30. Fermé dim. Bols 9-13,90 €.* Jean Imbert, qui tient un resto gastronomique dans le 16e *(L'Acajou),* s'est associé avec le fameux boulanger Kayser pour créer un pain surprise à sa façon. Lorsqu'on soulève le chapeau, on découvre la garniture du jour, qui évolue au gré des saisons : bœuf, risotto, veau en blanquette... Quant au pain, moelleux à souhait, on le dévore avec les doigts à la fin du repas. Très ludique ! En revanche, les quelques places assises façon snack sont vite prises d'assaut aux heures de pointe.

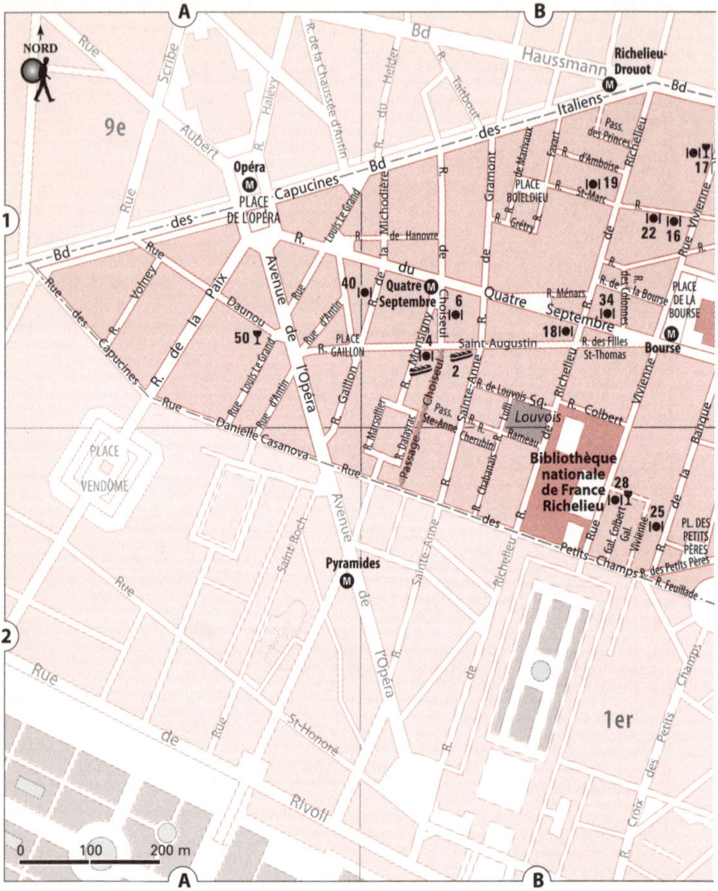


## Où manger ?

1 BollyNan (C2)
2 Grillé (B1)
3 Rice & Fish (D2)
4 Joyeux, Servi avec le Cœur (B1)
5 Riha Durum (C2)
6 Les Bols de Jean (B1)
7 Friterie De Clercq (C1)
8 Blend (C2)
9 FTG (C-D1-2)
11 Mûre (C1)
12 Casa Picaflor – Piscobar (D2)
13 Le Camion qui fume (C1)
14 Le Dénicheur (D2)
15 Crêperie Bisou (C1)
16 Blün (B1)
17 Adar (C1)
18 Le Mesturet (B1)
19 Aux Lyonnais (B1)
20 La Grille Montorgueil (C2)
21 Clasico Argentino (C1)
22 Le Gavroche (B1)
23 La Cevicheria (C2)
24 Breizh Café (C2)
25 Le Bougainville (B2)

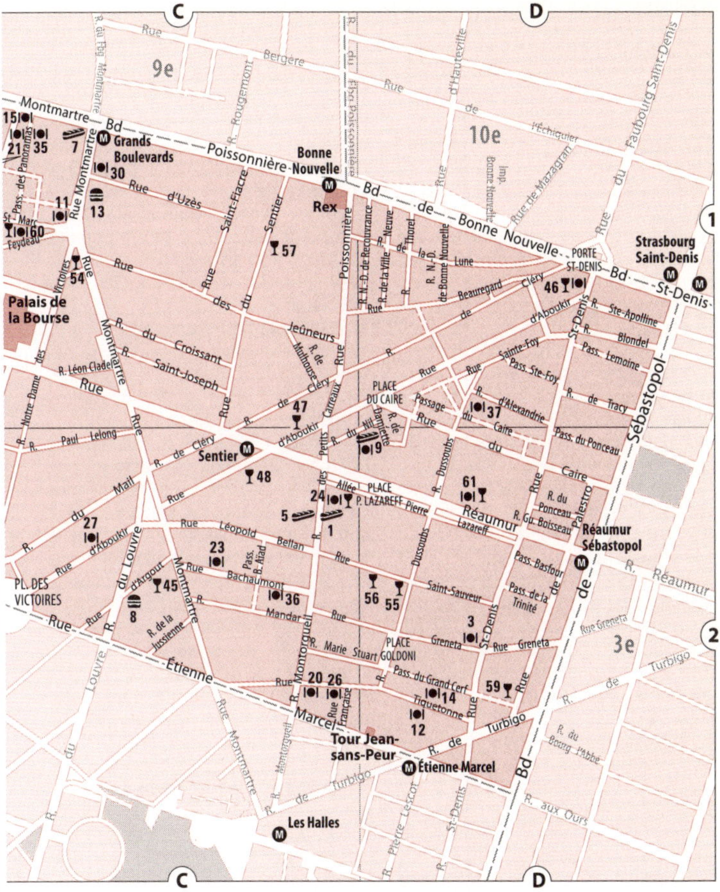


# 2e ARRONDISSEMENT

**26** L'Apibo (C2)
**27** Pollop (C2)
**28** Daroco (B2)
**30** Restaurant Circonstances (C1)
**34** A Noste (B1)
**35** Racines (C1)
**36** Aux Crus de Bourgogne (C2)
**37** Edgar (D1)
**40** Vivre Opéra Garnier (A-B1)

## Où boire un verre ?

**24** Breizh Café (C2)
**28** Danico (B2)
**45** La Jaja (C2)
**46** Hero (D1)
**47** Lockwood (C1-2)
**48** Mabel (C2)
**50** Harry's Bar (A1)
**54** Dédé la Frite (C1)
**55** Avek (D2)
**56** Experimental Cocktail Club (D2)
**57** Jacques' (C1)
**59** Les Cariatides (D2)
**60** Le Truskel (C1)
**61** Uma Nota (D2)

## Très bon marché

**Adar** (plan C1, **17**) : *49, passage des Panoramas, 75002. 06-64-49-18-68. Ⓜ Grands-Boulevards. Ouv 12h-19h ; fermé sam-dim. Résa possible entre 12h et 12h30 uniquement ; après c'est au p'tit bonheur la chance... ou pas. Menu du jour 22-26 €.* Panorama sur la Méditerranée du côté de la cantine-traiteur de Tamir Nahmia, qui concocte une cuisine levantine, pétrie de ses origines multiples d'enfant hongro-égyptien qui a grandi en Israël. Des recettes familiales revisitées où tahini, zaatar, baharat, fines herbes, citrons confits, pickles viennent twister de bons produits hexagonaux. Des influences qu'il associe pour le meilleur. Pour patienter, on trempe la foccacia maison encore tiède à l'huile d'olive dans un tzatziki de chou-rave ou un labne au sumac, avant d'accueillir avec curiosité l'entrée puis le plat du jour. Poulet aux fruits secs, céleri et amandes, encornets farcis à l'agneau, sablé aux dattes... Ne vous avisez pas d'y débarquer en smala, car Adar est de poche et le succès au rendez-vous ! Côté traiteur, quelques sandwichs et salades à emporter et des produits d'épicerie.

**Mûre** (plan C1, **11**) : *6, rue Saint-Marc, 75002. Pas de tél. Ⓜ Grands-Boulevards ou Bourse. Lun-ven 8h30-16h, sam 11h-17h ; service 11h45-15h30. Congés : 1re quinzaine d'août et dernière sem de déc. Formules en sem 11,30-14,30 € ; brunch sam 25 €.* Tout bon, tout bio, voilà le credo de cette minuscule adresse bio-bobo à dominante végétale, pour un petit déjeuner, un déjeuner ou un goûter savoureux. Les chanceux s'installeront dans les canapés moelleux, les autres sur des tabourets hauts. Déco colorée. Dans l'assiette, c'est bien frais : tous les produits (bio) proviennent directement de leur ferme cultivée en permaculture (à côté de Paris) ! Hyper pratique à tout moment de la journée, sur place ou à emporter. Autre adresse : *10, rue de la Boétie (8e).*

***Casa Picaflor – Piscobar*** (plan D2, **12**) : *5, rue Tiquetonne, 75002. ☎ 09-81-77-32-00. Ⓜ Étienne-Marcel ; RER A et B : Châtelet-Les Halles. Ouv le soir seulement : lun-jeu 17h30-minuit, ven-sam 18h-1h (minuit pour la cuisine). Formule 15 € ; carte env 30 €.* Succursale restauration rapide du restaurant *El Picaflor*, situé près du Jardin des Plantes, cette « *cantina peruana* » tranquille propose des spécialités andines, dont une belle déclinaison de ceviches à découvrir avec un vin sud-américain, une bière péruvienne ou un cocktail maison à base de *pisco* bien s(o)ûr ! On peut aussi consommer certains plats sur place.

***Le Camion qui fume*** (plan C1, **13**) : *168, rue Montmartre, 75002. ☎ 01-84-16-33-75. Ⓜ Grands-Boulevards. Tlj 12h-22h (23h jeu-sam). Menus burger-frites-boisson 12,50-14,90 €.* Le fameux *food truck* du *Camion qui fume* a maintenant son resto en dur, plutôt son fast-food d'ailleurs. Finies les queues légendaires et la sauce maison qui vous coule sur les pieds. Si le cadre n'est pas transcendant (industriel basique), les burgers sont toujours de compétition, et on les savoure assis, ce qui change tout. Qualité des produits, cuisson de la viande (*juicy* comme il faut) et des frites, association des saveurs : un sans-faute dans cette catégorie de prix. *Autre adresse au 66, rue Oberkampf, dans le 11e, et des camions (voir la page Facebook).*

**Crêperie Bisou** (plan C1, **15**) : *62-64, passage des Panoramas, 75002. ☎ 09-62-50-35-28. Ⓜ Grands-Boulevards. Tlj sauf dim et lun soir 12h-14h30, 19h-22h. Formule déj 14 € ; carte env 20 €.* Dans un décor clair et dépouillé qui signe le renouveau de la crêperie traditionnelle, on déguste justement des crêpes d'un nouveau genre. Si la « complète » figure en bonne place, les autres propositions cassent définitivement les codes avec des ingrédients d'une qualité et d'une fraîcheur indiscutables. Présentation recherchée. Rayon desserts, quelques pépites comme cette « Olala ! » qui en dit long, et des glaces Geronimi, un excellent glacier corse.

***Blün*** (plan B1, **16**) : *17, rue Saint-Marc, 75002. ☎ 09-81-22-33-47. Ⓜ Bourse ou Grands-Boulevards. Tlj sauf lun soir et sam-dim 12h-15h, 19h-22h. Formules déj 13,90-15,90 € ;*

*le soir, menu 19,90 € ; carte 15-20 €. Apéritif maison ou café offert sur présentation de ce guide.* Une petite crêperie nouvelle génération, originale et accueillante, à la façade pimpante qui contraste avec la déco scandinave en salle. Les galettes et crêpes sont préparées à base de farines bio, avec ou sans gluten, et garnies de produits frais cuisinés maison. Mais la vraie curiosité ici, ce sont les *blün,* des crêpes de sarrasin roulées et servies comme des *wraps* en version salée ou sucrée. Malin et bon ! En revanche, ils ne sont servis que le soir. Une chouette adresse, à l'image de sa jeune équipe.

## Bon marché

|●| ***Le Mesturet*** *(plan B1,* ***18****) : 77, rue de Richelieu, 75002. ☎ 01-42-97-40-68. Ⓜ Bourse ou Quatre-Septembre. ♿ Tlj 12h-23h non-stop. Fermé les 3 premiers w-e d'août. Formules 12-13 € au bar, 26,50-32 € au resto. Apéritif maison offert sur présentation de ce guide.* Ce bistrot au cadre classique et chaleureux a calé ses horaires d'ouverture sur ceux du palais Brongniart ! Dès le matin, il mouline avec des formules petit déj, il frôle la surchauffe le midi, il continue de servir jusqu'au soir les estomacs décalés et il ferme ses portes juste avant minuit pour refaire sereinement les stocks. Une affaire qui roule, où l'on travaille en famille dans la bonne humeur : en salle, la mère et le fils veillent au grain, tandis qu'aux fourneaux le père cuisine des plats traditionnels goûteux avec de bons produits du terroir. Belle carte des vins et desserts irrésistibles ! Plus cosy le soir. Super accueil.

|●| ☂ ***La Grille Montorgueil*** *(plan C2,* ***20****) : 50, rue Montorgueil, 75002. ☎ 01-42-33-21-21. Ⓜ Les Halles ou Étienne-Marcel. Lun-mer 12h-15h, 19h-minuit ; jeu-dim service continu jusqu'à minuit. Fermé à Noël. Formule déj en sem 16,90 € ; plats 15-17 €.* Ce bougnat plus que centenaire, joliment rénové à l'identique, propose une honnête cuisine classique de bistrot. Le comptoir en zinc, qui ondule gentiment depuis 1904, fut le décor de scènes de *Gueule d'amour,* avec Jean Gabin. Aux beaux jours, agréable petite terrasse ensoleillée.

|●| ***Clasico Argentino*** *(plan C1,* ***21****) : 6, passage des Panoramas, 75002. ☎ 09-80-97-76-62. Ⓜ Grands-Boulevards. Lun-ven 12h-15h, 18h-23h ; sam 12h-16h, 18h-minuit ; dim 18h-23h. Formules déj 14-19 € ; menus 23-44 €.* Un de ces p'tits restos monomaniaques, qui propose ici des *empanadas (4 €),* ces merveilles de petits chaussons fourrés, à se damner... La pâte maison, dorée au four, renferme de généreuses garnitures : fromage et oignons, viande hachée, poulet, thon, épinards, etc. En dessert, impossible de faire l'impasse sur la glace au *dulce de leche,* cet incontournable vendu au rayon épicerie, comme les fameux *alfajores. Autres adresses aux 56, rue de Saintonge (ouv dim) et 8, rue du Pas-de-la-Mule (3e), 46, rue Madame (6e), 22, rue Henry-Monnier (9e), 27, rue de Cotte (12e) et 25, rue Pierre-Demours (17e).*

|●| ***Le Gavroche*** *(plan B1,* ***22****) : 19, rue Saint-Marc, 75002. ☎ 01-42-96-89-70. Ⓜ Richelieu-Drouot ou Bourse. Tlj sauf sam midi et dim ; service 12h-15h, 19h-minuit. Formule déj 24 € ; carte env 30 €.* Derrière sa devanture discrète recouverte de réclames, ce bistrot au charme vintage séduit les habitués avec sa belle sélection de beaujolais vendus au verre, à la ficelle ou en bouteille. Pour aller avec, des plats solides de terroir comme le pied de porc pané, le filet de bœuf sauce vigneronne ou les andouillettes. Simple, goûteux, et servi dans la bonne humeur. Le midi, c'est une vraie ruche, mais c'est plus relax le soir !

|●| ***La Cevicheria*** *(plan C2,* ***23****) : 14, rue Bachaumont, 75002. ☎ 09-80-88-58-05. Ⓜ Sentier. Tlj 12h-23h30. Formule déj en sem 16 € ; plat env 15 € ; carte 25-33 €.* Cette adresse chic n'a a priori rien d'un restaurant péruvien, dehors comme dedans : l'ambiance et le décor branchés sont bel et bien parisiens. Mais la carte, elle, ne trompe pas : cocktails et tapas aux notes sud-américaines pour commencer. Les appétits crudivores, amateurs de ceviches et autres *tiraditos,* saliveront devant de belles assiettes, avec néanmoins un léger arrière-goût de trop peu

au regard des prix. Mais la combinaison tient la route, d'autant que le tout est servi avec sourire et détente.

## Prix moyens



|●| **Le Bougainville** *(plan B2, **25**) : 5, rue de la Banque, 75002. ☎ 01-42-60-05-19. Ⓜ Bourse. Tlj sauf dim et lun soir ; service 12h-15h, 19h-22h30 ; en sem, possibilité de prendre des assiettes garnies quand la cuisine est fermée. Plat du jour env 15 € ; formule déj en sem 19 € ; carte 30-35 €.* Le long de la célèbre galerie Vivienne, découvrez ce bistrot hors du temps, offrant dans un cadre sans chichis une solide cuisine de terroir aux accents aveyronnais. Beaucoup de monde le midi. Préférez la salle du fond, avec ses banquettes de moleskine, moins bruyante que celle du comptoir où les fidèles prennent l'apéro. Bon choix de plats (blanquette, bœuf gros sel, poulet fermier rôti, tendre rôti de cochon fermier...), le tout servi généreusement ; viandes grillées et recettes plus légères en été. Ici, pas de tralala, pas besoin d'épater la galerie (Vivienne), service souriant et alerte. Un vrai bistrot comme on les aime !

|●| **L'Apibo** *(plan C2, **26**) : 31, rue Tiquetonne, 75002. ☎ 01-55-34-94-50. Ⓜ Étienne-Marcel ; RER A, B et D : Châtelet-Les Halles. Tlj sauf sam midi et dim 12h-14h, 19h-22h30 (23h ven-sam). Formules déj 22-30 € ; le soir, formule 30 € et menu 41 €.* Anthony Boucher, jeune chef talentueux, ne s'embarrasse pas d'intitulés ronflants et se contente d'annoncer sobrement les ingrédients travaillés : le saumon, le cabillaud... Une fausse simplicité qui cache une cuisine créative, fruit de son expérience et de ses voyages. Au déjeuner, il suffit de piocher parmi la carte très restreinte : 2 entrées, 2 plats, 2 desserts et basta ! Cette petite adresse a de sacrés atouts : une petite salle chaleureuse, un accueil d'une très grande gentillesse, une belle cuisine inventive à prix abordable et une petite terrasse aux beaux jours. Carton plein !

|●| **Breizh Café** *(plan C2, **24**) : 14, rue des Petits-Carreaux, 75002. ☎ 01-42-33-97-78. Ⓜ Sentier. Tlj 11h (10h dim)-minuit (23h dim-lun). Cave à cidres ouv le soir seulement et fermée 3 sem en août. Résa préférable. Formule déj 19,80 € ; le soir, carte 20-40 € selon appétit !* Le Breton de Cancale Bertrand Larcher a conquis la capitale avec ses crêperies gastro. Cette antenne Montorgueil est déjà la 5e à Paris, sans compter le Japon, qui a lui aussi succombé aux « *rolls* » de sarrasin. Ingrédients top (jambon blanc artisanal, beurre Bordier, œufs et saumon bio irlandais...) et créativité constituent la recette du succès. La nouveauté ici réside dans cette cave à cidres (au sous-sol), où sont proposés une soixantaine de cidres de Bretagne et d'ailleurs, ainsi que d'étonnants cocktails à base de cidre qui prouvent que ce breuvage n'a rien de ringard ! Pour accompagner, des assiettes terre-mer, amuse-galettes et *rolls* sucrés à grignoter sans façon dans une atmosphère tamisée. *NOUVEAUTÉ.*

|●| **Pollop** *(plan C2, **27**) : 15, rue d'Aboukir, 75002. ☎ 01-40-41-00-94. Ⓜ Sentier. Lun-sam 12h15-14h15, plus mar-sam 20h-22h30. Formules déj 20-25 € ; le soir, formule et menus 31-35 €.* L'étroite salle-couloir et la pièce bibliothèque du fond sont habillées d'un costume de bistrot contemporain, au design nordique délicat. Le piano est occupé par un chef qui joue une cuisine légère et goûteuse, raffinée et « asiatisante », au rapport qualité-prix épatant le midi. À noter, le savant travail sur les émulsions. Une carte courte, un repas frais et un service gentil comme tout.

|●| **Daroco** *(plan B2, **28**) : 6, rue Vivienne, 75002. ☎ 01-42-21-93-71. Ⓜ Bourse ou Pyramides. Tlj 12h-minuit ; service 12h-15h, 19h-minuit. Résa conseillée. Formule déj 28 € ; carte env 35 €.* Un lieu superbe, autrefois atelier de Jean-Paul Gaultier, où la lumière zénithale et la hauteur cathédrale (qui autorise une belle mezzanine) reflètent l'esprit des lieux : branchitude et dolce vita à la parisienne. Jeunes et moins jeunes, Italiens en goguette, amoureux de l'Italie... accourent pour les savoureuses pizzas cuites au feu de bois ou pour une excellente *pasta al dente*. Une carte courte mais avec des produits de

1re qualité ! Accueil survolté mais toujours chaleureux et professionnel.

🍽 **_Restaurant Circonstances_** *(plan C1, **30**)* **:** *174, rue Montmartre, 75002. ☎ 01-42-36-17-05. Ⓜ Grands-Boulevards ou Bourse. ♿ Tlj sauf w-e et le soir lun-mar ; service 12h-14h30, 19h30-23h. Congés : août. Formule déj 23 € ; le soir, menus 33-47 € ; carte env 36 €. Apéritif maison offert sur présentation de ce guide.* Une belle adresse à deux pas des Grands Boulevards. Pour rejoindre sa table dans la salle chic et sobre, on passe d'abord devant le comptoir derrière lequel le chef et son équipe s'activent en cuisine. Ça donne envie ! Cet ancien de chez Guy Savoy et Alain Dutournier a quitté le monde des gastros pour créer ce lieu où une vraie terrine à l'ancienne fait patienter avant le plat. Pas mal de costumes-cravates le midi, qui cèdent la place aux amoureux en soirée.

## De chic à plus chic

🍽 ☂ **_A Noste_** *(plan B1, **34**)* **:** *6 bis, rue du Quatre-Septembre, 75002. ☎ 01-47-03-91-91. Ⓜ Bourse ou Opéra. ♿ Bar à tapas tlj 12h-23h (22h dim) ; resto tlj sauf dim 12h-14h, 19h-22h. Congés : 23 déc-2 janv, 1er-8 mai et 2-6 août. Tapas de 6 à... 19 € à la truffe ! Au resto gastro à l'étage, menus 29-38 € le midi, 49-60 € le soir ; brunch dim 39 €.* Bienvenue « chez nous » *(a noste)* ! Le nom traduit bien la convivialité des lieux. À commencer par la carte, constituée de généreuses tapas landaises à partager (ou pas !) entre amis sur de hautes tables d'hôtes. Le canard est le produit star (nems, cœurs, tartare, foie gras et de délicieux croustillants de polenta au magret fumé), mais le cochon, les chipirons grillés ou le croquant *fish & chips* assurent tout autant. Formidables planches de desserts servis, là encore, sous forme de tapas. À l'étage, au gastro, la cuisine ne renie pas ses origines, mais elle se veut plus raffinée, les présentations à l'assiette soignées, dans un élégant décor épuré et aux tables bien espacées. Service parfait.

🍽 **_Racines_** *(plan C1, **35**)* **:** *8, passage des Panoramas, 75002. ☎ 01-40-13-06-41. Ⓜ Grands-Boulevards. Lun-ven 12h15-14h, 19h30-22h. Congés : 3 sem en août et 1 sem à Noël. Résa conseillée. Carte 45-60 €.* Ne pas se fier à l'enseigne « Marchand de vin », c'est bien d'un bistrot dont il s'agit. Le chef sarde, Simone Tondo (ex-*Gazzetta*), a investi les 4 m² de la cuisine de ce bistrot de poche. Il mixe traditions sarde et française, avec des produits de saison de 1re qualité. La carte est courte, la cuisine spontanée et pleine de goût. Pensez à réserver, c'est très petit !

🍽 ☂ **_Aux Crus de Bourgogne_** *(plan C2, **36**)* **:** *3, rue Bachaumont, 75002. ☎ 01-42-33-48-24. Ⓜ Sentier ou Étienne-Marcel. Tlj sauf dim 12h-14h30, 19h30-22h30. Formules déj en sem 20-25 € ; carte 45-50 €.* Cette brasserie historique a changé de mains, sans changer de décor : le temps s'est arrêté, et les banquettes de velours rouge sont restées, tout comme les miroirs et les tables nappées. On pourrait presque s'attendre à voir André Malraux, qui y avait ses habitudes, pousser la porte ! Dans l'assiette aussi, la tradition est préservée, avec les œufs en meurette ou les bouchées feuilletées aux ris de veau ; puis ce coq au vin ou ce pied de cochon... Et, s'il reste un peu de place, on terminera en beauté avec cette omelette norvégienne flambée. Le tout servi généreusement. Rien que du traditionnel, et on y vient aussi pour ça. Aux beaux jours, la terrasse fait des envieux. *NOUVEAUTÉ.*

🍽 ☂ **_Edgar_** *(plan D1, **37**)* **:** *31, rue d'Alexandrie, 75002. ☎ 01-40-41-05-69. Ⓜ Sentier ou Strasbourg-Saint-Denis. ♿ Tlj sauf dim soir 12h-14h30, 19h30-22h30 (23h ven-sam) ; sam-dim brunch 12h-15h. Fermé 23-26 déc, 30 déc-1er janv et le midi 4-18 août. Plats 17-22 € le midi, 18-26 € le soir ; brunch 27 €. Cocktails 10-14 €.* Un bar à cocktails avec une belle et paisible terrasse déployée sur la placette, un intérieur stylé années 1950 scandinave, cosy le soir, et une formule maligne, tendance et percutante : des entrées et plats à partager, ainsi que de savoureuses suggestions tournées vers la mer. Bon et frais. Pour changer, on peut aussi traverser la place et s'offrir une pizza à pâte fine (qui a levé pendant 3 jours !) au *Baretto,* l'autre enseigne de la maison.

**Vivre Opéra Garnier** (plan A-B1, **40**) : *3, rue de la Michodière, 75002. ☎ 01-58-22-89-90. Ⓜ Quatre-Septembre, Opéra ou Pyramide. Tlj sauf sam midi et dim-lun 12h-14h30, 19h-22h15 (à partir de 22h, plats en direct). Congés : 3 premières sem d'août et fêtes de fin d'année. Résa conseillée. Formules déj en sem 19-32 € ; menus à partir de 41 € ; carte 40-45 €.* Vivre ? Prenons le temps, en effet, de goûter, de savourer, car ici tout est bon. La cuisine, moderne et soignée, est élaborée avec des ingrédients de petits producteurs (et amis) triés sur le volet. Délicieux ! Quant au vin, il est sélectionné avec précision et conseillé avec passion. Alors on se détend, et on profite d'un beau moment dans un cadre chaleureux, dans la petite salle du rez-de-chaussée ou dans la jolie cave prolongée par un salon cosy, avec des bouquins.

**Aux Lyonnais** (plan B1, **19**) : *32, rue Saint-Marc, 75002. ☎ 01-42-96-65-04. Ⓜ Bourse, Quatre-Septembre ou Richelieu-Drouot. Tlj sauf sam midi et dim-lun ; service 12h-14h, 19h30 (19h ven-sam)-22h. Congés : août et 1 sem à Noël. Résa indispensable. Formules déj 28-34 € ; menu 35 € ; carte env 50 €.* Un bouchon historique traditionnel plus que centenaire (cadre rétro superbe), tenu par un proche d'Alain Ducasse. La carte reprend les grands classiques lyonnais tels que ravioles, rognons et quenelles. Les produits sont frais. Dommage que les vins alourdissent tant l'addition !

## Où boire un verre ?

**La Jaja** (plan C2, **45**) : *56, rue d'Argout, 75002. ☎ 09-52-12-41-01. Ⓜ Sentier. Tlj sauf dim-lun 17h-2h.* Ce microbar ressemble à un joyau dans son écrin. Entre moulures dorées rococo, fresque baroque au plafond et imposants miroirs, l'esprit de Serge Gainsbourg rôde, sous des notes électro-rock ! Les trentenaires décontract' et branchés se pressent au comptoir circulaire à l'heure de l'apéro et débordent joyeusement sur la terrasse et la rue piétonne.

**Hero** (plan D1, **46**) : *289, rue Saint-Denis, 75002. ☎ 01-42-33-38-01. Ⓜ Strasbourg-Saint-Denis. Tlj 12h-14h30, 19h-23h. Fermé 24-25 déc et 31 déc-1er janv. Cocktails 11-12 €. Food 3-18 € ; formules déj 13-16 € ; carte env 20 €. Tt verre doit être accompagné d'une commande de nourriture (licence).* Ici voisinent sans tapage *street food* et cocktails exotiques, inspirés par les saveurs du pays du Matin calme : la Corée. Vous aurez ainsi le plaisir de goûter au *yangnyeom,* une spécialité de poulet grillé, à accompagner d'un subtil breuvage au *makgeolli* ou au *soju* (alcools de riz). Ces merveilles peuvent se déguster au comptoir du rez-de-chaussée avec les sympathiques mixologistes, comme dans la salle sobre à l'étage, organisée autour d'un évier central pour se rincer les mains. Une curiosité !

**Uma Nota** (plan D2, **61**) : *86, rue Réaumur, 75002. ☎ 01-42-33-07-71. Ⓜ Réaumur-Sébastopol. ♿ Tlj 11h45-14h30, 18h30-1h. Caïpirinha 9,50 € ; cocktail 13 €. Tapas 6-10 €. Digestif maison offert sur présentation de ce guide.* Ce joli bar, installé dans un immeuble en fonte du XIXe s, jette un pont entre Brésil et Japon. En entrant, on est happé par les couleurs de l'escalier couvert de mosaïques, hommage réussi à Rio de Janeiro. Pour siroter, on choisit parmi une flopée de caïpirinhas ou de suaves cocktails, préparés à base de cachaça, saké ou whisky japonais ; pour grignoter, tapas et petits plats malins, entre *pasteis de carne,* yakitori ou ceviches bien relevés. Dépaysant !

**Lockwood** (plan C1-2, **47**) : *73, rue d'Aboukir, 75002. ☎ 01-77-32-97-21. Ⓜ Sentier. ♿ Mar-sam 18h-2h, brunch sam-dim 10h-16h. Fermé dim soir et lun. Cocktails 11-14 €.* Le *Lockwood,* c'est l'exemple parfait de la reconversion progressive du quartier du Sentier, voué autrefois à la confection. Dans cette belle adresse, on fête l'*aperitivo* comme à Turin à la sortie des bureaux (buffet offert à 18h). Mais le clou du spectacle intervient à partir de 19h30, au sous-sol : dans un réseau de magnifiques caves voûtées, on déguste des cocktails inventifs et suaves, sur fond de jazz lascif ou de folk illuminé. Plats à partager et brunch le week-end.

**Mabel** *(plan C2,* ***48****) : 58, rue d'Aboukir, 75002. ☎ 01-42-33-24-33. Ⓜ Sentier. Tlj sauf dim 19h-2h (minuit lun-mer, 1h jeu). Rhums à ts les prix ; cocktails 13-15 €. Grilled cheese 6-8,50 €.* Plus besoin d'embarquer sur un voilier pour faire la Route du rhum ! Ce fameux bar relax et cosy, pourtant bien caché derrière une échoppe de *grilled cheese* (pratique en cas de faim subite !), vous servira d'esquif pour votre périple. On teste ici sa connaissance du rhum en compagnie de Joseph Akhavan, maître en la matière. Qu'il soit issu de vesou ou de mélasse, blanc ou vieilli en fût, de tradition anglaise, française ou espagnole, vous trouverez sans mal celui qui vous ressemble : le bar en possède plus de 100 différents ! La carte des cocktails est remarquable.

**Harry's Bar** *(plan A1,* ***50****) : 5, rue Daunou, 75002. ☎ 01-42-61-71-14. Ⓜ Opéra. Lun-sam 12h-2h, dim 16h-1h. Cocktails à partir de 14 €.* C'est le QG des Américains à Paris depuis 1911, et des célébrités comme Hemingway y avaient leurs habitudes. Le bar est également devenu célèbre pour l'organisation de ses votes fictifs la veille de l'élection présidentielle aux États-Unis. Il s'est rarement trompé depuis 1924... mais n'avait pas vu venir Trump ! Dans un décor de moleskine rouge et de boiseries, la clientèle, plutôt sage en début de soirée, tombe la veste au fil des heures et des verres... grâce à un choix de boissons vertigineux : plus de 500 cocktails (le fameux bloody mary a été créé ici !) et près de 300 whiskies. Idéal aussi pour finir la nuit, d'autant qu'il y a un super pianobar planqué au sous-sol.

**Danico** *(plan B2,* ***28****) : 6, rue Vivienne, 75002. Ⓜ Bourse ou Pyramides. ♿ Accès via le resto Daroco. Tlj 18h-2h. Cocktails 14-20 €.* Intimiste et convivial, c'est le bar chic et hype du fameux resto *Daroco.* Les amateurs de cocktails s'y régalent de créations originales préparées avec dextérité. Décor classieux, transcendé par la vue sur la superbe galerie Vivienne.

**Dédé la Frite** *(plan C1,* ***54****) : 135, rue Montmartre, 75002. ☎ 01-40-41-99-90. Ⓜ Grands-Boulevards ou Bourse. Lun-ven 8h-2h, sam 9h-2h, dim 9h-minuit. Snacks 3-8 €.* Un repaire sûr du quartier des Grands Boulevards qui a ses adeptes et ses convertis. Bières, vins et snacks sont servis généreusement (très bonnes frites, Dédé !), en terrasse (sur 2 rues différentes), dans la grande salle colorée et datée façon bistrot parigot ou dans la salle à l'étage. Idéal pour l'apéro ou avant de sortir dans les clubs du quartier. Ambiance très relax.

**Avek** *(plan D2,* ***55****) : 21, rue Saint-Sauveur, 75002. 📱 06-60-27-10-90. Ⓜ Sentier. Lun-sam 18h-2h. Happy hours jusqu'à 21h. Cocktails 6-12 €.* Dans une ruelle calme du très animé quartier Montorgueil, une excellente adresse pour un bon cocktail, en début comme en fin de soirée. Les poutres apparentes et la lumière douce invitent aux confidences quand la foule n'assaillit pas le comptoir. Attention, ce bar très prisé pourrait rapidement devenir votre QG !

**Experimental Cocktail Club** *(plan D2,* ***56****) : 37, rue Saint-Sauveur, 75002. ☎ 01-45-08-88-09. Ⓜ Sentier ou Réaumur-Sébastopol. Tlj 19h (20h dim)-2h (4h ven-sam). Cocktails à partir de 13 €.* Derrière un lourd rideau de velours, on pénètre dans ce « laboratoire » soyeux et raffiné, tout en poutres et pierres apparentes. On y distille d'excellents cocktails à la manière de scientifiques. La carte suit les saisons et change donc très souvent. Une raison de plus pour revenir.

**Jacques'** *(plan C1,* ***57****) : 30-32, rue du Sentier, 75002. ☎ 01-85-65-75-75. Ⓜ Grands-Boulevards. Au fond de la cour, au 1er étage. Tlj 18h-1h (2h ven-sam). Cocktails 12-15 €.* L'hôtel *The Hoxton,* débarqué du Londres le plus branché, possède plusieurs bars recommandables. Vaste lounge dans le *lobby,* qui déborde dans le patio quand il fait beau, mais aussi un long comptoir installé au fond du resto (bruyant) et un bar à vins plus cosy. Notre préféré, c'est toutefois le *Jacques',* un bar à cocktails intime, caché en haut d'un majestueux escalier. La déco est fleurie, inspirée par Jacques Majorelle et sa villa marrakchie. Côté breuvages, belle carte tout en subtilité, qui change avec les saisons et l'humeur des accueillants barmen.



**Les Cariatides** *(plan D2,* ***59****) : 3, rue de Palestro, 75002. ☎ 01-42-36-19-72. Ⓜ Étienne-Marcel. Tlj 18h-4h (5h ven-sam, 23h dim).* Happy hours *18h-23h. Cocktails 7-9,50 €.* Un petit bar atypique. On se sent vite à l'étroit, mais l'équipe y assure une convivialité bon enfant. Bons cocktails et rhums arrangés. Priorité ici aux concerts de jeunes talents, aux one-man-show *(sam à 20h30)* et aux spectacles en tout genre (concerts acoustiques, expositions...), dans la petite salle voûtée au sous-sol.

**Le Truskel** *(plan C1,* ***60****) : 12, rue Feydeau, 75002. ☎ 01-40-26-59-97. Ⓜ Bourse ou Grands-Boulevards. Tlj sauf dim-lun 19h-5h. Consos 3-8 €.* C'est une adresse hybride entre le pub, la petite salle de concerts à tendance folk et le mini-*dancefloor* au pied levé. Les enfants du rock et de la pop-rock de tous âges, en majorité des 20-35 ans, se retrouvent pour y écouter live et DJs, sauf lorsqu'il s'agit de commenter les retransmissions sportives !

**Breizh Café** *(plan C2,* ***24****) : 14, rue des Petits-Carreaux, 75002. ☎ 01-42-33-97-78. Ⓜ Sentier. Tlj 11h (10h dim)-minuit (23h dim-lun). Cave à cidres ouv le soir seulement et fermée 3 sem en août. Résa préférable.* Voir plus haut dans la rubrique « Où manger ? », pour leur cave à cidres. *NOUVEAUTÉ.*

# 3^e ARRONDISSEMENT

• Plan *p. 36-37*

**Délimité à l'ouest par le boulevard de Sébastopol et à l'est par le boulevard du Temple, le 3^e est l'arrondissement parfait pour un *road trip* culinaire. Auvergnats, bretons, basques, provençaux, les restos du coin mettent à l'honneur les bons plats de nos régions. Et pour qui voudrait voyager plus loin, le marché des Enfants-Rouges offre une belle palette de cuisines du monde (japonais, italien, marocain, etc.). On peut s'installer au coude-à-coude sur les grandes tablées ou, mieux, déguster son casse-croûte dans le square du Temple, juste à côté, aux beaux jours. Le quartier attire les foules le dimanche (les commerces y sont ouverts), alors laissez-vous tenter par un bon brunch, avant d'entamer une balade digestive dans les rues animées. Pour boire un verre, la rue Vieille-du-Temple remporte les suffrages des habitués et des jeunes branchés : suivez le mouvement !**

## Où manger ?

### Sur le pouce

**Les stands du marché des Enfants-Rouges** *(plan B2,* ***2****) : 39, rue de Bretagne, 75003. Ⓜ Filles-du-Calvaire. Tlj sauf lun 8h-20h30 (17h dim). Plats ou formules du jour 13-15 €.* C'est la cantine préférée des amoureux du quartier, qui viennent avant le service humer les parfums se dégageant des différents stands pour voir ce qui se prépare de bon. Sous la grande halle du marché couvert, l'un des plus vieux de Paris, vous avez le choix des régions et des nationalités. Juste quelques tables par-ci par-là, ou des comptoirs où s'accouder en bonne compagnie. Vous êtes plus Japon que burger, végétarien que libanais, italien qu'antillais ? Explorez !

**Taeko** *(plan B2,* ***1****) : 39, rue de Bretagne, 75003. ☎ 01-48-04-34-59. Ⓜ Filles-du-Calvaire. Tlj sauf lun 11h30-18h (17h sam, 16h dim). Plats 13-16 €.* Cantine japonaise installée sous la grande halle du marché des Enfants-Rouges, dans une sorte de grand box en métal cylindrique. Bentos savoureux à prix sages garnis d'ingrédients crus ou cuits, dans lesquels on plonge les baguettes avec délice. Service rapide et attentionné, comme à Tokyo.

**Ruisseau Burger Joint** *(plan A2,* ***4****) : 22, rue Rambuteau, 75003. ☎ 01-43-70-02-21. Ⓜ Rambuteau. Tlj 12h-22h30. Congés : 10-17 août, soir du 24 déc et 25 déc. Menu 13 €.* La viande est limousine, le pain est maison, et les frites sont préparées en 2 cuissons, comme il se doit. N'en jetez plus ! Ici, le burger n'est pas un pis-aller mais une préparation soignée dont les associations gourmandes permettent de se régaler à moindre coût, et sans y passer la moitié de la journée. En même temps, la microsalle façon couloir de bois n'est pas désagréable, mais elle n'incite pas non plus à prolonger les agapes. Accueil jeune et très sympa.

**Pontochoux** *(plan C2,* ***3****) : 18, rue du Pont-aux-Choux, 75003. ☎ 09-86-70-77-00. Ⓜ Filles-du-Calvaire. Tlj sauf lun 11h30-19h30 (18h dim). Plats 12-15 €.* Taeko, du resto du même nom du marché des Enfants-Rouges, élargit notre conception de la cuisine japonaise avec le curry. Servi après avoir mijoté pendant des heures, il est accompagné de viande (poulet frit, porc pané, bœuf – voire en version végétarienne), de petits légumes (radis noirs, chou vert, jeunes pousses...) et de riz. Délicieux ! Accueil sympa, mais attendez-vous à patienter en période d'affluence (l'échoppe se résume à

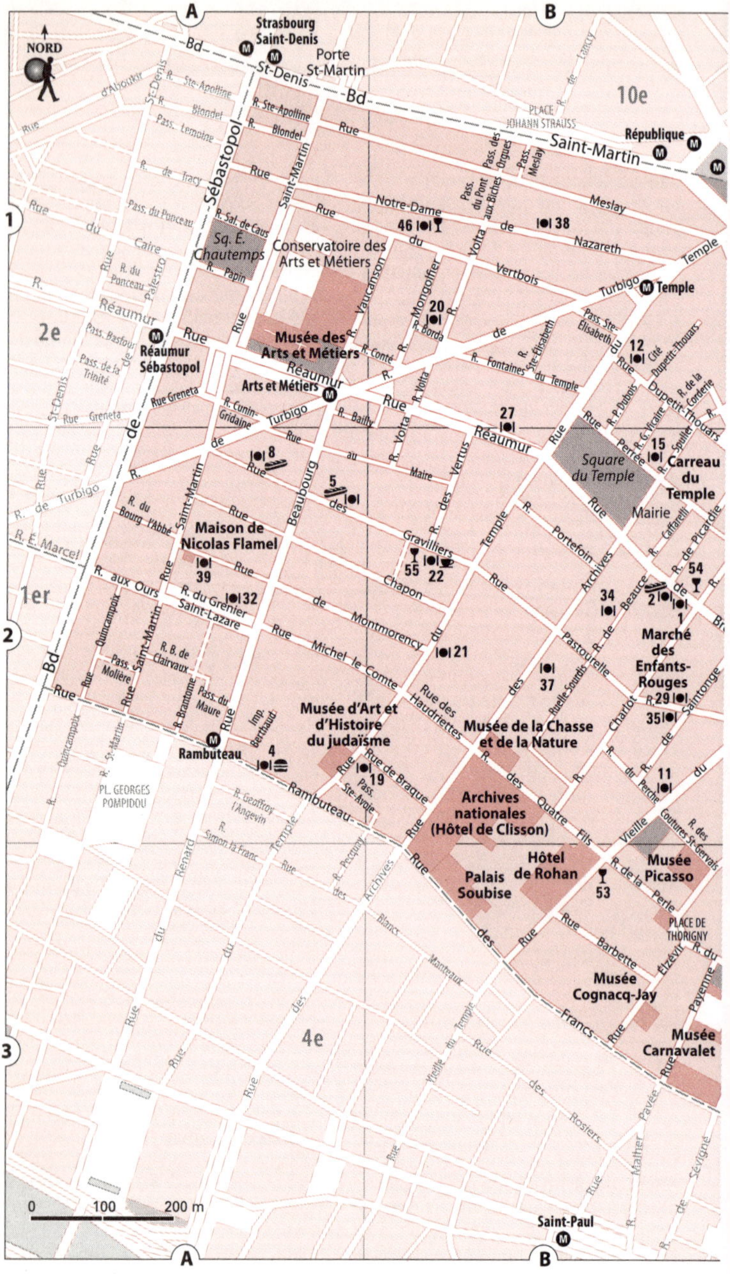
NORD
A
B
1
2
3
Strasbourg Saint-Denis
Porte St-Martin
Bd St-Denis
Bd Saint-Martin
10e
PLACE JOHANN STRAUSS
République
Rue Meslay
Rue Notre-Dame de Nazareth
Rue du Vertbois
Temple
Rue de Turbigo
Sq. É. Chautemps
Conservatoire des Arts et Métiers
Musée des Arts et Métiers
Rue Réaumur
Réaumur Sébastopol
Arts et Métiers
Bd de Sébastopol
Rue Saint-Martin
Rue Beaubourg
Rue au Maire
Rue des Gravilliers
Rue Chapon
Rue de Montmorency
Rue Michel le Comte
Rue des Haudriettes
2e
1er
4e
Maison de Nicolas Flamel
Square du Temple
Carreau du Temple
Mairie
Marché des Enfants-Rouges
Musée d'Art et d'Histoire du judaïsme
Musée de la Chasse et de la Nature
Archives nationales (Hôtel de Clisson)
Hôtel de Rohan
Palais Soubise
Musée Picasso
PLACE DE THORIGNY
Musée Cognacq-Jay
Musée Carnavalet
Rambuteau
Rue Rambuteau
PL. GEORGES POMPIDOU
Rue des Francs Bourgeois
Rue de Bretagne
Rue Vieille du Temple
Rue des Rosiers
Saint-Paul
0
100
200 m
1
2
4
5
8
11
12
15
19
20
21
22
27
29
32
34
35
37
38
39
46
53
54
55

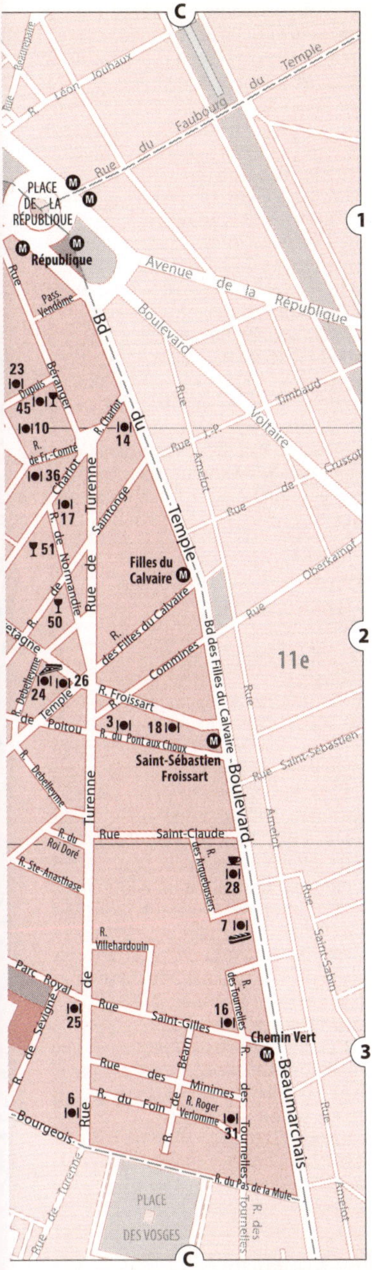


## Où manger ?

1 Taeko (B2)
2 Les stands du marché des Enfants-Rouges (B2)
3 Pontochoux (C2)
4 Ruisseau Burger Joint (A2)
5 Mastronucci (A2)
6 Atelier Miki (C3)
7 Neighbours (C3)
8 Kitchen (A2)
10 Gigi (C1-2)
11 Breizh Café (B2)
12 Máncora Cebicheria (B1)
14 Goku Asian Canteen (C1-2)
15 The Broken Arm (B1-2)
16 Les Caves Saint-Gilles (C3)
17 La Briciola (C2)
18 Malro (C2)
19 Le Reflet Paris (A-B2)
20 Divin'Art (B1)
21 Pessic (B2)
22 Café Ineko (B2)
23 L'Aller-retour (C1)
24 BigLove Caffè (C2)
25 Le Café des Musées (C3)
26 Le Progrès (C2)
27 Supernova (B1-2)
28 La Maison Plisson (C3)
29 Chez Nénesse (B2)
31 Chez Janou (C3)
32 L'Ambassade d'Auvergne (A2)
34 Les Enfants Rouges (B2)
35 Soma (B2)
36 Les Chouettes (C2)
37 Dessance (B2)
38 Elmer (B1)
39 Auberge Nicolas Flamel (A2)

## Bars à vins

45 Le Barav (C1)
46 NordMarais (B1)

## Où boire un verre ?

50 Candelaria (C2)
51 Little Red Door (C2)
53 La Perle (B3)
54 Café Charlot (B2)
55 Bar de l'hôtel Jules et Jim (B2)

8 places et quelques tabourets sur le trottoir !). Sinon, reste l'alternative à emporter.

**L'Atelier Mikki** (plan C3, **6**) : *33, rue de Turenne, 75003. ☎ 01-45-31-58-06. Ⓜ Saint-Paul. Tlj sauf lun 11h-22h30. Formules 9,50-13,50 €.* Entre la crêpe et le maki, on voyage de la Bretagne au Japon : des crêpes revisitées présentées sous forme d'originaux makis japonais. Les créations de Mikki sont élaborées avec de bons produits biologiques. Tout est fait maison. Côté salé, champignons shiitakés, chèvre, aubergine, saumon ikura... Côté sucré, on revisite des desserts traditionnels comme le paris-brest, la tarte au citron meringuée, le far breton... À emporter ou à consommer sur place sur les tabourets hauts des 2 petits comptoirs. Végétariens et allergiques au gluten ou au lactose trouveront également leur bonheur ! *NOUVEAUTÉ.*

3e

**Mastronucci** (plan A2, **5**) : *48, rue des Gravilliers, 75003. ☎ 01-56-06-91-32. Ⓜ Arts-et-Métiers. Lun 11h-14h30 ; mar-ven 11h-14h30, 16h30-20h ; sam 11h-20h. Congés : 2 sem en août. Formule déj 11,50 € ; paninis 6-12 €, salade 7 €, antipasti env 8 €, bruschetta 8 €, desserts 3-3,80 €. Café offert sur présentation de ce guide.* Une petite épicerie italienne avec de grands produits en provenance directe de la Botte (jambon de Parme, huile d'olive bio, poivrons, courgettes et artichauts des Pouilles...). La spécialité, ce sont ces paninis au pain concocté façon pâte à pizza, tiède et moelleux, déclinés en 15 recettes et toujours garnis de roquette et mozza ! Également de bonnes salades. *Delizioso !*

**Neighbours** (plan C3, **7**) : *89, bd Beaumarchais, 75003. Ⓜ Saint-Sébastien-Froissart ou Chemin-Vert. Lun-ven 8h30-16h, sam-dim 9h-17h. Plats env 11-15 €.* Discret mais stratégiquement situé, ce petit local pimpant au mobilier rétro est une bonne halte à toute heure. Le matin, *granola* ou *carrot cake* permettent de commencer la journée en fanfare, tandis qu'au déjeuner *crumpets* et plats du jour sans frontière (les propriétaires sont australiens) font mieux que caler un petit creux. Quant au café, spécialité de *Neighbours,* il est toujours au top. Et si l'inspiration survient pendant la dégustation, il y a quelques crayons pour pondre un dessin qu'on ira punaiser aux toilettes !

**Kitchen** (plan A2, **8**) : *74, rue des Gravilliers, 75003. ☎ 09-52-55-11-66. Ⓜ Arts-et-Métiers. Lun-ven 8h-15h, sam-dim 8h-16h. Congés : Noël-lun suivant le Jour de l'an. Compter env 15 € ; plats 7,50-14 €, sandwichs 7-8 €, pancake 9,50 €.* Un bastion new-yorkais grand comme un mouchoir de poche. Bon plan pour le petit déj : muesli, cookies, pancakes, *açai bowls,* muffins et autres douceurs *gluten free.* À moins que tout ça ne fasse office de dessert... Pour le déjeuner, *veggie stew* (riz complet, légumes, graines germées et sauce du jour), *futomaki* au radis japonais ou à la mangue, bagels, soupes, salades... À déguster sur de grandes tables dans une ambiance relax. Très bon, bio et bobo en diable !

## De très bon marché à bon marché

**Gigi** (plan C1-2, **10**) : *4, rue de la Corderie, 75003. 📱 07-83-58-75-30. Ⓜ République ou Temple. Tlj sauf lun 12h-22h30 (17h dim). Congés : 2 sem en août. Formules déj en sem 9,90-14,90 € ; carte env 20 €. Vins au verre à partir de 5 € et cidre 3 €.* Le nom fait référence à la crêperie *Gigi* dans *Les bronzés font du ski* ! Devanture toute blanche, terrasse avec tables communes et chauffage. À l'intérieur, on peut manger en tête à tête mais l'ambiance reste tout aussi chaleureuse, jeune et relax. À l'apéro, on se régale d'un assortiment de minicrêpes en bouchées. Puis on poursuit avec les délicieuses galettes, classiques ou aux préparations plus élaborées. Les crêpes dessert ne sont pas en reste ! Belle sélection de cidres d'artisans et de vins nature.

**Breizh Café** (plan B2, **11**) : *109, rue Vieille-du-Temple, 75003. ☎ 01-42-72-13-77. Ⓜ Filles-du-Calvaire, Saint-Sébastien-Froissart ou Saint-Paul. Tlj 10h-23h. Résa impérative. Galettes env 7-15 €, crêpes env 6-10 €.* Une crêperie célèbre, où les gourmands investissent en masse la salle au cadre sobre et tendance pour se régaler de galettes top niveau. Ici, le beurre est griffé Bordier, les charcuteries sont artisanales, la farine est bio (ainsi que les ingrédients quand c'est possible), et les cidres fermiers sont triés sur le volet (comme le très fameux Bordelet). Suggestions à l'ardoise qui sortent des crêpières battues. On comprend le succès.

**Máncora Cebicheria** *(plan B1, **12**) : 16, rue Dupetit-Thouars, 75003. ☎ 01-43-48-47-65. Ⓜ Temple. Tlj 12h-14h30 (15h w-e), 19h-22h30 (23h ven-sam). Congés : 23 déc-5 janv. Attention, pas de résa. Formule déj en sem 16 € ; plats 14-20 € ; carte env 30 €.* Ce petit restaurant péruvien flanqué d'une conviviale terrasse fait voyager : ambiance hispanique chaleureuse, musique de fond et banquettes colorées. Un service vivant pour vous guider dans la carte, réduite oui, mais synonyme de fraîcheur. Si les ceviches sont à l'honneur, *anticuchos* et *causas* sont aussi proposés sous forme de tapas à partager ou en accompagnement. Cuisine copieuse, fine et relevée à souhait (papilles sensibles, s'abstenir !).

**Goku Asian Canteen** *(plan C1-2, **14**) : 27, bd du Temple, 75003. ☎ 01-56-58-08-53. Ⓜ République. ♿ Tlj sauf le midi dim-lun 12h-15h, 19h-23h. Congés : 1er janv et 2 sem en août. Plats env 14-20 € ; formule déj 18 € ; carte env 30 € ; brunch dim 25 €. Apéritif maison offert sur présentation de ce guide.* C'est l'histoire de 2 potes, l'un d'origine asiatique, l'autre pas, fous de ce que l'Asie du Sud-Est propose à sa table. Ils se sont mis en tête de reproduire, avec succès, les morceaux choisis de l'art culinaire de toute la région, sans se cantonner à un pays. On navigue entre nems, bo bun, burgers américano-japonais au pain noir, viandes marinées et grillées à la thaïe, yakitoris, poulet à la coréenne... La carte s'envole d'un pays à l'autre avec allégresse, et l'atterrissage des papilles se fait en douceur. Le pancake thaï conclut avec délice cette escapade orientale dans ce petit resto jeune et relax au cadre sobre.

**The Broken Arm** *(plan B2, **15**) : 12, rue Perrée, 75003. ☎ 01-44-61-53-60. Ⓜ Temple. Mar-sam 11h-19h ; service 12h-15h30. Plats 7-14 €.* D'un côté, une boutique de créateur ; de l'autre, le coin resto (séparé par une porte vitrée), façon *coffee shop* scandinave, dont les grandes ouvertures, sur le square du Temple, inondent l'ensemble de lumière. Les fashionistas adorent et s'y régalent de petites assiettes de saison, gourmandes et *healthy,* comme on dit. Une halte très agréable dans l'univers branché du quartier. Bien aussi pour un bon petit déj ou un 4-heures.

**Divin'Art** *(plan B1, **20**) : 4, rue Borda, 75003. ☎ 01-42-71-01-64. Ⓜ Arts-et-Métiers. ♿ Lun-sam 10h-23h, dim 12h-21h. Galettes 10-12 €, crêpes 2,50-6 € ; carte env 15 €. Vin au verre 5 €.* En salle ou sur la très agréable terrasse (tranquille... et chauffée !), on se régale de bonnes galettes de sarrasin, élaborées avec des produits de qualité et des œufs bio. Des recettes iodées, comme la saumon fumé et fondue de poireaux, ou divinement sucrées, à la farine de froment, comme la crème de citron maison ou la crème de marron. Service charmant et attentionné.

**Les Caves Saint-Gilles** *(plan C3, **16**) : 4, rue Saint-Gilles, 75003. ☎ 01-48-87-22-62. Ⓜ Chemin-Vert. Tlj 8h-2h. Formules déj 16-20 € ; tapas env 5-24 €.* Une bodega espagnole en bordure du Marais avec déco typique d'affiches de corrida et murs d'azulejos. Tapas chaudes et froides à toute heure, charcuterie ibérique, poissons, calamar, seiches *a la plancha,* et paella le week-end. Vins de Catalogne, de Navarre et de Galice. Un classique dans sa catégorie.

**La Briciola** *(plan C2, **17**) : 64, rue Charlot, 75003. ☎ 01-42-77-34-10. Ⓜ Filles-du-Calvaire ou République. Tlj sauf dim 12h-14h30 (15h sam), 19h30-23h (23h30 ven-sam). Congés : 2 sem mi-août et 1 sem pdt les fêtes de fin d'année. Plats 10-15 € ; carte env 25 €. Limoncello offert sur présentation de ce guide.* Une adresse discrète, où les habitués venus en voisins investissent les tables en formica bien agencées. Côté cuisine, c'est du bon et de l'authentique, avec quelques *antipasti* en entrée, suivis d'un choix de pizzas garnies de produits bien frais ou de bons petits plats italiens. Vins de toute l'Italie et bon *vino della casa*.

## Prix moyens

**Le Reflet Paris** (plan A-B2, **19**) : *11, rue de Braque, 75003. Ⓜ Rambuteau. Mar-ven 12h-14h, plus mer-sam 19h30-22h30. Formules le midi 16-20 € ; 28-32 € le soir.* Un restaurant « extraordinaire » (sic), qui prolonge une belle aventure débutée à Nantes. Un lieu attendrissant où le service est assuré par une majorité de personnes atteintes de trisomie 21. On aimerait être accueillis dans tous les restaurants de la capitale avec autant de sourires, d'application et de professionnalisme ! Le cadre, au design nordique, est cosy et chaleureux, et la cuisine, maison et de saison, on ne peut plus savoureuse, traditionnelle, avec quelques touches exotiques. Cette jolie cantine de quartier fait souvent le plein, il est prudent de réserver.

3e

**Café Ineko** (plan B2, **22**) : *13, rue des Gravilliers, 75003. ☎ 09-67-87-23-10. Ⓜ Arts-et-Métiers. Mar-sam 10h-17h (déj servi 12h-15h). Carte 25-35 €.* Paisible, lumineux et joliment champêtre, le *Café Ineko* est une enclave de sérénité au cœur d'une rue animée. Dans ces conditions, difficile de ne pas se sentir à l'aise sur la terrasse de poche (couverte), sous la verrière, ou à la table d'hôtes, d'autant que l'accueil est aussi efficace que souriant. Reste à piocher sur l'ardoise archi-courte parmi des plats de saison frais et soignés, qui ne font pas dans l'esbroufe mais traduisent le respect d'ingrédients top niveau. Tout est délicieux, de même que les desserts bien gourmands au goût de revenez-y ! C'est d'ailleurs ce que l'on fera pour le goûter.

**Malro** (plan C2, **18**) : *7, rue Froissart, 75003. ☎ 01-42-77-38-47. Ⓜ Saint-Sébastien-Froissart. Tlj sauf lun. Congés : 2 sem en août. Formule déj en sem 20 € ; carte 25-30 €.* Si tous les participants de *Top Chef* étaient du niveau de Denny Imbroisi, on ne saurait plus où donner de la fourchette ! Passé le côté branché-un peu bruyant-hall de gare le soir (bien plus tranquille à midi), on découvre avec bonheur une cuisine méditerranéenne au sens large, offrant de belles envolées gustatives. L'Italie est là (pizzas et *pasta* délicieuses et à prix doux), mais le reste de la grande bleue est bien présent avec par exemple une *chakchouka* du tonnerre et un houmous à lécher le plat. 2 autres points forts, rares dans les lieux mode : tout est servi avec générosité et sourire. *NOUVEAUTÉ.*

**L'Aller-retour** (plan C1, **23**) : *5, rue Charles-François-Dupuis, 75003. ☎ 01-42-78-01-21. Ⓜ République ou Temple. Tlj sauf le midi sam-dim ; service 12h-14h30, 19h30-23h. Fermé 23-25 déc et 31 déc-1er janv. Formule déj 11,90 € ; plats 14-24 € ; carte env 30 €.* Une petite adresse qui dépote dans la bonne humeur le midi, plus cosy le soir avec ses lumières douces et son fond de musique jazzy. Attention, végétariens, passez votre chemin, car ici, c'est un repaire de viandards ! La bidoche, sélectionnée et travaillée avec soin, est servie, si on le désire, avec de vraies frites maison. Et un bon choix de vins. On s'est régalés !

**Pessic** (plan B2, **21**) : *102, rue du Temple, 75003. ☎ 09-54-33-10-11. Ⓜ Rambuteau. Tlj sauf dim-lun 12h-14h30, 19h-22h30. Formule déj en sem 18 € ; carte 25-35 € ; tapas 12-16 €.* La nouvelle cuisine espagnole s'installe à Paris ! Des produits frais importés des terres ibères, une créativité méditerranéenne, des portions généreuses qui relèvent plus de la *ración* que de la petite *tapa* (3 plats suffisent pour 2, surtout suivis d'un dessert), et une déco carrelage clinique et bois brut. Oubliée, la rue du Temple : on est dans l'Espagne d'aujourd'hui. Les traditionnalistes retrouveront des croquettes et une excellente charcuterie (délicieux jambon *bellota* en particulier), les autres piocheront avec audace dans les propositions de la saison. Parfois, sur commande, paella aussi valencienne que les jeunes patrons, dont l'accent est déjà un voyage. Courte carte des vins (qui plombent vite la note). Un bon rapport qualité-prix-plaisir.

**BigLove Caffè** (plan C2, **24**) : *30, rue Debelleyme, 75003. ☎ 01-42-77-41-53. Ⓜ Filles-du-Calvaire ou*

*Saint-Sébastien-Froissart. Tlj 12h-14h30 (15h45 w-e), 19h-22h45. Pas de résa. Plats 13-21 €.* À voir les files d'attente qui s'allongent avant même l'ouverture, on devine que ce *caffè* archi-branché ne fait pas les choses à moitié. Il fleure bon le (ré)confort et la convivialité, et nous transporte quelque part, à mi-chemin entre trattoria napolitaine et épicerie d'un autre temps, grâce à un savant amoncellement de sachets d'épices, pots de légumes secs, conserves qui grimpent le long des murs et jambons de Parme en suspension. C'est beau mais c'est bon aussi, qu'il s'agisse des pâtes ou des belles pizzas sans gluten, pour suivre la tendance du moment. Jolie sélection de cafés torréfiés sur place dans une superbe machine Belle Époque. Service sympa.

**Supernova** (plan B1-2, **27**) **:** *12, rue Réaumur, 75003. ☎ 01-40-09-03-01. Ⓜ Arts-et-Métiers, République ou Temple. Lun-ven 12h-14h30, 19h30-22h30 ; sam 12h30-15h, 19h30-23h ; dim 12h30-15h. Formules déj en sem 16-21 € ; carte env 30 € ; brunch dim 27,50 €. Café offert sur présentation de ce guide.* Reconversion professionnelle réussie pour ce jeune patron qui s'est lancé dans l'aventure culinaire ! En souvenir des recettes de sa *nonna* (grand-mère) italienne, de son goût pour l'accueil et de sa passion pour la cuisine, Sacha a voulu en faire un lieu gourmand. Amateurs de pizza, passez votre chemin. Ici, on privilégie les produits frais et authentiques, surtout le poisson. Fraîcheur et créativité sont les maîtres mots de la maison. D'ailleurs, la carte est courte et varie en fonction des arrivages et des saisons. Magnifique canopée en bois et *terrazzo* au sol. Un savoureux morceau d'Italie à Paris. *NOUVEAUTÉ.*

**Le Café des Musées** (plan C3, **25**) **:** *49, rue de Turenne, 75003. ☎ 01-42-72-96-17. Ⓜ Chemin-Vert ou Saint-Paul. Tlj 12h-14h30 (16h w-e), 19h-22h30 (23h w-e). Formules déj en sem 19,50-21 € ; le soir, menus 28 € (en sem)-35 €.* Carrelages et boiseries rétro rappellent que ce beau café est en place depuis 1924. Un classique, donc, à l'image d'une carte de tradition... élaborée avec maestria par une équipe de Japonais ! Dans leur cuisine ouverte, les chefs se sont approprié les recettes de toujours en insistant sur la qualité des ingrédients et la présentation. Quant au bœuf bourguignon, il est parfait : viande fondante, carottes caramélisées, jus bien dense... *Arigato !*

**Le Progrès** (plan C2, **26**) **:** *1, rue de Bretagne, 75003. ☎ 01-42-72-01-44. Ⓜ Saint-Sébastien-Froissart ou Filles-du-Calvaire. Tlj ; service 12h-minuit. Congés : 23 déc-5 janv. Plats 14-20 € ; carte env 25 €. Café offert sur présentation de ce guide.* Une institution locale ! Ce bistrot de quartier typique, avec ses vieilles chaises et son lustre seventies, est un incontournable pour les habitués de toujours et les néobobos. Un conseil : commandez dès l'arrivée ! Cuisine généreuse de saison, bonnes viandes et, surtout, accompagnements très réussis : le patron a fait ses classes chez Robuchon ! Bons desserts maison. Service sympa. Une adresse devenue branchée, mais dont les prix restent raisonnables.

**La Maison Plisson** (plan C3, **28**) **:** *93, bd Beaumarchais, 75003. ☎ 01-71-18-19-09. Ⓜ Saint-Sébastien-Froissart ou Chemin-Vert. Lun 9h30-21h, mar-sam 8h30-21h, dim 9h30-20h. Fermé 1er janv et 25 déc. Pas de résa. Formule déj en sem 24 € ; carte 25-35 €.* À la fois magasin d'alimentation générale, salon de thé et resto, *La Maison Plisson* répond à tous les critères du concept du bien-manger. Autrement dit, une carte courte de plats simples traditionnels, élaborés à partir de produits frais de saison et de qualité. Le service est efficace à l'intérieur comme en terrasse, dans les grandes vérandas (ce qui permet un bon turnover). Excellents jus de fruits frais et bonnes viennoiseries et pâtisseries pour le petit déj ou le goûter. Impossible de repartir sans remplir son panier, l'épicerie mitoyenne est aussi pointue dans sa sélection.

**Chez Nénesse** (plan B2, **29**) **:** *17, rue de Saintonge, 75003. ☎ 01-42-78-46-49. Ⓜ Filles-du-Calvaire. Tlj sauf sam-dim et j. fériés ; service 12h-14h15, 20h-22h15. Congés : août et Noël-Jour de l'an. Résa nécessaire le soir. Le midi, ardoise 20-25 € ; le soir,* *carte 45-50 €.* Rétro à souhait, ce bistrot convivial est un vrai résistant dans un quartier en ébullition. Son carrelage qui court au sol, ses nappes à carreaux et son bar en formica n'ont guère bougé depuis des lustres, ignorant les modes. Dans l'assiette, cuisine française évidemment de tradition, copieuse et réussie. Une vieille institution. Accueil familial sympa.

**Chez Janou** *(plan C3,* ***31****) : 2, rue Roger-Verlomme, 75003. ☎ 01-42-72-28-41. Ⓜ Chemin-Vert ou Bastille. Lun-ven 12h-15h, 19h-2h (minuit pour les cuisines) ; sam-dim et j. fériés 12h-16h. Résa impérative. Formule déj en sem 16 € ; carte 30-40 €.* Un petit coin de Provence perdu dans ce bout de Marais tranquille ! Bel intérieur chaleureux, façon bistrot à l'ancienne coloré ; le tout flanqué d'une adorable terrasse sur une placette. Dans l'assiette, cuisine traditionnelle, ensoleillée et parfumée. Bonne sélection de vins et, pour les amateurs, des dizaines de pastis à la carte. Bref, une formule alléchante pour un succès fou !

**L'Ambassade d'Auvergne** *(plan A2,* ***32****) : 22, rue du Grenier-Saint-Lazare, 75003. ☎ 01-42-72-31-22. Ⓜ Rambuteau. ♿ Tlj 12h-14h, 19h30 (19h ven-dim)-22h (21h30 dim). Formule déj en sem 22,50 € ; menu 33 € ; plats 17-32 € ; carte env 55 €.* Un classique depuis des lustres. Dans cette vieille auberge rustico-chic, le cochon de Haute-Loire, l'agneau allaiton d'Aveyron, le veau du Ségala et le canard de Limagne (Puy-de-Dôme) tiennent le haut du pavé. C'est donc une Auvergne de tradition que la carte invite à découvrir, bien escortée par une carte des vins mettant à l'honneur le terroir local. Un peu plus de simplicité dans l'accueil et tout serait parfait.

## Chic

**Les Enfants Rouges** *(plan B2,* ***34****) : 9, rue de Beauce, 75003. ☎ 01-48-87-80-61. Ⓜ Filles-du-Calvaire ou Temple. Tlj sauf mar-mer et jeu midi ; service 12h-14h, 19h-22h. Congés : août et 2 sem en fin d'année. Résa conseillée. Menus 40 € le midi en sem, 55 € le soir ; menu dégustation 75 €.* Un petit bistrot discret tenu par un chef japonais talentueux ayant fait ses classes au *Comptoir du Relais,* du chef Yves Camdeborde. Celui-ci élabore une cuisine de marché créative mixant astucieusement les traditions culinaires françaises et japonaises. Pensez à réserver, la salle n'est pas bien grande.

**Soma** *(plan B2,* ***35****) : 13, rue de Saintonge, 75003. ☎ 09-81-82-53-51. Ⓜ Filles-du-Calvaire ou Saint-Sébastien-Froissart. Tlj sauf dim-lun ; service 12h-14h30, 19h30-23h. Congés : 3 sem en août et 1 sem à Noël. Formule déj 20 € ; menu dégustation 60 € ; carte env 35 €.* Cette enclave franco-japonaise au cadre chaleureux façon bistrot fait toujours salle comble. Certes, le lieu est riquiqui et très couru, mais ce qui fidélise vraiment les amateurs, ce sont les plats savoureux préparés en direct par le chef. Ceux qui s'installent au comptoir central profitent d'ailleurs du show ! Le midi, la grande assiette du type bento, avec soupe et café, est une affaire.

**Les Chouettes** *(plan C2,* ***36****) : 32, rue de Picardie, 75003. ☎ 01-44-61-73-21. Ⓜ Filles-du-Calvaire, Temple ou République. ♿ Tlj ; service 12h-14h30, 19h-23h. Formules déj en sem 19,50-24,50 € ; plats 19-33 € ; carte env 50 € ; brunch dim 35 €.* Ce qui fait la différence, c'est le cadre hors norme. Impressionnant par ses volumes, son ossature métallique et les étages en coursives, le décor d'esprit Art déco, recherché jusque dans les moindres recoins, avec ses cheminées et ses fauteuils en velours confortables qui donnent envie de s'y attarder, est à lui seul un attrait. Dans l'assiette, bonne cuisine actuelle et de saison, mais pas donnée. Belle terrasse aux beaux jours, et accueil très agréable toute l'année.

**Dessance** *(plan B2,* ***37****) : 74, rue des Archives, 75003. ☎ 01-42-77-23-62. Ⓜ Arts-et-Métiers, Rambuteau ou Filles-du-Calvaire. Tlj sauf lun-mar 12h-14h30 (15h30 w-e), 19h-22h. Résa conseillée le soir. Formules déj en sem 22-26 € et dégustation 38 € (en plus, dégustation de boissons 30-36 €) ; menus 48-58 € ; carte env 50 €.* Le cadre contemporain et minimaliste, qui fait la part belle au large comptoir en granit, est en adéquation avec la cuisine résolument conceptuelle et naturelle : la gastronomie inédite des légumes, fruits et végétaux de saison, qui ouvre une nouvelle façon de manger salé et sucré. Les papilles savourent des textures contrastées et les saveurs naturellement salées, acides, amères ou sucrées de ces aliments, le tout minutieusement dressé (les assiettes sont de vraies œuvres d'art). Également des accords avec des boissons originales faites maison, alcoolisées ou non. Un surprenant voyage gustatif dans un élégant cadre en bois.

## Plus chic

**Elmer** *(plan B1, **38**) : 30, rue Notre-Dame-de-Nazareth, 75003. ☎ 01-43-56-22-95. Ⓜ Arts-et-Métiers ou Temple. Tlj sauf sam midi et dim-lun 12h15-14h15, 19h30 (19h sam)-22h30. Congés : août. Formules déj 25-29 € ; le soir, carte 50-60 €.* Une salle moderne à la sobriété très tendance, avec de grandes tables d'hôtes en chêne et chaises assorties, un carrelage polychrome et une vue imprenable sur la cuisine ouverte : le décor est planté ! Le chef, Simon Horwitz, a travaillé chez les grands (Gagnaire, Grébaut), avant de voguer vers l'Australie, l'Asie et le Pérou. Sa cuisine, créative et ambitieuse, reflète tous ces apprentissages. Il sublime le produit en le travaillant sans le dénaturer, et il innove, comme avec cette poire de terre, qu'il a découverte au Pérou. Enfin, dans un registre convivial et généreux, on peut aussi se laisser tenter par les belles pièces à partager (cochon, agneau). Quant à l'apéro ou au digeo, on le prendra pour changer dans le bar à vins-caviste d'*Elmer* installé juste en face. Un bon complément !

**Auberge Nicolas Flamel** *(plan A2, **39**) : 51, rue de Montmorency, 75003. ☎ 01-42-71-77-78. Ⓜ Rambuteau ou Arts-et-Métiers. Tlj 12h-14h30, 19h-22h30. Formules déj en sem 23-28 € ; menus 42-65 € ; carte env 60 €.* Le plus vieux restaurant de la capitale serait né en 1407, quand Nicolas Flamel, qui a levé les secrets de la pierre philosophale, décide d'ouvrir une auberge pour les indigents. On pénètre donc avec un brin d'émotion dans cette vénérable maison ayant gardé tout son cachet, ses poutres de guingois et sa pierre apparente. Des tables décemment espacées, de beaux miroirs, des nappes immaculées, tout participe à l'ambiance romantique. Dans l'assiette, de la créativité sans débordements hasardeux et des présentations qui font mouche ! On cède volontiers à « l'alchimie de saveurs » !

3e

## Bars à vins

**Le Barav** *(plan C1, **45**) : 6, rue Charles-François-Dupuis, 75003. ☎ 01-48-04-57-59. Ⓜ République ou Temple. Tlj sauf dim 17h (12h sam)-minuit (22h30 cuisine). Congés : 2 sem en août, plus 2 j. à Noël et 2 j. au Nouvel An. Plats 11-15 € ; carte env 15 €.* On aime beaucoup ce petit bar à vins caché à l'angle d'une rue tranquille du haut Marais. Petite salle lumineuse vite pleine comme un œuf et quelques tables en terrasse où la fête se prolonge. Planches de charcuterie ou de fromages à base de bons produits du terroir. On fait son choix à la cave voisine (excellente sélection) et on paie un petit droit de bouchon pour consommer la bouteille sur place. Accueil sympathique et souriant.

**NordMarais** *(plan B1, **46**) : 39, rue Notre-Dame-de-Nazareth, 75003. ☎ 01-42-74-37-36. Ⓜ République, Temple ou Strasbourg-Saint-Denis. Tlj sauf dim 18h-2h (19h-22h30 pour la cuisine). Plats env 6,50-15,50 €.* Déco chaleureuse, coin bibliothèque, chaises d'école et tables de bois : les 25-35 ans se sentent à l'aise au *NordMarais,* aussi bien pour y descendre une bonne bière que pour profiter d'une cuisine concoctée à base d'ingrédients de qualité. Le chef propose de bonnes assiettes fromages-charcuterie, des soupes, mais aussi de bons burgers accompagnés de frites maison. Une affaire qui tourne.

## Où boire un verre ?



**Candelaria** (plan C2, **50**) : *52, rue de Saintonge, 75003.* Ⓜ *Temple ou Filles-du-Calvaire.* Taqueria *ouv tlj 12h-22h30 (23h30 jeu-sam) ; bar tlj 18h-2h. Fermé 1er janv, 24-25 et 31 déc. Cocktail env 12 €. 2 tacos 7 € ; formule déj en sem 14 € ; brunch 18 €.* Un endroit qu'on adore, tout droit sorti des quartiers chics de Mexico. Après avoir mangé au coude-à-coude dans une microsalle quelconque de délicieux tacos et goûté à une bière mexicaine, on pousse la petite porte du fond... pour tomber dans un cocktail-bar secret et apaisant. On vous conseille « La Guêpe Verte », une subtile mixture à base de tequila, agave, piment, citron, concombre et coriandre. Épicé et original.

**Little Red Door** (plan C2, **51**) : *60, rue Charlot, 75003.* ☎ *01-42-71-19-32.* Ⓜ *Temple ou Filles-du-Calvaire. Tlj 18h-2h (3h ven-sam). Cocktails 11-15 €.* C'est un aller simple pour New York qui vous attend dans ce *speakeasy* planté au cœur du Marais. Une fois passé la *little red door* (on vous laisse découvrir !), vous vous installerez confortablement dans un profond sofa ou au bar. Très créatifs, les cocktails s'imposent parmi les meilleurs de la capitale. La musique soul et hip-hop vous transportera un peu plus vers les rues de New York, tout comme le décor *casual chic* tout de brique, pierre et tentures. Une belle adresse.

**La Perle** (plan B3, **53**) : *78, rue Vieille-du-Temple, 75003.* ☎ *01-42-72-69-93.* Ⓜ *Saint-Paul ou Saint-Sébastien-Froissart. Tlj 6h30 (8h w-e)-2h.* Un bar de quartier sans prétention mais qui a furieusement la cote ! Le principe est simple : les *beautiful people* branchés ou les bandes de copains commandent au comptoir une bière pas chère ou un cocktail très abordable et, l'été venu, refont le monde debout sur le trottoir ! *La Perle,* c'est un peu le pendant hétéro du *Cox,* fameux bar gay de la rue des Archives, à deux pas.

**Café Charlot** (plan B2, **54**) : *38, rue de Bretagne, 75003.* ☎ *01-44-54-03-30.* Ⓜ *Filles-du-Calvaire. Tlj 7h-2h (cuisine 8h-minuit).* Ouvert sur l'artère principale du haut Marais, juste en face du marché des Enfants-Rouges, c'est le bistrot des gens du quartier, à toute heure. Carrelage blanc aux murs, qui rappelle que l'endroit fut autrefois une boulangerie. Terrasse branchée sur l'animation de la rue, blindée à l'heure de l'apéro.

**Bar de l'hôtel Jules et Jim** (plan B2, **55**) : *11, rue des Gravilliers, 75003.* ☎ *01-44-54-13-13.* Ⓜ *Arts-et-Métiers, Rambuteau ou Temple. Tlj 8h-2h. Cocktails 13-18 €.* Pour vivre heureux, vivons cachés ! Si l'hôtel est discret, son bar l'est encore plus, planqué au fond d'une cour intérieure. En terrasse, lorsque le soleil réchauffe les tables, le petit déj est un moment de bien-être relax loin des foules. L'hiver et en soirée, c'est la véranda qui attire, avec sa cheminée ; à moins de se réfugier dans la salle tout en pierre, avec parquet et mobilier cosy. Idéal pour un tête-à-tête autour d'un bon cocktail.

# 4e ARRONDISSEMENT

• Plan *p. 46-47*

**Du Centre Pompidou à la Bastille, le 4e déploie ses charmantes rues bordées d'adresses, toutes plus branchées et originales les unes que les autres. On apprend ici que même en plein cœur de Paris, on peut boire et manger sans se ruiner. Dans l'historique quartier juif, les amateurs de falafels se pressent rue des Rosiers, pendant que d'autres préfèrent avaler sur le pouce un hot dog ou un sandwich frais tout droit sorti d'une petite cantine bio. Le quartier compte aussi son lot de bistrots patinés et décorés avec des meubles de récup. Dans le coin, le vintage est roi (il n'y a qu'à compter le nombre de friperies !). Le soir venu, l'animation se concentre autour de Saint-Paul, de la rue des Archives et de son effervescent quartier gay. Les terrasses débordent vers la rue du Roi-de-Sicile, dans une atmosphère parfois survoltée. Et justement, si vous aimez l'animation, gardez en tête que, toutes les boutiques étant ouvertes le dimanche, c'est le rendez-vous de nombreux promeneurs et *serial shoppers.* Bref, on est loin des dimanches moroses ! Idéal pour une balade avant ou après s'être attablé.**

## Où manger ?

### Sur le pouce et très bon marché

***Eataly Paris Marais*** *(plan B1,* ***9****)* **:** *37, rue Sainte-Croix-de-la-Bretonnerie, 75004. ☎ 01-83-65-81-00. Ⓜ Hôtel-de-Ville. Tlj 8h30-22h (selon les stands). Resto tlj midi et soir jusqu'à 23h, en continu sam-dim.* Issu du mouvement Slow Food, *Eataly* a vu le jour en 2007 à Turin. Plus qu'un supermarché majoritairement bio, c'est un concept original (4 000 m² tout de même !) imaginé par Oscar Farinetti, qui a fait son petit bout de chemin depuis... Après avoir essaimé dans toute l'Italie et les grandes villes d'Amérique et d'Asie, le voici à la conquête de Paname. Ici, on mange frais, bio et sain en privilégiant les produits régionaux. On y trouve différents comptoirs de pâtes, poissons, viandes, charcuterie, pizzas, qu'on déguste dans l'atrium coiffé d'une immense verrière. Tout est vraiment à l'italienne, du croustillant de la pâte à pizza à la perfection de la cuisson des pâtes en

**Où manger ?**

**1** L'As du Fallafel et Mi-Va-Mi (C1)
**2** Thaï Spices (C2)
**3** Breakfast in America (C2)
**4** Miznon (C1)
**5** La Mangerie (C2)
**6** Homies (C-D2)
**8** Schwartz's Deli (C1)
**9** Eataly Paris Marais (B1)
**10** Au Bourguignon du Marais (C2)
**11** Cucina Napoletana (D2)
**12** Le Bistrot de l'Oulette (D2)
**13** Brasserie Bofinger (D2)
**14** Brasserie Jadis (D2)
**16** Le Métropolitain (C2)
**17** Monjul (B1)

**Bars à vins**

**22** Le Bubar (D2)
**23** La Tartine (C2)

**Où boire un verre ?**

**30** L'Étoile Manquante (C1)
**31** Le Petit Fer à Cheval (C1)
**32** Le 1905 (C2)
**33** The Auld Alliance (B2)
**34** La Belle Hortense (C1)
**35** Maria Loca (D2)
**36** Résistance (B1)
**37** L'Imprévu Café (A1)
**38** Le Stolly's (B2)
**39** Bar Demory Paris (B1)
**40** Le Sherry Butt (C2)
**41** Les 3 W Kafé (C2)

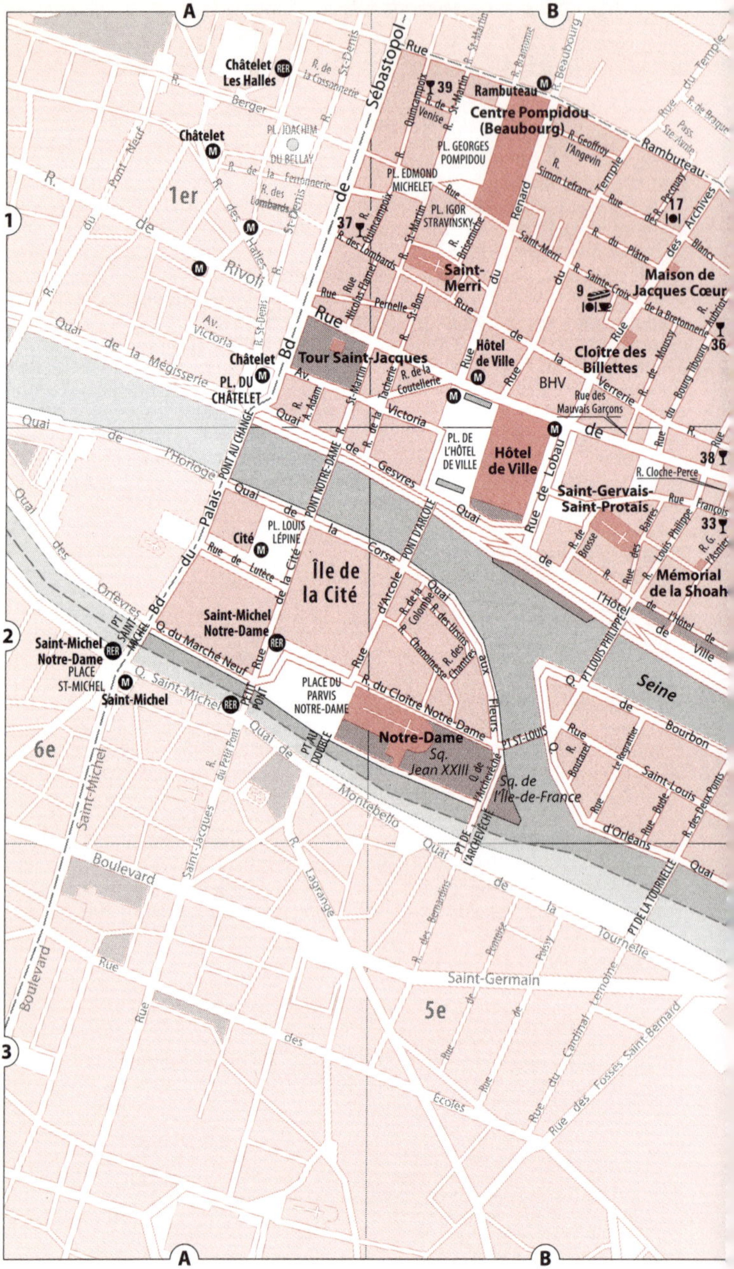
A
B
1
2
3
Châtelet Les Halles
Châtelet
PL. JOACHIM DU BELLAY
R. de la Ferronnerie
R. des Lombards
R. St-Denis
R. de la Cossonnerie
Berger
Bd de Sébastopol
Rue Rambuteau
Rambuteau
Centre Pompidou (Beaubourg)
PL. GEORGES POMPIDOU
PL. EDMOND MICHELET
PL. IGOR STRAVINSKY
39
R. de Venise
R. Quincampoix
R. St-Martin
R. Brantôme
R. Beaubourg
R. Geoffroy l'Angevin
R. Simon Lefranc
Rue du Temple
R. de Braque
Pass. Ste-Avoie
17
R. Pecquay
Rue des Archives
Rue des Blancs Manteaux
37
R. des Lombards
R. Nicolas Flamel
Rue Pernelle
R. St-Bon
Saint-Merri
Rue du Renard
R. Brisemiche
Rue Saint-Merri
R. Sainte-Croix de la Bretonnerie
R. du Plâtre
Maison de Jacques Cœur
9
R. Aubriot
36
Cloître des Billettes
R. de Moussy
R. Bourg Tibourg
Rue des Mauvais Garçons
R. de la Verrerie
1er
Rue de Rivoli
R. du Pont Neuf
R. des Halles
Av. Victoria
Quai de la Mégisserie
Châtelet
PL. DU CHÂTELET
Tour Saint-Jacques
R. de la Coutellerie
R. de la Tacherie
Av. Victoria
R. A. Adam
Quai de Gesvres
PONT AU CHANGE
PONT NOTRE-DAME
PL. DE L'HÔTEL DE VILLE
Hôtel de Ville
BHV
Rue de Lobau
38
R. Cloche-Perce
Saint-Gervais-Saint-Protais
Rue François Miron
33
R. G. l'Asnier
R. de Brosse
Rue des Barres
R. Louis Philippe
Mémorial de la Shoah
Rue de l'Hôtel de Ville
Quai de l'Hôtel de Ville
Quai de l'Horloge
Bd du Palais
Quai de la Corse
PONT D'ARCOLE
PL. LOUIS LÉPINE
Cité
Rue de Lutèce
Île de la Cité
Rue de la Cité
Rue d'Arcole
R. de la Colombe
R. des Ursins
R. Chanoinesse
R. des Chantres
Quai aux Fleurs
Quai des Orfèvres
PT SAINT-MICHEL
Saint-Michel Notre-Dame
Saint-Michel Notre-Dame
PLACE ST-MICHEL
Saint-Michel
Q. du Marché Neuf
Q. Saint-Michel
PETIT PONT
PLACE DU PARVIS NOTRE-DAME
R. du Cloître Notre-Dame
Notre-Dame
Sq. Jean XXIII
Q. de l'Archevêché
PT ST-LOUIS
Sq. de l'Île-de-France
PT AU DOUBLE
PT DE L'ARCHEVÊCHÉ
PT LOUIS PHILIPPE
Seine
Q. de Bourbon
Q. d'Orléans
Rue Boutarel
R. Le Regrattier
Rue Saint-Louis
Rue Budé
R. des Deux Ponts
PT DE LA TOURNELLE
6e
Bd Saint-Michel
R. du Petit Pont
R. Saint-Jacques
Quai de Montebello
R. Lagrange
Boulevard Saint-Germain
Quai de la Tournelle
R. des Bernardins
Rue de Pontoise
Rue de Poissy
Rue du Cardinal Lemoine
Rue des Fossés Saint-Bernard
5e
Rue des Écoles

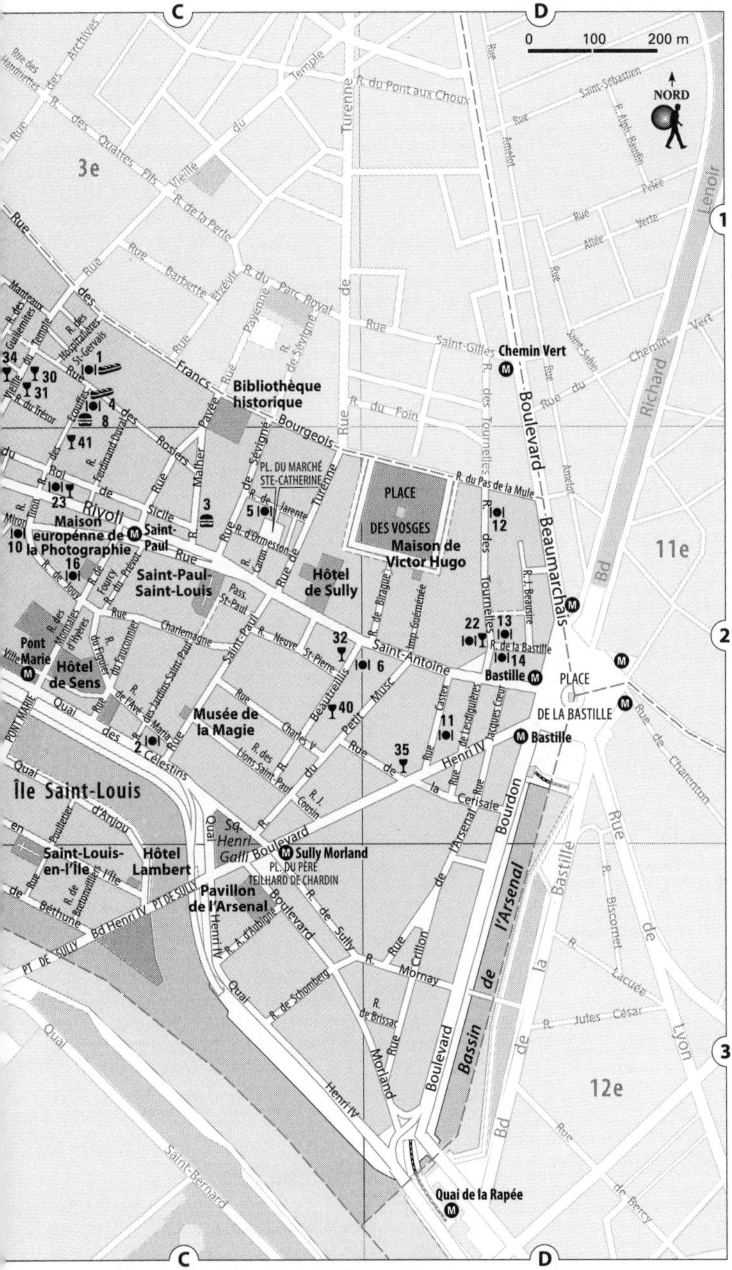


4e ARRONDISSEMENT

passant par l'accent chantant du personnel. À l'heure du déjeuner et du dîner, il vous faudra jouer des coudes car les places sont chères ! Également un petit marché de fruits et légumes, une boulangerie, un café, un bar, ainsi qu'une programmation d'événements et des ateliers culinaires. Vivez l'Italie à 100 %. *Andiamo ! NOUVEAUTÉ.*

**L'As du Fallafel** (plan C1, **1**) : *34, rue des Rosiers, 75004. ☎ 01-48-87-63-60. Ⓜ Saint-Paul. Tlj sauf sam 11h30-minuit (15h en hiver, 20h en été ven). À partir de 6,50 € (8,50 € en salle).* L'adresse incontournable pour déguster l'authentique falafel. Qu'est-ce qu'il met dedans, *L'As* ? C'est indiqué, suffit de lire : pois chiches, choux rouge et blanc, crème de sésame, aubergine, concombre, un chouia de harissa. Vous aimez ? Sinon, bonnes assiettes aussi variées et colorées, et très bon *shawarma* à l'agneau. Bon, mieux vaut le savoir : que ce soit à emporter ou pour s'attabler, presque à toute heure, il faut être prêt à faire la queue dehors en attendant son tour ! Comptoir de vente à emporter au n° 44 de la même rue (moins de monde).

4e

**Mi-Va-Mi** (plan C1, **1**) : *23, rue des Rosiers, 75004. ☎ 01-42-71-53-72. Ⓜ Saint-Paul ou Hôtel-de-Ville. Tlj 11h-minuit. Carte 8-19 €.* Le grand rival du voisin d'en face. Certes moins de monde au comptoir à emporter ; sans doute les gens préfèrent-ils déguster l'excellent falafel maison dans la salle de resto (plutôt que de s'en mettre plein les doigts et la chemise). Cadre coloré original pour une super cuisine orientale. Fourneaux au milieu où sont élaborés de délicieux petits plats à partir de produits d'une grande fraîcheur. Boulettes fondantes, légumes parfumés. Copieuse « assiette Martine » conseillée pour goûter à tout. Service ultrarapide, faut que ça tourne ! *NOUVEAUTÉ.*

**Miznon** (plan C1, **4**) : *22, rue des Écouffes, 75004. ☎ 01-42-74-83-58. Ⓜ Saint-Paul ou Hôtel-de-Ville. Tlj sauf sam 12h-23h (16h ven). Plats 6-12 €.* Voici une cantine kasher, version *street food* améliorée, à l'ambiance jeune, décontractée et évidemment boboïsante (murs en pierres apparentes, larges lattes au sol, cuisine ouverte et musique branchée). Ici, la vedette, c'est la pita. Et comme accompagnement, place aux légumes tels que le chou-fleur grillé, autre produit phare de la maison, ou l'excellente ratatouille mijotée (exit les frites !). Passez commande, on hurlera ensuite votre prénom quand votre pitance sera prête (pour la discrétion, c'est raté !). Au comptoir ou dans la charmante salle du fond, plus tranquille, c'est selon. Autre adresse, *Miznon Canal,* du côté du canal Saint-Martin *(37, quai de Valmy, dans le 10e).*

**Thaï Spices** (plan C2, **2**) : *5-7, rue de l'Ave-Maria, 75004. ☎ 01-42-78-65-49. Ⓜ Sully-Morland ou Pont-Marie. Tlj sauf sam midi et dim 12h-14h, 19h30-22h. Le midi, formules 8,90-14,90 € (côté snack, sans résa) et menu 19 € (côté resto) ; carte env 40 €.* Derrière la façade recouverte de lierre, 2 salles à l'atmosphère différente mais à la cuisine commune, distillant les saveurs raffinées de la Thaïlande. Ambiance informelle d'une part, avec quelques tables en bois et des mange-debout. À l'ardoise, les formules impeccables et pas ruineuses emportent tous les suffrages. Mais pour une immersion au royaume de Siam, on pioche à la carte des spécialités parfumées, présentées avec le plus grand soin. Forcément plus cher, mais on n'est lésé ni sur le cadre ni sur la qualité. Une belle adresse !

**Breakfast in America** (plan C2, **3**) : *4, rue Malher, 75004. ☎ 01-42-72-40-21. Ⓜ Saint-Paul. Tlj 8h30-23h. Formule déj en sem 12,50 € (9,95 € pour les étudiants avec carte) ; plusieurs petits déj max 10,50 € ; brunch dim 17,95 €.* Craig, un Américain étudiant en cinéma tombé amoureux de Paris, a eu l'idée d'ouvrir ce *diner* typique années 1950, et propose des burgers convenables pour une poignée d'euros à une clientèle d'étudiants, de jeunes et de touristes... surtout américains. Le lieu est agréable, le service souriant – à l'américaine – et les prix vraiment attractifs.

## Bon marché

**La Mangerie** (plan C2, **5**) : *7, rue de Jarente, 75004. ☎ 01-42-77-49-35. Ⓜ Saint-Paul. Lun-sam 18h-1h. Tapas à partager 11-16 €, planches*

*12,20-14,80 €.* Un fond de décor réjouissant et un accueil chaleureux, qui devient vite familier si on se laisse prendre au jeu. On coche soi-même sa commande sur la feuille-menu. Belle carte de tapas aussi savoureuses qu'originales. Profitez des jours de match (il y a moins de monde !) pour vous faufiler dans ce lieu qui cartonne, à la tombée de la nuit.

**Homies** *(plan C-D2,* ***6****) : 26, rue Beautreillis, 75004. ☎ 09-80-41-05-40. Ⓜ Bastille, Saint-Paul ou Sully-Morland. Tlj sauf dim soir et lun 12h-15h, 19h-1h. Formule déj en sem 22 € ; assiettes 10-15 €. Cocktail 13 €. Une sangria-prosecco offerte sur présentation de ce guide.* Que du « frais maison » (c'est leur credo), entre chaises néo-industrielles, coussins colorés moelleux et cagettes. On y sirote des cocktails créatifs, qu'on éponge de tapas du monde (inclassable : du ceviche à l'os à moelle en passant par les *gyozas*). Plus intime à midi, lorsque le très court menu décline un poisson, une viande et une proposition végétarienne, suivi d'un dessert aussi régressif que savoureux (hmm, le Twix maison !). Petite carte des vins bien choisie, avec un vrai choix au verre.

**Schwartz's Deli** *(plan C1,* ***8****) : 16, rue des Écouffes, 75004. ☎ 01-48-87-31-29. Ⓜ Saint-Paul ou Hôtel-de-Ville. ♿ Tlj ; service lun-ven 12h-15h, 19h30-23h, sam-dim 12h-17h, 19h-23h30 (23h dim). Congés : 3 premières sem d'août. Plats 13-24 €.* Un *deli* qui fait la joie de tous. On y retrouve les plats typiques qui font la popularité des recettes américaines et kasher : burgers bien épais et juteux (dont un au foie gras) servis généreusement avec des frites, copieux sandwichs au pastrami, savoureuse assiette saumon fumé-bagel (spécialité de la maison). Seul bémol : l'attente (pas de résa possible), mais grâce à une organisation optimale, on vous dégotte une table rapidement. Service rapide et enjoué. *Autres adresses dans le 16e (7, av. d'Eyleau) et dans le 17e (22, av. Niel).*

## Prix moyens

**Au Bourguignon du Marais** *(plan C2,* ***10****) : 52, rue François-Miron, 75004. ☎ 01-48-87-15-40. Ⓜ Saint-Paul ou Pont-Marie. Tlj ; service 12h-23h. Formules déj 20-25 € ; carte env 45 €.* Dans un cadre de brasserie impeccablement tenue, on découvre une jolie carte d'incontournables bourguignons (œufs en meurette, bœuf bourguignon, escargots en hiver...) complétée par des plats de brasserie traditionnels, très soigneusement présentés. Mais le plus important, c'est qu'on se régale ! Et les becs sucrés ne resteront pas sur leur faim car les desserts sont tout aussi réussis. Jolie carte de vins bourguignons, *of course,* sur laquelle on est bien guidé par des serveurs agréables et pro.

**Cucina Napoletana** *(plan D2,* ***11****) : 6, rue Castex, 75004. ☎ 01-44-54-06-61. Ⓜ Bastille. Tlj sauf sam midi, dim et lun midi ; service 12h-14h30, 19h-22h30. Congés : août, Noël et Jour de l'an. Antipasti à partir de 14 €, plats 19-28 € ; carte env 35 €.* La dizaine de tables de cette petite enclave napolitaine garantit une atmosphère conviviale. Les *antipasti* respirent le soleil de la Campanie, les pâtes (spécialité de la maison, à commander pour 2 ou 3) sont divines, et la *mozzarella di bufala campana* succulente. Carte de vins issus de l'agriculture biologique ou biodynamiques alléchante mais pas donnée (cependant, beaucoup de vins au verre).

**Le Bistrot de l'Oulette** *(plan D2,* ***12****) : 38, rue des Tournelles, 75004. ☎ 01-42-71-43-33. Ⓜ Chemin-Vert, Bastille ou Place-des-Vosges. Tlj sauf dim ; service 12h-14h30, 18h30-23h. Congés : 2e et 3e sem d'août. Résa conseillée. Formules déj en sem 17-23 € (café compris) ; menu-carte 38 € ; menu dégustation 49 € (69 € mets-vins). Amuse-bouches ou digestif maison offert(s) sur présentation de ce guide.* Un petit resto de quartier au cadre chaleureux et sans façon, très apprécié pour sa cuisine du Sud-Ouest simple et gourmande. Depuis 25 ans, le chef ne travaille que du frais ! Bonne ambiance, garantie par les nombreux habitués.

**Brasserie Jadis** *(plan D2,* ***14****) : 6, rue de la Bastille, 75004. ☎ 01-42-72-05-23. Ⓜ Bastille. Tlj 11h-minuit. Formules déj 22-26 € ; menu 34 €.* L'élégant décor du *Petit Bofinger,* jadis annexe de la brasserie alsacienne située en face, est resté intact, ce qui n'est pas pour nous déplaire : sol en céramique, fresque et miroirs aux murs, banquettes et incontournable bar. Un cadre parisien à l'ancienne qui met en valeur une cuisine traditionnelle légèrement revisitée. Dès le menu du déjeuner, on choisit parmi un large éventail de spécialités réconfortantes à base de produits frais et de saison. *NOUVEAUTÉ.*

**Brasserie Bofinger** *(plan D2,* ***13****) : 5-7, rue de la Bastille, 75004. ☎ 01-42-72-87-82. Ⓜ Bastille. Lun-sam 12h-15h, 18h30-minuit ; dim service continu 12h-23h30. Formule déj 19,90 € ; menu 33 € ; choucroutes à partir de 24,50 € ; plateaux de fruits de mer 30-90 €.* Cette célèbre brasserie inaugurée en 1864 et transformée en 1919 offre un décor qu'apprécient les nombreux touristes et les Parisiens, sensibles à l'esthétique de la belle verrière et du salon du 1er étage, décoré par Hansi, et au virevoltant service en noir et blanc. Que l'on soit d'ici ou d'ailleurs, on sacrifie à la sacro-sainte choucroute, bonne et généreuse, et aux plateaux de fruits de mer.

### Chic

**Le Métropolitain** *(plan C2,* ***16****) : 8, rue de Jouy, 75004. ☎ 09-81-20-37-38. Ⓜ Pont-Marie ou Saint-Paul. Tlj sauf dim 12h-14h, 19h30-22h. Le midi, plat + café gourmand 19 € ; menus 36 € (pour l'ensemble de la table)-65 € ; carte env 43 €. Vins au verre à partir de 6 €.* Un décor métro-rétro aux murs de céramique blanche et banquettes de bois, donnant sur une petite cour verdoyante à l'arrière (avec un cerisier et un néflier dont les fruits peuvent arriver dans vos assiettes !), vous dégusterez une cuisine de saison inventive à la présentation festive. Une explosion de couleurs et de saveurs qui ravit autant les yeux que le palais. À savoir : accès aux toilettes inconfortable (escalier en colimaçon raide et très étroit).

**Monjul** *(plan B1,* ***17****) : 28, rue des Blancs-Manteaux, 75004. ☎ 01-42-74-40-15. Ⓜ Hôtel-de-Ville ou Rambuteau. Tlj sauf dim-lun ; service 12h-14h, 19h30-22h30. Fermé 1er janv et 24-25 déc. Formule déj 22,50 € ; menu-carte 38,50 € ; menu dégustation (sur résa) 57,50 €.* En plein cœur du Marais, Julien nous accueille dans une salle tout en longueur (et une autre au sous-sol), entre murs de pierre et mobilier chiné. Une cuisine colorée et ludique, mélange créatif de saveurs et de textures, du sucré-salé, de l'*espuma* pour le côté aérien, presque moléculaire, sans perdre le goût des produits ni oublier le jeu d'épices incessant. Réjouissant !

## Bars à vins

**Le Bubar** *(plan D2,* ***22****) : 3, rue des Tournelles, 75004. ☎ 01-40-29-97-72. Ⓜ Bastille. Tlj 19h-2h. Verres de vin à partir de 5 €, bouteilles 25-150 €.* Un bar à vins convivial, meublé de façon hétéroclite et spécialisé dans les crus étrangers. Savoureuses assiettes de charcuterie et de fromages. Bonne sélection musicale, tendance blues, jazz. Un vrai lieu de vie, impeccable pour discuter entre amis ou avec son voisin.

**La Tartine** *(plan C2,* ***23****) : 24, rue de Rivoli, 75004. ☎ 01-42-72-76-85. Ⓜ Hôtel-de-Ville ou Saint-Paul. Tlj 8h (11h dim)-23h30. Fermé 24 déc au soir et 25 déc. Tartines chaudes à partir de 10 €, assiettes de charcuterie 12-20 € (pour 1 ou 2 pers), salades à partir de 12,50 €.* On aime bien le côté rétro de ce vieux bar à vins rénové : grands miroirs, plafond ouvragé, banquettes et tables de bistrot nous projettent dans un autre temps, à l'abri de l'agitation de la rue de Rivoli. Impeccable pour se restaurer d'une tartine de pain Poilâne ou d'un plat classique de brasserie, accompagné d'un bon verre de vin. Petite terrasse aux beaux jours.

## Où boire un verre ?

**L'Étoile Manquante** *(plan C1,* ***30****) : 34, rue Vieille-du-Temple, 75004. ☎ 01-42-72-48-34. Ⓜ Saint-Paul ou Hôtel-de-Ville. Tlj 9h-1h30 ; service*

*12h-1h15. Plat du jour 13 €.* Sur les murs ocre s'alignent une énorme pendule pour scander le temps, des sculptures, des moulages de mains, des dizaines de petits miroirs, le tout surmonté d'un plafond-constellation façon anneaux de Saturne (manque l'étoile !). Un service plutôt sympa, des grignotes simples et assez copieuses (ne pas manquer les glaces 100 % nature, aux parfums saisonniers) : parfait pour une pause conviviale.

**Le Petit Fer à Cheval** *(plan C1,* **31***)* **:** *30, rue Vieille-du-Temple, 75004. ☎ 01-42-72-47-47. Ⓜ Saint-Paul ou Hôtel-de-Ville. Tlj 9h-2h ; service 12h-1h15. Formules 10-20 €.* Dans ce vénérable établissement de 1903, rien n'a changé, ou presque. Ce bistrot de quartier 100 % parigot a conservé ses vieux bancs en bois provenant des anciens wagons de métro et son bar original en forme de... fer à cheval. On y déguste encore de bons petits ballons piochés parmi la sélection vineuse de la maison. Petit bout de terrasse bien sympa.

**Le 1905** *(plan C2,* **32***)* **:** *25, rue Beautreillis, 75004. ☎ 01-42-72-64-94. Ⓜ Saint-Paul. À l'étage du resto* Vins des Pyrénées. *Tlj 18h30-2h. Cocktail 13 €.* Faites comme les habitués, entrez dans le superbe resto *Vins des Pyrénées* et grimpez le petit escalier en fer, au fond à gauche. Surprise, vous voici dans un *speakeasy* secret au joli décor Années folles ! Appliques rétro, boiseries patinées, lumière tamisée, un cadre idéal pour déguster des cocktails classiques mais efficaces, qui font référence à quelques buveurs mythiques, comme Fitzgerald ou Hemingway. Agréable terrasse secrète en été et confortable fumoir. On a en revanche été moins convaincus par le resto...

**The Auld Alliance** *(plan B2,* **33***)* **:** *80, rue François-Miron, 75004. ☎ 01-48-04-30-40. Ⓜ Saint-Paul ou Pont-Marie. Lun-ven 15h-2h, sam-dim 12h-2h.* Happy hours *en sem jusqu'à 21h. Pintes à partir de 5,50 €, bières bouteille à partir de 4,20 €.* Le 1er pub écossais de Paris. La mousse (à la pinte) vient d'Édimbourg, et le whisky, boisson phare des Écossais, est largement présent à travers une sélection de plus de 100 malts en provenance de là-haut. Aux murs, les blasons des grandes familles ainsi que des tableaux représentant des scènes de bataille pour l'indépendance, pleines de fureur. Le soir, quelques snacks : *fish & chips,* haggis... et brunch le week-end *(service continu 12h-23h).* Compétition de billard tous les jeudis et plusieurs écrans TV pour suivre les grands événements sportifs.

**La Belle Hortense** *(plan C1,* **34***)* **:** *31, rue Vieille-du-Temple, 75004. ☎ 01-48-04-71-60. Ⓜ Saint-Paul ou Hôtel-de-Ville. Tlj 17h (13h sam-dim)-2h.* Un bar littéraire qui joue la carte conviviale. Rencontres fréquentes garanties, mais avec des écrivains cette fois. Programme des lectures, notamment de poésie, et des signatures. Demandez à voir la cave du patron, elle vaut le détour. Dégustations parfois. Expos de photos, dessins ou peinture, et coin librairie.

4e

**Maria Loca** *(plan D2,* **35***)* **:** *31, bd Henri-IV, 75004. ☎ 01-42-77-51-95. Ⓜ Bastille ou Sully-Morland. Mar-sam 18h-2h (cocktails servis jusqu'à 1h-1h30). Demi 4 € ; cocktail 13 €. Snacks 6-10 €.* Un petit coin de Brésil et d'Amérique du Sud perdu sur un boulevard peu avenant, entre Bastille et l'île Saint-Louis. Point fort de *Maria Luisa* : la création de cocktails à la demande *(compter 13 €).* La canne à sucre est à l'honneur, en particulier la cachaça et le rhum (belle carte), spécialités de la maison, mais on peut tout aussi bien goûter un cru brésilien. Outre la classique et ici délicieuse caïpirinha, goûtez aux merveilles maison telles que le « Golden parachute » (base mojito avec sirop d'orgeat maison et champagne). Pour les petites faims, quelques grignotes sud-américaines vous attendent : *pão de queijo,* guacamole, tartines, plat éthique du jour. Musique assez forte.

**Résistance** *(plan B1,* **36***)* **:** *16, rue Sainte-Croix-de-la-Bretonnerie, 75004. ☎ 01-43-48-14-88. Ⓜ Saint-Paul ou Hôtel-de-Ville. Tlj 17h (12h w-e)-2h. Cocktail (servi à partir de 16h30 le w-e) 13 €.* Une adresse pétillante au décor sobre et à l'atmosphère cosy, où boire de bons cocktails, en apéro ou pour finir la soirée ; de jolies créations mettant souvent à l'honneur les spiritueux hexagonaux. Et de quoi grignoter, salé ou sucré. Poussez la porte même s'il vous semble ne pas y avoir de place : il y a une autre salle au sous-sol.

**L'Imprévu Café** *(plan A1,* ***37****) : 9, rue Quincampoix, 75004. ☎ 01-42-78-23-50. Ⓜ Châtelet. Tlj 15h-1h (2h jeu-sam, minuit dim).* Happy hours *18h-21h.* Un endroit chaleureux et sans prétention où se donner rendez-vous au cœur de Paris. Le lieu est propice autant aux longues discussions qu'aux rencontres fortuites. L'ambiance de chacune des 4 salles est aussi hétéroclite que le mobilier, dans un esprit ludique et coloré. Très sympa.

4e

**Le Stolly's** *(plan B2,* ***38****) : 16, rue Cloche-Percé, 75004. ☎ 09-66-89-06-76. Ⓜ Saint-Paul ou Hôtel-de-Ville. Tlj 16h30-1h30. Fermé 1er janv et 24-26 déc. Demi 3 € ;* happy hours *17h-20h : pinte 5,50 € ; cocktail 6 €.* Dans ce petit troquet british au zinc en bois et aux poutres et pierres apparentes, on vous accueille avec le sourire. Petite terrasse en haut des marches dans une minirue piétonne, en retrait de la rue de Rivoli. Pour les amateurs de ballon rond et ovale, grosse ambiance les soirs de match. Marais *straight* et cool.

**Bar Demory Paris** *(plan B1,* ***39****) : 62, rue Quincampoix, 75004. ☎ 09-81-12-53-06. 📱 06-66-13-34-30. Ⓜ Rambuteau ou Châtelet-Les Halles. ♿ Tlj sauf dim 18h-2h (4h ven-sam). Congés : 3 premières sem d'août. Bière 4 € ; pinte 6,50 € ; cocktails à partir de 9,50 €.* Après avoir lancé l'excellente bière parisienne Demory, quelques fous de la cervoise ont ouvert cette brasserie (vitrine de la marque) en plein cœur de Paris. Outre la bière maison, qui se décline en 8 « cuvées », on trouve ici, chaque mois, plusieurs bières invitées issues de microbrasseries du monde entier. Pour rester dans le ton, des cocktails délicats réalisés avec de la bière. Et des planches cuisinées à partager.

**Le Sherry Butt** *(plan C2,* ***40****) : 20, rue Beautreillis, 75004. ☎ 09-83-38-47-80. Ⓜ Saint-Paul. Mar-sam 18h-2h, dim-lun 20h-2h. Cocktail 13 €.* Un bar à cocktails raffiné mais pas guindé. Dans un décor de pierre brute et sous un toit de verre, vous goûterez à des philtres étonnants, tous créés pour *Le Sherry Butt,* tels que l'audacieux « Ronin » (whisky japonais, madère dry pandan, sherry, sirop de champagne fumé et sel noir).

**Les 3 W Kafé** *(plan C2,* ***41****) : 8, rue des Écouffes, 75004. ☎ 01-48-87-39-26. Ⓜ Saint-Paul. Mer-dim 19h-3h (4h jeu, 6h-6h30 ven-sam) ; horaires variables.* Happy hours *19h-21h (voire 22h).* Voilà une sympathique adresse de filles qui aiment les filles, mais pas du tout ghetto (les garçons ne sont pas refoulés s'ils sont accompagnés). Entre pierres apparentes et bar en pavés de verre, l'endroit est sans prétention ni génie mais chaleureux, et une clientèle 20-40 ans vient gazouiller ou s'échauffer en *before* le week-end. Soirées à thème.

# 5e ARRONDISSEMENT

• Plan *p. 54-55*

**Le Quartier latin, la Mouff'... Censier, Jussieu, la Sorbonne, de prestigieux lycées... Éditeurs, libraires... pas de doute, le 5e est l'arrondissement estudiantin par excellence, ce qui semble immuable ! Curieusement, par ici, la nouvelle génération de « *fast good* » et autres restos proposant de bons plats à emporter peine à s'installer ! Du haut de la montagne Sainte-Geneviève au bas du « boul'Mich' », des hordes de jeunes affamés – et pas qu'intellectuellement – viennent se rassasier dans les gargotes du quartier où le pire peut côtoyer le meilleur. Parmi celles-ci, on affectionne quelques vieilles enseignes exotiques. À l'heure de l'apéro, on se retrouve tout naturellement dans les bars jeunes et animés du périmètre de la fontaine Saint-Michel. Changement de décor du côté du Jardin des Plantes, royaume des familles et des poussettes, et de la Grande Mosquée de Paris, où il fait bon terminer sa balade par un thé à la menthe ou un café !**

## Où manger ?

### Sur le pouce

***Filakia*** *(plan C2,* ***1****)* **:** *31, rue Linné, 75005. ☎ 01-42-21-42-88. Ⓜ Jussieu. Lun-ven 11h30-15h, 18h30-22h30 ; sam en continu. Formules 12-16 € (9,90 € pour les étudiants).* Il est loin le temps où les étudiants du quartier remontaient vers Saint-Michel pour avaler sans prétention un « grec » entre 2 cours ! Tout comme le jambon-beurre en son temps, le *souvlaki* retrouve ici ses lettres de noblesse, avec chaque mois une recette exclusive et différente, en fonction des produits de saison. Garnis de poulet, de poisson ou de bœuf et de légumes, accompagnés de sauces maison et de délicieuses

**Où manger ?**

- **1** Filakia (C2)
- **2** EV Restaurant (C3)
- **3** Les Crêpes de Louis-Marie (B3)
- **4** Nossa Churrasqueira (B2)
- **5** Le Reflet (A1)
- **6** Le Coup de Torchon (A2)
- **7** Foyer Vietnam (C3)
- **8** Crêperie Pot O'Lait (C3)
- **9** Le Grenier de Notre-Dame (zoom)
- **10** Le Bar à Iode (C1)
- **11** Les Arènes (C2)
- **12** Han Lim (B2)
- **13** Chez Gladines (B1)
- **14** Hugo & Co (C2)
- **15** Restaurant Lilane (C2-3)
- **16** Hébé (zoom)
- **17** Les Délices d'Aphrodite (B-C3)
- **18** Les Papilles (A2)
- **19** Les Trublions (B2)
- **20** El Picaflor (C2)
- **21** Bon Vivant (C2)
- **22** Sucrepice (C2)
- **23** Cucina (B1)
- **24** Kitchen Ter(re) (C1)
- **25** Chez Léna et Mimile (B3)
- **26** Mavrommatis, Le Restaurant (C3)
- **27** Kokoro (C2)
- **28** Flocon (B3)
- **29** Chinaski (B3)
- **30** Chez Neung (C3)

**Bars à vins**

- **31** Le Porte-Pot (zoom)
- **32** Café de la Nouvelle Mairie (B2)
- **33** Au Doux Raisin (B2)
- **34** Cave Mavrommatis (B3)
- **35** Grains Nobles et Plus (zoom)

**Où boire un verre ?**

- **36** Le Verre à Pied (B3)
- **38** Le Café Léa (B3)
- **39** Le Pantalon (A2)
- **40** Bô (C1)
- **81** La Petite (B2)
- **86** Chapi Chapo (B2)
- **87** Le Bras de Fer (B2)
- **88** Mulberry Street (zoom)
- **89** Caveau des Oubliettes (zoom)

5e

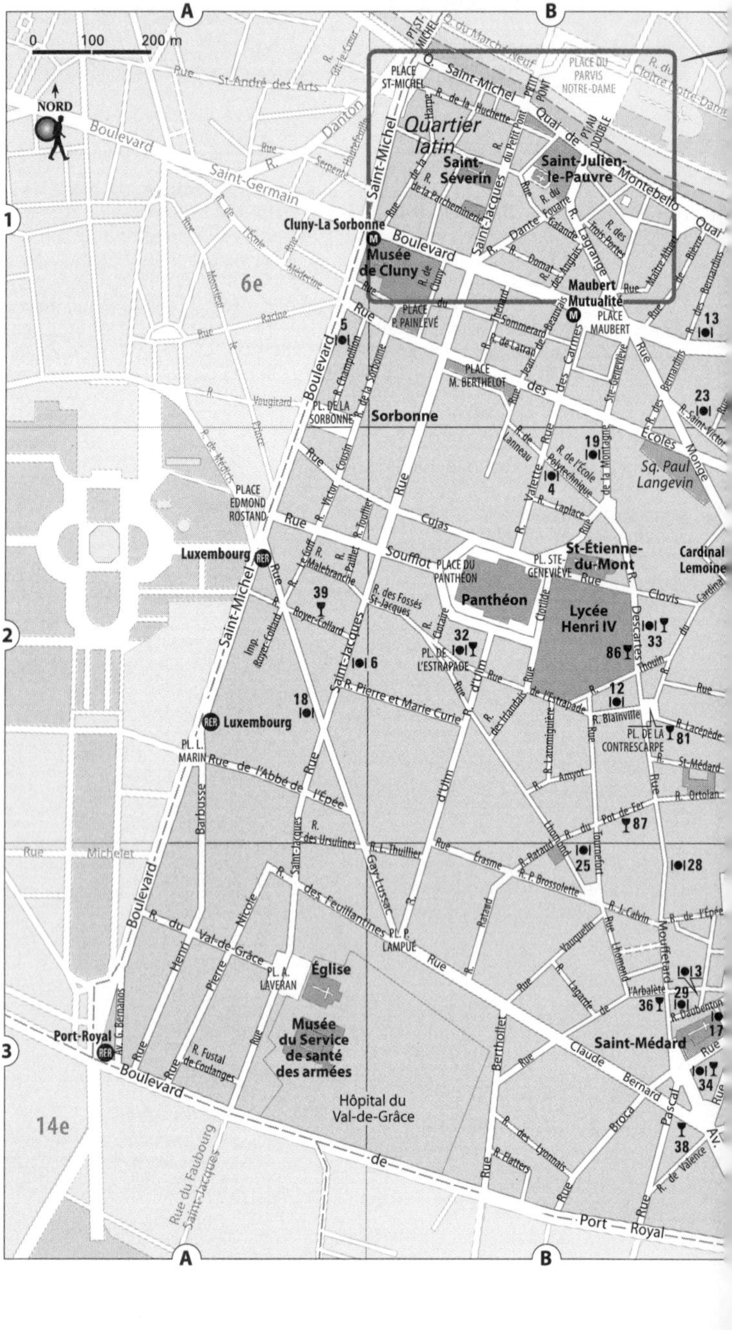

A
B
0
100
200 m
NORD
1
2
3
Quartier latin
Saint-Séverin
Saint-Julien-le-Pauvre
Cluny-La Sorbonne
Musée de Cluny
Maubert Mutualité
PLACE MAUBERT
PLACE ST-MICHEL
PLACE DU PARVIS NOTRE-DAME
PLACE P. PAINLEVÉ
PLACE M. BERTHELOT
PL. DE LA SORBONNE
Sorbonne
PLACE EDMOND ROSTAND
Luxembourg
PLACE DU PANTHÉON
Panthéon
PL. STE-GENEVIÈVE
St-Étienne-du-Mont
Lycée Henri IV
Cardinal Lemoine
Sq. Paul Langevin
PL. DE L'ESTRAPADE
PL. DE LA CONTRESCARPE
PL. L. MARIN
PL. P. LAMPUÉ
PL. A. LAVERAN
Église
Musée du Service de santé des armées
Hôpital du Val-de-Grâce
Port-Royal
Saint-Médard
6e
14e
Boulevard Saint-Germain
Boulevard Saint-Michel
Quai Saint-Michel
Quai de Montebello
Rue St-André des Arts
Rue Danton
Rue Soufflot
Rue Cujas
Rue Saint-Jacques
Rue Gay-Lussac
Rue Mouffetard
Rue Claude Bernard
Rue de l'Abbé de l'Épée
Rue Michelet
Rue des Feuillantines
R. du Val-de-Grâce
R. Pierre et Marie Curie
Rue d'Ulm
Rue des Écoles
Rue Monge
Rue Clovis
Rue Descartes
Rue Lhomond
Rue Tournefort
Rue Broca
Rue Pascal
Av. des Gobelins
Boulevard de Port Royal
Rue du Faubourg Saint-Jacques
1 5
13
23
19
4
39
32
33
86
12
81
6
18
87
25
28
13
29
36
17
34
38

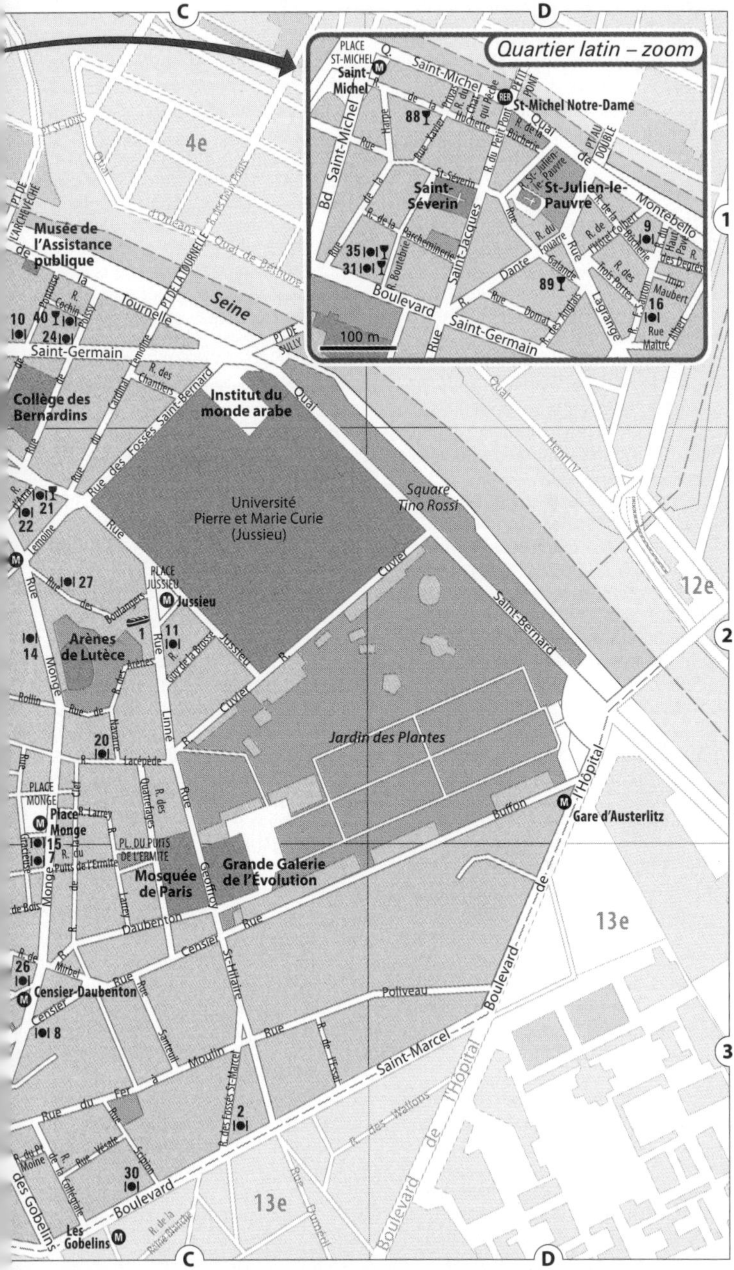


# 5e ARRONDISSEMENT

frites, ces incontournables sandwichs traditionnels sont un petit bout de Grèce en plein cœur de Paris. Également des desserts maison. Atmosphère joyeuse et accueillante. *Autre adresse au 9, rue Mandar, dans le 2e.*

## Très bon marché

**Les Crêpes de Louis-Marie** *(plan B3,* ***3****) : 1, rue de l'Arbalète, 75005. ☎ 01-43-36-19-98. 06-48-79-68-57. Ⓜ Censier-Daubenton. Lun-sam 11h30-14h30, 19h-22h. Congés : sem du 15 août. Formules déj en sem 11,90-13,90 € ; galettes ou crêpes 4-10 €.* Nichée dans un recoin au calme, cette crêperie à la déco chaleureuse et tendance mérite qu'on s'y attarde un moment entre 2 balades. Super accueil de Louis-Marie, tout sourire et jovial, toujours prêt à vous conseiller ses spécialités, notamment la « Comtesse » (poire, fourme d'Ambert, noix). Au choix, une dizaine de galettes ou crêpes qui osent les mélanges audacieux aux côtés des plus traditionnels. Petits et grands s'y retrouvent avec plaisir. Une halte bien gourmande !

**EV Restaurant** *(plan C3,* ***2****) : 54, bd Saint-Marcel, 75005. ☎ 09-87-19-79-89. Ⓜ Saint-Marcel. Mar-jeu 11h-15h30, 18h30-22h30, plus ven-sam 18h30-22h30. Fermé dim-lun. Formules déj 9-16,50 € ; carte 15-20 €. Thé turc offert sur présentation de ce guide.* Petite cantine kurde qui propose une véritable cuisine traditionnelle familiale : brochettes de viandes marinées grillées servies à l'assiette ou en *dürüm* (sandwich de pain pita), *mezze* (boulettes de boulghour au persil et à la menthe, fondantes feuilles de vigne, caviar d'aubergine...) et, toujours à l'ardoise, une délicieuse assiette végétarienne. Assiettes généreuses, comme l'accueil on ne peut plus affable. Pour faire glisser, un petit *pamukkale* rosé fera bien l'affaire. Les becs sucrés ne manqueront pas les desserts, livrés chaque jour par un chef pâtissier, pour accompagner le café turc bien corsé. Un petit coup de cœur. NOUVEAUTÉ.

**Chez Neung** *(plan C3,* ***30****) : 70, bd Saint-Marcel, 75005. Ⓜ Gobelins. ☎ 09-52-07-69-15. Tlj midi et soir, sauf dim. Formules déj (sauf sam) 8,50-12 €. Carte env 15 €.* Du « Bonjour, comment ça va aujourd'hui ? » au nombre de clients venus chercher un plat commandé par téléphone, on comprend que les habitués sont légion dans cette microcantine thaïe. La déco, la musique, l'accueil familial et bien sûr la cuisine, tout rappelle la chaleur du royaume de Siam. Salades, soupes, currys, riz sauté, *pad thaï*, bo bun... les grands classiques sont déclinés sur la carte, et au menu qui, lui, change toutes les semaines. Autant dire que la fraîcheur des produits est de mise. Quant à la qualité, elle est indiscutable : Neung est un vrai chef ! Un rapport qualité-quantité-prix épatant. NOUVEAUTÉ.

**Le Coup de Torchon** *(plan A2,* ***6****) : 187, rue Saint-Jacques, 75005. ☎ 01-46-33-22-93. Ⓜ Cluny-La Sorbonne ; RER B : Luxembourg. Tlj sauf sam midi et dim ; service 12h-14h, 19h-22h. Congés : août. Menus 14 € (midi)-18 € ; carte env 20 €.* Un caboulot de poche avec ses 2 salles superposées sorties d'une autre époque. Pas de coup de bambou sur les prix du menu-carte, qui restent incroyablement sages vu le quartier. Pas de grand miracle non plus dans l'assiette – les plats restent très simples et mériteraient d'être plus copieux –, mais une cuisine traditionnelle honnête et servie rapidement (et avec le sourire).

**Le Reflet** *(plan A1,* ***5****) : 6, rue Champollion, 75005. ☎ 01-43-29-97-27. Ⓜ Cluny-La Sorbonne. Lun-sam 11h-2h, dim 15h-minuit ; service 12h (18h dim)-22h45. Congés : 3 sem en août et 10 j. à Noël. Petits plats ou croques 7-10 € ; plats 9-13 €.* Dans un décor 7e art, les cinéphiles des salles environnantes dévorent tartines, croques et petits plats bien revigorants (bavette, omelette, pommes de terre farcies au fromage). Il n'est pas non plus interdit d'y refaire le film au comptoir ou dans le gros canapé après la dernière séance, sous l'œil bienveillant d'Orson Welles...

**Nossa Churrasqueira** *(plan B2,* ***4****) : 1, rue de l'École-Polytechnique, 75005. ☎ 09-70-38-06-85. Ⓜ Cardinal-Lemoine. Tlj sauf lun et dim soir 12h-15h, 19h-22h. Congés : 2 sem en août.*

*Formules déj en sem 10-12 € ; carte 10-15 €.* L'une des meilleures cantines portugaises de Paris ! À la carte : *rissol, chouriço,* beignets de morue, poulet avec sauce *nossa* ou piri-piri, accompagné de frites maison. Un aller-retour express pour Lisbonne dans l'assiette, et pour pas cher. C'est frais, copieux, et l'équipe assure l'ambiance en cuisine ! Revers du succès : c'est souvent blindé le midi... *NOUVEAUTÉ.*

I●I ⛱ ***Crêperie Pot O'Lait*** *(plan C3,* ***8****) : 41, rue Censier, 75005. ☎ 09-83-26-76-80. Ⓜ Censier. Tlj 11h15-14h30 (15h sam-dim), 19h-22h30. Formules déj en sem 11,50-13,90 € ; galettes et crêpes 2,90-12 €. Café offert sur présentation de ce guide.* À deux pas du Jardin des Plantes, une crêperie à la déco fraîche et marine (matez le phare au milieu des maquettes de bateaux !) et aux affiches publicitaires rétro. Bon rapport qualité-prix pour des galettes et des crêpes qui honorent autant le terroir que la mer. Bon accueil et terrasse aux beaux jours (et des plaids pour les frileux).

I●I ***Foyer Vietnam*** *(plan C3,* ***7****) : 80, rue Monge, 75005. ☎ 01-45-35-32-54. Ⓜ Place-Monge. Tlj sauf dim ; midi et soir. Congés : août.* Phó *ou* bun *env 10 €, 4 nems env 4 € ; menu 12 € ; carte 15-20 €. CB refusées.* Derrière la grande vitrine opaque se cache une cantine traditionnelle vietnamienne (gestion associative) soutenue par l'ambassade et le centre culturel du... Vietnam. Les plats parfumés, frais et généreux sont préparés par des chefs vietnamiens, et sont servis par des étudiants... vietnamiens, ainsi que par des bénévoles. Une initiative à encourager ! Une partie des bénéfices sert à financer des projets associatifs, culturels et humanitaires pour aider les étudiants vietnamiens. Le foyer accueille aussi des expos et propose livres et jeux de société.

## Bon marché

I●I ⛱ ***Le Bar à Iode*** *(plan C1,* ***10****) : 34, bd Saint-Germain, 75005. ☎ 01-43-29-99-21. Ⓜ Jussieu ou Maubert-Mutualité. Mar-sam 12h-14h30, 19h-22h30. Formules déj en sem 16-21 € ; carte env 20 €. Possibilité de coquillages et crustacés à emporter.* Resto-caviste tout en longueur ; tables avec chaises hautes, coloris évoquant la Côte d'Opale ou la Bretagne. Le lieu où partager entre copains et sans chichis un plateau de fruits de mer, déguster une soupe de poissons, se tartiner des rillettes de thon, se régaler d'une bonne friture croustillante ou d'un poisson grillé accommodé de manière originale. Le tout à prix raisonnables pour la qualité. Une découverte au verre : le tariquet des côtes de Gascogne. *Autres adresses au 18, rue Jean-Macé, dans le 11ᵉ, et au 11 bis, av. de Versailles, dans le 16ᵉ.*

I●I ***Sucrepice*** *(plan C2,* ***22****) : 5, rue d'Arras, 75005. 📱 06-50-16-62-67. Ⓜ Cardinal-Lemoine. Tlj sauf mar 10h-21h. Pas de résa. Plats 9-15 €.* Un chinois – cuisine du Sichuan – qui fait le plein de... Chinois ! De bon augure, non ? Une escale estudiantine de poche où l'on s'installe, à la bonne franquette, là où une place se libère. Dans un large bol, nouilles ou vermicelles maison (pas de riz) sont accompagnées de légumes, d'un généreux bouillon (ou pas, d'ailleurs), de fines tranches de bœuf ou de boulettes de porc, de foie de porc vinaigré... Aussi frais que parfumé. Côté épices, pas de mauvaise surprise : on choisit la puissance de feu ! Si un plat suffit à rassasier son homme, les entrées sont l'occasion de goûter à différents abats de poulet, canard ou porc (gésiers, pattes, tripes, cou...) sautés et/ou épicés, ou à quelques petites salades plus classiques. Côté desserts, on peut tenter le gâteau au durian et porc sec... *NOUVEAUTÉ.*

I●I ***Le Grenier de Notre-Dame*** *(plan zoom,* ***9****) : 18, rue de la Bûcherie, 75005. ☎ 01-43-29-98-29. Ⓜ Cluny-La Sorbonne ; RER B : Saint-Michel-Notre-Dame. Tlj midi et soir. Résa conseillée. Carte 20-35 €.* Le tout 1ᵉʳ resto végétarien et macrobiotique de Paris, ouvert en 1978 ! Une affaire de famille depuis 3 générations, avec le même cuistot derrière les fourneaux depuis l'ouverture. Les produits proviennent de circuits courts et de producteurs locaux du Nord et de Normandie. Résultat : une cuisine bio diversifiée et inventive (*raita* d'avocat, couscous et cassoulet végétariens, polenta gratinée, etc.), arrosée de thés et d'infusions bio eux aussi. Préférez une table à l'étage, avec son puits de lumière et son ambiance végétale. *NOUVEAUTÉ.*

**Les Arènes** (plan C2, **11**) : *16, rue Linné, 75005. ☎ 01-43-31-76-15. Ⓜ Jussieu. Tlj sauf dim 7h30-2h ; service 12h-14h30, 19h30-22h30.* Happy hours *17h-20h. Congés : 2-3 sem en août et 1 sem à Noël. Plats du jour 14,90-15,90 €, autres plats 15-26 €. Demi 2,40 € ; verres de vin à partir de 3 €.* Une bonne brasserie des abords du Jardin des Plantes, où les rues portent immanquablement des noms de scientifiques. Arnaud et Myriam, jeune couple déjà rompu aux services endiablés, ont fait appel à un chef passé par de grandes cuisines. Le résultat ? Une adresse attachante et honnête pour une cuisine bistrotière de très bon aloi. Une belle affaire qui attire la clientèle bobo-*arty* du quartier dans ce coin touristique et étudiant de Paris.

**Han Lim** (plan B2, **12**) : *6, rue Blainville, 75005. ☎ 01-43-54-62-74. Ⓜ Place-Monge. Tlj sauf lun et mar midi ; service 12h-14h30, 19h-22h30. Congés : 2e-3e sem d'août et dernière sem de déc. Formules déj 14-15 € ; menus barbecue 19,50-21 € ; carte 25-30 €. Café offert sur présentation de ce guide.* Clientèle en partie coréenne (plutôt bon signe). Menu intéressant le midi, comprenant pot-au-feu, fruits de mer sautés (bulots et seiches), riz et assortiment de légumes coréens, et dessert, ou barbecue coréen à prix raisonnable. Très bonnes grillades de bœuf mariné sur brasero, crêpe à la ciboule et excellent poulet frit à l'ail.

**Chez Gladines** (plan B1, **13**) : *44, bd Saint-Germain, 75005. ☎ 01-46-33-93-88. Ⓜ Maubert-Mutualité. ♿ Tlj ; service continu 12h-23h (minuit ven-sam, 23h30 dim). Fermé Noël et Jour de l'an. Plat du jour 10,50 € ; formule déj en sem 13,50 € ; carte env 20 €.* La cantine du Sud-Ouest, avec déco années 1970, murs en brique, formica du sol au plafond et banquettes bien replètes. Service jovial avec l'accent. Foie gras maison, cassolette d'escargots ou encore grosses salades servies dans des saladiers comme chez mamie. Sans oublier les assiettes de patates au jambon de pays, au cantal, au bleu... De quoi se faire plaisir pour pas cher. Terrasse (chauffée en hiver).

## Prix moyens

**Hugo & Co** (plan C2, **14**) : *48, rue Monge, 75005. ☎ 09-53-92-62-77. Ⓜ Cardinal-Lemoine. Tlj sauf sam-dim. Résa : • tomygousset.com • Carte seulement, 35-40 € ; plats 16-19 €.* Les gastronomes connaissent peut-être déjà la maison mère dans le 7e, *Tomy & Co,* qui ne désemplit pas. Le chef rempile ici, version bistrot moderne et chaleureux, avec comme leitmotiv « *Life is food* ». Déco façon récup vraiment sympa. Dans l'assiette, des plats de saison et de tous horizons, habilement tournés. En entrée, les assiettes « à partager » sont futées. Accueil charmant, ce qui ne gâche rien.

**Chinaski** (plan B3, **29**) : *46, rue Daubenton, 75005. ☎ 01-73-74-74-06. Ⓜ Censier-Daubenton. Ouv mer-dim 9h-18h et 19h30-22h30 ; fermé lun-mar. Au dîner, menu unique 35 €.* Un drôle de lascar que ce Chinaski, personnage-double de l'auteur américain Bukowski. Le bonhomme aimait célébrer la vie sous toutes ses formes. C'est bien ce que nous propose l'équipe jeune et dynamique de ce bistrot nouvelle génération. Dans la journée, le lieu se la joue café avec tartines, soupes et petits plats à grignoter, accompagnés de jus et autres boissons originales. Le soir, c'est une autre partition, entre la terrasse en été, et la salle à la déco dépouillée. On se dépêche pour choisir sa table (premier arrivé, premier assis). On a adoré s'installer devant le chef, en cuisine, sur des tabourets. Tables en bois de récup', mais des idées neuves dans l'assiette. Même la vaisselle met en appétit ! Peu de plats, peu de choix, mais des produits de saison, et quelle originalité, avec des goûts, des couleurs, des saveurs et des vins qui enchantent à prix corrects. Service souriant et épatant.

**Flocon** (plan B3, **28**) : *75, rue Mouffetard, 75005. ☎ 01-47-07-19-29. Ⓜ Monge. Ouv mer-dim. Fermé* *lun-mar. Résa conseillée. Formules déj 19-24 € ; le soir, carte env 40 €.* Dégotter une bonne adresse à la Mouf' nous semblait aussi improbable que la neige en été ! Ce *Flocon*-là est une aubaine dans le quartier. Le cadre ? Une salle épurée, baignée de lumière grâce à la baie vitrée donnant sur un jardin verdoyant. Dans l'assiette, c'est le produit qui prime, et qui impulse une cuisine française enlevée, pleine de saveurs ! Parmi les 3 suggestions du midi, toujours une option végétarienne. Pensez à réserver, surtout le soir ! *NOUVEAUTÉ.*

|●| ☂ ***Hébé*** *(plan zoom,* ***16****) : 15, rue Frédéric-Sauton, 75005. ☎ 01-46-34-08-91. Ⓜ Maubert-Mutualité. Tlj sauf j. fériés 12h-14h, 19h-22h30. Menus déj 23-28 € ; menu gourmet 37 € ; menu dégustation 49 € ; carte env 40 €. Café offert sur présentation de ce guide.* Dans la mythologie grecque, Hébé est la fille de Zeus et d'Héra, personnifiant la jeunesse et la vitalité. Et ce resto porte bien son nom car il revitalise ce quartier dévolu aux mauvaises cantines pour touristes ! Et pour une fois, l'écrin, épuré et cosy, ne joue pas les faux-semblants. La cuisine met en valeur de délicieux plats bistronomiques de saison élaborés par Michel Portos, chef marseillais doublement étoilé. Le soleil est bien là, tout comme l'esprit du Sud, généreux, coloré, appétissant. On aime bien aussi les plats servis en version entrée ou mets principal, les portions qui permettent de partager – ou pas –, et les suggestions végétariennes créatives ! Bon point enfin pour la fine sélection de vins au verre et pour l'accueil.

|●| ***Restaurant Lilane*** *(plan C2-3,* ***15****) : 8, rue Gracieuse, 75005. ☎ 01-45-87-90-68. Ⓜ Place-Monge. Tlj sauf sam midi et dim-lun ; service 12h-14h, 19h-22h. Congés : août et fêtes de Noël. Formules déj 22-26 € ; le soir, menus 34-38 €.* Bonne pioche que ce discret restaurant installé en retrait de la rue Monge, sobrement décoré dans les tons chocolat, avec un éclairage tamisé. Avec son atmosphère intimiste, on s'y sent tout de suite bien. Cuisine de bistrot allégée, joliment enlevée et élégamment présentée. La carte offre une palette de plats assez complète entre poissons et viandes. Au dessert, un soufflé chaque mois différent. Vins de propriété servis au verre. Accueil tout sourire.

|●| ***Les Trublions*** *(plan B2,* ***19****) : 34, rue de la Montagne-Sainte-Geneviève, 75005. ☎ 01-42-02-87-83. Ⓜ Maubert-Mutualité. Tlj sauf dim-lun et mar midi ; service 12h-14h, 19h30-22h. Formules déj 14,90-19 € ; le soir, menu 32 € ; carte 30-35 €. Digestif maison offert sur présentation de ce guide.* Un resto au cadre contemporain et chaleureux revisitant intelligemment la gastronomie française. Carte courte (un bon signe), qui navigue entre le thon rouge, l'osso-buco de dinde et le mijoté de cochon fermier. Bons desserts, originaux. Demandez une table près du bar, plus intimiste. Le midi, menu au rapport qualité-prix imbattable. Le soir, c'est plus cher mais plus travaillé aussi. Accueil pro et attentionné. *NOUVEAUTÉ.*

|●| ☂ ***Les Papilles*** *(plan A2,* ***18****) : 30, rue Gay-Lussac, 75005. ☎ 01-43-25-20-79. Ⓜ Cluny-La Sorbonne ; RER B : Luxembourg. Tlj sauf dim-lun 12h-14h, 19h-22h30. Congés : fin juil-début août et dernière sem de déc. Formule déj en sem 28 € ; menus 35 € (midi)-38 € ; carte env 35 €.* On le repère de loin avec sa devanture jaune clinquant ! Ici, la vedette, c'est le vin, même si ce n'est pas à proprement parler un bar à vins. Plutôt un bistrot-épicerie, avec un mur recouvert de casiers où l'on peut choisir des produits régionaux ou une bonne bouteille (possibilité de la boire à table, moyennant un droit de bouchon de 7 €). Côté assiettes, optez pour le menu du jour car les produits sont nickel, et oubliez la carte, qui fait vite grimper l'addition. Seul regret : le plat unique du menu, qui peut ne pas plaire à tout le monde ! Accueil authentique et chaleureux.

|●| ☂ ***Les Délices d'Aphrodite*** *(plan B-C3,* ***17****) : 4, rue de Candolle, 75005. ☎ 01-43-31-40-39. Ⓜ Censier-Daubenton. Tlj 12h-14h30, 19h-23h. Formule déj en sem 24,50 € ;* pikilia *(choix d'entrées froides et/ou chaudes) 13,90-27,50 € ; carte env 50 €.* Voilà un restaurant grec proposant une cuisine fine et aérienne, du houmous au *tzatziki* en passant par le calamar aux épinards,

les gambas au fenouil ou les travers de porc. Un sans-faute ! Pas négligeable non plus, un service impeccable et une terrasse où siroter son verre d'ouzo. Carte des vins assez chère.

|●| ***El Picaflor*** *(plan C2,* ***20****) : 9, rue Lacépède, 75005. ☎ 01-43-31-06-01. Ⓜ Place-Monge. Mar-sam 19h-1h (dernière commande à 22h30), plus ven-dim 12h-15h. Résa conseillée. Menus 22,50 € (midi), puis 28 € (sauf ven-sam)-38 € ; menu dégustation (pour 2) 56 €/pers.* Ce « Colibri » (eh oui, *Picaflor...*) propose bien des spécialités du Pérou : *aji de gallina,* ceviche (poisson mariné), *chupe de camarones* (soupe parfumée aux crevettes) et le mystérieux *quinoa atamalada...* sans oublier le *rocoto relleno* (piment farci à la viande) « comme au pays » ! Desserts à base de *lucuma* (fruit exotique péruvien) comme le *capricho de lucuma.* Accueil et cadre chaleureux.



|●| 🍸 ⛱ ***Bon Vivant*** *(plan C2,* ***21****) : 7, rue des Écoles, 75005. ☎ 01-43-26-51-34. Ⓜ Jussieu ou Cardinal-Lemoine. Tlj 9h-2h. Formule déj 22 € ; charcut' à picorer 6-8 € ; planches 12-16 € ; carte env 30 €.* « Bonjour, comment ça va ? » Le ton est donné, vous êtes ici comme à la maison, mais on va prendre soin de vous ! Pour les petites bourses et les plus pressés, des douceurs de nos régions (saucisse sèche, terrine, rillettes) au comptoir suffiront, mais le plat du jour, copieux, vaut le détour. Que des bons produits d'éleveurs et producteurs indépendants, soigneusement sélectionnés, pour une cuisine de terroir inventive qui vous réserve bien des surprises ! Belle carte des vins et conseils avisés. Très sympa aussi à l'apéro, autour d'une planche de charcut' artisanale.

## De chic à plus chic

|●| ***Cucina*** *(plan B1,* ***23****) : 20, rue Saint-Victor, 75005. ☎ 01-44-31-54-54. Ⓜ Maubert-Mutualité. Tlj midi et soir. Formule déj 24 € ; carte 40-45 €.* Quand Alain Ducasse, le chef français le plus étoilé au monde, se lance dans la cuisine familiale italienne, c'est sans faux-semblants. Car, hormis les kitschissimes saucisses, jambons et autres *fake* charcutailles en tissu suspendus au-dessus du bar, chinés dans le répertoire *arty* du Whitney Museum de New York, cette *Cucina* est une authentique réussite. Le décor pop mêlant bois blond et couleurs chaudes, l'élégante vaisselle siglée, la carte pointue puisant ses ressources dans le meilleur de la Botte et l'accueil des sympathiques serveurs séduisent et ouvrent l'appétit. Pas d'esbroufe non plus dans les préparations fines et parfumées (hmm, ces *paccheri* à la joue de bœuf fondante), dans les fins *antipasti* et dans les copieux desserts. La carte des vins cogne un peu, mais piochez dans la sélection de vins au verre... et, surtout, démarrez par l'excellent *Spritz della casa*. Ducasse a vu juste.

|●| ⛱ ***Kitchen Ter(re)*** *(plan C1,* ***24****) : 26, bd Saint-Germain, 75005. ☎ 01-42-39-47-48. Ⓜ Cardinal-Lemoine ou Maubert-Mutualité. Tlj sauf dim-lun 12h15-14h30, 19h15-23h. Congés : 2e sem de janv et 3 premières sem d'août. Menus déj en sem 26-30 € ; le soir et sam, carte 45-50 €.* 3e adresse parisienne pour William Ledeuil, un chef imprégné des saveurs asiatiques. Dans ce nouveau lieu clair et chaleureux, décoré d'œuvres d'art des années 1950, le chef invente la « trattoria asiatique ». Il met ici en valeur les pâtes, fabriquées en France, à Cucugnan, avec des céréales connues ou délaissées. Il n'oublie pas l'Asie pour autant, dont les condiments et autres bouillons bien relevés rythment viandes, poissons et fruits de mer. Assiettes terriblement graphiques et savoureuses. Accueil souriant et enjoué.

|●| ⛱ ***Chez Léna et Mimile*** *(plan B3,* ***25****) : 32, rue Tournefort, 75005. ☎ 01-47-07-72-47. Ⓜ Censier-Daubenton ou Place-Monge. Tlj 12h-14h (14h30 sam-dim), 19h-22h30. Fermé dim-lun en hiver, se renseigner. Plat du jour midi en sem 12,50 € ; carte 45-60 €.* Un resto incontournable du quartier, fondé en 1937 et surplombant une placette calme et arborée ! Inondée de soleil, la terrasse donne tout son charme à l'endroit. De plus, la circulation étant quasi inexistante, son bruit ne couvrira pas vos doux mots d'amour... À préférer donc par beau

temps. Quant à la cuisine, franche et sincère, elle met à l'honneur les plats traditionnels de nos régions, et s'aventure même dans le registre moléculaire. Seul bémol : à la carte, l'addition grimpe (un peu trop) vite.

**Mavrommatis, Le Restaurant** *(plan C3, **26**) : 42, rue Daubenton, 75005. ☎ 01-43-31-17-17. Ⓜ Censier-Daubenton. Mar-sam 19h-22h30, plus ven-sam 12h-14h15. Congés : 3 dernières sem d'août. Menus à partir de 45 € ; carte 65-78 €.* Les frères Mavrommatis rendent hommage à leurs racines chypriotes, au sein de cette incontournable escale méditerranéenne gastronomique. Les spécialités helléniques s'acoquinent joyeusement avec les produits du terroir français : artichauts façon Constantinople, épaule d'agneau confite, encornets farcis. Cuisine créative, fine et excellente, à déguster dans un cadre raffiné et élégant. Terrasse en été.

**Kokoro** *(plan C2, **27**) : 36, rue des Boulangers, 75005. ☎ 01-44-07-13-29. Ⓜ Cardinal-Lemoine ou Jussieu. Tlj sauf lun midi et sam-dim ; service 12h-14h, 19h30-22h. Congés : 3 sem en juil. Menus 19,50-25 € le midi, 34 € le soir ; carte env 40 €.* Derrière la façade jaune citron, une petite salle discrète surmontée d'une mezzanine. Avant de grimper, coup d'œil sur la cuisine ouverte de ce bistrot nouvelle génération, qui fusionne à la perfection les influences françaises et asiatiques. 2 choix au menu : priorité au frais, au fait maison (y compris le pain) et en avant le talent ! Une créativité qui réveille les papilles sans être outrancière, voilà l'éclair de génie. Les desserts sont eux aussi sublimes. La femme d'un des chefs, pâtissière, distille en finesse quelques bonnes idées empruntées à son pays d'origine : le Japon. Bravo Sakura !

## Bars à vins

**Grains Nobles et Plus** *(plan zoom, **35**) : 8, rue Boutebrie, 75005. ☎ 01-75-57-89-07. 06-65-58-39-05. Ⓜ Saint-Michel ou Cluny-La Sorbonne. Mar-sam 19h-22h ; le midi sur résa. Assiette gourmande 20 € ; menus « surprise » 39-73 €. Vins au verre.* Bar à vins (200 références) au cadre ravissant alliant sans complexe vieilles pierres, mobilier contemporain et expos de tableaux modernes (et au sous-sol, beau caveau voûté du XIIIe s pour les dégustations). Les menus jouent la carte du mystère et se dévoilent au fil des plats. Au programme, des produits frais et bien préparés. Périodiquement, dégustations de très grands vins (résa obligatoire). Possibilité d'acheter son coup de cœur sur place de 15h à 23h (sans droit de bouchon). Une adresse exceptionnelle !

**Le Porte-Pot** *(plan zoom, **31**) : 14, rue Boutebrie, 75005. ☎ 01-43-25-24-24. Ⓜ Cluny-La Sorbonne ou Saint-Michel. Tlj sauf dim-lun 18h30-22h30, plus le midi sam-dim. Happy hours 18h30-20h30. Congés : 2 sem autour du 15 août et Noël-Nouvel An. Formule 18 € ; plats 13-22 €, assiette de charcuterie ou de fromages 16,50 € ; carte env 30 €.* Un petit bar qui fait la part belle aux vins du sud de la France, avec une prédilection pour les vignerons qui travaillent en biodynamie ou font des vins naturels sans souffre. Même soin côté restauration, où les produits sont scrupuleusement sélectionnés (charcuterie, viande, pain...) avec une petite carte de tradition régionale qui change à chaque saison. Ambiance décontractée au zinc. Salle plus intime au sous-sol. Soirée jazz tous les jeudis.

**Café de la Nouvelle Mairie** *(plan B2, **32**) : 19, rue des Fossés-Saint-Jacques, 75005. ☎ 01-44-07-04-41. Ⓜ Cardinal-Lemoine ou Place-Monge ; RER B : Luxembourg. Tlj sauf sam-dim 8h-minuit non-stop ; service 12h-14h30, 20h-22h30 (apéros dînatoires ven). Congés : 3 sem en août et 1 sem à Noël. Plats 11-22 €. Verres de vin 4-8 €.* À deux pas du Panthéon, ambiance néorétro pour ce bar à vins un peu jazzy, avec vieux zinc et chaises de bistrot bien patinées dans des teintes sobres et élégantes. Ici se bouscule une clientèle de fidèles heureux de

5e

boire un bon vin de pays choisi avec soin par le patron. Belle terrasse en été.

**Au Doux Raisin** *(plan B2, **33**) : 29, rue Descartes, 75005. ☎ 01-43-29-31-13. Ⓜ Cardinal-Lemoine ou Place-Monge. Tlj 10h-1h. Formule vin-mets 28 € ; carte env 35 €. Digestif maison offert sur présentation de ce guide.* L'ombre de Gabin, Ventura et Audiard plane sur ce bar à vins convivial, qui rend hommage à l'esprit du cinéma français des années 1950-1960. Belle carte de crus de Bourgogne et de vins biodynamiques, agrémentée de petits plats des régions françaises (bourguignons notamment !) ou de copieuses planches de fromage et de charcuterie. De quoi arpenter la Contrescarpe le cœur plein d'allégresse.

**Cave Mavrommatis** *(plan B3, **34**) : 49, rue Censier, 75005. ☎ 01-45-34-64-95. Ⓜ Censier. Lun-sam 11h30-15h, plus jeu-sam 18h-21h30. Congés : 2e-3e sem d'août. Formules déj 12,50-16,50 € ; planches 10-14 €, mezze 4-10,50 €.* Juste à côté du traiteur du même nom, une toute petite salle et 4 tables pour goûter à quelques-uns des 80 cépages grecs, en accompagnant chaque verre de délicieux *mezze*. Pas de panique, on vous guidera avec le sourire dans votre dégustation.

5e

## Où boire un verre ?

Saint-Michel et Mouffetard sont des quartiers mythiques de la vie nocturne parisienne avec leurs dizaines de bars, pubs et clubs, pris d'assaut chaque week-end par les étudiants et les touristes... Impossible de s'ennuyer ! Malheureusement, dans cette jungle pour oiseaux de nuit, il y a vraiment à boire (c'est le cas de le dire) et à manger. Dans le coin de Saint-Michel, on fait le plein de *good vibes* au ***Mulberry Street*** *(20, rue de la Huchette ; plan zoom, **88**)*, avec ses savoureux cocktails, et au ***Caveau des Oubliettes*** *(20, rue Galande ; plan zoom, **89**)*, un bar jazz (avec superbe cave médiévale) qui se couche tard, très tard ! Dans le quartier de la Mouff', on a bien aimé ***La Petite*** *(53, rue Lacépède ; plan B2, **81**)*, pour sa belle terrasse donnant sur la place de la Contrescarpe, ***Chapi Chapo*** *(50, rue Descartes ; plan B2, **86**)*, pour sa déco décalée et ses cocktails, et ***Le Bar de Fer*** *(7, rue du Pot-de-Fer ; plan B2, **87**)*, pour son ambiance et sa carte des vins. Parmi nos autres adresses coups de cœur, ici et ailleurs :

**Le Verre à Pied** *(plan B3, **36**) : 118 bis, rue Mouffetard, 75005. ☎ 01-43-31-15-72. Ⓜ Censier-Daubenton. Tlj sauf lun 9h-21h (23h30 mer, 15h30 dim). Demis 2,60-3,80 € au bar, 3-4,50 € en salle. Formule déj en sem 16,50 € ; plats du jour 13-14 € le midi, 16 € le soir ; assiettes de charcuterie ou de fromages à partir de 8 €.* Un des derniers vestiges du côté village du bas Mouffetard. Beaucoup d'âme et de cachet donc pour ce vieux bistrot parigot, inchangé depuis 1914-1918. Carrelage, poêle antique en fonte, tables de café classiques... Habitués, journalistes et artistes s'y côtoient fraternellement dans une atmosphère très Marcel Carné. La meilleure table ? Celle des dinosaures. Expos temporaires de peintres ou de photographes.

**Bô** *(plan C1, **40**) : 8, rue de Poissy, 75005. ☎ 01-35-40-12-25. Ⓜ Maubert-Mutualité. Mar-sam 17h-2h. Cocktails 10-12 € ; verres de rhum à partir de 7 €. Formule 6 tapas 35 € ; plats 6-7 €.* Ce bar chic (mais pas guindé) a été lancé par Julia Sedefdjian, une jeune chef niçoise affolant les gastronomes. Avec ses acolytes martiniquais, elle vous transporte... dans la Caraïbe. Inattendu en plein 5e arrondissement ! Les cocktails, parfaitement maîtrisés, mettent logiquement le rhum agricole à l'honneur, entre ti-punch revisité (accompagné de miel et piment doux) et rhum-coco d'anthologie. Vertigineuse sélection de rhums au verre (plus de 70) et petites assiettes colorées, où le féroce avocat-morue répond aux boudins de cochon créole. La clientèle antillaise se mélange joyeusement aux amateurs d'exotisme, au son du zouk et du reggaeton. *Pani pwoblem !*

**Le Café Léa** *(plan B3, **38**) : 5, rue Claude-Bernard, 75005.*

*☎ 01-43-31-46-30. Ⓜ Censier-Daubenton. Tlj 9h (10h dim)-2h. Assiette de fromages, terrines, saucissons 9,90 € ; brunchs dim 16,90-21,20 €.* Un sympathique café toujours animé, où les jeunes (et moins jeunes) du coin ne manquent jamais de passer, du petit noir du matin au dernier mojito. Une alternative rafraîchissante aux usines à bières du quartier Mouffetard, avec son comptoir en bois « dans son jus », sa grande baie vitrée, ses murs colorés et ses chaises dépareillées. Quelques tartines et *mezze* à partager entre copains.

🍷 ***Le Pantalon*** *(plan A2, **39**) : 7, rue Royer-Collard, 75005. 📱 06-13-17-17-13. Ⓜ Cluny-La Sorbonne ; RER B : Luxembourg. Tlj 17h30-2h. Pinte 3,50 € (3 € 17h30-20h) ; cocktail 8 €. CB refusées.* Énorme coup de cœur pour ce repaire d'étudiants, un brin alternatif, fait de bric et de broc (et même d'un pantalon !), avec sa déco conçue comme une ruelle par le patron et des étudiants des Beaux-Arts. N'oubliez pas d'aller faire un tour tout au fond : surprise ! Bon à savoir, les bières sont moins chères quand on reste au comptoir à se faire des copains. Atmosphère chaleureuse, qui déborde largement sur le trottoir.

# 6e ARRONDISSEMENT

• Plan *p. 66-67*

**D'un côté, le Luxembourg et les universités de médecine ; de l'autre, Saint-Germain-des-Prés, dont les emblématiques *Café de Flore* et *Les Deux Magots* tentent de raviver l'âme germanopratine. À mi-chemin, l'Odéon, véritable organe vivant du 6e, fait le trait d'union entre Saint-Sulpice et la Seine. Bonnes petites pioches du côté de la célèbre rue des Canettes et du marché Saint-Germain, dont le périmètre est jalonné de « rues de la Soif » le soir venu, lorsque les bars prennent vie... De l'autre côté du carrefour, vers la Seine, le microquartier Saint-André-des-Arts fait office d'îlot pittoresque avec son dédale de rues semi-piétonnes et ses vieilles façades biscornues. Comme partout, on y trouve à boire et à manger en quantité, mais on y a décelé quelques petites perles... Animation constante et nombreux bars dans tout ce périmètre traversé par l'imposant boulevard Saint-Germain.**

## Où manger ?

### Sur le pouce

***Cosi*** *(plan zoom,* ***2****)* **:** *54, rue de Seine, 75006. ☎ 01-46-33-35-36. Ⓜ Mabillon. Tlj 12h-23h. Sandwichs 6,50-9 €, salades 8,50-10 € ; menus salade ou sandwich + boisson + dessert 10,50-13,50 €.* Cadre et musique de circonstance, très *cosi (fan tutte),* pour soigner l'entrée en scène de la diva des lieux. Le pain sort du four sous vos yeux. Plusieurs formules, du « Naked Willi », à base de ricotta et légumes rôtis, à la « Perfide Albion », qui s'accommode naturellement de rosbif, tomates confites à la coriandre et oignons rôtis. Également les traditionnels crumbles et tiramisù. Le tout à déguster au 1er étage ou à emporter. Vins au verre et thés de qualité.

***Cul de Cochon*** *(plan zoom,* ***3****)* **:** *32, rue de Buci, 75006. ☎ 01-43-25-63-41. Ⓜ Mabillon ou Odéon. Tlj 10h-20h. Sandwichs 4,90-7,50 €, plats 8,90-9,90 € ; formules déj 9,90-13 €.* Un traiteur de grande qualité, qui propose toutes sortes de bons produits, mais surtout de bons sandwichs ainsi que des plats mijotés à emporter et des salades. La plupart des jambons et charcuteries sont sans nitrite et choisis parmi les meilleurs producteurs d'Aveyron, des Landes ou du Limousin. Quant aux fromages, ils sont tous fabriqués au lait cru. Quelques savoureux plats cuisinés, gentiment nostalgiques : bœuf bourguignon, petit salé aux lentilles, blanquette de veau, tartiflette, cassoulet... Ici, les pauses déj n'ont pas la même saveur qu'ailleurs ! *NOUVEAUTÉ.*

***Evi Evane*** *(plan A2,* ***30****)* **:** *20, rue Saint-Placide, 75006. ☎ 01-71-70-60-59. Ⓜ Sèvres-Babylone ou Saint-Placide. Tlj sauf dim 10h-20h. Formules 9,90-14,50 €.* Les sœurs Nikolaou sont de fines cuisinières et cela se perçoit vite en entrant dans cette petite boutique-traiteur où fleurent bon les spécialités grecques. Tarama maison, généreuses salades composées, divine moussaka, boulettes de viande ou de courgettes et autres plats du jour savoureux... à emporter ou consommer sur place. On est un peu coincés sur des tabourets hauts dans le passage, mais bon, la boutique n'est pas bien grande et puis aux beaux jours quelques tables sont posées sur le trottoir. Les propriétaires possèdent le restaurant du même nom rue Guisarde, vers Odéon (voir plus bas), et un bar à *mezze*, ***Mézès*** *(66, rue Mazarine, 6e. ☎ 01-77-18-79-76).*

***Lebon*** *(plan B2, **4**) : 91, rue de Rennes, 75006. ☎ 01-43-21-67-47. Ⓜ Saint-Sulpice. Tlj sauf dim 10h30 (11h sam)-20h. Sandwichs 5,80-6,40 € ; formules déj 8,40-12,40 €.* Une sandwicherie nouvelle génération, qui s'est fixé comme objectif de servir les meilleurs casse-croûte de Paname ! Préparés à la commande, ils contiennent au choix jambons, viandes ou salaisons artisanales, fromages fermiers AOP de nos provinces et légumes frais. On doit avouer une petite préférence pour celui au rosbif, à accompagner d'une moutarde à l'ancienne et de cornichons. On peut déguster sur place, mais on vous conseille plutôt de filer sur la place Saint-Sulpice ou au jardin du Luxembourg pour vous régaler. *NOUVEAUTÉ.*

## Très bon marché

***Bouillon Chartier Montparnasse*** *(plan A3, **7**) : 59, bd du Montparnasse, 75006. ☎ 01-45-49-19-00. Ⓜ Montparnasse-Bienvenüe. Tlj 11h30-minuit. Attention, pas de résa ; il peut y avoir la queue aux heures de pointe ! Carte 15-20 €.* Le fameux *Bouillon Chartier* renaît de ses cendres du côté de Montparnasse ! Établi ici dès 1903, l'établissement avait abandonné le quartier. Mais son extraordinaire décor Art nouveau, dûment classé, est à nouveau en haut de l'affiche. Carte de bouillon classique et parfaitement recommandable, où les poireaux vinaigrette voisinent avec le céleri rémoulade, où la choucroute répond à la tête de veau sauce gribiche. Service empressé et taquin, à la parisienne ! *NOUVEAUTÉ.*

***Comptoir Poilâne*** *(plan B2, **1**) : 8, rue du Cherche-Midi, 75006. ☎ 01-45-48-45-69. Ⓜ Sèvres-Babylone ou Saint-Sulpice. Lun-sam 8h30-19h, dim brunch 9h30-15h30. Tartines à partir de 11,50 € ; café/thé gourmand 5,70 € ; petits déj 3,50-9 €.* Dans un cadre contemporain, l'annexe chic et cosy de la fameuse boulangerie *Poilâne*, où l'on vient se régaler des célèbres tartines maison, mais aussi de soupes ou de salades. En prime, des petits déj variés et des goûters gourmands. Original, frais et goûteux.

***Au Pied de Fouet*** *(plan B1, **9**) : 3, rue Saint-Benoît, 75006. ☎ 01-42-96-59-10. Ⓜ Saint-Germain-des-Prés. Tlj sauf dim 12h-14h30, 19h-23h. Pas de résa. Plats 10-12 € ; carte 20-25 €.* Une réplique zinc pour zinc de leur 1re adresse, située rue de Babylone. Même gouaille, même bonne humeur et même cuisine canaille, à choisir à l'ardoise. Ici aussi, on a l'impression de courber l'échine pour monter en mezzanine... Comme les aubaines sont plutôt rares dans le quartier, on y prend vite ses habitudes.

***Kodawari Ramen*** *(plan zoom, **8**) : 29, rue Mazarine, 75006. ☎ 09-70-91-12-41. Ⓜ Odéon. Tlj 12h-14h30 (15h30 sam-dim), 18h30-22h30 (23h ven-sam). Ramen 12-18 € ; carte env 20 €.* Ce resto populaire est la reconstitution « vintage » d'un *yokocho* (ruelle) du quartier de Shinjuku, à Tokyo. On se croirait dans un film d'Ozu des années 1960 ! Vieilles affiches déchirées de prévention des accidents, câbles pendouillant au plafond, murs sombres, tôles ondulées, lanières en plastique transparent à l'entrée... On ne sert ici que des soupes de nouilles de blé *(ramen)*, à déguster dans de gros bols. Courte carte, mais rien que du bon et du frais. On peut manger au bar ou sur de petites tables posées sur des caisses de bière Kirin, laquelle est servie en bock. Service rapide et attentionné. *Autre adresse au 12, rue de Richelieu, dans le 1er.*

***Thuy Long*** *(plan A3, **32**) : 111, rue de Vaugirard, 75006. ☎ 01-45-49-26-01. 📱 06-63-16-08-22. Ⓜ Montparnasse-Bienvenüe, Duroc ou Falguière. Lun-sam 11h30-15h30, 18h30-21h30. Fermé dim. Formule 14 € ; carte env*

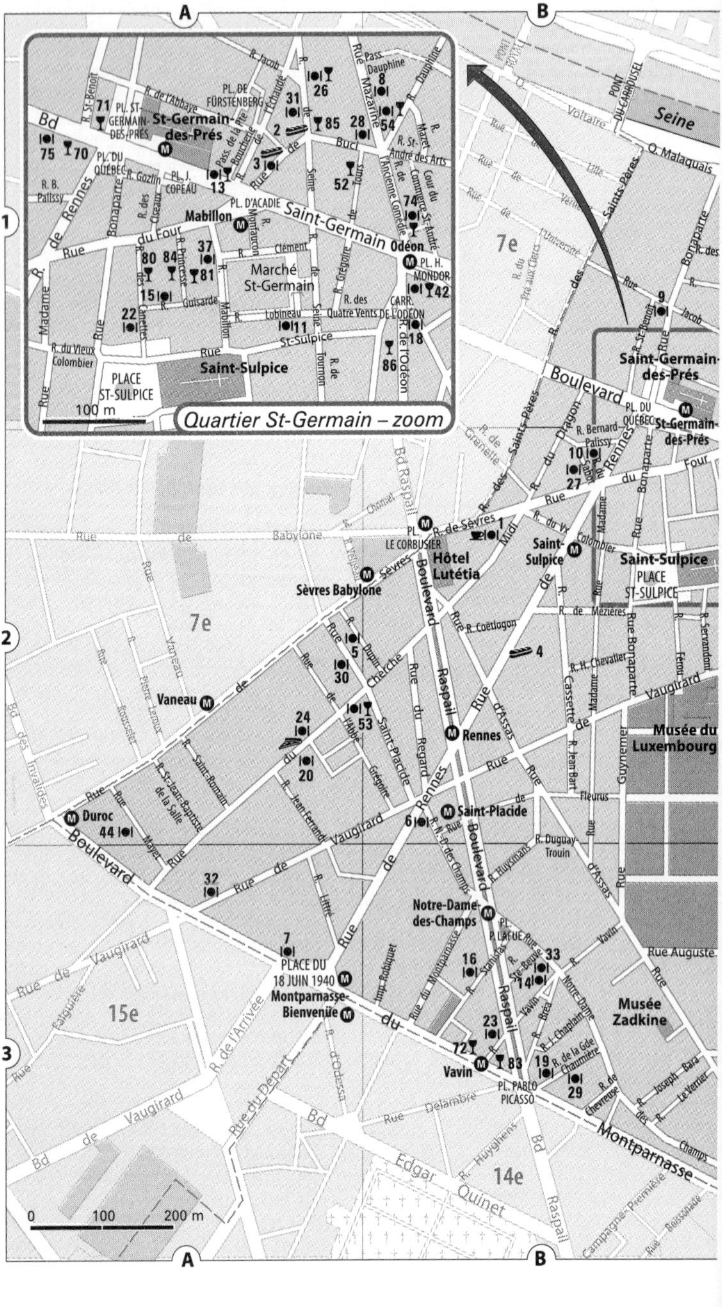

A
B
1
2
3
Quartier St-Germain – zoom
100 m
R. Jacob
Rue Mazarine
Pass. Dauphine
R. Dauphine
PL. DE FÜRSTENBERG
R. de l'Abbaye
R. St-Benoît
PL. ST-GERMAIN-DES-PRÉS
St-Germain-des-Prés
Bd Saint-Germain
R. de l'Échaudé
Pass. de la Petite Boucherie
Rue de Buci
R. de Seine
R. Mazet
R. St-André des Arts
Cour du Commerce St-André
R. de l'Ancienne Comédie
PL. DU QUÉBEC
R. Gozlin
PL. J. COPEAU
R. B. Palissy
R. de Rennes
Bonaparte
R. des Ciseaux
R. des Canettes
Mabillon
PL. D'ACADIE
R. Montfaucon
Odéon
PL. H. MONDOR
Rue du Four
R. Princesse
R. Clément
Marché St-Germain
R. Guisarde
R. Mabillon
R. Lobineau
R. des Quatre Vents
CARR. DE L'ODÉON
R. de l'Odéon
R. Grégoire de Tours
Rue St-Sulpice
R. du Vieux Colombier
Rue Madame
Saint-Sulpice
PLACE ST-SULPICE
Rue de Tournon
R. de Condé
Seine
Q. Voltaire
PONT ROYAL
PONT DU CARROUSEL
Q. Malaquais
Rue de Lille
Rue de Verneuil
Rue de l'Université
R. du Pré aux Clercs
Rue des Saints-Pères
Rue Jacob
R. Bonaparte
7e
Boulevard Saint-Germain
R. Bernard-Palissy
R. du Dragon
R. de Grenelle
R. du Sabot
Rue du Four
R. de Sèvres
PL. LE CORBUSIER
Hôtel Lutétia
Rue de Babylone
R. Chomel
R. Récamier
Sèvres Babylone
Bd Raspail
R. du Vx Colombier
Saint-Sulpice
Rue de Mézières
R. Coëtlogon
R. Dupin
Rue du Cherche-Midi
Rue Saint-Placide
Rue du Regard
Rue d'Assas
R. H. Chevalier
Rue Cassette
Rue Bonaparte
R. Férou
R. Servandoni
Rue de Vaugirard
Musée du Luxembourg
Rue Vaneau
Rue Pierre Leroux
R. Rousselet
Vaneau
Bd des Invalides
Rue de l'Abbé Grégoire
R. Saint-Romain
R. St-Jean-Baptiste de la Salle
R. Jean Ferrandi
Rennes
R. Jean Bart
Rue de Fleurus
Rue Guynemer
Duroc
Rue Mayet
Rue de Vaugirard
Saint-Placide
R. N.-D.-des-Champs
Boulevard Raspail
R. Huysmans
R. Duguay-Trouin
R. Littré
Notre-Dame-des-Champs
PL. P. LAFUE
Rue Vavin
Rue Auguste Comte
Imp. Robiquet
Rue du Montparnasse
R. Stanislas
R. Ste-Beuve
Rue Notre-Dame des Champs
R. Bréa
R. J. Chaplain
R. de la Gde Chaumière
Musée Zadkine
PLACE DU 18 JUIN 1940
Montparnasse-Bienvenüe
Boulevard du Montparnasse
15e
Rue Falguière
Rue de l'Arrivée
Rue du Départ
R. d'Odessa
Vavin
PL. PABLO PICASSO
R. de Chevreuse
R. Joseph Bara
R. Le Verrier
R. des Champs
Bd de Vaugirard
Rue Delambre
Bd Edgar Quinet
R. Huyghens
Bd Raspail
14e
R. Campagne-Première
Rue Boissonade
0
100
200 m
1 2 3 4 5 6 7 8 9 10 11 13 14 15 16 18 19 20 22 23 24 26 27 28 29 30 31 32 33 37 42 44 52 53 54 70 71 72 74 75 80 81 83 84 85 86

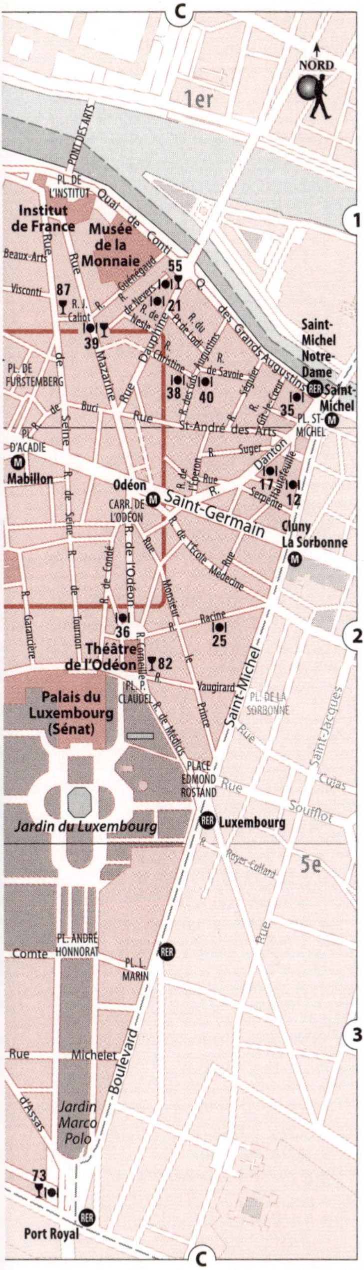


## Où manger ?

1 Comptoir Poilâne (B2)
2 Cosi (zoom)
3 Cul de Cochon (zoom)
4 Lebon (B2)
5 Dupin (A2)
7 Bouillon Chartier Montparnasse (A3)
8 Kodawari Ramen (zoom)
9 Au Pied de Fouet (B1)
10 Eggs & Co, Barista Café (B2)
11 Le Petit Vatel (zoom)
12 Café de la Tourelle (C2)
13 La Rhumerie (zoom)
14 Quartier Vavin (B3)
15 Evi Evane (zoom)
16 La Gentiane (B3)
17 La Lozère (C2)
18 Breizh Café (zoom)
19 Niébé (B3)
20 La Cantine du Troquet (A2)
21 Desi Road (C1)
22 Boucherie Roulière (zoom)
23 Le Parc aux Cerfs (B3)
24 Anima (A2)
25 Bouillon Racine (C2)
26 Fish, la Boissonnerie (zoom)
27 Blueberry (B2)
28 Le Bistrot Buci Mazarine (zoom)
29 Esttia (B3)
30 Evi Evane (A2)
31 Semilla (zoom)
32 Thuy Long (A3)
33 Le Timbre (B3)
35 Jixiao's Buns (C1)
36 La Méditerranée (C2)
37 Le Petit Capri Bazar (zoom)
38 Le Christine (C1)
39 L'Alcazar (C1)
40 KGB (C1)
42 Le Comptoir (zoom)
44 H Kitchen (A2)

## Bars à vins

42 L'Avant-Comptoir et L'Avant-Comptoir de la Mer (zoom)
52 La Grande Crèmerie (zoom)
53 Sauvage (A-B2)
54 Etna (zoom)
55 Chez Nous (C1)

## Cafés-restos historiques

70 Le Café de Flore (zoom)
71 Les Deux Magots (zoom)
72 Le Sélect (B3)
73 La Closerie des Lilas (C3)
74 Le Procope (zoom)
75 Brasserie Lipp (zoom)

## Où boire un verre ?

80 Chez Georges (zoom)
81 Tiger (zoom)
82 Au Petit Suisse (C2)
83 Cubana Café (B3)
84 Eden Park Pub (zoom)
85 Le Bar du Marché (zoom)
86 Le 10 Bar (zoom)
87 La Palette (C1)

6e

*15 €. Café offert sur présentation de ce guide.* Une gargote vietnamienne sans prétention, où on se régale pour quelques euros. Rouleaux de printemps à la mangue et aux crevettes, bo bun accompagné de viande parfumée au saté, salade de papaye verte au bœuf, ravioles vapeur fumantes : tout est fait maison, excellent et sacrément copieux ! La déco n'est pas des plus réussie, mais qui s'en soucie ? Le bon plan que l'on n'espérait plus dans ce quartier très onéreux. *NOUVEAUTÉ.*

**Jixiao's Buns** *(plan C1,* ***35****) : 19, quai des Grands-Augustins, 75006. ☎ 01-42-02-77-37. Ⓜ Saint-Michel. ♿ Lun-sam 12h-15h, 18h-22h ; dim 12h-16h. Congés : 3 sem en sept. Formules déj 10-13,50 € ; plats 6-10 €.* Ce petit local niché dans un vénérable immeuble du Moyen Âge accueille une cantine chinoise originale et savoureuse. Vous découvrirez des chefs affairés derrière leur comptoir, en pleine préparation de *shengjian,* de savoureuses ravioles fourrées de porc ou de légumes, originaires de la région de Shanghai. Attention, il y a quelques précautions à prendre avant de vous jeter dessus : aspirez d'abord avec une paille le jus brûlant à l'intérieur ! Également des soupes de nouilles généreuses et bien relevées, à composer selon ses envies. Service rapide et sans façon. Beaucoup de monde, mieux vaut arriver en début ou en fin de service. Une adresse dans le 3e également : *91, rue Beaubourg. NOUVEAUTÉ.*

## Bon marché

**La Gentiane** *(plan B3,* ***16****) : 4, rue Stanislas, 75006. ☎ 01-45-48-11-39. Ⓜ Vavin. Lun-ven 12h-14h, 19h30-22h. Fermé w-e. Formules déj 19-21 € ; carte env 35 €.* Décor plein de nostalgie pour cette adresse à l'atmosphère chaleureuse, évoluant entre chalet de montagne auvergnat et resto routier. Papier peint gentiment kitsch, flipper vintage, vieilles enseignes à la gloire de la Suze ou du Salers, curieuse collection de figurines représentant des cochons... Peu commun dans un quartier guindé comme Montparnasse ! Dans l'assiette, une cuisine généreuse et réconfortante, qui donne envie de gueuletonner comme autrefois. La formule déj est imparable, mais la carte a de bonnes ressources : essayez donc le pot-au-feu, la spécialité de la maison ! En dessert, mont-blanc ou gaufre ? Accueil plus que chaleureux et service efficace. *NOUVEAUTÉ.*

**Le Petit Vatel** *(plan zoom,* ***11****) : 5, rue Lobineau, 75006. ☎ 01-43-54-28-49. Ⓜ Mabillon ou Odéon. Tlj sauf dim-lun 12h-15h, 19h-23h. Congés : 22 déc-6 janv. Formules déj en sem 16-19 € ; menus à partir de 25 € ; carte env 30 €. Verres de vin à partir de 4 €.* Cette adresse de poche du marché Saint-Germain, au décor agréable et quelque peu suranné, est tenue par une sympathique chef. Essayez la terrine maison, les farcis ou les plats mijotés ; le bon rapport qualité-prix de ce resto vous semblera encore plus évident. Attention, peu de tables : aux beaux jours, essayez de réserver celle en terrasse.

**La Rhumerie** *(plan zoom,* ***13****) : 166, bd Saint-Germain, 75006. ☎ 01-43-54-28-94. Ⓜ Mabillon. Tlj 9h-minuit (1h mar-mer, 2h jeu, 2h30 ven-sam). Assiettes antillaises (au déj) 13,70-18 € ou créoles (le soir) 14,50 €, plats et salades env 8,50-11,50 € ; menus 17,50-24,50 €. Cocktails 6,90-10,20 €.* Depuis 1932, la « rhumerie martiniquaise » a pour vocation de faire connaître la douceur des Antilles. Institution parisienne familiale (c'est la 4e génération), *La Rhumerie* reste un repère à Saint-Germain, et le repaire d'étudiants, de Parisiens et de touristes séduits par un exotisme abordable. Ici, la « route des rhums » navigue de la Martinique à la Polynésie en passant par le Brésil ! Large éventail de punchs et cocktails, on s'en doute. Lumineuse véranda donnant sur le boulevard, bien agréable en hiver. La cuisine fraîche sent le soleil des îles (acras, boudin créole...), et l'addition cogne moins fort que le rhum, à condition de rester mesuré !

**Café de la Tourelle** *(plan C2,* ***12****) : 5, rue Hautefeuille, 75006. ☎ 01-46-33-12-47. Ⓜ Odéon ou Saint-Michel. Tlj sauf dim 12h-13h30, 19h-21h. Congés : 3 premières sem d'août. Formule déj 17 € ; carte env 26 €.* Dans l'une des plus anciennes maisons du quartier, vieille de 5 siècles, avec, à l'angle, une magnifique tourelle en encorbellement, se niche un resto familial, inchangé depuis des décennies. La clientèle d'habitués pioche dans une carte succincte et sans artifice, à l'image de la petite salle aux allures de bistrot d'antan. Service rapide pour une halte reconstituante midi et soir, autour d'une cuisine traditionnelle, maison et intemporelle, avec des pommes grenaille en accompagnement d'une andouillette ou d'un foie de veau. Accueil particulièrement gentil.

|●| ***Eggs & Co, Barista Café*** *(plan B2, **10**) : 11, rue Bernard-Palissy, 75006. ☎ 01-45-44-02-52. Ⓜ Saint-Germain-des-Prés. Tlj sauf mer (plus mar en août) 10h-17h (18h w-e ; dim brunch seulement). Pas de résa le w-e. Carte 10-23 € ; brunchs 22-32 €. Parking payant.* Une adresse de poche dédiée à l'œuf dans tous ses états (mais toujours fermier !) : brouillé, en omelette, au plat, Bénédicte, à la coque... Ambiance maison de campagne, décor champêtre (et bas de plafond !) au 1er étage, côté basse-cour ou mezzanine, service enjoué et décontracté, assiettes copieuses et goûteuses. Pour les affamés, l'œuf s'accompagne de saumon, d'un steak (très bon burger), de légumes... Idéal pour le déjeuner ou le brunch (servi tous les jours).

|●| ***Quartier Vavin*** *(plan B3, **14**) : 18, rue Vavin, 75006. ☎ 01-43-26-67-47. Tlj 7h30 (8h30 dim)-minuit ; service continu 11h30-23h30. Formule déj en sem 18 € ; tapas 8-14 € ; carte 25-30 €.* Une belle brasserie d'angle, où la clientèle, à l'image de ce quartier chic et étudiant (la fac d'Assas est toute proche), remplit les tables du matin au soir. Cadre sympathique en salle, qui rivalise avec la vaste et agréable terrasse. Côté cuisine, des classiques de brasserie bien troussés, du bœuf d'Aubrac jusque dans les burgers, des planches et de belles salades. Côté douceurs, tartes maison et glaces *Berthillon.*

|●| ***La Lozère*** *(plan C2, **17**) : 4, rue Hautefeuille, 75006. ☎ 01-43-54-26-64. Ⓜ Saint-Michel ou Odéon. Tlj sauf dim-lun 12h-14h, 19h30-22h. Menus 22,50 € (le midi, verre de vin compris), puis 25,50-34,50 €.* De bonnes spécialités régionales, à déguster dans un cadre rustique. À la carte, entre autres, pâté caussenard au genièvre, agneau de Lozère, fondante viande d'Aubrac, ou encore le fameux aligot. En face du resto se trouvent l'espace tourisme et son épicerie fine lozérienne, proposant des produits du terroir et d'artisanat *(mar-sam 10h-12h30, 13h30-18h30).*

## Prix moyens

|●| ***Breizh Café*** *(plan zoom, **18**) : 1, rue de l'Odéon, 75006. ☎ 01-42-49-34-73. Ⓜ Odéon. Tlj 11h30 (10h sam-dim)-23h. Résa préférable. Formule déj 19,80 € ; le soir, carte 20-40 € selon appétit !* Après Cancale, Paris et Tokyo, le Breton Bertrand Larcher plante ici une nouvelle crêperie version gastro. Ingrédients de haute qualité (jambon blanc artisanal, beurre Bordier, œufs et saumon bio irlandais...) et créativité constituent la recette de son succès. Certaines crêpes sont même présentées en *rolls,* façon... sushis ! Cidres fermiers exceptionnels. La sélection du marché met en avant les produits de saison, comme les langoustines en provenance du Guilvinec. Service sympathique et empressé. Une adresse qui fait le plein, malgré des prix dépassant le budget des étudiants du quartier.

|●| ***Fish, la Boissonnerie*** *(plan zoom, **26**) : 69, rue de Seine, 75006. ☎ 01-43-54-34-69. Ⓜ Mabillon. Tlj ; service 12h30-14h30, 19h-22h45. Fermé le midi et le w-e en août. Congés : 1 sem en août et 1 sem fin déc. Le midi, formule 16,50 € et menus 26-29 € ; carte env 45 €. Verres de vin 6-12 €.* Ne soyez pas trop surpris si vous entendez que la plupart des clients *speak English* : les patrons sont tout simplement anglo-saxons, ce qui ne les empêche pas de connaître nos vignobles mieux que pas mal de *Frenchies.* De la vallée du Rhône au Languedoc-Roussillon, de la Provence à la Loire, on boit ici en majesté... et en essayant de raison garder. Et les assiettes ? Du genre bistronomiques, savoureuses, ensoleillées et plébiscitées par une foule d'habitués. Mêmes proprios qu'en face (*Semilla, Cosi* et *Freddy's*). Un coup de cœur !

**Evi Evane** *(plan zoom,* ***15****) : 10, rue Guisarde, 75006. ☎ 01-43-54-97-86. Ⓜ Mabillon. Tlj sauf dim ; service 12h-14h30, 19h-23h. Formules déj 18,90-23,90 € ; carte 35-40 €. Apéritif maison offert sur présentation de ce guide.* Les banquettes le long des murs de pierre blonde et les quelques tables de bistrot ne donnent pas d'indice sur les origines de la cuisine. Le mystère se dissipe vite à la lecture de la carte, qui décline des spécialités grecques. Les sœurs Nikolaou assurent, en salle et aux fourneaux, avec des plats subtils et généreux qui fleurent bon le soleil méditerranéen. Incontournable, le tarama blanc, servi avec des blinis maison, se partage entre amis, mais la moussaka se déguste égoïstement ! Ne vous cantonnez pas à ces délicieux classiques, vous vous priveriez de plats plus créatifs qui donnent furieusement envie de partir en Grèce l'été prochain.

**Niébé** *(plan B3,* ***19****) : 16, rue de la Grande-Chaumière, 75006. ☎ 01-43-29-43-31. 06-27-33-29-35 ou 06-11-44-56-78. Ⓜ Vavin ou Notre-Dame-des-Champs ; RER B : Port-Royal. Tlj sauf dim-lun ; service 12h-14h30, 19h-22h (22h30 ven-sam). Congés : 20 juil-20 août. Menus déj en sem 18-23 € ; le soir et sam midi, carte 35-40 €.* Le *niébé* est un haricot sec originaire d'Afrique, qui a migré en Amérique latine et dans le sud des États-Unis *(black eyed pea),* où il est devenu un ingrédient incontournable de la cuisine afro-américaine. Aux commandes ici, 2 femmes : Joséphine Kodiani, qui orchestre le service en salle avec bonne humeur, et Anne Bastard-Vaÿsse. À elles 2, elles incarnent, avec le chef brésilien Fellipe Pastor, ce métissage formidable que l'on retrouve dans la carte, mêlant judicieusement les origines : *babaganoush* d'aubergines africaines, mafé de bœuf, feijoada, *bacalhau, bobo di camarão* (gambas sautées)... La plupart des plats sont également proposés en version vegan. Un coup de cœur !

**Le Petit Capri Bazar** *(plan zoom,* ***37****) : 6, rue Mabillon, 75006. ☎ 01-42-02-93-34. Ⓜ Mabillon. Mar-sam 12h30-14h30, 19h30-22h30. Fermé dim-lun. Le midi, formule et menu 24-29 € ; le soir, carte env 40 €. Vins au verre à partir de 7 €.* Ce délicieux restaurant italien, caché sous une épicerie transalpine discrète, est un secret bien gardé. Après avoir emprunté un vieil escalier qui craque, les initiés se retrouvent dans une petite salle avec poutres apparentes, donnant sur une cour pavée bucolique. À la carte, une cuisine italienne de marché, fraîche et de saison, qui s'en va glaner ses produits d'exception aux quatre coins de la Botte. Pâtes al dente, poissons simplement grillés ou viandes mijotées, tout est succulent. On vous offre même quelques *antipasti* en guise de bienvenue ! Carte des vins d'une grande richesse mais attention, les prix grimpent vite... Service discret et forcément bilingue. *NOUVEAUTÉ.*

**La Cantine du Troquet** *(plan A2,* ***20****) : 79, rue du Cherche-Midi, 75006. ☎ 01-43-27-70-06. Ⓜ Vaneau ou Saint-Placide. Tlj sauf sam-dim ; service 12h-14h30, 19h-22h45. Congés : 1re sem de janv et 2 sem en août. Plats 19-25 € ; carte env 38 €.* Et de 4 ! Le pétulant Christian Etchebest a planté le décor de sa 4e cantine dans une salle chaleureuse aux murs de pierres apparentes. À l'entrée, les recalés (pas de résa possible) prennent l'apéro en attendant qu'une table se libère. Au fond, une cuisine de poche d'où sortent les plats qui ont fait la renommée du chef bistronomique : terrine de boudin, oreilles de cochon grillées, cabillaud en croûte de chorizo et haricots blancs, échine de cochon Ibaïona... accompagnés de grosses frites maison, pour finir par l'inénarrable riz au lait ! Simple et efficace. Service adorable.

**Desi Road** *(plan C1,* ***21****) : 14, rue Dauphine, 75006. ☎ 01-43-26-44-91. Ⓜ Saint-Michel, Odéon ou Pont-Neuf. ♿ Tlj 12h-14h (14h30 sam-dim), 19h-22h (22h30 ven-sam). Formules déj 18-22 € ; thalis 24-34 € ; carte env 30 €. Butter naan (pain indien cuit au tandoor) offert sur présentation de ce guide.* Joli bistrot chic d'inspiration indo-british, petit frère de *MG Road* dans le Marais. Le concept est réussi et renouvelle totalement l'image de la gastronomie indienne en France. La carte, elle aussi, se veut atypique : le chef, né et formé à Bombay, prépare d'authentiques *thalis,* ces plateaux

6e

ronds de métal sur lesquels sont disposées des coupelles avec différentes spécialités : *dal,* curry de viande ou de poisson et autres préparations savoureuses. Formule végétarienne possible, vegan également. Produits de choix, épices savamment dosées. Une belle leçon d'exotisme ! Lassis et cocktails à la demande.

|●| ***Boucherie Roulière*** *(plan zoom,* ***22****) : 24, rue des Canettes, 75006. ☎ 01-43-26-25-70. Ⓜ Saint-Sulpice ou Mabillon. Tlj ; service 12h-14h30, 19h-23h30 (minuit ven-sam, 23h dim-lun). Carte et ardoise 30-40 €.* L'enseigne donne le ton : le propriétaire, boucher à Tours, met un point d'honneur à servir une viande de 1er choix. Et la salle tout en longueur, avec ses tables en bois et son carrelage en damier, joue la convivialité. La cuisine classique aux portions généreuses et le service attentionné ont séduit les aficionados de bonne viande. Pas de menu, dommage... Également quelques poissons, et des vins de propriétaires récoltants pour accompagner le tout.

|●| ***Le Bistrot Buci Mazarine*** *(plan zoom,* ***28****) : 82, rue Mazarine, 75006. ☎ 01-43-54-02-11. Ⓜ Odéon. Tlj sauf dim-lun 12h-14h15, 19h-22h30. Congés : août. Menus 25-28 € le midi, 35-45 € le soir ; carte 45-50 €. Vins au verre à partir de 5 €.* Alain Dutournier, chef du *Carré des Feuillants* (entre autres !), a mis en place une jeune équipe efficace et dynamique, qui propose une carte courte aux accents du Sud-Ouest. Goûteuse cuisine landaise, bon rapport qualité-prix, excellente carte des vins et personnel serviable font de ce lieu un endroit diablement agréable. Bon point pour le vin, servi au verre.

|●| ***Bouillon Racine*** *(plan C2,* ***25****) : 3, rue Racine, 75006. ☎ 01-44-32-15-60. Ⓜ Cluny-La Sorbonne ou Odéon. ♿ Tlj 12h-14h30, 19h-23h. Congés : 15 j. début août. Formule déj en sem 17,50 € ; menu-carte 35 € ; carte env 40 €. Apéritif maison offert sur présentation de ce guide.* Une institution plus que centenaire du Quartier latin, qui a aussi servi de cantine pour le personnel de la Sorbonne avant de retrouver son lustre d'antan ! Magnifique, le décor Art nouveau nous plonge dans le faste et l'ambiance Belle Époque : sol en mosaïque, miroirs peints, boiseries ciselées, motifs floraux... Pas de trompe-l'œil dans l'assiette, les plats traditionnels de saison fleurent bon le terroir, et le menu du jour ne dupe personne. Petit bar à vins. Une belle adresse !

|●| ***Anima*** *(plan A2,* ***24****) : 78, rue du Cherche-Midi, 75006. ☎ 01-40-47-90-41. Ⓜ Saint-Placide, Rennes ou Vaneau. ♿ Tlj 12h-14h30, 19h30-23h. Pizzas 12-19 € ; carte 30-40 €.* Après son *Caffè Stern,* David Lanher met un 2d pied dans la Botte. Bar en marbre veiné, énorme four à pizzas en mosaïques et chefs italiens maîtrisant leur sujet. Le lieu fait le buzz dans le quartier ! Outre les bonnes pizzas, le *vitello tonnato* ne laisse pas indifférent, et le poulpe poêlé, absolument délicieux, nous a donné envie d'y retourner.

|●| ***Le Parc aux Cerfs*** *(plan B3,* ***23****) : 50, rue Vavin, 75006. ☎ 01-43-54-87-83. Ⓜ Vavin. Tlj 12h-14h15 (14h30 ven-dim), 19h30-22h15 (22h30 ven-dim). Formule déj en sem 24 € ; menus 32-39 € le midi, 35-43 € le soir.* Un décor élégant, sobrement rétro, avec un bel escalier en fer forgé dans la salle du fond. Jolie verrière donnant sur une petite cour lumineuse, très calme, où l'on peut s'installer aux beaux jours. Cuisine bourgeoise sympathique, gourmande et légère, à accompagner de beaux flacons, comme de rares vins corses. Excellent rapport qualité-prix au déjeuner, surtout pour Montparnasse.

|●| ***Esttia*** *(plan B3,* ***29****) : 11, rue de la Grande-Chaumière, 75006. ☎ 01-72-60-43-63. Ⓜ Vavin. Mar-sam 12h-14h30, 19h-22h30. Fermé dim-lun. Formule déj en sem 22 € ; menu 36 €.* Cachée dans une petite rue perpendiculaire au boulevard du Montparnasse, voici une belle trouvaille. Le jeune couple de cuisiniers aux fourneaux, qui est passé par de belles maisons, souhaite désormais écrire sa propre histoire. Il sert ainsi, dans cet espace confortable et bien éclairé, une cuisine bistronomique inventive et colorée, qui possède la fougue de la jeunesse. Carte qui reste toutefois équilibrée, oscillant entre terre et mer : ravioles de crabe dans une émulsion à la *sambuca,* tatin de magret fumé, pavé de thon au sésame noir et combava... Clientèle aux anges, trop heureuse de manger si bien à des prix si contenus. Carte des vins plutôt futée. On souhaite longue vie à ce beau projet ! *IL NOUVEAUTÉ.*

## De chic à plus chic

**Dupin** *(plan B2,* ***5****) : 11, rue Dupin, 75006. ☎ 01-42-22-64-56. Ⓜ Sèvres-Babylone. Tlj sauf dim-lun, midi et soir. Congés : en août. Résa préférable. Formule déj en sem 30 € ; menu 42 € ; menu dégustation 56 €.* Ce resto affiche complet midi et soir. La raison du succès : un menu peaufiné par des trouvailles quotidiennes, qui propose chaque jour un choix de 5 entrées, 5 plats et 5 desserts, plus les suggestions du jour, le tout ultra-bio et locavore. Bons desserts. Service efficace.

**Semilla** *(plan zoom,* ***31****) : 54, rue de Seine, 75006. ☎ 01-43-54-34-50. Ⓜ Mabillon ou Saint-Germain-des-Prés. Tlj 12h30-14h30, 19h-23h (22h dim). Congés : 24 déc-2 janv. Résa conseillée. Formules déj en sem 24-40 € ; carte 40-65 €.* C'est dans un décor néo-industriel que Drew Harré et Juan Sanchez ont fait le pari d'ouvrir leur 4e adresse parisienne et d'y installer Éric Trochon (MOF 2011) aux commandes d'une grande cuisine ouverte sur la salle principale, bien agréable – mais préférer tout de même la salle du fond, plus calme. Cuisine de marché bien dans son époque et assiettes créatives. Un régal total pour cette bonne graine (*semilla* en espagnol) de gastro à prix encore raisonnables, qui s'est propagée à côté sous la forme d'un bar à tapas ouvert en continu. Au comptoir de ce *Freddy's*, ambiance informelle et produits triés sur le volet, comme les vins au verre accompagnant les délicieuses tapas *(tapas env 5-11 € l'unité ; formule déj 15,50 €)*. Service pro et avenant.

**Blueberry** *(plan B2,* ***27****) : 6, rue du Sabot, 75006. ☎ 01-42-22-21-56. Ⓜ Saint-Germain-des-Prés. Tlj sauf dim-lun ; service 12h-14h30 (12h30-15h sam), 19h30-22h30 (23h ven-sam). Congés : fin juil-fin août et à Noël. Résa indispensable. Formules déj en sem 24-30 € ; makis 15-23 € ; carte env 30 € le midi, 50 € le soir.* Un restaurant japonais haute couture. De vraies spécialités venues du Soleil-Levant : sushis, alcool de prune, saké et purée de pommes de terre. La marque de fabrique de la maison reste les makis aux noms délicieusement amusants : « Little Miss Yuzu » (*tataki* de saumon mariné au *yuzu*, framboise, mangue) ou encore « Rackham le Rouge » (tempura de gambas, thon mariné, truffe, œufs de poisson volant et ciboulette thaïe). L'ensemble est raffiné, original, parfumé, et réveille les palais sensibles aux saveurs lointaines. Service adorable. Juste à côté, le *Blueberry Steambar*, tout aussi élégant, propose une cuisine inspirée par la Chine : *dim sum, bao* ou raviolis sont au programme !

**Le Timbre** *(plan B3,* ***33****) : 3, rue Sainte-Beuve, 75006. ☎ 01-45-49-10-40. Ⓜ Notre-Dame-des-Champs ou Vavin. Tlj sauf dim-lun et mar midi ; service 12h-13h30, 19h30 (19h sam)-21h30. Congés : fin juil-fin août. Résa indispensable. Formules déj 28-32 € ; menus le soir 37-57 €.* Un mouchoir de 22 places seulement et de petites tables à touche-touche. Alors, si l'adresse n'est pas le lieu idéal pour se susurrer des mots doux, elle reste un excellent choix pour goûter une cuisine fine et inventive, et ce dès le menu du jour, qui change au fil des saisons. Bons produits travaillés avec soin. On appréciera par ailleurs la gentillesse de l'accueil de madame et on profitera de ses bons conseils de sommelière.

**La Méditerranée** *(plan C2,* ***36****) : 2, pl. de l'Odéon, 75006. ☎ 01-43-26-02-30. Ⓜ Odéon ; RER B : Luxembourg. Tlj 12h-14h30, 19h30-23h. Congés : 25-31 déc. Menus 31-37 € ; carte 55-70 €. Apéritif maison offert sur présentation de ce guide.* Jadis, écrivains, cinéastes et peintres avaient leur table à *La Méditerranée*, d'Orson Welles à Aragon en passant par Picasso, Chagall, Man Ray ou Jean-Louis Barrault. Remise à flot après un toilettage discret – il ne fallait surtout pas toucher au décor des maîtres (peintures de Vertès et Bérard, lithos de Cocteau) –, *La Méditerranée* a retrouvé sa figure de proue face au théâtre de l'Odéon. Carte tendance grand bleu, avec quelques plats de viande pour contenter les carnivores. Pour les adeptes de la vie parisienne.

**Le Christine** *(plan C1,* ***38****) : 1, rue Christine, 75006. ☎ 01-40-51-71-64. Ⓜ Saint-Michel ou Odéon. Ouv le soir tlj, plus le midi lun-ven ; service 12h-14h30, 18h30-22h30 (23h sam-dim). Fermé 25 déc. Formules déj 24-29 € ; le soir, menus 46-51 € ; carte 50-65 €.* Un resto au cadre contemporain chaleureux, tenu par un tandem parfait : un chef talentueux au piano et son adjointe, une jeune fille tout aussi douée. Cuisine française traditionnelle qui s'autorise quelques clins d'œil amusants et parfaitement maîtrisés. Ici, on ne rigole pas avec les cuissons et la qualité des produits. La salle du fond est plus calme. Service bien attentionné.

🍽 🍸 ***L'Alcazar*** *(plan C1,* ***39****)* **:** *62, rue Mazarine, 75006. ☎ 01-53-10-19-99. Ⓜ Odéon. ♿ Tlj 12h-15h, 19h-2h. Sur le « balcon », bar tlj sauf dim-lun à partir de 19h. Congés : 1er-28 août. Le midi, formules et menu 27-41 € ; le soir, carte 50-60 € ; copieux brunch vegan dim 41 €.* On se souvient tous du mythique cabaret des années 1970, chanté en son temps par Jacques Brel (un ancien jeu de paume en réalité !), transformé depuis en brasserie branchée. Spacieux et lumineux grâce à son puits de lumière, le cadre, mêlant matières nobles et matériaux bruts (vaisselle chinée, argenterie et végétation luxuriante), est idéal pour un déjeuner chic à base de recettes dans l'air du temps et de produits labellisés. Ambiance plus animée le soir, surtout en fin de semaine au *Balcon,* où se retrouvent les clubbers pour écouter la crème des DJs. Expos régulières.

## Plus chic

🍽 ***KGB*** *(plan C1,* ***40****)* **:** *25, rue des Grands-Augustins, 75006. ☎ 01-46-33-00-85. Ⓜ Saint-Michel ou Odéon. Tlj sauf dim-lun ; service 12h15-14h, 19h15-22h. Congés : 1 sem en janv, 3 sem en août, Noël et Jour de l'an. Formules déj en sem 29-49 € ; menus découverte 55-66 € ; carte (en sem seulement) 50-60 €.* *KGB,* pour *Kitchen Galerie Bis.* Le célèbre restaurant de William Ledeuil est, à l'image de Saint-Germain, un rendez-vous d'artistes. Cuisine de partage, pour revenir aux sources, ouverte sur (tout) le monde, et sur l'Asie en particulier. On joue avec les « Zors-d'œuvre », avant de s'intéresser à ce qui se passe dans les marmites : respirez, en saison, le porc basque à la citronnelle accompagné de panais et de shiitakés, avant de piquer avec la fourchette et de goûter à l'air du temps.

🍽 ⛱ ***Le Comptoir du Relais*** *(plan zoom,* ***42****)* **:** *9, carrefour de l'Odéon, 75006. ☎ 01-44-27-07-50. Ⓜ Odéon. Lun-ven 12h-18h, 20h30-23h ; w-e 12h-23h en continu. Résa obligatoire le soir en sem. Carte, midi en sem et midi et soir le w-e, env 30 € ; le soir en sem, menu unique 60 €.* Star incontestée de la bistronomie pour en être le chef de file, et star des écrans de télé dans le rôle de juré de *MasterChef,* Yves Camdeborde anime avec passion ses fourneaux. Le midi, il sert une cuisine de brasserie améliorée avec quelques entrées et de bons plats à base de produits de 1re qualité : souris d'agneau, brandade de morue, boudin blanc... Le soir, changement de décor : les nappes blanches sont de sortie (mais les tables restent à touche-touche), et les plats sont plus élaborés. Le menu unique, sans le vin, change tous les jours et prend des allures gastronomiques, tout en conservant l'accent béarnais qui fit le succès de *La Régalade,* son 1er bistrot.

🍽 ***H Kitchen*** *(plan A2,* ***44****)* **:** *18, rue Mayet, 75006. ☎ 01-45-66-51-57. Ⓜ Duroc. Tlj sauf dim, midi et soir. Menus-carte 24-28 € le midi, 60 € le soir.* Une petite adresse discrète comme tout, une salle d'une sobriété presque réfrigérante et une carte minimaliste... La surprise est bien là, dans l'assiette, copieuse et créative, largement influencée par le Japon. Étonnant mais toujours bon, et produits de grande qualité. Une découverte très intéressante au déjeuner, mais plus coûteuse le soir. Service sincèrement adorable.

6e

## Bars à vins

🍽 🍸 ***L'Avant-Comptoir et L'Avant-Comptoir de la Mer*** *(plan zoom,* ***42****)* **:** *3, carrefour de l'Odéon, 75006. ☎ 01-44-27-07-97 et 01-42-38-47-55. Ⓜ Odéon. Tlj 12h-22h30 (dernière commande). Hors-d'œuvre, tapas,* pintxos *chauds ou froids env 8-16 €.* Yves Camdeborde a ouvert ces 2 lieux gourmets et atypiques, accolés à son *Comptoir du Relais* (voir la rubrique « Où manger ? »), véritables repaires de gourmands qui s'y pressent à toute heure. 2 zincs, 2 couloirs, où l'on joue des coudes pour commander son verre, attraper son assiette. Le concept est le même : pas de table, pas de chaise, ni même de tabouret ! Et la même impression de se trouver dans le métro à l'heure de pointe, un jour de grève... Mais qu'on se rassure, nul besoin d'arborer une carrure de rugbyman pour défendre son bout de gras. D'un côté, des saveurs marines, de l'autre, des saveurs plus terriennes (au final, des saveurs mêlées, comme souvent au Pays basque). Dans les 2 cas, les meilleurs pains, beurres, huîtres, charcuteries, vins, en provenance des meilleurs fournisseurs. Et autant de bouchées parfaites, à partager, à multiplier. Bon sang ne saurait mentir ! S'il y a trop de monde, tentez votre chance à *L'Avant-Comptoir du Marché,* une 3e adresse plus spacieuse située dans le marché Saint-Germain, dédiée au dieu cochon.



**La Grande Crèmerie** *(plan zoom,* ***52****) : 2, rue Grégoire-de-Tours, 75006. ☎ 01-43-26-09-09. Ⓜ Odéon ou Mabillon. Tlj sauf lun à partir de 18h pour l'apéro et de 19h30 pour le dîner, jusqu'à 23h (minuit le w-e). Congés : août et pdt les fêtes de fin d'année.* Murs de pierre brute, poutres ancestrales et douce déco industrielle, l'endroit a beaucoup de cachet. Idéal pour boire un verre de vin nature et grignoter après le ciné, dans une ambiance branchée mais reposante (ça change !). Ici, rien de chaud, rien de cuisiné (hormis la purée au beurre !), mais des charcuteries, des poissons fumés et des fromages, autant de prétextes pour déguster d'excellents flacons naturels et vivants, spécialité de la maison.

**Sauvage** *(plan A-B2,* ***53****) : 55, rue du Cherche-Midi, 75006. ☎ 01-45-48-86-79. Ⓜ Rennes. Tlj 12h15-14h15, 18h30-22h15. Verres de vin à partir de 7 € ; bouteilles à partir de 21 €. Petits plats 5-15 €.* Un bar à vins au succès fou. À la 1re cave à vins, où l'on trinquait sur un coin de comptoir, s'est ajouté un petit resto animé, désormais complété par un grand bar. Un développement que l'on qualifierait presque de... sauvage ! Dans les verres, le meilleur des vins vivants et biodynamiques, avec de vraies perles et une cascade de belles découvertes. N'hésitez pas à demander conseil car les vins servis ici, pour la plupart iconoclastes, ne sont pas forcément connus du grand public. Au resto, on avale une cuisine de marché appétissante, aussi savoureuse qu'originale, servie sous forme de petites assiettes à partager (et à accorder avec les vins). Attention toutefois à la note, qui peut rapidement être salée... *NOUVEAUTÉ.*

**Chez Nous** *(plan C1,* ***55****) : 10, rue Dauphine, 75006. ☎ 01-43-26-42-69. Ⓜ Odéon ou Pont-Neuf. Tlj 18h-2h. Congés : 2 sem mi-août. Plats 6-14 €. Verres de vin 6-7 €.* À deux pas du Pont-Neuf, installez-vous au comptoir de ce bar à vins jeune et pétillant. Les flacons sont savamment sélectionnés par Robin et Arthur, les sympathiques patrons de l'établissement : ces derniers privilégient des crus de petits producteurs, bio ou nature. Assiettes simples mais goûteuses à partager, pour révéler toute la complexité des vins. Ce *Chez Nous* sera bientôt votre chez-vous.

**Etna** *(plan zoom,* ***54****) : 33, rue Mazarine, 75006. ☎ 01-46-34-84-52. Ⓜ Odéon. Tlj sauf lun 18h30-2h. Tapas et assortiments gourmands à partir de 13 €. Verres de vin nature à partir de 8 €. Verre de vin offert sur présentation de ce guide.* Au cœur de Saint-Germain, un bar à vins élégant qui vous fera découvrir la délicatesse (et parfois la folie) des vins nature(ls). Pas de carte, on vous conseille en fonction de vos goûts : Charles, le sommelier, écume les vignobles pour vous satisfaire... Sans sulfites, la fête est plus folle ! Pour accompagner vos découvertes, de très belles assiettes de tapas, qui jonglent habilement entre terre et mer.

## Cafés-restos historiques

**Le Sélect** *(plan B3,* ***72****) : 99, bd du Montparnasse, 75006. ☎ 01-45-48-38-24. Ⓜ Vavin. Tlj ; service bar 7h-2h (3h ven-sam). Verre de vin 7 € ; cocktails à partir de 14,80 €. Formule déj en sem 23,50 €.* Rendez-vous des artistes (ou de ceux qui s'en donnent le look), *Le Sélect* fut, entre 1923 et 1935, l'un des bars phares de la vie artistique française. Aujourd'hui, c'est un repaire d'habitués bien propres sur eux, qui aiment se retrouver ici jusque tard dans la nuit. Vous pourrez toujours suivre la piste d'un futur peintre génial autour d'un cocktail...

**Le Procope** *(plan zoom,* ***74****) : 13, rue de l'Ancienne-Comédie, 75006. ☎ 01-40-46-79-00. Ⓜ Odéon. Tlj en continu 12h-minuit (1h jeu-sam) ; service 12h-15h, 18h-minuit. Menus « Procope » 21,90-28,90 € (sauf dim) ; menus « Philosophe » 31,50-38,50 € (tlj à partir de 19h) ; carte 50-60 €.* Le plus ancien café de la capitale. En 1686, un certain Francesco Procopio dei Coltelli vint d'Italie ouvrir un troquet à Paris, y introduisant un breuvage nouveau appelé à un fulgurant succès : le café. La proximité de l'ancienne Comédie-Française en fit d'emblée un lieu littéraire et artistique. Au XVIIIe s, les philosophes s'y réunissaient, et l'*Encyclopédie* naquit ici d'une conversation entre Diderot et d'Alembert. Beaumarchais y attendait le verdict de ses pièces jouées à l'Odéon. Danton, Marat et Camille Desmoulins y prirent des décisions importantes pour la Révolution. Et Napoléon y laissa son bicorne pour honorer ses dettes de repas. Plus tard, Musset, George Sand, Balzac, Huysmans, Verlaine et bien d'autres aimaient à s'y retrouver. Aujourd'hui, *Le Procope* garde sa vocation de lieu de rencontres et dispose même d'une table présidentielle. Cuisine traditionnelle de brasserie et recettes ancestrales, comme la tête de veau en cocotte, dans un lieu historique !

**La Closerie des Lilas** *(plan C3,* ***73****) : 171, bd du Montparnasse, 75006. ☎ 01-40-51-34-50. Ⓜ Vavin ; RER B : Port-Royal. Tlj 11h-1h30 ; service 12h-0h30. Cocktail env 17,50 € ; verre de vin 8 €. À la brasserie, steak tartare (l'un des meilleurs de Paris) 22 € ; formule déj 30 € ; menu 38 €.* Ancienne guinguette et relais de diligences, c'est aujourd'hui une belle brasserie. Le mouvement parnassien fréquenta *La Closerie,* de même que le firent Verlaine, Baudelaire... Plus tard, les surréalistes reprirent le flambeau. Et tant d'autres dont on retrouve les noms gravés sur les tables : Max Jacob, Modigliani, Lénine... sauf Hemingway ! Lui, il possède sa plaque de cuivre sur le comptoir du célèbre bar américain qu'il vit naître dans les années 1925, et qu'il ne quitta plus. Il y écrivit *Le soleil se lève aussi.* Décor superbe et chaleureux. Bar en chêne clouté de cuivre. Tables massives et cirées. Sol en mosaïque. Sur les murs, vieilles glaces et lambris. Fréquenté aujourd'hui par une clientèle assez mélangée d'intellos, de bourgeois ultrachics, d'hommes d'affaires, de journalistes et d'écrivains. Au bar, sur les hauts tabourets de cuir rouge, la note grimpe quand même assez vite ! Si vous désirez manger, le resto est très cher ; mieux vaut s'installer à la brasserie (moins chère, plus relax et plus animée, bien sûr). Ambiance piano-bar le soir. Grande terrasse couverte.

**Les Deux Magots** *(plan zoom,* ***71****) : 6, pl. Saint-Germain-des-Prés, 75006. ☎ 01-45-48-55-25. Ⓜ Saint-Germain-des-Prés ou Mabillon. Service continu tlj 7h30-1h. Concerts de jazz ts les jeu à 19h30. Café 4,90 € ; verres de vin à partir de 8,50 €. Salade env 19 € ; assiettes 19-30 € ; formule déj 34 € ; carte env 60 €.* Son nom, *Les Deux Magots,* a pour origine l'enseigne d'un magasin de nouveautés qui occupait le même emplacement au XIXe s. Le café qui lui succède conserve son nom, la décoration et les statues, les fameux magots. Au XXe s, *Les Deux Magots* deviennent un des QG emblématiques de l'intelligentsia germanopratine. Il faut dire que la position privilégiée de sa terrasse-jardin, ouverte de mars à novembre face à l'église Saint-Germain, en fait un lieu éminemment stratégique pour côtoyer le monde des arts, des lettres, de la mode, du spectacle et de la politique. Nul besoin de rappeler que Jean-Paul Sartre, Simone de Beauvoir et bien d'autres y avaient leur table. Le prix littéraire des Deux Magots y est décerné depuis 1933. Nombreux sont ceux qui viennent y prendre un petit déj tout à fait parisien, avec un chocolat chaud à l'ancienne. Pour déjeuner, carte de brasserie assez classique et semainier ; l'après-midi, pâtisseries, certaines signées Pierre

Hermé, et le soir, carte qui se renouvelle au gré des saisons. Groupes de jazz les jeudis soir.

**Le Café de Flore** (*plan zoom,* ***70****) : 172, bd Saint-Germain, 75006. ☎ 01-45-48-55-26. Ⓜ Saint-Germain-des-Prés. Tlj 7h30-1h30. Café 4,80 € ; bières à partir de 10 € ; verres de vin à partir de 9 €. Restauration à la carte 19-38 €.* Un grand café chargé d'histoire ! Sur ses tables vénérables s'est accoudé plus d'un illustre personnage. Tout a commencé en 1890. Depuis, au *Café de Flore,* poètes, éditeurs, écrivains, intellectuels et artistes de tout poil se côtoient et se succèdent. C'est ici qu'Apollinaire a fait germer le surréalisme, que Sartre, Simone de Beauvoir et Prévert se chauffaient au même poêle. Puis ce fut au tour d'Hemingway et de Camus de fréquenter les lieux... L'histoire du *Flore,* comme celle de ses voisins la *Brasserie Lipp* ou *Les Deux Magots,* s'est forgée au XXe s. Aujourd'hui encore, ce monstre sacré ne désemplit pas malgré des tarifs qui n'ont plus rien de bohème.

**Brasserie Lipp** (*plan zoom,* ***75****) : 151, bd Saint-Germain, 75006. ☎ 01-45-48-53-91. Ⓜ Saint-Germain-des-Prés. Tlj 9h-0h45. Fermé 25 déc. Résa conseillée. Choucroute env 25 € ; carte env 50 €.* Presque une légende. Le vieux décor (grands miroirs, jolis panneaux en céramique, fresques qui s'estompent), sorti tout droit des années 1900, est classé Monument historique et Lieu de mémoire, excusez du peu ! L'atmosphère est plutôt relax, et les acteurs, auteurs, vedettes de la chanson font naturellement partie du paysage. Les plats immuables sont parfois décevants, et le prix de la bière maison est malheureusement assez prohibitif. L'accueil, quant à lui, est typiquement parisien !

## Où boire un verre ?

**Chez Georges** (*plan zoom,* ***80****) : 11, rue des Canettes, 75006. ☎ 01-43-26-79-15. Ⓜ Saint-Germain-des-Prés. Tlj 18h (15h sam)-2h. Congés : août et fin d'année. Bière en bouteille 5 € ; verre de vin 15 cl 4 €. Planches de fromages, de saucisse ou de pâté-rillettes à partir de 8 €.* Des générations de tabagiques et d'intellos fumeux ont patiné murs et plafond. Ancien cabaret où débutèrent bien des chanteurs (portraits aux murs), les lieux n'ont guère changé depuis plus de 60 ans ; on aime bien ce vieux comptoir Art déco de 1928, avec le sourire de Nicolette derrière. Certains soirs, il peut se passer quelque chose, parfois trois fois rien, en fonction de la clientèle, de la proportion de touristes, des événements... Le week-end, c'est souvent plein comme un œuf de jeunes qui se ruent dans la vieille cave voûtée, où crépite un feu aux 1ers frimas. On n'y refait plus trop le monde, mais ça reste joyeux, convivial et bruyant. Sympathiques expos temporaires.

**Tiger** (*plan zoom,* ***81****) : 13, rue Princesse, 75006. ☎ 01-84-05-81-74. Ⓜ Mabillon ou Saint-Germain-des-Prés. Tlj 17h-2h. Cocktails 12-14 €.* Un grand bar de la rue Princesse, qui tranche avec ses voisins : ici, ni rugby ni pintes, mais d'excellents cocktails, servis avec maestria dans un joli loft couvert de mosaïques. Le gin est l'alcool roi – à accompagner de tonic maison, extra –, mais rien ne vous empêche de le détrôner en commandant un classique ou un verre de vin.

**Au Petit Suisse** (*plan C2,* ***82****) : 16, rue de Vaugirard, 75006. ☎ 01-43-26-03-81. Ⓜ Odéon ; RER B : Luxembourg. Tlj 6h30 (7h30 w-e)-2h ; service 12h-23h30. Fermé 25 déc. Jus de fruits 4,90 € ; bières à partir de 4,90 €. Sandwich env 5 € (au bar), salades à partir de 11,20 €, tartes à partir de 6,50 € ; plats 10-18 €.* Un petit bistrot typique, l'un des plus anciens de Paris, avec une jolie mezzanine à l'intérieur et une petite terrasse agréable aux beaux jours, à deux jets de pierre du jardin du Luxembourg. Jadis point de convergence des gardes suisses de Marie de Médicis, s'y mélangent aujourd'hui, dans une ambiance bon enfant, touristes et Parisiens. Petite restauration (salades, charcuterie auvergnate, croque au pain de campagne, plat du jour, vins de propriété) à des prix plus que modestes pour le coin.

**Cubana Café** *(plan B3,* ***83****) : 47, rue Vavin, 75006. ☎ 01-40-46-80-81. Ⓜ Vavin. Tlj 11h-4h (5h w-e) ; service continu 11h-minuit (1h jeu-sam).* Happy hours *16h-20h. Cocktails 10-12 €. Carte env 22 € (très variée : tapas et salades, plats...) ; formule* afterwork *25 €. Café offert sur présentation de ce guide.* Un bar-resto où l'on sirote des cocktails latinos en tête à tête avec le *caballero* de son choix ou, mieux encore, avec les Che Guevara de la *casa*. La déco est un savant méli-mélo de bagues de cigares, de photos, d'affiches et de slogans révolutionnaires égratignés à même les murs ocre. Fumoir à l'ancienne et cave à cigares où l'on trouve des cigares... cubains. Et tous les soirs des animations *(blind test, live music...).*

**Eden Park Pub** *(plan zoom,* ***84****) : 10, rue Princesse, 75006. ☎ 01-43-26-02-96. Ⓜ Mabillon ou Saint-Germain-des-Prés. Tlj sauf dim-lun 17h (14h sam)-2h.* Happy hours *mar-ven 17h-20h. Pinte 7,50 € ; cocktails 7-12 €.* Installé rue Princesse, une ruelle médiévale de Saint-Germain que l'on qualifie parfois de « rue de la soif » parisienne, ce pub se distingue par son animation et sa déco traditionnelle soignée, toute de bois et de cuivre. La star ici ? Le ballon ovale, que l'on vénère sans distinction de langue ou d'origine. Pour les vrais fans, sachez que le bar est fréquenté par de nombreux joueurs du Stade Français ou du Racing 92. L'occasion d'un toast ou d'un selfie avec votre idole ?

**Le Bar du Marché** *(plan zoom,* ***85****) : 75, rue de Seine, 75006. ☎ 01-43-26-55-15. Ⓜ Mabillon. À l'angle de la rue de Buci. Tlj 8h-2h. Café 1,20 € au comptoir, 2,30 € en salle ; demis à partir de 2,70 € au comptoir, 4,40 € en salle. Plat du jour env 13 €.* Les serveurs, casquette vissée et démarche canaille, se la jouent apaches de Ménilmuche. Avec l'aisance (et l'arrogance !) de vieux pros, ils zigzaguent entre les tables remplies d'une clientèle bigarrée incluant touristes et titis, posant mousse, cahoua, Viandox devant le solitaire en séance de matage à la terrasse (parfaite pour suivre l'animation du marché) ou devant une Américaine en corvée de cartes postales. Y a d'la joie, un peu à l'image de l'immense affiche des Frères Jacques scotchée sur la glace.

**Le 10 Bar** *(plan zoom,* ***86****) : 10, rue de l'Odéon, 75006. ☎ 01-43-26-66-83. Ⓜ Odéon. Tlj sauf dim 18h-minuit (1h jeu, 1h30 ven-sam). Congés : 1er janv, 2-23 août, 24-25 et 31 déc. Verres de vin 4-5 € ; sangria 5 € (pichets 14-26 €) ; bières 6-7 € ; cocktail 8 €. CB refusées. Digestif maison offert sur présentation de ce guide.* Jérôme, le patron, et son équipe essaieront sans doute de vous faire boire la sangria maison dans ce petit rade improbable du quartier de l'Odéon. On y écoute, dans des sièges défoncés et sous des lambris de galion, des standards de jazz ou de rock, dans une cave couverte d'affiches jaunies d'opéra-comique et de cinéma. Beaucoup de charme.

**La Palette** *(plan C1,* ***87****) : 43, rue de Seine, 75006. ☎ 01-43-26-68-15. Ⓜ Odéon. Tlj 8h (10h dim)-2h. Boisson env 6 €. Plats du jour à partir de 18 € ; pâtisserie 8 € ; brunch dim sur résa 25 €.* Un élitisme bon teint, composé de marchands d'art, d'artistes, de poètes, ou encore de quelques étudiants. Les affaires se concluent autour d'un verre de saint-émilion ou de brouilly, en dégustant une « guillotine » (morceaux de jambon de pays ou de fromage sur pain Poilâne). Plafond tout stucs et moulures, grandes glaces, céramiques. Les tables sont installées dehors dès les 1ers rayons de soleil. Atmosphère animée, très parisienne, dans ce qui reste une institution du quartier depuis 1902.

# 7e ARRONDISSEMENT

• Plan *p. 80-81*

**Immeubles bourgeois aux lourdes portes cochères, hauts murs ceinturant jardins bien cachés d'ambassades, ministères et institutions religieuses, prestigieux musées et monuments œuvrant à la gloire de Paris... Bienvenue dans le Paris monumental et résidentiel ! Si la plupart des touristes fourmillent le long des rives de la Seine entre le musée d'Orsay et celui du quai Branly, en passant par les Invalides, indissociables du pont Alexandre-III, la tour Eiffel et son Champ-de-Mars, ou encore dans le chiquissime périmètre shopping du *Bon Marché* et de la rue du Bac, le 7e égrène dans de petites rues discrètes de bien bonnes adresses. Tables bourgeoises rassurantes pour les moments dédiés, bistrots bon teint où l'on mijote encore une cuisine de grand-mère, lieux timidement plus branchés, et vastes pelouses investies dès les beaux jours par les touristes autant que par les Parisiens le temps d'un pique-nique... le 7e surprendra toujours !**

## Où manger ?

### Sur le pouce

**|●| *Stands de la Grande Épicerie de Paris*** *(plan C-D2,* ***1****) : 38, rue de Sèvres, au rdc, 75007. Ⓜ Sèvres-Babylone. Lun-sam 8h30-21h, dim 10h-20h.* L'épicerie du *Bon Marché* est un écrin luxueux où l'on trouve les sélections de produits les plus pointues de la capitale... Ce que l'on sait moins, c'est qu'un bataillon de commis et de cuisiniers œuvre en sous-sol, sous la houlette d'un MOF... Dans les rayons, salades variées, fruits frais découpés, sandwichs, jambons tranchés à la main (Iberico, pata negra), plats régionaux et du monde à emporter pour un pique-nique sur les pelouses du parc Catherine-Labouré voisin (rue de Babylone). Quelques stands (au fond de l'épicerie) proposent un service à l'assiette (plats et formules), sur des tables hautes ou au comptoir. Deux stands remarquables : l'un est tout « truffe », l'autre espagnol (jamón Jabugo) à des prix presque démocratiques.

**|●| *Beaupassage*** *(plan D2,* ***7****) : 53-57, rue de Grenelle, 75007. Ⓜ Rue-du-Bac ou Sèvres-Babylone. ♿ Tlj.* Conçu comme un *food court* au décor théâtral réussi, ce très « beaupassage » à ciel ouvert aligne de bien belles enseignes aux noms de stars. L'*Allénothèque* de Yannick Alleno, un *Daily Pic,* fast-food plutôt *good* d'Anne-Sophie Pic (des plats en bocaux pour appétits d'oiseau), une pâtisserie-salon de thé siglée Pierre Hermé, la très chic *Boulangerie Thierry Marx* (excellent pain maison), *Mersea,* le comptoir iodé du chef breton Olivier Bellin... et très chic *steak house.* Le concept de réunir en ce lieu de grands noms au service d'une petite restauration est une réussite, mais on reste dans une vision très luxueuse du *food court,* en même temps que sur notre faim. Vaut surtout pour le coup d'œil, la grignote sur le pouce ou la pause goûter chic. En terrasse, vous croiserez à coup sûr du beau linge...

### Très bon marché

**|●| *Au Pied de Fouet*** *(plan C2,* ***2****) : 45, rue de Babylone, 75007. ☎ 01-47-05-12-27. Ⓜ Saint-François-Xavier, Vaneau ou Sèvres-Babylone. Tlj sauf dim et j. fériés ; service 12h-14h30, 19h-23h. Pas de résa possible. Plats du jour 9,90-13,90 € ; carte 15-20 €. Apéritif maison ou café offert sur présentation de ce guide.* Ancien relais de diligences avec zinc, nappes à carreaux, banquettes en moleskine... et des prix imbattables. Inchangé depuis la nuit des temps. L'image vivante du vieux bistrot parigot tel qu'on l'aime et qui n'existe pratiquement plus. La cuisine se fond à merveille dans le décor.

**Bar-brasserie Aux PTT** (plan B2, **3**) : *54, rue Cler, 75007. ☎ 01-45-51-94-96. Ⓜ École-Militaire. Lun-sam 11h30-21h (7h-23h pour le bar), brunch dim 10h-15h ; service 12h-15h, 19h-22h. Congés : août. Menus 16-20 € ; carte env 20 €.* Un petit bistrot de quartier bien agréable pour se retrouver après avoir fait son marché ou lors de retransmissions d'événements sportifs (foot, tennis, Tour de France). Mais tout son intérêt réside dans la dégustation d'huîtres du Cotentin, à savourer sur place, les vendredi et samedi d'octobre à mars, avec un verre de vin, en terrasse (chauffée) ou à l'intérieur.

## Bon marché

**Au Babylone** (plan C2, **4**) : *13, rue de Babylone, 75007. ☎ 01-45-48-72-13. Ⓜ Sèvres-Babylone. Tlj sauf dim et j. fériés ; service le midi seulement, 11h30-14h30. Congés : août. Menu 25 €, comprenant entrée, plat, fromage ou dessert et boisson ; plats 14,50-17,50 €.* Bonne cuisine de ménage. Petite adresse familiale où, assis sur l'une des banquettes de moleskine, on aime toujours déjeuner, et qui ne change pas.

**O'Brien's** (plan B1, **21**) : *77, rue Saint-Dominique, 75007. ☎ 01-45-51-75-87. Ⓜ Invalides ou La Tour-Maubourg. Tlj 12h (17h dim)-2h (3h ven-sam). Burgers 16-20 € ; formule déj 19,80 € ; fish & chips maison ts les ven.* Ce pub animé est blindé tous les soirs (voir la rubrique « Où boire un verre ? »). Ce qui se sait moins, c'est qu'un jeune chef talentueux travaille en cuisine uniquement à base de produits frais. Carte simple et efficace : burgers, bagels, grillade du jour, curry de la semaine, tapas et salade. Gros avantage : le service en continu. Le tout dans un cadre sympa. Un bon tuyau à garder entre nous !

**Le 20** (plan C1, **5**) : *20, rue de Bellechasse, 75007. ☎ 01-47-05-11-11. Ⓜ Solférino. Tlj 12h-15h30 (14h30 lun), 19h-23h (23h30 jeu-sam). Fermé 1er janv et 25 déc. Congés : a priori 15 j. en août. Formule déj 19 €, verre de vin ou café compris ; carte 25-35 €.* Néo-bistrot revu à l'ancienne. Caricatures au-dessus des banquettes en moleskine rouge. Formule du jour d'un bon rapport qualité-prix. Dans les assiettes, de la bonne cuisine française : filet de bœuf et frites maison, terrine de foie gras et confiture d'oignons, moelleux au chocolat...

**Marzo** (plan D2, **6**) : *5, rue Paul-Louis-Courier, 75007. ☎ 01-43-35-08-05. Ⓜ Rue-du-Bac. Tlj 12h-14h30 (15h w-e), 19h30-23h. Fermé Jour de l'an et Noël. Résa indispensable. Antipasti 9-18 €, pizzas 14-21 € ; compter env 35 €.* Et une pizza, une ! À la mozzarella de bufflonne ou au jambon de Toscane et roquette, à la ricotta et aux champignons de Paris, ou blanche (c'est-à-dire sans sauce tomate) à la crème d'artichaut, elles sont à la fois moelleuses et croustillantes. Quel est donc le secret ? La farine, pardi, ainsi que la confection de la pâte à « maturation » lente, et une cuisson au four à bois tournant, pour plus d'homogénéité. Bons *antipasti* et desserts. Le service est quelquefois débordé, mais il reste sympa. Seul souci, le niveau de décibels, parfois assourdissant.

## Prix moyens

**Fogón Ultramarinos** (plan D1, **23**) : *38, rue de Verneuil, 75007. ☎ 01-43-54-31-33. Ⓜ Rue-du-Bac. Tlj sauf dim-lun 11h30-20h ; table d'hôtes seulement 12h-16h. Compter 30-35 €.* En Espagne, l'*ultra marino,* c'est l'outre-mer, et par extension ces épiceries où l'on trouve les épices et autres merveilles d'ailleurs. Bienvenue donc chez ce traiteur espagnol au décor moderne et chaleureux, ouverte par les époux Harráiz, qui tenaient autrefois l'unique restaurant de paella étoilé de la capitale. Dans les rayonnages, de bonnes pépites ibériques, parmi lesquelles des charcuteries d'exception, et des plats à emporter dont l'iconique paella (sur commande uniquement, et pour 3 personnes minimum). Au déjeuner,

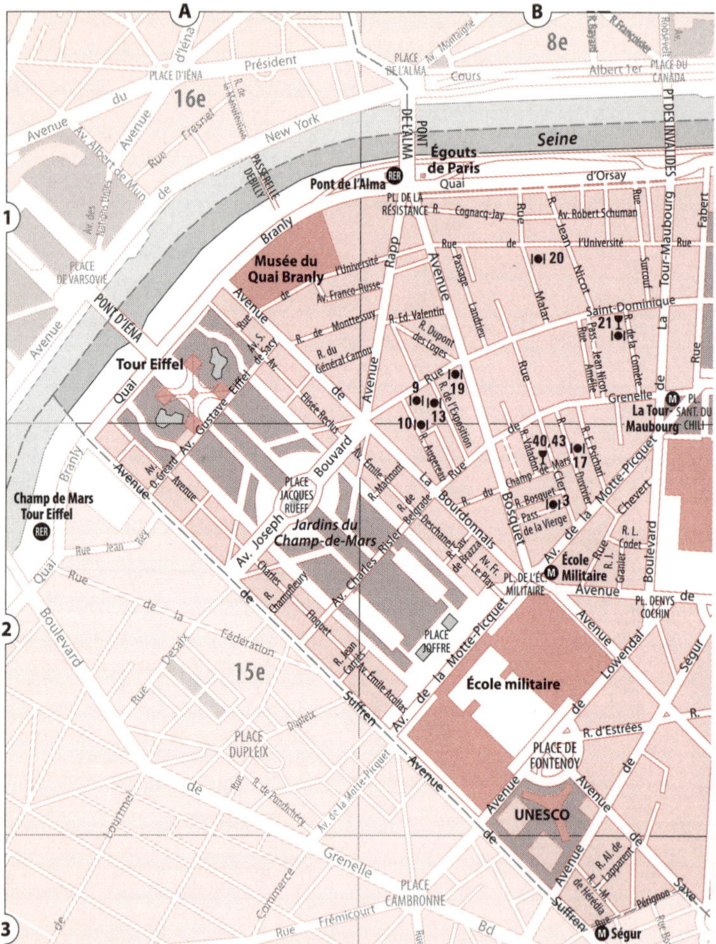




### Où manger ?

**1** Stands de la Grande Épicerie de Paris (C-D2)
**2** Au Pied de Fouet (C2)
**3** Bar-brasserie Aux PTT (B2)
**4** Au Babylone (C2)
**5** Le 20 (C1)
**6** Marzo (D2)
**7** Beaupassage (D2)
**9** Les Cocottes (B1)
**10** Le Café de Mars (B1-2)
**11** Al Dente (C2)
**12** Le Récamier (D2)
**13** Pottoka (B1)
**15** Marcel (C2)

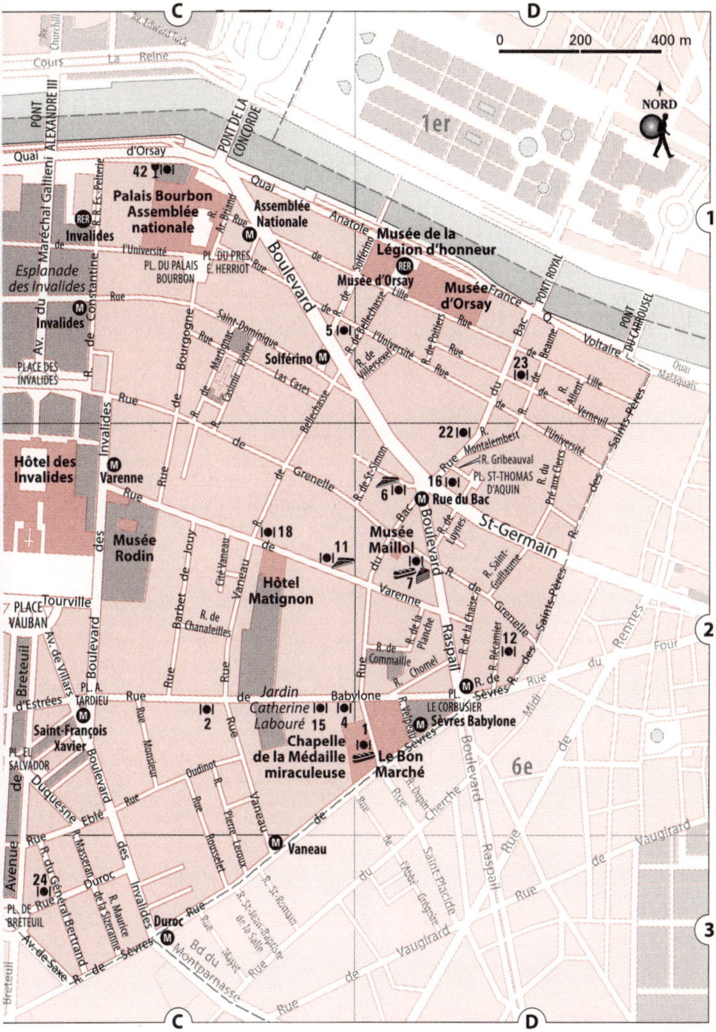


# 7e ARRONDISSEMENT

**16** Racines des Prés (D2)
**17** Bistrot Belhara (B2)
**18** Le Petit Varenne (C2)
**19** La Fontaine de Mars (B1)
**20** L'Affriolé (B1)
**21** O'Brien's et Thoumieux (B1)
**22** Piero TT (D2)
**23** Fogón Ultramarinos (D1)
**24** Oui Mon Général (C3)

### Où boire un verre ?

**21** O'Brien's (B1)
**40** Le Café du Marché (B2)
**42** Rosa Bonheur sur Seine (C1)
**43** L'Éclair (B2)

quelques tables et une longue table d'hôtes réunissent, au coude-à-coude, les aficionados adeptes du partage et d'une cuisine principalement végétarienne : fondantes cocottes de légumes, divines tapas et desserts originaux mêlant fruits et légumes. À ne pas manquer, le cocktail de sangria, vite addictif ! *NOUVEAUTÉ.*

**Les Cocottes** *(plan B1, **9**) : 135, rue Saint-Dominique, 75007. ☎ 01-45-50-10-28. Ⓜ École-Militaire. ♿ Tlj ; service continu 12h-23h. Résa en sem 12h-19h ; pas de résa le soir ni les w-e et j. fériés. Formules 25-30 € (midi en sem), puis 37 € ; cocottes 18-31 € ; carte env 40 €. Sélection de vins au verre 5-11 €.* Déco très contemporaine – avec son long bar en inox brossé et ses tables et tabourets hauts – mais très chaleureuse quand même. Les plats sont servis dans des cocottes individuelles. Des cocottes à la fois simples et délicieuses, teintées de ce qu'il faut de créativité pour ne pas s'en lasser.

7e

**Le Récamier** *(plan D2, **12**) : 4, rue Récamier, 75007. ☎ 01-45-48-86-58. Ⓜ Sèvres-Babylone. Tlj 12h-23h en continu. Soufflés salés 19,50-25,50 €, soufflés sucrés 10-15 € ; carte env 45 €.* Niché au fond d'une impasse piétonne, *Le Récamier* est une pépite bien gardée des gens de lettres. Éditeurs, écrivains et autres célébrités dissertent autour de généreux plats du marché et d'incontournables soufflés qui ont donné à la maison ses lettres de noblesse. En version salée ou sucrée, ils sortent du four gonflés à bloc, onctueux et aériens, savoureux et généreux tout à la fois. Les soufflés sucrés, petit ou grand format, sont servis même à 16h ! Belle terrasse au calme (pas de voitures dans cette impasse) aux beaux jours et service impeccable.

**Le Café de Mars** *(plan B1-2, **10**) : 11, rue Augereau, 75007. ☎ 01-45-50-10-90. Ⓜ École-Militaire. Tlj sauf dim-lun 12h-14h30 (15h sam), 19h30-23h. Congés : 2 sem en août et 1 sem à Noël. Formules déj en sem 23-26 € ; carte env 36 €.* Cette bonne vieille enseigne de quartier, relookée depuis, est idéale au déjeuner pour qui traîne ses guêtres dans le quartier ; plutôt réservée à la clientèle locale le soir. Sur l'ardoise, une poignée de suggestions revisitent astucieusement la tradition, comme l'onglet mariné à la bière et au soja. Parmi les outsiders, on apprécie le cheeseburger suivi d'une bonne part de gâteau au chocolat (aérien en bouche bien que archi-calorique). Plats végétariens, vins au verre, délicieux pain de chez *Poujauran,* et avec ça, service gentil tout plein. Ambiance jazzy le samedi midi.

**Al Dente** *(plan C2, **11**) : 38, rue de Varenne, 75007. ☎ 01-45-48-79-64. Ⓜ Rue-du-Bac ou Sèvres-Babylone. Tlj sauf dim-lun 12h-14h30, 19h45-22h30. Congés : dernière sem de juil-3 premières sem d'août et 1 sem à Noël. Carte 30-35 € ; pizzas 13-19,50 €. Digestif maison offert sur présentation de ce guide.* 2 petites salles agréables à la déco chic et dépouillée, actuelle et de bon goût. Les gens du quartier y ont leurs habitudes. Cuisine essentiellement italienne, élaborée avec des produits d'excellente qualité et d'une grande fraîcheur. Les plats de pâtes sont délicieux, les pizzas également. Au verre, un vin des Abruzzes, blanc ou rouge, d'un très bon rapport qualité-prix. Ne soyez pas surpris si vous trouvez une certaine ressemblance entre le patron et Vincent Lindon, c'est normal... ils sont frères !

**Pottoka** *(plan B1, **13**) : 4, rue de l'Exposition, 75007. ☎ 01-45-51-88-38. Ⓜ École-Militaire. Tlj 12h15-14h30, 19h30-22h30. Congés : dernière sem de juil-2 premières sem d'août et 4-5 j. à Noël. Résa indispensable. Formules déj 23-28 € ; menu-carte 37 € ; menu dégustation 65 €.* Sébastien Gravé et Louise Jacob, sa complice de toujours, sont des chefs pleins d'allant qui élaborent une cuisine de marché inspirée, mêlant judicieusement inconditionnels régionaux du Sud-Ouest et plats de toujours, revus et corrigés sauce *Pottoka...* Le gâteau basque est une merveille qui ne plombera pas (trop) l'addition, mais la balance à coup sûr ! À côté, la *Peña de Pottoka* offre la possibilité aux bandes de potes de se retrouver autour d'une grande table d'hôtes, et aux couples d'avoir un peu plus d'intimité qu'à la maison mère, où les tables sont à touche-touche. Une adresse constante en qualité.

🍽 ***Marcel*** *(plan C2, **15**) : 15, rue de Babylone, 75007. ☎ 01-42-22-62-62. Ⓜ Sèvres-Babylone. Tlj ; service continu 10h-23h (18h sam-dim) ; brunch le w-e. Résa préférable en sem. Plats 17-22 €, salades 14-18 € ; carte env 35 €.* Le très chic 7e n'a pas échappé à la vague new-yorkaise avec cette cantine au décor loft industriel. La carte, elle aussi bien étudiée, claire et appétissante, propose le meilleur des USA dans l'assiette : *Ceasar* ou *cobb salad, crab cakes, fish & chips, BBQ ribs,* hot dogs, club-sandwichs, cheese-cakes, *key lime pie...* Frites fameuses et délicieux pancakes à l'heure du goûter. On a (presque) tout goûté et tout approuvé. De plus, service gentil tout plein.

## Chic

🍽 ***Racines des Prés*** *(plan D2, **16**) : 1, rue Gribeauval, 75007. ☎ 01-45-48-14-16. Ⓜ Rue-du-Bac. Tlj sauf sam midi et dim ; service 12h-14h, 19h30-22h30. Fermé le midi pdt 3 sem en août. Congés : 1 sem en déc. Formules déj 32-36 € ; plats 21-35 € ; carte env 55 €.* Ce récent bistrot bien dans son temps joue l'atout séduction avec son élégante déco rive gauche, en même temps qu'il sert une partition bistrotière de haute volée, sous la houlette d'un chef issu de cuisines étoilées. La carte concise traduit un savoir-faire évident en faisant la part belle aux traditionnelles recettes de terroir. La présentation soignée met en appétit, tandis que l'excellence des produits, de saison (bien sûr !), fait le reste. Bonne petite sélection de vins au verre.

🍽 ***Bistrot Belhara*** *(plan B2, **17**) : 23, rue Duvivier, 75007. ☎ 01-45-51-41-77. Ⓜ École-Militaire. Tlj sauf dim-lun 12h-14h30, 19h-22h30. Congés : 3 sem en août. Résa indispensable. Formule déj en sem 15 € ; autres formules 24-34 € le midi, 41 € le soir ; menus dégustation 52-60 €. Mignardises selon saison offertes sur présentation de ce guide.* Quelle surprise que ce bistrot de poche, au charme rétro ! Du fond de la salle, derrière ses fourneaux, Thierry Dufroux, formé à grande école, élabore une cuisine bistrotière maligne, aux présentations soignées. Les plats déclinés sur ardoise suivent les tendances du marché, avec une forte connotation basque, comme pour rappeler les origines du chef. Un travail impeccable, raffiné, presque haute couture (ris de veau incroyables, riz au lait aux fruits secs formidable), qui fait le bonheur de la clientèle bourgeoise du quartier, toujours fidèle. Service attentionné.

🍽 ***Oui Mon Général*** *(plan C3, **24**) : 14, rue du Général-Bertrand, 75007. Ⓜ Duroc. ☎ 01-47-83-76-66. Carte midi et soir, compter env 40 € pour un repas complet. Résa indispensable.* Comment (re)donner vie à un vieux rade de quartier endormi. Les 2 compères à la tête de ce bistrot aux murs de pierre relooké semblent avoir saisi la bonne recette : une atmosphère chaleureuse, un accueil fort sympathique qui reste ultra-pro et un travail en cuisine qui ne laisse aucune place à l'amateurisme. L'absence de formules et menus est compensée par une ardoise de plats de saison créatifs, qui s'autorise les meilleurs produits du moment (la truffe agrémente généreusement le velouté de céleri), et parfaitement réalisés. La cuisine est une affaire de cœur et les assiettes généreuses le prouvent. Comme cette incroyable pavlova en dessert, servie pour 2. Pour cette bonne prestation, on dit Oui Mon Général ! *NOUVEAUTÉ.*

🍽 ☂ ***Le Petit Varenne*** *(plan C2, **18**) : 57, rue de Bellechasse, 75007. ☎ 01-42-73-60-72. Ⓜ Solférino ou Varenne. Tlj sauf dim 12h-14h30, 19h45-22h30. Congés : 3 sem en août et 10 j. à Noël. Formules déj en sem 28-32 € ; carte 45-50 € ; plats 23-29 €.* On aime bien ce bistrot version chic (on est en face de Matignon !) mais pas pompeuse, même si la clientèle semble sortir tout droit des bureaux du 1er ministre ! Priorité est donnée aux bons produits de saison cuisinés avec talent (excellents fonds de sauce, cuissons parfaites) et présentés avec art. Pas de doute, le bistrot se la joue gastro. Desserts un poil décevants, dommage... La carte des vins vise haut, mais elle présente quelques 1ers prix sans faute et une petite sélection au verre. Au final, une excellente adresse. On vote pour !

**L'Affriolé** (plan B1, **20**) : *17, rue Malar, 75007. ☎ 01-44-18-31-33. Ⓜ et RER C : Invalides. Tlj sauf dim-lun 12h15-14h, 19h15-22h. Congés : 3 sem en août. Formule déj 25 € ; menu-carte le soir 39 €.* Thierry Vérola propose une cuisine délicieuse et innovante, avec une préférence pour le poisson. Les menus changent tous les 2 mois, l'ardoise plus souvent. En dessert, les gourmands seront comblés. Quelques petites attentions fort sympathiques dès le 1er menu. Accueil très prévenant.

## Plus chic

**Piero TT** (plan D2, **22**) : *44, rue du Bac, 75007. ☎ 01-43-20-00-40. Tlj sauf dim-lun, midi et soir. Antipasti 12-21 €, pâtes 22-30 € (40 € avec truffes !) ; carte env 50 €.* Pierre Gagnaire, chef multi-étoilé, ouvre des restos comme d'autres vont au *Monop'* ! *Le Gaya* et sa carte poissonnière déménagent à quelques mètres, et voilà les locaux réinvestis en mode trattoria chic. Très réussi. La carte, élaborée avec le chef sicilien aux commandes, livre ce que la Botte a de meilleur : bon choix d'*antipasti,* carpacclos (sélections crues), viandes et poissons, risottos et pâtes. À conclure obligatoirement par un bon dessert transalpin. *NOUVEAUTÉ.*

**La Fontaine de Mars** (plan B1, **19**) : *129, rue Saint-Dominique, 75007. ☎ 01-47-05-46-44. Ⓜ École-Militaire. Tlj ; service 12h-15h, 19h30-23h. Fermé 1er janv, 24-25 et 31 déc. Résa conseillée. Plat du jour 23 € ; carte 50-55 €.* L'institution vénérable de ce coin du 7e s'est agrandie, offrant plus d'intimité et d'élégance. De jolies nappes bistrot, de belles assiettes, des verres prêts à en découdre et une cuisine traditionnelle de saison réussie, celle qui vous fait venir et revenir. Très belle sélection de vins. Personnel prévenant et sympa. Obama l'a vérifié lui-même !

**Thoumieux** (plan B1, **21**) : *79, rue Saint-Dominique, 75007. ☎ 01-47-05-79-00. Ⓜ La Tour-Maubourg. Tlj 12h-14h30, 19h-23h ; brunch dim. Formules déj en sem 29-39 € ; carte env 60 €.* Cette vénérable enseigne, ouverte dans les années 1920, est aujourd'hui une brasserie chic tendance, au cadre classieux. Aux côtés de classiques bistrotiers d'excellente facture (tartare, ris de veau...), servis avec art et manière dans la grande tradition par une armada de serveurs, figurent des plats bien plus créatifs à base d'ingrédients nobles (homard, caviar, truffe et cèpes en saison). Ne pas zapper le pain maison et les excellents desserts, en provenance de la boulangerie *Thoumieux,* juste en face. Les prix du soir, littéralement stratosphériques (pas de menu), nous incitent à recommander cette adresse pour le déjeuner. Également un resto gastronomique à l'étage.

## Où boire un verre ?

**O'Brien's** (plan B1, **21**) : *77, rue Saint-Dominique, 75007. ☎ 01-45-51-75-87. Ⓜ Invalides ou La Tour-Maubourg. Lun-sam 12h-2h, dim 17h-2h. Happy hours 17h-20h en sem. Pinte env 8,60 € (6,80 € pdt l'happy hour).* Ce pub, tenu par un Gaulois et sa femme irlandaise, a réussi son pari. C'est bondé en permanence. Rien d'étonnant à cela, l'arrondissement manquant singulièrement de lieux tout à la fois jeunes et vivants. À la carte : Guinness, Kilkenny, Cider, blanche... à la pression, et Corona, Carlsberg, Becks en bouteille. Pour les p'tits creux, sachez que c'est aussi un bon resto (voir la rubrique « Où manger ? »).

**Le Café du Marché** (plan B2, **40**) : *38, rue Cler, 75007. ☎ 01-47-05-51-27. Ⓜ École-Militaire. Tlj 6h30-1h. Formule déj en sem 15,50 €.* Terrasse sympathique pour profiter, en toute saison, de l'animation marchande de la rue piétonne. Cela suffit amplement pour que l'on ait envie de se poser un instant devant un verre.

**L'Éclair** (plan B2, **43**) : *32, rue Cler, 75007. ☎ 01-44-18-09-04. Ⓜ La Tour-Maubourg. Tlj 7h30-1h30. Fermé 24-25 déc et 31 déc-1er janv. Verres de vin 4,50-12 € ; cocktails 11,50-16 €. Brunch dim 25 €.* Il porte bien son nom ce café où se retrouvent les trentenaires chics du quartier puisqu'il électrise

7e

cette rue piétonne calme. Sous les loupiotes à l'ancienne de la terrasse, on sirote l'un des nombreux cocktails originaux et bien dosés de la maison. À l'intérieur, sous la lumière tamisée et le lierre grimpant au plafond, les barmen s'amusent à jongler avec les bouteilles derrière le bar. Le service est plus irrégulier. Dommage.

**Rosa Bonheur sur Seine** *(plan C1, **42**) : 37, quai d'Orsay (pont des Invalides), 75007. Ⓜ Invalides. Presque au pied du pont Alexandre-III. Mer-dim 12h-2h. Congés : env 20 déc-10 janv. Verre de vin env 4 € ; cocktail 10 €. Brunch 30 €.* Les filles du *Rosa Bonheur* (voir la rubrique « Où boire un verre ? » dans le 19e arrondissement) ont pris leurs aises dans une belle péniche sur les magnifiques berges de Seine piétonnes. Leur devise ? *Fluctuat nec mergitur !* Au moindre rayon de soleil, on peut aussi s'étaler sur le deck ou sur la terrasse à quai pour déguster un bon rosé ou une bière fraîche, et grignoter un hot dog fumant. Le brunch-buffet du week-end, qui propose une variété de salades et plats entièrement faits maison avec des produits de choix, se savoure sur de grandes tablées ou autour de gros tonneaux, avec en ligne de mire l'une des plus belles vues de Paris. Le rapport qualité-prix-cadre est épatant !

# 8e ARRONDISSEMENT

• Plan p. 88-89

**Rien à faire ! Le 8e porte l'estampille de l'Élysée, de ses Champs – la plus belle avenue du monde (sans être chauvin !), qui s'étire de la Concorde à la somptueuse place de l'Étoile –, de ses beaux quartiers à l'architecture hautaine abritant le plus souvent des bureaux, de ses vitrines haute couture et de sa classe affaires ! Dans cet arrondissement, à moins d'être un nabab, difficile de trouver de petites tables pas chères... Hormis quelques exceptions çà et là, la plupart des restos abordables régalent leur monde non loin du quartier animé du boulevard Haussmann et de la gare Saint-Lazare.**

## Où manger ?

### Sur le pouce

**Lamée** (plan C2, **3**) : *20 bis, rue La Boétie, 75008. ☎ 01-84-25-70-90. Ⓜ Miromesnil. Lun-ven 11h30-15h. Sandwich env 6,20 € ; formules 12,20-13,20 €.* Ici, on fait tout dans les règles. Le matin, on pétrit différentes variétés de pain à base de farines bio triées sur le volet, et dès l'heure du déj, on débite de larges et belles tranches qu'on garnira à la commande. Évidemment, les ingrédients sont au top. S'il fait froid, un croque est le bienvenu, de même que la soupe du jour. Quant aux vrais gourmands, ils repartiront avec un quart de miche sous le bras (voire plus, ces pains-là tiennent plusieurs jours !). Une boulangerie-sandwicherie (ou l'inverse) du tonnerre !

**Honor** (plan C2, **5**) : *54, rue du Faubourg-Saint-Honoré, 75008. Ⓜ Concorde ou Madeleine. Lun-sam 9h (10h sam)-18h. Formule 10,50 € ; sandwichs et quiches env 7,50-8,50 €, gâteau env 4 €.* On ne tombe pas sur ce petit kiosque par hasard. Bien caché dans une cour intérieure, il ne manque pourtant pas de fans. Pour son café déjà, délicieusement aromatique, mais aussi pour ses gâteaux maison comme le *lemon cake* bien moelleux. Côté salé, les sandwichs aussi originaux que bons, chaque jour différents, valent le coup. Et il y a même quelques places abritées et des tabourets en terrasse pour prolonger la pause !

**Mandoobar** (plan C1, **8**) : *7, rue d'Édimbourg, 75008. ☎ 01-55-06-08-53. Ⓜ Europe ou Liège. Mar-sam 12h-15h, 19h30-22h30. Résa fortement conseillée. Carte 15-25 €.* Si vous êtes friand de raviolis vapeur, cette adresse est faite pour vous ! En Corée, ils sont connus sous le nom de *mandoo*. Le chef Kim Kwang-Loc est un as dans cette catégorie et les prépare en direct au gré des appétits dans sa cuisine ouverte ! Il propose également de délicieux tartares de thon et de bœuf pour étoffer la dégustation. En revanche, c'est riquiqui, et les places au comptoir ou à l'une des rares tables sont prises d'assaut.

**Rice Trotters** (plan B2, **1**) : *22, rue du Colisée, 75008. ☎ 01-53-75-11-95. Ⓜ Saint-Philippe-du-Roule ou Franklin-D.-Roosevelt. Lun-ven 9h-16h ; service 11h-15h. Fermé 1er-2 janv, 12-16 août et 24-25 déc. Congés : sem du 15 août et sem du 25 déc. Formules 12,90-14,80 € ; plats à partir de 9,90 €.* Voilà qu'on est tombés sous le charme de cette petite adresse originale, où mijotent devant nos yeux quelques recettes du monde entier renouvelées selon l'inspiration du moment : *massala* de poisson, poulet curry coco thaï... Mais la grande affaire, c'est le riz, sélectionné ici avec soin. Chaque jour, on peut choisir parmi 3 variétés, souvent méconnues. Tout est délicieux, y compris le riz au lait à la vanille de Madagascar.

À consommer sur place, à l'étage, ou à emporter.

***Our*** *(plan D1,* ***7****) : 41, rue de Londres, 75008. ☎ 09-81-91-78-28. Ⓜ Europe, Liège ou Saint-Lazare. Lun-ven 12h-22h, sam 12h-16h. Fermé dim. Formules 9,90-13 € ; kebab seul à partir de 5 €.* Il n'y a pas à tortiller, le kebab gourmet n'a rien à voir avec un banal kebab. Qualité et fraîcheur sont revendiquées, et on approuve ! Au comptoir, on choisit sa recette (à base d'une viande à la broche qui change tous les jours, de keftas de bœuf, de poulet ou de falafels), puis son pain. En accompagnement, la soupe de lentilles, bien relevée, ou les patates douces font concurrence aux frites. C'est varié, et tout est fait maison, y compris les sauces ! À engloutir sur place, sur une table à l'étage, ou à emporter.

***Boulangerie Thierry Marx*** *(plan C2,* ***6****) : 51, rue de Laborde, 75008. ☎ 01-45-22-95-20. Ⓜ Saint-Augustin. ♿ Lun-sam 7h30-20h. Bread makis 5,50-8,50 € ; + 2,50 € pour la formule avec soupe ou salade.* Dans un cadre très contemporain noir et cuivré, des pains, bien sûr, inédits pour certains, qui font la part belle aux farines bio de céréales. Côté viennoiseries, du moelleux, du croustillant (merveilleuse brioche feuilletée). Et, *last but not least,* un bel assortiment de desserts ! Au déjeuner, on vient surtout découvrir les originaux *bread makis,* grillés et roulés minute devant vous sur la plaque chauffante japonaise ; à accompagner de la soupe ou de la salade du jour. À déguster sur place ou à emporter.

***Marxito*** *(plan B2,* ***9****) : 1 bis, rue Jean-Mermoz, 75008. ☎ 01-47-20-92-02. Ⓜ Franklin-D.-Roosevelt. ♿ Lun-sam 11h30-17h. Formules 12,50-16,50 € ; sandwichs « Marxitos » 5,50-13 €. Café offert sur présentation de ce guide.* Dans l'univers de la *street food,* voici le fruit d'une collaboration entre le médiatique Thierry Marx et le designer Ora Ïto. Le « Marxito », c'est un sandwich de galettes au sarrasin servi (chaud ou froid) dans une salle moderne rose poudré. Pastrami, avocat, saumon... Faites vos jeux au comptoir. La version sucrée superpose 2 crêpes garnies. Un choco classique ou un exotique matcha ? Finalement, rien de neuf à l'Ouest, ces cousins des *doriyaki* japonais sont en vogue depuis belle lurette au pays du Soleil-Levant ! *NOUVEAUTÉ.*

***Vivre et Savourer*** *(plan C1,* ***4****) : 35, rue du Rocher, 75008. ☎ 01-44-70-00-02. Ⓜ Saint-Lazare ou Europe. Lun-ven 7h30-15h. Congés : août et 1 sem à Noël. Menus 8,50-13,50 €.* L'herbe a du mal à pousser rue du Rocher, mais la famille d'agriculteurs à l'origine de ce snack 100 % naturel a apporté tout à la fois un bon bol d'air dans le quartier, des jus de fruits extra dans les verres, des soupes et des légumes de saison dans l'assiette. Que des produits frais, labellisés, qu'on choisit en vitrine. Accueil souriant et naturel lui aussi.

***Couscook*** *(plan C2,* ***10****) : 36, bd Malesherbes, 75008. ☎ 09-81-73-51-68. Ⓜ Saint-Augustin. Lun-ven 12h-15h30. Fermé le w-e. Pas de résa. Formules 10,50-15,50 € ; sandwich env 8,50 €.*



**Où manger ?**

1 Rice Trotters (B2)
3 Lamée (C2)
4 Vivre et Savourer (C1)
5 Honor (C2)
6 Boulangerie Thierry Marx (C2)
7 Our (D1)
8 Mandoobar (C1)
9 Marxito (B2)
10 Couscook (C2)
11 Le Refettorio – Foyer de la Madeleine (D2-3)
12 L'Atelier – Artisan Crêpier (B2)
13 Chez Léon (D2)
14 Les Cocottes (A2)
15 Lazare (D2)
16 Shin Jung (D1)
17 Le Mermoz (B2)
18 Flora Danica (A2)
19 Neva Cuisine (D1)
20 Pomze (C2)
21 Mini Palais (C3)
22 Ground Control (B2)
23 Fumé (B2)
24 Mad Men (C2)

**Bar à vins**

30 Le Rouge et le Verre (D1)

**Où boire un verre ?**

40 The Cricketer Pub (D2)
41 Le Buddha Bar (C3)

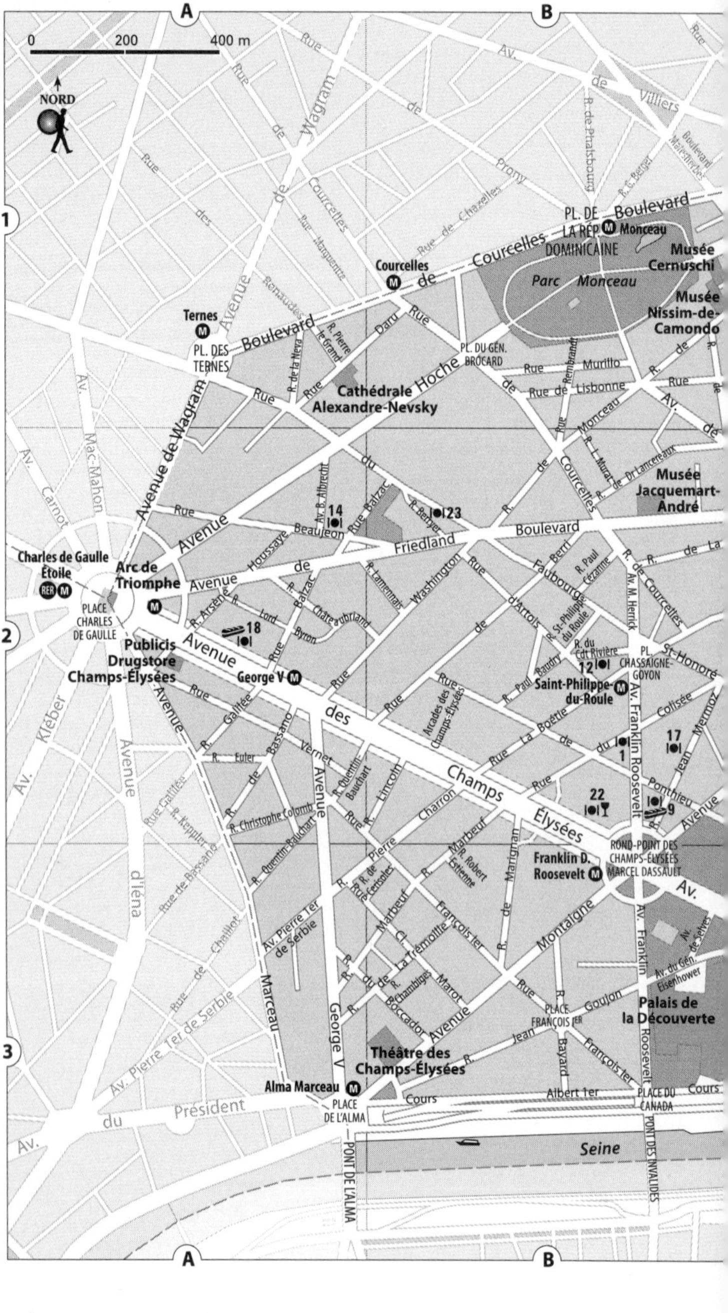
A
B
1
2
3
0 200 400 m
NORD
Charles de Gaulle Étoile
Arc de Triomphe
PLACE CHARLES DE GAULLE
Publicis Drugstore Champs-Élysées
Ternes
PL. DES TERNES
Courcelles
PL. DE LA RÉP. DOMINICAINE
Monceau
Parc Monceau
Musée Cernuschi
Musée Nissim-de-Camondo
PL. DU GÉN. BROCARD
Cathédrale Alexandre-Nevsky
Musée Jacquemart-André
George V
Saint-Philippe-du-Roule
PL. CHASSAIGNE-GOYON
Franklin D. Roosevelt
ROND-POINT DES CHAMPS-ÉLYSÉES MARCEL DASSAULT
Palais de la Découverte
Théâtre des Champs-Élysées
Alma Marceau
PLACE DE L'ALMA
PLACE FRANÇOIS Ier
PLACE DU CANADA
Seine
PONT DE L'ALMA
PONT DES INVALIDES
Avenue de Wagram
Boulevard de Courcelles
Avenue Hoche
Avenue de Friedland
Boulevard Haussmann
Avenue des Champs Élysées
Avenue Marceau
Avenue George V
Avenue Montaigne
Avenue d'Iéna
Av. Kléber
Av. Mac-Mahon
Av. Carnot
Rue du Faubourg St-Honoré
Av. Franklin Roosevelt
Cours Albert Ier
Av. du Président
14
23
18
12
1
17
22
9

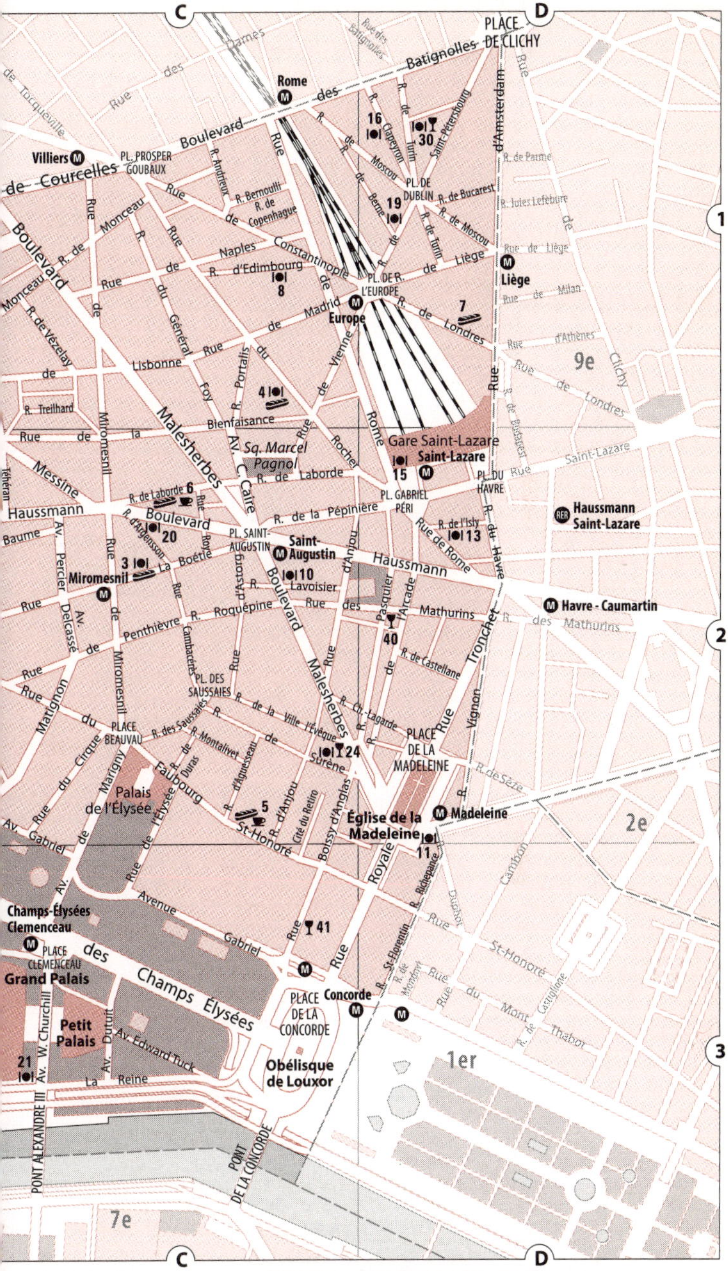


# 8e ARRONDISSEMENT

8e

Un comptoir au fond d'un couloir et quelques tables : pas de fioritures mais un authentique couscous marocain décliné en 3 versions (classique blé dur, blé complet ou orge), accompagné de légumes fondants et d'une viande au choix. Les boulettes sont bonnes et parfumées, comme le tajine, les bricks et les salades. Service souriant. Sur place ou à emporter. *NOUVEAUTÉ.*

## Très bon marché

**Le Refettorio – Foyer de la Madeleine** (*plan D2-3,* **11**) **:** *pl. de la Madeleine, 75008. ☎ 01-47-42-39-84. Ⓜ Madeleine. Resto au rdc de l'église de la Madeleine (côté* Fauchon, *derrière les fleuristes).* Foyer *ouv lun-ven 11h45-14h ;* Refettorio *ouv lun-ven, le soir seulement. Fermé le w-e. Congés : août et Noël-Jour de l'an. Menu 9 €. Carte d'adhérent obligatoire : 7 €.* Savez-vous que dans le sous-sol de l'église de la Madeleine se cache un restaurant solidaire constitué d'une enfilade de salles voûtées ? Le midi, le *Foyer* est ouvert à tous, moyennant la carte d'adhésion. Habitués et curieux ayant flairé la bonne affaire y profitent du menu du jour à prix plancher, dans une ambiance bon enfant. Mais la palme de la générosité revient au *Refettorio* ! Actif le soir à la place du *Foyer,* il s'adresse uniquement aux plus démunis et leur propose des repas gratuits servis par des bénévoles. Initié par le chef étoilé italien Massimo Bottura et soutenu par des personnalités engagées (le patron de *Voyageurs du Monde* ou encore l'artiste JR, auteur de la rénovation, entre autres), le projet répond à 2 objectifs : la lutte contre le gaspillage, en récupérant les invendus de grandes chaînes de distribution, et l'action caritative, en promettant repas équilibrés et dignité aux personnes en difficulté. Les 100 bénéficiaires de ces dîners quotidiens sont sélectionnés par diverses associations. Le tout concocté en partenariat avec de grands chefs. On n'est pas loin de croire au miracle !

## De bon marché à prix moyens

***Ground Control*** (*plan B2,* **22**) **:** *26, av. des Champs-Élysées, 75008. Pas de tél. Ⓜ Franklin-D.-Roosevelt. Ou 17, rue de Ponthieu, 75008. Tlj sauf dim 9h30-minuit. Formules déj du jour 18-24 € ; carte env 30 €.* Engouffrez-vous dans la galerie, c'est au fond que ça se passe ! Un lieu hybride qui coiffe une cantine-épicerie fine (le QG), un café et une galerie, répartis autour d'une cour bétonnée. Le chantre de la bistronomie Stéphane Jego tient les rênes de la cuisine et met en avant les producteurs qu'il aime et qui font du bon boulot. On partage de grandes tables en bois épais pour apprécier une cuisine de terroir. Le soir, on est servi à table. DJ tous les jeudis en *afterwork,* à la cantine ou au café propice à l'avachissement : fauteuils et canapés chinés, flipper, vinyles, coin bibliothèque... Quant aux prix, ils restent capés pour le quartier. *NOUVEAUTÉ.*

***L'Atelier – Artisan Crêpier*** (*plan B2,* **12**) **:** *3, rue du Commandant-Rivière, 75008. ☎ 09-51-32-06-85. Ⓜ Saint-Philippe-du-Roule. Tlj sauf sam midi et dim 11h45-15h, 19h-23h. Fermé 1er janv, 1er mai et 25 déc. Menus déj en sem 13,90-18,90 €.* Une crêperie au goût du jour, tant côté cadre que côté carte, qui plaît beaucoup aux cols blancs du quartier. Généreusement garnies, les galettes, classiques ou créatives, sont dorées à point et accompagnées d'une petite salade. Côté sucré, bonne idée : 3 tailles de crêpes sont proposées. Joli petit choix de cidres. *Autres adresses dans le 6e (10, rue Mabillon) et dans le 13e (15, av. Pierre-Mendès-France).*

***Chez Léon*** (*plan D2,* **13**) **:** *5, rue de l'Isly, 75008. ☎ 01-43-87-42-77. Ⓜ Saint-Lazare ou Havre-Caumartin. Tlj sauf sam soir et dim-lun 12h-15h, 19h-21h. Congés : août. Entrée env 5,50 €, plat env 14 € ; carte env 25 €. CB refusées.* À quelques encablures de Saint-Lazare, voilà un routier figé dans les années 1950, une vraie gueule d'atmosphère comme on dit ! Avis aux réfractaires à la cuisine modeuse, des plats intemporels (terrine, harengs-pommes à l'huile, tripes, boudin) sont ici servis sur des tables en formica, recouvertes (côté resto) par des nappes à carreaux rouges et blancs. Ambiance conviviale garantie ! Pour la petite histoire, cet unique « routier » parisien doit son panonceau à la Fédération des transports routiers, qui avait jadis son siège en face et dont *Léon* était l'annexe.

**Mad Men** *(plan C2,* ***24****) : 8, rue de Surène, 75008. ☎ 01-42-66-19-89. Ⓜ Madeleine. Ouv lun-ven midi et soir. Compter env 30-35 €.* Le nouveau spot qu'on n'espérait plus dans ce quartier dévolu à la clientèle d'affaires en journée et à celle des théâtres le soir. *Mad Men,* initié par une équipe dynamique et motivée, réunit tout ce beau linge autour d'assiettes du jour à tendance méditerranéenne et de généreuses pizzas, et en *afterwork* pour des apéros dînatoires bien consistants. Le vrai plus réside dans la patte d'un chef tout juste sorti des cuisines de grands restos, qui ne transige pas sur la provenance de ses produits et qui maîtrise les cuissons comme personne (poulpe grillé extra) ; mais aussi dans la qualité de l'accueil et du service, qui diffusent un chouette parfum d'humanité dans ce quartier tristoune. À la cave voisine, sandwichs et épicerie. *NOUVEAUTÉ.*

**Shin Jung** *(plan D1,* ***16****) : 7, rue Clapeyron, 75008. ☎ 01-45-22-21-06. Ⓜ Europe, Rome ou Liège. Tlj sauf dim midi et j. fériés ; service 12h-14h30, 19h-22h30. Formules déj en sem 11,50-16 € ; menu 22 € ; carte 25-30 €. Apéritif coréen ou café offert sur présentation de ce guide.* Un des bons restos coréens de Paris, ce que ne laissent pas présager les prix sages. Le cadre est agréable, le service dévoué et souriant. Barbecues de bœuf ou de porc et *bibimbap* (plat de riz, légumes et viande) sont les quelques spécialités dont vous vous régalerez. Palais sensibles, rassurez-vous, les épices sont utilisées avec parcimonie...

**Le Mermoz** *(plan B2,* ***17****) : 16, rue Jean-Mermoz, 75008. ☎ 01-45-63-65-26. Ⓜ Saint-Philippe-du-Roule ou Franklin-D.-Roosevelt. Tlj sauf w-e 12h-15h, 18h30-23h. Résa indispensable. Carte 35-40 €.* Un vent de fraîcheur souffle sur ce coin du 8ᵉ très convenu et sans aspérités. Au *Mermoz,* un rade minuscule se résumant à un long comptoir et une rangée de tables, on reprend les codes qui font le succès des bistrots de l'Est parisien : un cadre vintage à peine retouché, un service jeune et décomplexé, et surtout une cuisine bien dans son temps et pleine de goûts. Chaque jour, la fine équipe aux fourneaux cisèle des assiettes de saison savoureuses, dont les associations bien vues flattent les papilles. Le soir, on privilégie les petits plats à partager. Avec un verre de vin nature, c'est impeccable.

**Flora Danica** *(plan A2,* ***18****) : 142, av. des Champs-Élysées, 75008. ☎ 01-44-13-86-26. Ⓜ George-V ; RER A : Charles-de-Gaulle-Étoile. Tlj 8h-23h. Menus 31-39 € ; smørrebrøds 12,50-14 € ; salades 11-19 € ; carte env 50 € ; brunch 39,50 €.* La Maison du Danemark accueille 2 restaurants : la brasserie *Flora Danica* et le *Copenhague,* vitrines de la cuisine danoise à Paris. Si le 2ᵉ joue la carte de la gastronomie sous la houlette d'Andreas Moller, un digne représentant de la *New Nordic cuisine,* la brasserie, elle, mise sur le classique scandinave dans un cadre sobre et efficace. L'atout maître, c'est la magnifique terrasse dans la verdure, à l'abri du tohu-bohu. Petit déj gourmand, assiettes de saumon, veloutés ou salades nordiques, *smørrebrøds* (tartines de pain noir garnies). Également des jus détox et des cocktails à siroter au bar.

**Fumé** *(plan B2,* ***23****) : 10, rue Berryer, 75008. Pas de tél. Ⓜ Charles-de-Gaulle-Étoile. Tlj sauf ven soir, sam et dim midi ; service 12h-14h30, 19h30-22h30. Congés : 9-25 août. Résa en ligne (attention, 2 services) : • fumeparis.com • Formule déj 19 € ; carte env 35 €.* C'est dans une petite salle confidentielle aux murs recouverts de briques que l'ancien de *Top Chef* Ruben Sarfati a posé son fumoir. Il mitonne une cuisine casher aux accents méditerranéens et sert viandes et poissons fumés au bois de hêtre. La touche est subtile, sans enfumage : le saumon mi-cuit comme le demi-coquelet gardent toutes leurs saveurs. *NOUVEAUTÉ.*

## Chic

**Les Cocottes** (plan A2, **14**) : *14, rue Beaujon, 75008. ☎ 01-53-89-50-53. Ⓜ Charles-de-Gaulle-Étoile. Tlj ; service 12h-23h. Résa indispensable au déj. Formules déj 29-34 € ; menu signature 65 € les soir et w-e. Sélection de vins au verre 6-10 €.* Bienvenue dans l'un des restos parisiens de la galaxie Constant ! Au sein du très chic *Sofitel,* à la déco épurée aux teintes sombres, un bistrot moderne finalement très chaleureux par l'accueil et le concept : les plats de ménage habilement revisités sont servis dans des cocottes individuelles. La clientèle d'affaires du midi laisse la place, le soir, aux résidents de l'hôtel et autres amateurs de bonnes tables.

**Neva Cuisine** (plan D1, **19**) : *2, rue de Berne, 75008. ☎ 01-45-22-18-91. Ⓜ Liège, Europe ou Rome. Tlj sauf le midi sam-dim et tte la journée j. fériés ; service 12h-14h, 19h30-22h. Congés : 3 sem en août. Résa conseillée. Formules 36-42 € ; carte env 40 €.* Dans un décor contemporain totalement repensé, la carte courte et bien maîtrisée fait mouche, avec des plats qui, pour certains, sont devenus des incontournables, comme les ris de veau crousti-fondants ou la sphère destructurée au chocolat. Rien de russe, donc (le nom étant juste une allusion à la rue de Saint-Pétersbourg qui fait l'angle), mais une bonne cuisine bistronomique réalisée par Beatriz Gonzalez.

**Lazare** (plan D2, **15**) : *parvis de la gare Saint-Lazare, rue Intérieure, 75008. ☎ 01-44-90-80-80. Ⓜ Saint-Lazare. ♿ Tlj 7h30 (11h45 dim)-15h, 19h-23h ; service continu pour les en-cas et le plat du jour. Résa indispensable. Plat du jour 20 € ; menu dim midi 39 € ; carte 40-50 €.* Au rez-de-chaussée de la gare Saint-Lazare, monument historique relooké, le *Lazare,* tout naturellement, est un superbe bistrot chic avec boiseries, mobilier noir et blanc, jolies mosaïques au sol et une terrasse pour profiter de l'animation. Prenez place et saisissez donc la gazette (la carte) : quelle que soit l'heure, du lever du soleil au bout de la nuit, les cuisines tournent à plein régime. Mais on appréciera surtout l'authenticité des recettes de toujours, gourmandes et généreuses, réalisées par Thierry Colas sous la houlette d'Éric Frechon, chef triplement étoilé du *Bristol.* En dessert, ne pas manquer la création maison, le *paris-deauville...* avant de filer vers la Normandie !

**Pomze** (plan C2, **20**) : *109, bd Haussmann, 75008. ☎ 01-42-65-65-83. Ⓜ Saint-Augustin ou Miromesnil. Tlj sauf w-e ; service 12h-14h, 19h-22h. Salon de thé hors horaires de service du resto. Formule salade au déj 18,50 € (sans résa) ; autres formule et menu 34-37 € ; carte env 45 €.* Inconditionnels de la pomme, ce restaurant monomaniaque est fait pour vous ! Ici, tout tourne autour d'un fruit moins défendu que recommandé. Le résultat est créatif, les associations et les saveurs sont raffinées et savamment dosées. Les desserts ne sont pas en reste. Côté gosier, une carte de 30 cidres de producteurs et une intéressante formule dégustation de 3 cidres. Un cadre agréable sur plusieurs niveaux, des salons intimes à l'étage et une équipe sympathique aux commandes. Et pour prolonger le plaisir, un coin épicerie (cidre, chutneys, calvados...).

## Plus chic

**Mini Palais** (plan C3, **21**) : *Grand Palais, 3, av. Winston-Churchill, 75008. ☎ 01-42-56-42-42. Ⓜ Champs-Élysées-Clemenceau. ♿ Tlj 12h-minuit. Résa préférable. Formule déj en sem 29 € ; en-cas à partir de 9 € ; carte 40-45 €. Vins au verre 6-19 €.* Encore un resto de la planète Frechon. Ici, le chef triplement étoilé a imaginé une cuisine simple, en parfaite adéquation avec le décor sobre, chic, épuré, de ce *Mini Palais* aux allures d'immense atelier d'artiste, prolongé par une terrasse formidable déployée à l'ombre d'une imposante colonnade. Dans l'assiette, de bons produits d'un terroir qui ne connaît pas les frontières : ris de veau en croûte de comté au vin jaune, baba au rhum géant (exceptionnel). La carte prend, avec les beaux jours, des accents plus méditerranéens.

## Bar à vins

**Le Rouge et le Verre** *(plan D1,* **30***) : 28, rue de Turin, 75008. ☎ 01-43-87-10-40. Ⓜ Rome ou Place-de-Clichy. Tlj sauf dim 10h-23h ; service 12h-14h30, 19h-21h30. Formule 19 € ; planches env 8,50-11,50 € ; carte env 28 €.* Est-il encore besoin de prouver que cave à vins et table d'hôtes font bon ménage ? Au *Rouge et le Verre,* en guise de déco, des dives bouteilles (servies sans droit de bouchon), des caisses de domaines et une cheminée. Côté assiette, de bons petits plats de tradition et des charcuteries béarnaises qui tombent à pic pour l'apéro. Pour les amateurs, il y a même un banc d'huîtres (en hiver), histoire de goûter à la sélection de blancs ! Très convivial.

## Où boire un verre ?

**The Cricketer Pub** *(plan D2,* **40***) : 41, rue des Mathurins, 75008. ☎ 01-40-07-01-45. Ⓜ Saint-Augustin ou Madeleine. Tlj sauf dim 12h (17h sam)-2h.* Happy hours *17h-19h. Pintes à partir de 6 € (5-6 € pdt l'*happy hour*) ; demi 4 €.* Un pub typique, au cadre sans chichis, privilégiant le bois et fréquenté par une joyeuse clientèle majoritairement anglo-saxonne (traders, banquiers, cadres des compagnies anglaises...). Bières bien tirées, histoire d'entretenir la fougue des supporteurs à l'occasion des retransmissions de matchs. Bonne ambiance !

**Le Buddha Bar** *(plan C3,* **41***) : 8, rue Boissy-d'Anglas, 75008. ☎ 01-53-05-90-00. Ⓜ Concorde. ♿ Tlj 18h-2h ; brunch dim dès 12h. Cocktails à partir de 18 €.* Un bar qui ne manque pas d'allure avec son décor de cinéma déployé sur 3 niveaux autour d'un escalier monumental et d'un bouddha géant ! Inutile de rêver cependant, il faudra se résoudre à payer l'addition salée pour boire en compagnie d'une clientèle sélect au son des compiles *lounge* signées par DJ Ravin. Tenue « branchic » bon genre exigée à l'entrée.

# 9e ARRONDISSEMENT

• Plan *p. 96-97*

**De l'Opéra à Pigalle et de la gare Saint-Lazare au métro Poissonnière, le 9e dévoile ses différents visages selon l'heure du jour… ou de la nuit ! Vers les grands magasins et jusqu'à Notre-Dame-de-Lorette, c'est avant tout un quartier commerçant où naviguent les touristes déposés devant les *Galeries,* les hommes d'affaires des Grands Boulevards, les antiquaires de Drouot et les journalistes des médias implantés dans le coin. Tous se retrouvent au déjeuner, dans leur cantine attitrée. Voilà pour le jour. La nuit, c'est au nord que ça se passe. Grimpez dans les quartiers bobos-branchés de South Pigalle (« SoPi » !) ou Blanche pour écumer les adresses dans l'air du temps, tester la dernière terrasse à la mode ou user le comptoir des rades qui résistent encore et toujours à l'envahisseur *hipster* ! Tant qu'on y est, on se laisse tenter par une nuit blanche dans les célèbres boîtes du quartier.**

## Où manger ?

### Sur le pouce

**Hanoï Corner** (plan B2, **68**) : *7, rue Blanche, 75009. 06-19-26-47-95. Ⓜ Trinité-d'Estienne-d'Orves. Lun-ven 10h-16h, sam 11h-18h ; service 12h-15h. Fermé dim et j. fériés. Formules 10-12 €.* Une adresse vietnamienne de poche, où l'on se régale de bo bun généreux et de *banh mi* parfumés. Pour le dessert, on hésite entre la tarte à la banane (hmm, le bon goût de rhum !) et le *chiffon cake* au pandan (un drôle de fruit exotique), très aérien. La sympathique patronne essaiera sûrement de vous faire goûter au café vietnamien ou aux tablettes de chocolat : ne résistez pas trop, ils sont excellents ! Arrivez tôt pour trouver une table, sinon prenez à emporter et filez au square de l'église de la Trinité. Accueil cordial et service efficace malgré l'affluence. *NOUVEAUTÉ.*

**Père & Fish** (plan D2, **2**) : *67, rue du Faubourg-Poissonnière, 75009. ☎ 09-50-62-83-73. Ⓜ Cadet ou Poissonnière. Lun-ven 12h-14h30, 19h-22h30 ; sam 12h-22h30 ; dim 12h-16h. Menus burger 13,50-18 € ; carte 15-25 €. Café offert sur présentation de ce guide.* Ici, on perpétue une tradition familiale de père en… *fish* ! Le poisson est à l'honneur dans un nouveau concept de restauration rapide, proposant des burgers marins, gourmands et gourmets. C'est original, bon et frais. On a adoré les bouchées de merlan et le burger « Monsieur Aïoli ». Quelques tables installées dans une petite salle à l'allure fraîche, et sinon prendre à emporter. Accueil très dynamique et joyeux de toute l'équipe. Foncez !

**Picto** (plan C2, **3**) : *68, rue La Fayette, 75009. Ⓜ Cadet. Lun-ven 10h-20h, sam 12h-16h. Sandwichs 4-7 € ; formules 8,80-9,80 € ; petit déj 6 €.* Si l'on vous dit que le pain vient de la boulangerie *Landemaine,* le jambon cru des monts de Lacaune, le jambon blanc de Vendée (mais surtout de porc fermier !), que le beurre est AOC, ainsi que l'emmental de Savoie, vous comprendrez le bel esprit des lieux et ce qui justifie la différence de prix. Vous trouverez toujours (un peu) moins cher mais ce sera (beaucoup) moins bon ! Vente sur place ou à emporter.

**Ibrik** (plan C2, **5**) : *43, rue Lafitte, 75009. ☎ 01-73-71-84-60. Ⓜ Le Peletier ou Notre-Dame-de-Lorette. Lun-ven 8h30-16h30 ; service 12h-14h30 ; sam 12h-17h30. Formules 13-15,50 € à emporter, 17,50-23 € sur place ; brunchs 29-35 €. Café offert sur présentation de ce guide.* Une escale chaleureuse qu'Ecaterina a baptisée

« Ibrik » en souvenir du café de son enfance roumaine. Carte très courte, simple et ensoleillée, souvent renouvelée. Salades composées, sandwichs au pain pita (maison), ou encore *mezze*. Un soupçon des diverses cuisines proche-orientales qui flirtent avec la belle bleue. Et pour la touche sucrée, on se souvient du gâteau aux pistaches glaçage citron, du cookie au halva et du cake orange, semoule et coco. Petit espace à l'étage sympa comme tout. *Autre adresse au 9, rue de Mulhouse, dans le 2e.*

**Peco Peco** *(plan B1,* ***6****) : 47, rue Jean-Baptiste-Pigalle, 75009. ☎ 01-53-16-19-84. Ⓜ Pigalle. Tlj sauf dim 12h-14h, 19h-22h30. Congés : août. Formules déj 13,50-18 € ; tapas japonaises à partir de 5 € ; donburi 10 € ; carte env 20 €. Sur place ou à emporter.* Un cadre bruto-rafistolé qui ne dépare pas dans le très branché South Pigalle, où un petit comptoir délimite la petite cuisine ouverte. À l'ardoise, de la *finger food* japonaise... Et différentes sauces maison pour assaisonner tout ça. À moins que vous n'optiez pour un *donburi* (plat à base de riz), ou encore pour la salade ou le sandwich du jour. Accueil sympa ; on prend bien la peine de vous détailler ce qui vous attend derrière une poignée d'ingrédients obscurs...

**Label Ferme** *(plan C2,* ***1****) : 43, rue Le Peletier, 75009. ☎ 09-81-33-36-49. Ⓜ Le Peletier ou Notre-Dame-de-Lorette. Lun-ven 11h30-14h30 ; pour l'épicerie, commande par e-mail. Pour s'asseoir, venir avt 12h30. Formules sandwich ou salade 10,30-11,30 €, avec dessert ou soupe (en hiver) et/ou boisson (sur place ou à emporter).* Un restaurant rapide, idéal pour le déjeuner, aux charcuteries et fromages choisis et collectés directement chez les producteurs et les fermiers. En formule, chacun compose sa salade (plusieurs sauces au choix) ou son sandwich, avant de se poser sur les cagettes-tabourets. Consistant, frais, et l'équipe respire la bonne humeur. Attention, pas de places assises en hiver, uniquement 12 places en terrasse.

**Où manger ?**

- **1** Label Ferme (C2)
- **2** Père & Fish (D2)
- **3** Picto (C2)
- **4** Holybol (C3)
- **5** Ibrik (C2)
- **6** Peco Peco (B1)
- **7** Cot Cot (D1)
- **8** Mersea (C3)
- **9** Big Fernand (D2)
- **10** Les Pâtes Vivantes (C2)
- **11** Papacionu (C2)
- **12** Faggio (D1)
- **13** Hugo (D2)
- **14** Juste et Le Cellier (C2)
- **16** Mian Fan (B2)
- **17** Sizin (B2)
- **18** Isana (C2)
- **19** Sobane (C2)
- **20** Léandrés (D2)
- **21** Yoom (C2)
- **23** Loyal (A1)
- **24** Le Bien Venu (Hôtel Bienvenue ; C2)
- **25** Chartier (C3)
- **29** Buvette (B1)
- **31** La Tute 2, Chez Manu (C3)
- **34** Papilles (D1)
- **37** Belle Maison (C1)
- **38** Bien Élevé et Encore (C2-3)
- **39** Cuisine (C1)
- **40** Les Canailles (B2)
- **41** Le Garde-Temps (B1)
- **43** La Table des Anges (C1)
- **45** Le Pantruche (C1)
- **47** Comptoir Canailles (C1)
- **49** Les Fils à Maman (C3)
- **50** Medi Terra Nea (C3)
- **51** Pink Mama (B1)
- **55** Salina et Café Panache (C3)
- **56** Restaurant Détour (B2)
- **57** La Régalade Conservatoire (D3)
- **58** L'Ascension (A1)
- **59** Les Diables au Thym (C3)
- **60** Caillebotte (C2)
- **62** J'Go Restaurant (C3)
- **64** Mamou (B3)
- **65** Braisenville (C1)
- **67** Louis par Stéphane Pitré (C2)
- **68** Hanoï Corner et Les Comédiens (B2)

**Bars à vins**

- **70** Le Rouge et le Verre (C2)
- **71** Le Dit-Vin (B1)

**Où boire un verre ?**

- **75** Baton Rouge (B1)
- **76** L'Entrée des Artistes Pigalle (B1)
- **80** Artisan (C1)
- **81** Dirty Dick (B1)
- **82** Milton (C2)
- **83** Lulu White (B1)
- **84** Les 36 Corneil (D2)
- **85** Le Mansart (B1)

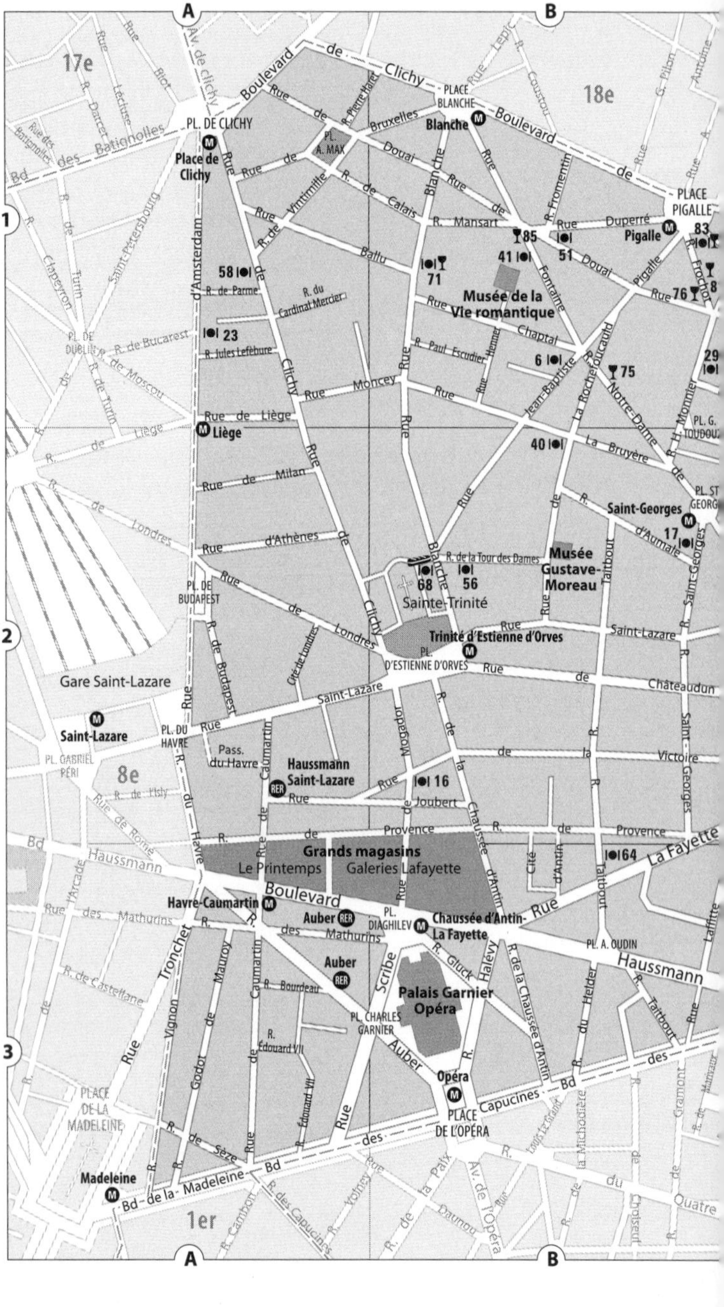
A
B
1
2
3
17e
18e
8e
1er
Boulevard de Clichy
PL. DE CLICHY
Place de Clichy
PLACE BLANCHE
Blanche
Boulevard de
PLACE PIGALLE
Pigalle
Av. de Clichy
Rue Biot
Rue Lécluse
R. Dancet
Rue des Batignolles
Bd des Batignolles
PL. A. MAX
Rue de Bruxelles
Rue de Douai
R. Pierre Haret
Rue de Vintimille
R. de Calais
Rue Blanche
R. Mansart
Rue Duperré
Rue Fromentin
Rue Lepic
R. Coustou
R. G. Pilon
Rue Antoine
Rue Ballu
R. de Parme
R. du Cardinal Mercier
Musée de la Vie romantique
Rue Chaptal
R. Paul Escudier
Rue Henner
Rue Fontaine
Rue Frochot
Rue Jean-Baptiste
R. La Rochefoucauld
Rue Notre-Dame
R. H. Monnier
PL. G. TOUDOUZE
La Bruyère
R. Jules Lefebure
Rue Moncey
Rue d'Amsterdam
R. de Chaptal
R. de Turin
R. de Saint-Pétersbourg
PL. DE DUBLIN
R. de Bucarest
R. de Moscou
Rue de Liège
Liège
Rue de Milan
Rue de Londres
Rue d'Athènes
PL. DE BUDAPEST
R. de Budapest
Cité de Londres
R. de la Tour des Dames
Musée Gustave-Moreau
Sainte-Trinité
Saint-Georges
PL. ST GEORGES
R. d'Aumale
Rue Saint-Georges
Rue Taitbout
Trinité d'Estienne d'Orves
PL. D'ESTIENNE D'ORVES
Rue Saint-Lazare
Rue de Châteaudun
Gare Saint-Lazare
Saint-Lazare
PL. DU HAVRE
PL. GABRIEL PÉRI
Pass. du Havre
Haussmann Saint-Lazare
R. de la Victoire
Rue Mogador
R. de la Chaussée d'Antin
Rue Joubert
R. de Provence
R. de l'Isly
Rue de Rome
Rue du Havre
Rue Caumartin
Grands magasins
Le Printemps
Galeries Lafayette
Cité d'Antin
Bd Haussmann
Rue La Fayette
Havre-Caumartin
Auber
PL. DIAGHILEV
Chaussée d'Antin-La Fayette
Rue des Mathurins
PL. A. OUDIN
R. de l'Arcade
Rue Tronchet
R. de Castellane
Rue Vignon
Rue Godot de Mauroy
R. Bourdeau
R. Gluck
Rue Halévy
Rue Scribe
Palais Garnier Opéra
PL. CHARLES GARNIER
R. Édouard VII
Rue Auber
R. du Helder
Opéra
PLACE DE L'OPÉRA
Bd des Capucines
PLACE DE LA MADELEINE
Madeleine
Bd de la Madeleine
Rue de Sèze
R. Cambon
R. des Capucines
Rue Volney
R. de la Paix
Rue Daunou
Av. de l'Opéra
R. Louis-le-Grand
R. de la Michodière
R. de Gramont
Rue du Quatre-Septembre
Rue Laffitte
58
23
71
85
41
51
83
76
6
75
29
40
17
68
56
16
64

9e

**9e ARRONDISSEMENT**

**Mersea** (plan C3, **8**) : *6, rue du Faubourg-Montmartre, 75009. ☎ 09-70-38-61-01. Ⓜ Grands-Boulevards. Tlj 11h30-23h. Pas de résa possible. Formules déj 10,90-26 €.* Le chef breton Olivier Bellin a posé son épuisette à deux pas du Palace pour une *street food* de la mer très contemporaine. Murs bruts bleu marine (logique !) et cuisine ouverte. *Fish & chips* extra, frites maison croustillantes, panure savoureuse, et on se lèche les doigts de bonnes petites sauces. Le soir, rillettes de truite ou crème de maquereaux maison (entre autres) pour grignoter. *Mersea* beaucoup ! *Autre adresse au Beaupassage, 55, rue de Grenelle, dans le 7e (voir plus haut).*

**Cot Cot** (plan D1, **7**) : *21, rue Gérando, 75009. ☎ 01-42-40-72-62. Ⓜ Anvers ou Barbès-Rochechouart. Mar 12h-15h ; mer-ven 12h-15h, 19h-22h30 ; sam-dim 12h-23h. Compter env 11 € pour 6 pièces et une portion de frites.* Un petit snack qui réconciliera les amateurs de *junk food* et de bonne chère. Ici, nuggets et *chicken wings* sont faits avec du poulet fermier, bien nourri, bien élevé donc, cuit et frit à la demande. Forcément, question goût, ça change tout... Jusqu'aux bonnes frites maison ! Quelques tabourets pour grignoter sur place.

9e

**Big Fernand** (plan D2, **9**) : *55, rue du Faubourg-Poissonnière, 75009. ☎ 01-73-70-51-52. Ⓜ Poissonnière. Tlj 12h-22h30. Formules 16-19 € ; burgers à partir de 13 €.* Soyons francs, vous avez, vous aussi, une petite (grosse ?) faiblesse pour le burger ? Ces 3 gars-là ont trouvé la parade. Des produits bien de chez nous (mention TB pour les fromages au lait cru et les sauces artisanales) et des recettes à composer soi-même : grisant ! Un succès qui ne se dément pas... à tel point que *Big Fernand* fait des petits à Paris, en province, à Londres et à Hong Kong !

**Holybol** (plan C3, **4**) : *23, passage Verdeau, 75009. ☎ 01-47-70-08-18. Ⓜ Grands-Boulevards ou Richelieu-Drouot. ♿ Lun 10h-16h ; mar-mer et ven-sam 10h-18h ; jeu 10h-21h. Congés : août. Bols 16-20 € ; formules 21-26 € ; carte env 21 €. Café offert sur présentation de ce guide.* Les cuisinières thaïes concoctent – en partie devant vous – une poignée de « bols » proposés chaque jour ; sinon, à vous de composer le vôtre, ou d'opter pour un *pad thaï* ou un bo bun. Et les desserts, bien français quant à eux, sont aussi réussis. Également de nombreux jus et smoothies aux associations bien pensées. À l'étage, une salle agréable, fermée par une longue baie vitrée. L'escale fait le plein au déjeuner. Plus tranquille l'après-midi bien sûr. Service rapide. Le bémol ? Les prix...

## De très bon marché à bon marché

**Papacionu** (plan C2, **11**) : *7, rue Cadet, 75009. ☎ 01-45-23-90-03. Ⓜ Le Peletier ou Cadet. Tlj sauf dim, midi et soir. Résa conseillée. Pizzas et antipasti 11-17 €.* Connu comme la meilleure pizzeria d'Ajaccio, *Papacionu* exporte sa renommée au-delà des frontières de l'île de Beauté. Des produits frais et gorgés de soleil, à arroser d'une bonne bière locale ou d'un petit rouge bien corsé ! Lumières tamisées, parquet et poutres en bois, le décor est aussi chaleureux que les assiettes généreuses. Planches d'*antipasti* et autres légumes confits feraient pâlir d'envie nos voisins transalpins. Quant aux pizzas, à la pâte croustillante, à la sauce tomate goûteuse et aux garnitures savoureuses du Sud, on en est restés babas !

**Les Pâtes Vivantes** (plan C2, **10**) : *46, rue du Faubourg-Montmartre, 75009. ☎ 01-45-23-10-21. Ⓜ Le Peletier ou Grands-Boulevards. Tlj 12h-15h, 19h-23h. Fermé 25-26 déc. Menus 12 € (midi)-15 € ; carte env 15 €. Gyoza offert sur présentation de ce guide.* Une cantine minuscule où Mme Coutin s'active à fabriquer, à la vue de tous, cette spécialité de pâtes du nord de la Chine, des pâtes fraîches, tout simplement succulentes. Et on ne s'y trompe pas en avalant la soupe de nouilles au bœuf Lanzhou ou celle en sauce Zhajiang, les spécialités de la maison. Victime de son succès, c'est toujours plein. Mais qu'à cela ne tienne, une autre enseigne se trouve au 3, rue de Turbigo, dans le 1er (☎ 01-40-13-08-04).

🍽 🍕 **Faggio** (plan D1, **12**) : 72, rue de Rochechouart, 75009. ☎ 01-40-37-44-02. Ⓜ Anvers ou Barbès-Rochechouart. Tlj 12h-14h30 (12h30-15h w-e), 19h-23h30. Pizzas 12-16,50 €. Une bande de potes italiens a retapé cette vieille salle de billard tout en longueur. Carrelages blancs, briques nues, tables en liège, en guise de sanctuaire à leur produit vénéré : la *santa pizza* ! Mais pas n'importe laquelle : 10 en tout, triées sur le volet et cuites au feu de bois. Pâte croustillante millimétrée et garnitures choisies dans les meilleurs produits, parées de *flor di latte*, de *mozzarella di bufala* ou de *stracciatella* aux senteurs de truffe et d'origan. 33 cm de diamètre, on a du mal à en venir à bout. Vins naturels, un peu chers mais possibilité de les déguster au verre, ou bière artisanale. Service attentif. Venir tôt pour moins d'attente.

🍽 ⛱ **Juste** (plan C2, **14**) : 48, rue Lafitte, 75009. ☎ 09-82-33-93-47. Ⓜ Le Peletier. Tlj sauf lun soir et dim 12h-14h30, 18h30-22h30. Compter 7,50-17 € par portion (19-39 € pour le homard). Une cabane ostréicole en plein cœur de Paris, en direct des producteurs... Encore un peu, on s'y croirait ! Une envie de bord de mer, de coquillages ? Filez chez *Juste* ! Pour une petite faim ou un apéro iodé, on s'y régale de fruits de mer de saison, en libre-service, que l'on déguste sur de grandes tablées : bulots-mayo, palourdes farcies, pinces de crabes, huîtres... Ils ont tout juste ! Vente à emporter.

🍽 **Mian Fan** (plan B2, **16**) : 20, rue de Mogador, 75009. ☎ 01-45-23-35-14. Ⓜ Trinité-d'Estienne-d'Orves ou Chaussée-d'Antin-La Fayette. Tlj 12h-23h (22h dim). Plats 10-16 € ; formule 19,50 € (à partir de 18h) ; carte env 25 €. Une cantine *asian fusion* où les habitués du quartier viennent se régaler d'une soupe thaïe, d'une salade épicée, d'un bo bun ou de riches *dim sum*, ces délicieuses ravioles fourrées, le tout servi en portions généreuses. Salle toute de bois vêtue, égayée de jolies touches de couleurs : un cadre zen pour une dînette entre amis. Service rapide, donc parfait aussi pour les plus pressés.

🍽 ⛱ **Sizin** (plan B2, **17**) : 47, rue Saint-Georges, 75009. ☎ 01-44-63-02-28. Ⓜ Saint-Georges. Tlj sauf sam midi et dim 12h-14h30, 19h-23h (23h30 ven-sam). Menus 16 € (midi)-29 € ; carte env 20 €. Apéritif maison offert sur présentation de ce guide. Un turc de quartier où il est bien difficile de décrocher une table si l'on n'a pas eu la prudence de réserver. Savoureuse cuisine traditionnelle, servie avec le sourire. Cadre agréable.

🍽 ⛱ **Yoom** (plan C2, **21**) : 20, rue des Martyrs, 75009. ☎ 01-56-92-19-10. Ⓜ Notre-Dame-de-Lorette ou Saint-Georges. Tlj 12h-15h, 18h30-23h. Formules déj 14-15 € ; menus 21-26 €. Un vrai resto de *dim sum*, ces délicates petites bouchées farcies, dans un cadre dépaysant et raffiné. On a l'impression d'être dans le Hong Kong branché de Lan Kwai Fong. On retrouve toutes les saveurs et textures, sucrées-salées, de ces viandes et poissons parfaitement relevés, avec épices et herbes aromatiques. Un joyeux typhon sous le palais !

🍽 **Loyal** (plan A1, **23**) : 70 bis, rue d'Amsterdam, 75009. ☎ 01-40-16-93-31. Ⓜ Liège ou Place-de-Clichy. Lun-ven 8h-16h ; service 8h-11h (petit déj), 12h-14h30. Congés : 8-26 août. Formules 12,50 € à emporter, 19-25,50 € sur place ; petits déj 9,50-13,50 €. Qu'on ne s'y trompe pas... À l'entrée, on trouve effectivement des sandwichs et des salades à consommer sur place ou à emporter. Il faut dire que le quartier compte de nombreux bureaux, dont les employés prennent rarement le temps de déjeuner. Ils trouvent ici de quoi se restaurer vite fait, bien fait. Mais prenez quant à vous le temps de vous asseoir et de profiter des 2-3 plats du jour, confectionnés dans la grande cuisine ouverte sur la salle zen et lumineuse. Les produits sont fermiers ou artisanaux, sains, et l'approvisionnement essentiellement francilien. Délicieux ! Le rapport qualité-prix n'est pas bouleversant mais les bonnes adresses sont rares autour de la gare Saint-Lazare.

🍽 ⛱ **Isana** (plan C2, **18**) : 7, rue Bourdaloue, 75009. ☎ 01-42-45-18-72.

Ⓜ *Notre-Dame-de-Lorette. Lun-ven 12h-14h30, plus mer-jeu 19h-21h30 ; brunch dim 11h30-14h. Formules déj 15-18,20 € ; le soir, carte env 25 €. Un shot de pisco sour offert le soir sur présentation de ce guide.* Une cantine moderne où rayonne l'accent latino-américain. Du décor à l'assiette, on la joue minimaliste : une poignée de tables, des plantes aux murs et une carte courte, gage de fraîcheur. Commencez par vous partager des *empanadas* avant d'opter pour un ceviche acidulé ou du bœuf mariné. Herbes fraîches, épices et saveurs exotiques font frétiller les papilles. On a adoré les jus de fruits maison (c'est le moment de faire des découvertes !) et la petite sélection de vins chiliens et argentins. Accueil adorable.

**Papilles** *(plan D1,* ***34****) : 77, rue de Rochechouart, 75009. ☎ 09-50-78-16-32. Ⓜ Anvers, Barbès-Rochechouart ou Pigalle. Jeu-lun 9h-17h. Fermé mar-mer. Plats 10-20 €. Vins au verre 6-8 €.* C'est confortablement installé sur les banquettes de velours vert foncé que l'on profite du joli cadre épuré de ce *coffee house* et de la cuisine du chef, dont la principale préoccupation est le produit, son histoire et sa qualité. Une carte courte, gage de fraîcheur, et des assiettes gourmandes, généreuses et réconfortantes ; que l'on peut déguster à toute heure (carte plus simple après 15h30).

9e

**Sobane** *(plan C2,* ***19****) : 5, rue de La Tour-d'Auvergne, 75009. ☎ 01-48-78-02-91. Ⓜ Cadet. Tlj sauf dim midi 12h-15h, 19h-22h30. Formules 15-18 € le midi, 25-29 € le soir ; carte env 20 €.* C'est un véritable aller simple Paris-Séoul qu'on s'offre en entrant dans ce resto grand comme un mouchoir de poche, au cadre minimaliste. Une certaine promiscuité, qu'on oublie bien vite devant les assiettes, dépaysantes et bien présentées : côte de bœuf marinée et grillée à la flamme, palette de porc confit aux épices, galettes au thé vert... Pas donné le soir, mais on n'est pas déçu. Accueil et service charmants.

**Léandrés** *(plan D2,* ***20****) : 78, rue de Maubeuge, 75009. ☎ 09-86-79-57-29. Ⓜ Poissonnière ou Gare-du-Nord. ♿ Mar-jeu 8h30-18h, ven 8h30-22h, sam 10h-22h, dim 10h-18h ; service 12h-15h, 19h-21h. Congés : août. Formules 10-14 € ; brunch 18 €. Café offert sur présentation de ce guide.* Une petite cantine de quartier à la déco fraîche où l'on peut se restaurer à toute heure, de salé comme de sucré. La cuisine est à l'image de cet adorable couple franco-colombien (Léa et Andrés !) : *empanadas, carrot cake...* Jus de fruits frais et bon café !

**Hugo** *(plan D2,* ***13****) : 12, rue Papillon, 75009. ☎ 01-40-22-01-91. Ⓜ Cadet ou Poissonnière. Tlj sauf le midi sam-lun 12h-15h, 19h-22h30. Carte 25-40 €.* Cadre classique et bon accueil. Petits plats aux accents du Midi, colorés et joliment présentés, cuisinés avec des produits bio. Desserts maison. Et pour agrémenter, bons petits crus de récoltants à prix démocratiques.

**Chartier** *(plan C3,* ***25****) : 7, rue du Faubourg-Montmartre, 75009. ☎ 01-47-70-86-29. Ⓜ Grands-Boulevards. Tlj 11h30-minuit. Pas de résa. Carte 15-20 €.* Poussez la grosse porte à tambour pour découvrir cet immense bouillon du XIXe s, inscrit à l'inventaire des Monuments historiques. Hauts plafonds, mezzanines, chromes et cuivres, casiers à serviettes des habitués (autrefois !) : depuis 120 ans, le décor est intact. Toujours bourré de fidèles, d'étudiants et de touristes. On n'y vient pas tant pour la cuisine que pour se dire qu'on a mangé au moins une fois dans ce lieu mythique, et supporté le bruit assourdissant des 325 places, 16 serveurs et 1 200 couverts par jour !

## Prix moyens

**Le Bien Venu (Hôtel Bienvenue** *; plan C2,* ***24****) : 23, rue Buffault, 75009. ☎ 01-48-78-32-18. Tlj sauf dim-lun. Formules déj 17-21 € ; le soir, carte 25-30 €.* Bienvenue... à l'hôtel ? Oui. Et au resto aussi. Car nul besoin d'être client de l'hôtel pour oser franchir le porche et profiter de cet élégant écrin Art déco donnant sur un magnifique jardin intérieur. Autour d'un *donburi* (plat complet d'inspiration coréenne) revisité chaque jour en version végétarienne et avec viande ou poisson, les entrées jouent une partition fine et créative, toujours teintée d'exotisme. Comme les desserts... Le soir, les assiettes font mouche en version tapas avec de belles assiettes à partager. À accompagner de nectars naturels qui ne font pas sauter l'addition.

🍽 🍷 ***Salina*** *(plan C3,* ***55****)* **:** *24, rue du Faubourg-Montmartre, 75009. ☎ 09-83-97-50-31. Tlj sauf dim-lun et sam midi 12h-15h, 18h-23h. Tapas 6-18 € ; compter 20-35 € selon appétit.* Le patron du restaurant *Moustache,* dans le 6e, a ouvert cette adresse résolument iodée. Tombé, comme nous, amoureux des sublimes mosaïques classées de Sarreguemines, il a rénové cette ancienne poissonnerie Art nouveau et a fait de cet écrin précieux un bar à vins et cocktails, gourmand et convivial ; des vins bio et naturels qui accompagnent une carte (très) réduite. Les poissons de ligne, issus d'une pêche éthique et saisonnière, sont déclinés en sashimis, ceviches, tempura et autres bouchées créatives que l'on est tenté de multiplier et partager. Pour un apéro léger ou un repas complet... *NOUVEAUTÉ.*

🍽 ***Buvette*** *(plan B1,* ***29****)* **:** *28, rue Henry-Monnier, 75009. ☎ 01-44-63-41-71. Ⓜ Pigalle ou Saint-Georges. Tlj 8h30 (9h w-e)-minuit. Congés : 3 j. en déc. Pas de résa. Carte env 28 €.* Petite sœur d'une adresse très branchée installée à New York et Tokyo. Un établissement raffiné de ce bas Pigalle qui n'en finit plus de se réinventer. Un décor chaleureux country chic, avec quelques résonnances Art déco, où l'on déguste de bons petits plats, fins et savoureux : rillettes de saumon, parmentier fondant, coq au vin comme chez mamie, tatin tentatrice...

🍽 🍷 ***Le Cellier*** *(plan C2,* ***14****)* **:** *23, rue de la Victoire, 75009. ☎ 01-48-74-61-03. Ⓜ Le Peletier ou Notre-Dame-de-Lorette. Lun-ven 12h-14h, 18h-23h. Congés : août. Formules déj 15-28 €.* Après *Louis,* Stéphane Pitré poursuit son aventure en ouvrant *Le Cellier,* voisin de son gastro. Un genre de bar à vins où la restauration sur le pouce fait la part belle aux produits, bien évidemment triés sur le volet, mais avec une identité bretonne bien assumée par le chef. Une carte des vins ludique et évolutive. Très sympa pour un déjeuner minuté dans le quartier, mais tout autant pour l'apéro à la sortie du bureau.

🍽 ***Bien Élevé*** *(plan C2-3,* ***38****)* **:** *47, rue Richer, 75009. ☎ 01-45-81-44-35. Ⓜ Grands-Boulevards ou Le Peletier. Mar-sam 12h-14h, 19h30-22h (dernière commande). Congés : août. Résa conseillée. Formule déj en sem 19 € ; menus 32-36 €.* Une des belles adresses du moment, qui fait la part belle au bœuf Angus, auquel certaines humeurs carnassières pourront préférer une volaille fermière, un magret, le poisson du jour ou le burger. La viande provient d'éleveurs en direct et est maturée sur place. Courte carte souvent renouvelée, et ardoise. Mieux vaut d'ailleurs arriver un peu tôt car la carte étant courte, elle devient très réduite quand un plat manque à l'appel. Les desserts ne sont pas à la traîne, et souvent twistés par une glace ou un sorbet original. Tables un peu à touche-touche, dommage... Chaleureuse atmosphère, et un succès mérité.

🍽 ***Les Canailles*** *(plan B2,* ***40****)* **:** *25, rue La Bruyère, 75009. ☎ 01-48-74-10-48. Ⓜ Saint-Georges. Tlj sauf sam-dim et j. fériés ; service 12h-14h30, 19h-22h30. Congés : 3 sem en août. Formule déj 29 € ; menu-carte 36 € ; carte env 45 €.* 2 compères ont délaissé les tables de renom pour proposer chez eux une cuisine plus simple et plus authentique, dans un cadre convivial. Produits de saison et de qualité. Dans l'assiette, c'est une cuisine généreuse à partir de recettes du terroir subtilement réinterprétées. Belle carte de vins naturels.

🍽 ***Le Garde-Temps*** *(plan B1,* ***41****)* **:** *19 bis, rue Pierre-Fontaine, 75009. ☎ 09-81-48-50-55. Ⓜ Pigalle, Blanche ou Saint-Georges. Lun-ven 12h-14h, 19h-22h30 ; sam 19h-22h30. Congés : 3 sem en août. Formule déj 19 € ; menu-carte 36 €. Vins au verre à partir de 5 €.* Un bistrot chaleureux, tout en enfilade. On choisit ses plats sur les grands tableaux noirs, avec quelques suggestions du jour, charcuterie basque ou plats de terroir savamment revisités (tête de veau, soupe de panais, etc.). Les viandes sont goûteuses, les frites maousses. Service aux petits soins, carte des vins succincte mais bien choisie. Une bonne adresse.

**La Table des Anges** (plan C1, **43**) : *66, rue des Martyrs, 75009. 06-70-54-21-59. Ⓜ Pigalle ou Anvers. Mar-sam 12h-14h, 19h-22h. Formule déj 17 € ; menu 35 € ; carte env 40 €. Café ou digestif maison offert sur présentation de ce guide.* Murs de pierres apparentes, objets chinés çà et là, voilà le décor ! Dans l'assiette, des plats dans l'air du temps, élaborés au gré des saisons par un cuisinier qui met un point d'honneur à choisir avec soin ses petits producteurs locaux. Idem pour les vins, judicieusement sélectionnés (grand choix de vins au verre). Les produits de la mer ne sont pas en reste et les desserts sont fameux.

**Belle Maison** (plan C1, **37**) : *4, rue de Navarin, 75009. ☎ 01-42-81-11-00. Ⓜ Saint-Georges. Tlj sauf dim-lun. Le midi en sem, plat du jour 14 €, formule 23 €, carte 35-40 € ; le soir, carte seulement, env 50 € (plats 23-35 €).* Les heureux initiateurs des *Pantruche* et *Caillebotte* voisins poursuivent leur déploiement dans le quartier avec cette fois un décor à la couleur dominante plutôt iodée pour cette *Belle Maison,* dont la courte carte penche côté mer. Un heureux mélange de bobos du quartier et de touristes découvrent, dans une ambiance assez sonore, des plats dans l'air du temps dont on devine la préparation dans la cuisine partiellement ouverte. Bien bon. Service charmant et pro. Vins un poil chers.

**Le Pantruche** (plan C1, **45**) : *3, rue Victor-Massé, 75009. ☎ 01-48-78-55-60. Ⓜ Pigalle. Tlj sauf sam-dim 12h30-14h15, 19h30-22h15. Congés : avr, 3 premières sem d'août et Noël. Formule déj 19 € ; le soir, menu-carte 38 € (avec quelques suppléments).* Une sympathique petite adresse du bas Pigalle, un brin canaille, qui propose des plats de bistrot tradi-cool dans une ambiance assez animée. Franck Baranger aime mettre en valeur les beaux produits (de saison) et enchante les papilles avec des compositions bien maîtrisées. La carte change régulièrement. Service très attentionné et belle sélection de flacons pas trop ruineux. Pour ceux que ça intrigue, « Pantruche » désigne Paris en argot...

**Comptoir Canailles** (plan C1, **47**) : *47, rue Rodier, 75009. ☎ 01-53-20-95-56. Ⓜ Anvers. Mar-sam 12h30-14h, 19h30-22h (22h30 ven-sam). Congés : 3 sem en août et vac de Noël. Formule déj en sem 18 € ; menus 24 € le midi en sem, 36 € le soir ; carte 55-60 €.* Le quartier ne manque pas de bonnes tables, c'est certain. Mais ce joli resto, au cadre étudié, a le mérite de contenir sagement ses prix. La formule déjeuner est à ce point de vue assez imbattable. Des produits de saison soigneusement sélectionnés, des viandes maturées, des recettes équilibrées et, au final, une cuisine tout à la fois simple, fine et savoureuse. Une philosophie gourmande, bien dans l'air du temps.

**Cuisine** (plan C1, **39**) : *50, rue Condorcet, 75009. ☎ 01-44-63-75-64. Ⓜ Anvers. Lun soir, mar-ven midi et soir. Fermé sam-dim et lun midi. Formule déj 18-22 € ; carte env 35-45 €. Vin au verre 5 €. Résa conseillée.* Cette « Cuisine » de 20 couverts, reprise récemment par un duo de choc. Banquettes en moleskine et mélaminé, pour une déco 60's. Les assiettes elles, sont franco-nipponnes avec une tendance voyageuse qui dépasse parfois ces frontières. Carte courte, gage de fraîcheur, et dans l'ensemble d'un excellent rapport qualité-prix. Délicieux et goûteux tartare de chinchard, miso, gingembre, shiso et sésame, une blanquette de veau de lait du Perche ou encore, pour finir, un tofu façon blanc-manger. Joli programme également pour le breuvage. *NOUVEAUTÉ.*

**Les Fils à Maman** (plan C3, **49**) : *7 bis, rue Geoffroy-Marie, 75009. ☎ 01-48-24-59-39. Ⓜ Grands-Boulevards ou Cadet. Tlj sauf dim soir 12h-14h30 (16h dim), 19h-22h30. Congés : sem du 15 août et 24 déc-2 janv. Formules déj 18-22 € ; carte env 30 €. Café offert sur présentation de ce guide.* 3 garçons devenus grands ont ouvert cette cantoche aux allures de salle d'école et proposent des recettes d'antan. Les garnements élevés à bonne école affirment encore pouvoir tuer père (mais pas mère !) pour une juteuse côte de bœuf accompagnée d'un gratin dauphinois ou pour un tiramisù au Kinder. Soirées « comme à la maison » le 1er mardi du mois quand, à tour de rôle, les mamans mettent la main à la pâte pour montrer aux dulcinées de leurs « Tanguy chéris » comment savoir retenir un homme à la maison... Service adorable, ambiance cocon, prix doux, la régression a parfois du bon !

**Medi Terra Nea** *(plan C3,* ***50****) : 13, rue du Faubourg-Montmartre, 75009. ☎ 01-47-70-53-04. Ⓜ Grands-Boulevards. ♿ Lun-sam 12h-15h, 19h-23h (23h30 ven-sam) ; dim brunch 11h30-16h. Tapas froides à partir de 4,50 € ; plats 11-23 € ; menus déj 14,50-16,90 €.* Bonne idée que ce resto-bar à tapas où les saveurs de la grande bleue défilent sur un tapis roulant avec des dénominations pleines d'humour. On prend le temps de choisir, et hop, on se sert. Non seulement le principe est amusant, mais les petits plats s'avèrent réussis grâce à des associations qui revisitent les classiques du genre avec des parfums venus de tout le Bassin méditerranéen. Pour les plats chauds *a la plancha,* il suffit de commander. Accueil jeune et souriant. Gare aux affamés gourmands, de tapas en tapas, l'addition peut monter vite...

**Pink Mama** *(plan B1,* ***51****) : 20 bis, rue de Douai, 75009. ☎ 09-83-55-94-52. Ⓜ Pigalle. Tlj 12h-14h15 (15h sam-dim), 18h45-22h45 (23h jeu-sam). Pas de résa. Pâtes et pizzas 12-19 €, viandes 15-33 € (contorni en supplément).* Une façade rose bonbon, au pied de laquelle s'étend la longue file d'attente (une fois inscrit, vous pourrez aller boire un verre en face). À l'intérieur, sur 4 étages, on retrouve tout ce qui fait le succès des adresses du groupe *(Ober Mama, East Mama, Felicitá...),* à savoir des produits d'excellence pour une savoureuse cuisine italienne, une ambiance animée et gentiment branchée, et une déco vintage très étudiée. Ce *Pink* de « SoPi » ne déroge pas à la règle avec son beau décor (belle verrière *arty*) et ses succulentes viandes maturées et grillées. Et sinon, des *antipasti* variés, des pizzas et des pâtes, à accompagner de vins eux aussi soigneusement sélectionnés. Reste que le service n'est pas toujours au top et que poireauter dans les courants d'air peut couper l'appétit.

## De prix moyens à chic

**Café Panache** *(plan C3,* ***55****) : 1, rue Geoffroy-Marie, 75009. ☎ 01-53-34-03-91. Ⓜ Grands-Boulevards. Tlj sauf dim soir 12h-15h, 19h30-22h30. Résa conseillée. Carte 40-50 €.* Pour le resto de son hôtel, Adrien Gloaguen propose d'abord la cuisine qu'il aime. Bien dans son temps, finement réalisée avec les produits du marché. La carte nous fait découvrir une cuisine originale et raffinée, aux saveurs épicées. Accueil souriant, décor intimiste (38 places seulement !) à l'atmosphère bostonienne.

**Restaurant Détour** *(plan B2,* ***56****) : 15, rue de la Tour-des-Dames, 75009. ☎ 01-45-26-21-48. Ⓜ Trinité. Mar soir-sam 12h-13h30, 19h30-21h30. Fermé dim-lun et mar midi. Congés : août et 2 sem autour du Jour de l'an. Menus 28 € le midi, 35 € le soir ; menu dégustation (6 plats) 50 €. Vins au verre 5-8 €.* Salle minuscule au décor chic et sobre d'à peine 18 couverts et à la cuisine apparente. Courte carte inventive renouvelée toutes les semaines qui s'avance masquée pour mieux se dévoiler dans l'assiette. Entrée commune (2 le soir) ; puis alternative entre viande et poisson ; et dessert. On peut, si on veut, savoir ce qu'on dégustera, mais pourquoi ne pas faire confiance et profiter de la surprise ? D'autant que le chef, Adrien, sélectionne la provenance de ses produits et maîtrise avec habileté le contenu de ses casseroles. Laissez-vous épater les yeux fermés, vous ne serez pas déçu.

**La Régalade Conservatoire** *(plan D3,* ***57****) :* Hôtel de Nell, *7-9, rue du Conservatoire, 75009. ☎ 01-44-83-83-60. Ⓜ Bonne-Nouvelle ou Grands-Boulevards. ♿ Tlj 12h-14h, 18h30-22h30. Fermé 24-25 déc. Menu-carte 41 €. Parking payant.* Jamais deux sans trois. Bruno Doucet a été choisi pour créer un bistrot façon *Régalade* au rez-de-chaussée de l'*Hôtel de Nell,* griffé Wilmotte. Sol en damier, carte bistronomique et ambiance détendue pour ce 3e opus, où l'on retrouve la terrine en amuse-gueule et le soufflé au dessert. Choix limité mais suffisant, avec des plats qui donnent tout à la fois faim et le sourire, tel le risotto à l'encre de seiche et aux gambas rôties, ail et piment d'Espelette, avec une émulsion de Vache qui rit : drôle, simple, savoureux surtout. Généreux aussi, tout comme l'inénarrable riz au lait.

**L'Ascension** *(plan A1,* ***58****) : 67, rue de Clichy, 75009. ☎ 01-42-40-28-47. Ⓜ Place-de-Clichy. ♿ Tlj sauf sam midi et dim 12h-15h, 19h-22h30. Congés : 3 sem en août. Formules déj 22-28 € ; carte env 45 €.* C'est un refuge tout trouvé dans l'ascension vers la place de Clichy ! Avec sa palette de verts tropicaux répondant à des tonalités cuivrées, le décor de cette adresse conviviale ne manque pas d'élégance. Dans la cuisine ouverte, le chef Amar Chalal fait la part belle aux produits frais et de saison. Yannick Alléno, chez qui il a travaillé, lui a transmis l'art subtil des cuissons et des assaisonnements ; sa cuisine voyageuse, aux influences méditerranéennes, s'exprime ainsi sans complexe. Le midi, la fantastique formule déjeuner attire les foules, pensez donc à réserver. *NOUVEAUTÉ.*

**Les Diables au Thym** *(plan C3,* ***59****) : 35, rue Bergère, 75009. ☎ 01-47-70-77-09. Ⓜ Grands-Boulevards. Tlj sauf sam midi et dim 12h-14h, 19h-22h30. Congés : 3 sem en août. Menus 33 € (midi)-43 € ; carte env 55 €. Apéritif maison ou café offert sur présentation de ce guide.* Éric Lassauce, formé auprès de grands cuisiniers, élabore, dans ce petit resto de quartier bien sympathique, une cuisine du moment composée de produits frais. La carte, qui change tous les mois, est courte et bien maîtrisée, à déguster sur l'une des tables nappées de blanc. Service attentif et souriant.

**Caillebotte** *(plan C2,* ***60****) : 8, rue Hippolyte-Lebas, 75009. ☎ 01-53-20-88-70. Ⓜ Notre-Dame-de-Lorette. Lun-ven 12h30-14h30, 19h30-22h30. Résa conseillée. Formule déj 19 € ; menus-carte 38 € midi et soir, 49 € le soir seulement.* Bistrot d'angle contemporain (ampoules nues, bois brut et vitres-atelier) qui nous met d'emblée au parfum dès le seuil franchi, et l'on découvre une cuisine bien dans l'air du temps, généreusement ouverte sur la poignée de couverts prévus au bar (un poil dans le passage). Jolie salle intimiste aménagée au sous-sol et belle vinothèque. Pigeon vendéen, chou pak choï, betteraves et pâtes de noix fraîches ou selle d'agneau de lait, millefeuille de pommes de terre rattes aux algues... Des plats enlevés, aux judicieuses associations, et bien présentés. Service pro et sympa. Une bonne escale, en somme.

**J'Go Restaurant** *(plan C3,* ***62****) : 4, rue Drouot, 75009. ☎ 01-40-22-09-09. Ⓜ Richelieu-Drouot. ♿ Tlj sauf dim 11h30-minuit (service continu). Formules déj 18-22 € ; menus 30-39 € ; carte env 50 €.* Pas de doute, à voir la déco des salles, on est bien dans le Sud-Ouest. Ça se sent aussi dans l'assiette et jusque dans la paluche du patron, originaire de Condom, ou dans celle de son associé, le célèbre rugbyman Fabien Galthié. Les spécialités : l'agneau des Pyrénées et, surtout, le porc noir de Bigorre. Le restaurant élabore ses propres conserves et charcuteries dans les Pyrénées. Goûtez au Lou Pastifret, un pâté maison de porc noir servi avec sa salade. La carte décline, selon les saisons, son lot de produits frais et de desserts maison. Jolie sélection de vins du Grand Sud. Essai transformé !

**Mamou** *(plan B3,* ***64****) : 42, rue Taitbout, 75009. ☎ 01-44-63-09-25. Ⓜ Opéra ou Chaussée-d'Antin-La Fayette. Tlj sauf sam-dim et le soir lun-mar 12h-14h, 19h30-22h. Congés : 1er-22 août. Résa indispensable, surtout le midi. Formule déj 19 € ; menu 35 € ; carte env 40 €. Café offert sur présentation de ce guide.* C'est en souvenir de sa grand-mère, qu'il appelait « Mamou », que le chef Romain Lalu a baptisé son restaurant. Mais la nostalgie de l'enfance prend ici un sérieux coup de jeune, avec une cuisine inventive, fraîche et pleine de peps. Le tartare de bœuf – grand classique – est ainsi superbement revisité avec œuf poché, sauce au sésame. Quant aux desserts, qui font la part belle aux fruits de saison, ils sont remarquables.

**Braisenville** *(plan C1,* ***65****) : 36, rue Condorcet, 75009. ☎ 09-50-91-21-74. Ⓜ Anvers ou Cadet. ♿ Tlj sauf dim ; service 12h-14h30, 19h30-23h30 (23h lun-mer). Congés : 1 sem en août. Le midi, formule et menu 18-35 € ; le soir, menu dégustation 49 € et carte*

9e

*env 40 €.* Le concept : une large sélection quotidienne de *raciones* (assiettes de dégustation) cuites dans un four à braises, à accompagner de bons vins de petits vignerons. Les produits sont sélectionnés avec soin et les associations de saveurs marient volontiers les influences japonaises à celles du Sud-Ouest. Convivial et parfait pour ceux qui aiment picorer dans l'assiette du voisin. Cadre design aux couleurs de la braise, et service attentionné. Juste à côté, *Il Cuoco Galante* (cuisine italienne raffinée) appartient à la même maison.

|●| ***Encore*** *(plan C2-3,* ***38****) :* *43, rue Richer, 75009. ☎ 01-72-60-97-72. Ⓜ Cadet ou Grands-Boulevards. ♿ Lun-ven 12h15-14h30, 19h15-22h30. Congés : 3 sem en août et 2 sem à Noël. Menus 25-30 € le midi, 39-65 € le soir ; carte env 45 €.* Sobre décor de néobistrot au petit look vintage. Carte courte au déjeuner (choix de 3 entrées, 4 plats et 3 desserts) ; à peine plus étoffée mais aux associations de saveurs plus surprenantes le soir, au gré de l'humeur du chef. Assiettes délicates pour les yeux et les papilles. Cuisine de saison exclusivement à base de produits frais. Pas de terrasse mais des baies vitrées qui peuvent entièrement s'ouvrir sur la petite rue.

|●| ***La Tute 2, Chez Manu*** *(plan C3,* ***31****) :* *7, rue Rossini, 75009. ☎ 01-40-15-65-65. Ⓜ Richelieu-Drouot. Tlj sauf sam midi et dim ; service continu 11h30-22h. Congés : août et 23 déc-3 janv. Carte env 35 €. Apéritif maison offert sur présentation de ce guide.* Rustiques et généreuses, telles sont l'ambiance et la cuisine chez ce Pyrénéen qui accueille sans chichis les amateurs de terroir entre Bigorre et Navarre. Ici, quand on noue sa serviette, c'est pour attaquer avec entrain une planche de charcuterie de Bigorre ou une friture de poulpe, un rognon de veau entier ou un plat de tripes à l'armagnac. À l'atterrissage, les blancs-mangers arrosés de pousse-rapière vous inciteront, le soir, à pousser vous-même la chansonnette.

## Plus chic

|●| ***Louis par Stéphane Pitré*** *(plan C2,* ***67****) :* *23, rue de la Victoire, 75009. ☎ 01-55-07-86-52. Ⓜ Le Peletier ou Notre-Dame-de-Lorette. Lun-ven 12h-14h, 19h30-22h. Congés : 3 premières sem d'août. Menus 42 € le midi, 71-91 € le soir. Vins au verre à partir de 9 €.* Stéphane Pitré, un ancien de chez Senderens, couronné d'une étoile en 2019, continue son aventure créative débridée en s'appuyant sur des produits toujours hautement qualitatifs. Même exigence dans la réalisation des plats. Et l'audace fait le reste ! Le cadre moderne épuré ne vient pas nous distraire de ce pour quoi on est venu. C'est une belle « ballade » gustative que nous conte le chef...

|●| ***Les Comédiens*** *(plan B2,* ***68****) :* *1, rue de la Trinité (angle 7, rue Blanche), 75009. ☎ 01-40-82-95-95. Ⓜ Trinité-d'Estienne-d'Orves. Tlj sauf sam midi, dim et lun soir ; service 12h-14h30, 19h-minuit. Congés : 3 premières sem d'août. Carte env 55 €.* À proximité du Théâtre de Paris, une adresse d'après spectacle à la déco comme une loge d'artistes. Cuisine apparente où s'affairent Gilles et son équipe pour proposer une cuisine de marché inventive, à l'inspiration sans cesse renouvelée, avec un souci constant de qualité. Belle carte de vins proposés au verre. Service attentif et de bon conseil.



## Bars à vins

|●| 🍷 ☂ ***Le Rouge et le Verre*** *(plan C2,* ***70****) :* *8, rue de Maubeuge, 75009. ☎ 01-48-78-68-43. Ⓜ Notre-Dame-de-Lorette ou Cadet. Mar-sam 10h-23h. Formule 19 € ; planche de charcuterie de Béarn ou planche de fromages à l'apéro 8,50-11,50 €.* Entre les rayonnages et les caisses en bois brut de ce caviste prennent place quelques tables et guéridons en bois, dans un esprit table d'hôtes. Adresse sympathique pour une pause déjeuner ou un apéro le soir avec planche de charcuterie ou de fromages et quelques

plats chauds. La carte des vins est plus qu'alléchante (allez, chante !), d'autant que le prix sur place est le même qu'à l'achat, sans droit de bouchon. L'occasion de déguster d'excellents crus à prix raisonnables. Vous pourrez même y déguster des huîtres en hiver *(ven-sam).*

**Le Dit-Vin** *(plan B1,* ***71****) : 68, rue Blanche, 75009. ☎ 01-45-26-27-37. Ⓜ Blanche. Tlj sauf sam-dim 12h-15h, 18h30-22h30. Congés : août et Noël-Nouvel An. Résa conseillée. Assiettes composées « buffet des saveurs » 8-20 € ; formules déj 18-26 € ; le soir, carte 20-25 €. Vins au verre 5-8 €.* Une jolie vitrine, une atmosphère agréable et rassurante. On peut choisir sa bouteille pour l'emporter à sa table, avec un droit de bouchon de 8 €. Restauration savoureuse, qu'on apprécie encore plus le soir, en prenant son temps : on déguste, on commente, on en redemande... Terrasse en été.

## Où boire un verre ?

**Milton** *(plan C2,* ***82****) : 46, rue Lamartine, 75009. ☎ 01-85-15-27-81. Tlj sauf lun soir et dim. Happy hours 18h30-21h. Planche de fromages ou de charcuterie 14 €.* Dans ce bar au cadre sobre tendance scandinave, on savoure des cocktails classiques et quelques créations à accompagner d'une planche de fromages ou de charcuterie bien sélectionnés. Service très agréable, et atmosphère sympa mais pas modeuse pour autant, pas si fréquent à « SoPi » (South Pigalle !). Une poignée de tables en terrasse.

**Les 36 Corneil** *(plan D2,* ***84****) : 36, rue de Rochechouart, 75009. ☎ 09-83-60-42-55. Ⓜ Anvers. Lun-sam 18h-2h. Cocktails 7,50-10 € ; vin au verre 5 € ; bouteille 30 €. « Canailles » pour les fringales : 1 pour 6,50 €, 3 pour 17,50 € et 5 pour 23 €.* Ce bar propose une très belle sélection de vins accompagnés de tapas inventives (servies jusqu'à 0h30 !) qu'on déguste au coude-à-coude, à table ou au comptoir. L'accueil est joyeux, tout comme la clientèle bobo du quartier. L'endroit est idéal pour l'apéro (beaucoup de monde d'ailleurs), dans la salle au joli décor de pierre et boiseries, ou accoudé à de gros tonneaux en guise de terrasse improvisée. L'ambiance tourne au festif les soirs de fin de semaine !

**Artisan** *(plan C1,* ***80****) : 14, rue Bochart-de-Saron, 75009. ☎ 01-48-74-65-38. Ⓜ Pigalle ou Anvers. Mar-mer 19h-1h, jeu-sam 19h-2h (cuisine jusqu'à 23h). Tapas 8-18 €.* Décidément, l'art de la mixologie s'installe durablement à Paris, et *Artisan* vient renforcer cette tendance lourde. On pénètre avec plaisir dans un joli décor de bois blond, qui oscille entre l'atelier et la boutique d'apothicaire, et où la lumière se fait douce. Les cocktails sont délicieux et changent au fil des saisons. On peut accompagner ces doux breuvages de tapas bien troussées ; l'os à moelle servi sur un toast nous a laissé un souvenir impérissable...

**Le Mansart** *(plan B1,* ***85****) : 1, rue Mansart, 75009. ☎ 01-56-92-05-99. Ⓜ Pigalle ou Blanche. Tlj 9h-2h. Bière 3,50 €. Formules déj 10-15 € ; le soir, tapas 6-8 €. Le Mansart* joue la carte de la brasserie mode et vivante, à toute heure du jour et de la nuit. En terrasse (convoitée !) ou sur une banquette vintage, les habitués et les touristes apprécient son ambiance, toujours vibrante. Attention, blindé le week-end !

**Baton Rouge** *(plan B1,* ***75****) : 62, rue Notre-Dame-de-Lorette, 75009. Pas de tél. Ⓜ Pigalle ou Saint-Georges. Lun-sam 18h-2h. Cocktails 9 € (sans alcool)-13 €. Snacks 8-17 €.* Une plongée savoureuse au cœur de la Louisiane, en plein Pigalle. Au comptoir ou dans la microsalle, on goûte aux breuvages de la maison, inspirés de la tradition de La Nouvelle-Orléans : le « Hurricane » a le goût d'une tempête tropicale, pendant que le classique « Sazerac », considéré comme le plus vieux cocktail du monde, n'en finit plus de plaire avec ses notes végétales d'absinthe. Un petit creux ? Optez pour le *po'boy,* un sandwich traditionnel louisianais réalisé à base de crevette, de poulet ou de... crocodile. À moins que vous ne préfériez les plus classiques *ribs* bien fondants...

🍸 ***L'Entrée des Artistes Pigalle*** *(plan B1,* ***76****) : 30-32, rue Victor-Massé, 75009. ☎ 01-45-23-11-93. Ⓜ Pigalle. Mar-sam 19h-2h (5h ven-sam). DJs ven-sam. Verres de vin nature à partir de 7 € ; cocktails 13-14 €. Plats 16-20 €.* On a converti ici 2 bars à filles en maison de plaisir... gustatif. Un aménagement magnifique, qui a rendu au lieu ses origines d'atelier d'artiste, avec verrière et soupente. La carte des cocktails égrène les classiques de la maison avec orgueil, certains étant devenus des références. Craquez pour « Mon Vieux Tabac », qui conjugue caractère et suavité avec son *rye whisky* et son cognac, son vermouth rouge et sa liqueur de tabac. Pour accompagner ces nectars, des petits plats qui viennent s'accorder subtilement : les praires farcies ou le porc aux coques et polenta sont tout simplement délicieux. Une adresse idéale pour un rendez-vous galant.

🍸 ***Dirty Dick*** *(plan B1,* ***81****) : 10, rue Frochot, 75009. Ⓜ Pigalle. Tlj 18h-2h. Soft 4 € ; cocktails 7-14 €.* Hawaï, Los Angeles ou Pigalle ? C'est la question que se posera inévitablement le nouveau venu en entrant au *Dirty Dick.* Ici, on aime les cocktails de costauds, les breuvages de tatoués. Hemingway n'aurait pas été déçu par la carte : les meilleurs rhums coulent à flots, juste tempérés par les jus exotiques frais, et sublimés par les serveurs d'origine américaine. Côté déco, on voyage forcément entre Caraïbes et Pacifique. Faites monter la température en prenant place dans le fauteuil en osier, façon *Emmanuelle.*

🍸 ♩ ***Lulu White*** *(plan B1,* ***83****) : 12, rue Frochot, 75009. ☎ 09-83-58-93-32. Ⓜ Pigalle. Tlj sauf mar 19h-2h (4h ven-sam).* Un petit morceau de New Orleans en plein Pigalle, où on « laisse le bon temps rouler ». Joli décor, façon saloon moderne, avec bois sombre, verre poli et rangée d'ampoules au-dessus du bar. Dans les *shakers,* des cocktails soignés qui célèbrent les classiques de la mixologie made in USA. Notre chouchou ? Le mythique « Sazerac », avec ses notes d'absinthe... 4 ou 5 fois par semaine, excellents concerts qui s'adaptent parfaitement au cadre intime et chaleureux. DJs et soirées thématiques le week-end, et grande fête pour Mardi gras.

# 10e ARRONDISSEMENT

• Plan *p. 110-111*

**Délimité au sud par le boulevard Saint-Denis et au nord par le boulevard de la Chapelle, cet arrondissement cosmopolite a longtemps été victime de sa mauvaise réputation. Quartier où se mélangent les cultures, les amateurs de cuisine exotique s'y retrouvent pour un voyage culinaire aux quatre coins du monde, et pour pas cher en plus ! Au sud de l'arrondissement, on ne compte plus les ouvertures de restos branchés. La rue du Faubourg-Saint-Denis s'impose comme LA référence dans la nuit parisienne. Ici, les bars gentiment déglingués côtoient les salons de coiffure afro, dans un joyeux brouhaha nocturne. En été, ça se passe côté canal. De la jeunesse branchée parisienne aux étudiants, en passant par les jeunes parents, tous se retrouvent sur les quais avec un pack, une bouteille de rouge et de quoi grignoter. Un petit air de campagne à Paris, en fait ! Du simple pique-nique au bord de l'eau aux bars dont la réputation n'est plus à faire, on vient ici en bandes d'amis pour finir la soirée le plus tard possible !**

## Où manger ?

### Sur le pouce

**La Pointe du Grouin** (plan A1, **1**) : *8, rue de Belzunce, 75010. Ⓜ Gare-du-Nord ou Poissonnière. Tlj sauf sam midi et dim 11h-15h, 18h-2h. Le midi, sandwich et hors-d'œuvre 2-12 € ; un poil plus cher le soir avec quelques plats chauds. Parking payant.* Coincé entre son resto *(Chez Michel)* et son bistrot *(Chez Casimir),* Thierry Breton réinvente le casse-croûte breton et propose des sandwichs préparés dans les règles... du lard ! Le pain est cuit dans le fournil au sous-sol, et on se régale d'une ficelle croustillante ou d'un *bara bihan* (petit pain rond) farcis de bons produits fermiers. À emporter ou sur place, dans cette chouette taverne au cadre brut de décoffrage, sur de grandes tables hautes conviviales. Une originalité : ici, on paie en « grouins », une monnaie d'échange qu'on achète à un distributeur. Amusant, mais mieux vaut bien calculer son coup !

**Les snacks du marché couvert Saint-Quentin** (plan B2, **2**) : *85 bis, bd Magenta, 75010. Ⓜ Gare-de-l'Est. Mar-sam 8h-20h, dim 8h-13h30.* Le marché couvert de Saint-Quentin propose plusieurs stands pour grignoter à toute heure. On peut voyager en quelques bouchées et se restaurer à plus ou moins bon prix (gaffe quand même, beaucoup de prix ne sont pas affichés et semblent tarifés à la tête du client !). Couscous, charcuterie, africain, italien... Beaucoup de monde le week-end.

**Pancia** (plan B2, **3**) : *10, rue des Petites-Écuries, 75010. 06-16-93-14-75. Ⓜ Château-d'Eau, Gare-de-l'Est ou Strasbourg-Saint-Denis. Tlj sauf dim 12h-14h30 (12h30-15h sam), 19h-22h30. Formules déj 9,50-16 € ; carte env 15 €.* Cadre d'une grande austérité, tables hautes et tabourets, clientèle jeune et sonore, employés du quartier... Quasiment la seule *street food* à Paris à proposer les *panzerotti,* originaires du sud de l'Italie (Pouilles) : de petits chaussons à base de pâte à pizza fine, légère et croustillante, fourrés d'ingrédients frais. Le tout accompagné d'*arancini* (croquettes de risotto) et d'une petite salade. Du fait maison, délicieux et à prix raisonnable ! Encore faim ? En embuscade, le succulent tiramisù maison... Accueil sympa.

**Jah Jah by Le Tricycle** (plan A2, **4**) : *11, rue des Petites-Écuries, 75010.*

☎ 01-46-27-38-03. Ⓜ Château-d'Eau. Tlj sauf mar 12h-22h30. Plats 13-16 € ; repas 20-25 €. Dans un quartier animé, ce resto jamaïcain au cadre simple et chaleureux (tablées à partager, cuisine ouverte, plantes suspendues, cagettes et rayonnages débordant de légumes) donne l'air d'une joyeuse cantine. Le concept ? Une cuisine afro-vegan, *ital* plus exactement (régime rastafari), proposant des plats végétaliens originaux préparés à partir de produits frais. Soupes de légumes, *bowls* aux milles saveurs, hamburgers aux champignons, hot dogs vegan, bananes plantins et frites de patate douce... et même des smoothies et jus frais ! C'est généreux et savoureux, et l'ardoise se renouvelle souvent. Fait aussi des brunchs.

***Bricktop*** *(plan C2,* ***11****)* **:** *153, quai de Valmy, 75010.* ☎ *09-67-44-60-71.* Ⓜ *Château-Landon, Louis-Blanc ou Colonel-Fabien. Tlj 12h-15h, 19h-23h (22h30 dim). Pizzas 7-14 €.* Ce petit local pimpant aux tables communes n'est pas indiqué pour un moment romantique. En revanche, côté pizza à la napolitaine, il y a du niveau. Pâte bien levée, ingrédients de qualité et four à bois, c'est le tiercé gagnant qui attire les foules. Mais le vrai bon plan, c'est d'aller savourer sa pizza sur les quais, au bord de l'eau. Et ça, c'est romantique ! *NOUVEAUTÉ.*

***Le Daily Syrien*** *(plan A-B3,* ***5****)* **:** *55, rue du Faubourg-Saint-Denis, 75010.* ☎ *09-54-11-75-35.* Ⓜ *Château-d'Eau ou Strasbourg-Saint-Denis. Tlj sauf dim 11h-minuit.*

**Où manger ?**

**1** Chez Casimir, Chez Michel et La Pointe du Grouin (A1)
**2** Les snacks du marché couvert Saint-Quentin (B2)
**3** Pancia (B2)
**4** Jah Jah by Le Tricycle (A2)
**5** Le Daily Syrien (A-B3)
**6** Elaichi (B3)
**7** Yafo (A2)
**8** At Hom's (D2)
**9** Urfa Dürüm (B3)
**10** Kaliente (A1)
**11** Bricktop (C2)
**12** Tako (B2)
**13** IMA (C3)
**14** Le Petit Cambodge et Levantine (C3)
**15** Panda Panda (C2)
**16** BMK Paris-Bamako (B2)
**18** Kasha (C2)
**20** Two Stories (C3)
**21** Ahipoké (A2)
**22** SAaM (C2-3)
**23** La Taverne de Zhao (B2)
**24** Siseng (C3)
**25** Mulino Mulè (D2)
**26** Ma Kitchen (A2)
**27** Paris-New York (B3)
**28** Mulko (A3)
**29** Cantina (C3)
**30** Le Bichat (C3)
**31** STREET Bangkok Local Food (C2)
**32** Mazzucco (A-B3)
**33** Piccoli Cugini (C2)
**34** Brasserie Bellanger (A1)
**35** Shouk (C3)
**36** Libertino
**37** Da Graziella (A2)
**38** Krishna Bhavan (B1)
**39** Le Bistro des Oies (C3)
**40** Le Chansonnier (C1-2)
**41** Le Réveil du Xe (B3)
**42** Restaurant de Bourgogne (C2)
**43** Saravanaa Bhavan (B1)
**44** L'Avant-Poste (B2)
**45** La Cantine de Quentin (C2)
**46** Grand Café d'Athènes (B2)
**48** Les Arlots (A1)
**50** Marrow (B2)
**52** Zerda Café (B3)
**53** Maria Luisa (C3)
**56** Les Vinaigriers (B2)
**57** Le Cambodge (C3)
**58** La Marine (C3)
**59** Da Mimmo (B3)
**60** Neni (B1)
**62** Le Galopin (D2)
**63** Abri (A2)
**64** Gros (B2-3)
**65** Terminus Nord (B1)
**66** Floderer (A3)
**67** Bouillon Julien (B3)

**Bars à vins**

**48** Billili (A1)
**62** La Cave à Michel (D2)

**Où boire un verre ?**

**75** Le Floréal (D3)
**76** Le Renard (D2)
**77** Baranaan (B3)
**78** Farago Pintxo Bar (A2-3)
**79** Koukla (D3)
**80** Le CopperBay (B3)
**81** Le Syndicat (B3)
**82** L'Ours Bar (B2)
**83** Gravity Bar (B2)
**84** Café A (B2)
**86** Le Comptoir Général (C2)
**87** La Sardine (D2)
**88** Chez Jeannette (B3)
**89** Chez Prune (C3)

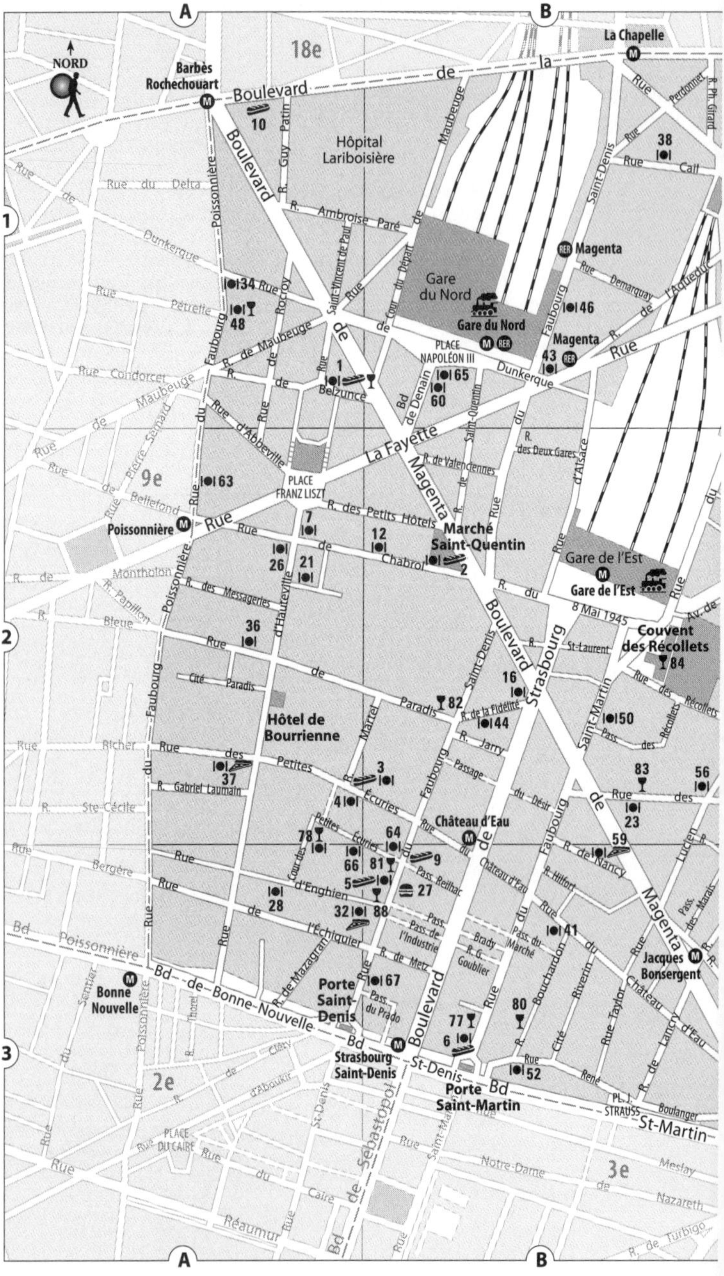
A
B
NORD
18e
9e
2e
3e
1
2
3
Barbès Rochechouart
La Chapelle
Boulevard de la Chapelle
Hôpital Lariboisière
Gare du Nord
PLACE NAPOLÉON III
Magenta
Gare de l'Est
Couvent des Récollets
PLACE FRANZ LISZT
Poissonnière
Marché Saint-Quentin
Hôtel de Bourrienne
Château d'Eau
Jacques Bonsergent
Porte Saint-Denis
Strasbourg Saint-Denis
Porte Saint-Martin
Bonne Nouvelle
PLACE DU CAIRE
PL. J. STRAUSS
Boulevard de Magenta
Boulevard de Strasbourg
Rue La Fayette
Rue de Dunkerque
Rue de Maubeuge
Rue du Faubourg Poissonnière
Rue du Faubourg Saint-Denis
Rue du Faubourg Saint-Martin
Rue de Paradis
Rue des Petites Écuries
Rue d'Enghien
Rue de l'Échiquier
Rue de Chabrol
Rue d'Hauteville
Rue du Château d'Eau
Rue de Lancry
Rue Lucien Sampaix
Rue des Récollets
Rue de Nancy
Rue du Désir
Rue René Boulanger
Bd de Bonne-Nouvelle
Bd St-Denis
Bd St-Martin
Bd Poissonnière
Bd de Sébastopol
Rue Réaumur
Rue Notre-Dame de Nazareth
Rue Meslay
R. de Turbigo
Rue d'Aboukir
Rue de Cléry
Rue du Caire
Rue Saint-Denis
Rue Saint-Martin
Rue Bergère
Rue Richer
Rue Ste-Cécile
Rue Bleue
R. de Montholon
R. Papillon
Rue de Bellefond
Rue Pierre Sémard
Rue Condorcet
Rue Pétrelle
Rue de Dunkerque
Rue du Delta
Rue Rocroy
Rue Guy Patin
R. Ambroise Paré
Rue Saint-Vincent de Paul
Cour du Départ
Bd de Denain
Rue Saint-Quentin
R. de Valenciennes
R. des Deux Gares
Rue d'Alsace
R. des Petits Hôtels
R. des Messageries
Cité Paradis
R. Gabriel Laumain
Rue Martel
Cour des Petites Écuries
Pass. Reilhac
Pass. de l'Industrie
R. de Metz
R. de Mazagran
Pass. du Prado
R. de la Fidélité
R. Jarry
Passage Brady
R. G. Goublier
Pass. du Marché
Rue Bouchardon
Cité Riverin
Rue Taylor
R. Hittorf
Rue Demarquay
Rue de l'Aqueduc
R. du 8 Mai 1945
R. St-Laurent
Pass. des Récollets
Rue des Vinaigriers
Pass. des Marais
Rue Perdonnet
Rue Caillié
R. Ph. Girard
Rue de Belzunce
Rue Thorel
Rue du Sentier
Rue Poissonnière
Rue Rougemont
10
38
34
48
1
46
43
65
60
63
7
12
2
26
21
36
16
82
44
50
84
83
56
23
59
37
3
4
78
64
66
81
9
5
27
28
32
88
41
67
80
77
6
52

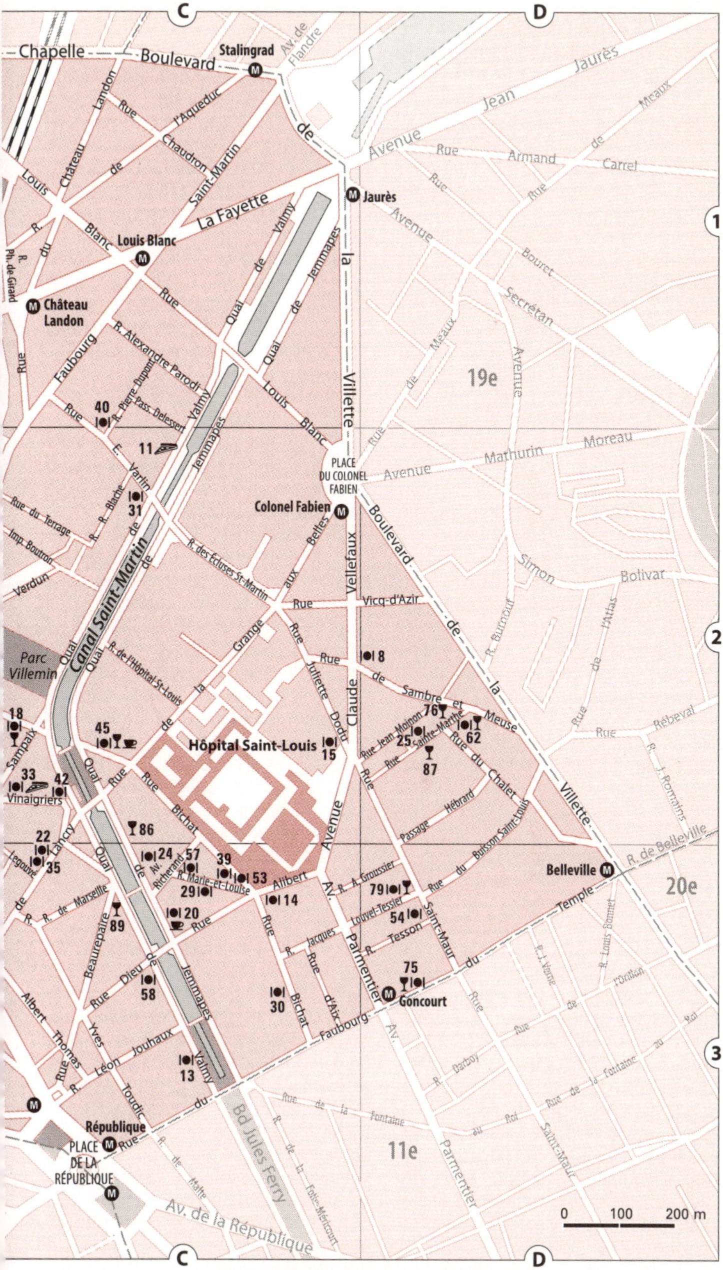
C
D
1
2
3
Chapelle
Boulevard
Stalingrad
Av. de Flandre
Rue Landon
de l'Aqueduc
Rue Château
Chaudron
Saint-Martin
Louis Blanc
R. du
R. Ph. de Girard
Louis Blanc
La Fayette
Quai de Valmy
Quai de Jemmapes
de la Villette
Avenue Jean Jaurès
Jaurès
Rue Armand Carrel
de Meaux
Avenue Bouret
Secrétan
Château Landon
Rue
Faubourg
R. Alexandre Parodi
R. Pierre Dupont
Pass. Delessert
Louis Blanc
19e
Rue de Meaux
Avenue
Avenue Mathurin Moreau
40
11
E. Varlin
Rue du Terrage
R. Blache
31
Imp. Boutron
Verdun
PLACE DU COLONEL FABIEN
Colonel Fabien
Boulevard de la Villette
R. des Écluses St-Martin
aux Belles
Vellefaux
Simon Bolivar
Rue Vicq-d'Azir
Canal Saint-Martin
Quai
Parc Villemin
R. de l'Hôpital St-Louis
Grange
Rue Juliette Dodu
Claude
Rue de Sambre et Meuse
8
R. Burnouf
de l'Atlas
Rue Rébeval
R. J. Romains
18
Sampaix
45
Hôpital Saint-Louis
15
Rue Jean Moinon
76
25
Sainte-Marthe
62
Rue du Chalet
87
33
42
Vinaigriers
Rue Bichat
86
Avenue
Passage Hébrard
Buisson Saint-Louis
22
35
Legouvé
Lancry
Quai de Jemmapes
24
Av. Richerand
57
39
29
R. Marie-et-Louise
53
Alibert
14
R. A. Groussier
79
Rue du
Belleville
R. de Belleville
20e
Temple
R. de Marseille
89
20
Beaurepaire
Rue Dieu
58
R. Jacques Louvel-Tessier
54
R. Tesson
Saint-Maur
Av. Parmentier
R. Louis Bonnet
R. J. Vigne
Albert Thomas
30
Bichat
Rue d'Aix
75
Goncourt
Faubourg
L'Orillon
Yves
Léon Jouhaux
13
Rue Toudic
République
PLACE DE LA RÉPUBLIQUE
Bd Jules Ferry
R. de Malte
Av. de la République
R. de la Folie-Méricourt
Rue de la Fontaine au Roi
11e
Parmentier
R. Darboy
0
100
200 m

*Sandwichs 5-6 € ; assiette de mezze 13-15 €.* Ce petit traiteur syrien se résume au comptoir et à une simple table d'hôtes où déguster son butin. Sur place ou à emporter donc, des sandwichs aux falafels confectionnés à la demande pour plus de saveurs ! Particulièrement frais et goûteux, houmous, caviar d'aubergine, feuilles de vignes, *mohamarra*... Les pâtisseries sont également à tomber. Un snack gourmand et dépaysant. Fort de son succès, le traiteur a ouvert un vrai grand resto *(12, rue des Petites-Écuries ; tlj sauf dim).* C'est un chouia plus cher mais on y sert en plus des grillades... et surtout on est mieux installé !

***Kaliente*** *(plan A1,* ***10****) : 49, bd de la Chapelle, 75010. Ⓜ Barbès-Rochechouart. Tlj sauf dim 10h30-20h. Sandwichs 2-3 €.* La *garantita,* originaire d'Espagne (d'où son autre nom originel, « Kaliente »), est très populaire en Algérie. Il s'agit d'une préparation très simple à base de farine de pois chiche, d'œuf, de lait et d'eau, relevée avec du cumin ou de la harissa. C'est un peu le kebab du pauvre. Végétarienne, peu chère et roborative, elle se déguste chaude, en barquette (gratinée sur le dessus et fondante à l'intérieur quand elle sort du four) ou en sandwich. À accompagner d'une excellente citronnade maison et à déguster dans le parc voisin. Autre adresse similaire, un peu plus haut sur le même trottoir, la *Garantita Two.*

10e

***Panda Panda*** *(plan C2,* ***15****) : 21, rue Juliette-Dodu, 75010. ☎ 01-71-39-55-45. Ⓜ Colonel-Fabien ou Belleville. Tlj sauf dim-lun 12h-15h, 19h-23h. Menu déj 15 €.* Une cantine branchée aux accents asiatiques, à deux pas du quartier de Belleville. Les 2 jeunes proprios, lassés de leurs vies professionnelles, se sont lancés dans ce projet fou... quelle bonne idée ! Pour André, il a suffit de replonger dans les recettes de son enfance pour convaincre une clientèle qui a déjà ses habitudes. Pari réussi avec ce lieu convivial et chaleureux qui fait le plein tous les midis avec son délicieux menu à 15 € (les *baos* sont fameux). Également vente à emporter. *NOUVEAUTÉ.*

***Elaichi*** *(plan B3,* ***6****) : 7, rue du Faubourg-Saint-Martin, 75010. ☎ 01-40-38-97-57. Ⓜ Strasbourg-Saint-Denis. Tlj sauf lun soir, sam midi et dim 12h-14h, 18h-23h. Formules déj 9-14 €, sur place ou à emporter ; carte env 15 €.* Cette petite cantoche indienne à la devanture moderne fait dans la *street food* tendance. Chaque jour, différentes préparations permettent de se composer un bol végétarien, ou à base de poisson ou de viande. Avec un naan et un lassi, le tour est joué ! Excellent en tous points. Quelques tables sur place, et pour jouer les prolongations en soirée, l'arrière-salle dévoile un bar étonnant, le *Baranaan* (voir la rubrique « Où boire un verre ? »).

***Tako*** *(plan B2,* ***12****) : 26, rue de Chabrol, 75010. ☎ 09-52-86-06-14. Ⓜ Poissonnière. Lun-ven 8h30-19h, sam et j. fériés 9h30-18h. Fermé dim. Formules 10-14 €.* On pourrait passer devant sans voir la devanture noire de cette mini-échoppe, qui pourtant mérite grandement que l'on s'y arrête. Tako, le chef japonais, y concocte une cuisine française surprenante, sans renier ses origines nippones. Des plats du jour délicieux, servis dans un pain rond brioché fait maison (cuit à la vapeur), ultra-léger, garnis de ses spécialités françaises ou de ses créations. Les entrées, créatives, sont présentées avec le plus grand soin et généreusement servies. Bref, un tout petit lieu où l'assiette est digne des meilleurs bistrots. 4 minitables en bois brut et des photos noir et blanc aux murs pour le décor, agrémenté de l'accueil de Kornelia, la femme du chef, allemande. *NOUVEAUTÉ.*

***Yafo*** *(plan A2,* ***7****) : 96, rue d'Hauteville, 75010. Ⓜ Poissonnière. Lun-ven 12h-14h30. Houmous env 8-10,50 €. Café offert sur présentation de ce guide.* Dans la famille des restos thématiques (et bons tant qu'à faire !), on a fait une escale dans le 1er « bar à houmous » parisien, un petit local où les habitués se serrent autour des tables hautes. Le fameux houmous est donc proposé nature ou garni, aux légumes de saison, à l'agneau braisé ou au poulet aux herbes par exemple, dans l'incontournable pain pita et ses pickles. À accompagner d'un taboulé de chou-fleur ou de l'une des 2 salades du jour, et, soyons fous, de limonade maison à la rose. Également pâtissier, le jeune chef n'a pas négligé les douceurs : yaourt grec et miel de datte, sablés *tahini* ou *malabi* (à base de lait). Un petit café à la cardamome pour conclure ?

**At Hom's** (plan D2, **8**) : *48, av. Claude-Vellefaux, 75010. 07-68-67-27-77. Colonel-Fabien. Lun-ven 9h30-22h, sam-dim 10h-22h (voire 23h). Formules 10-12 € ; plateaux de mezze 15-16 €.* Pimpant et lumineux, ce petit comptoir oriental est impeccable pour un repas sur le pouce à prix doux. La courte carte garantit une belle fraîcheur. *Mezze* chauds et froids, taboulé ou, si l'on manque de temps, sandwichs. Et chaque jour un plat permettant de découvrir une autre facette de la cuisine familiale libano-syrienne. Pas d'embrouille, tout est sous vos yeux ! Simple et bon. Sur place ou à emporter.

**Urfa Dürüm** (plan B3, **9**) : *58, rue du Faubourg-Saint-Denis, 75010. 01-48-24-12-84. Château-d'Eau. Tlj 12h-minuit (22h dim). Sandwichs 7-9 €.* Le Kurdistan a investi cette échoppe miniature pour y proposer ses délicieux sandwichs typiques. À peine la place de se faufiler entre le four à pain et le barbecue au feu de bois, où des mains expertes pétrissent et enfournent les fines galettes, tandis que brochettes de viande hachée, d'agneau ou de poulet rôtissent sur les braises. À déguster avec un verre d'*ayran,* une boisson lactée à base de yaourt frais et d'eau légèrement salée. Quelques tabourets au ras du sol ; prenez plutôt à emporter.

## De très bon marché à bon marché

**IMA** (plan C3, **13**) : *39, quai de Valmy, 75010. 01-40-36-41-37. République ou Goncourt. Tlj 8h (10h w-e)-22h30 ; service 10h-15h, 19h-21h45. Fermé 3 j. à Noël. Assiettes 12,50-15,50 € selon taille, plats 7-15 €.* *Ima* en hébreu signifie « maman » ; à l'envers, ça fait « ami », ça donne le ton ! Franchement, ce joli petit *coffee shop* végétarien fera le bonheur de tous. Sur le comptoir, on pioche à toute heure salades et quiches méditerranéennes pour composer son assiette préférée. Le midi et le soir, quelques plats chauds tout aussi ensoleillés étoffent le menu et la proposition de tapas végétariennes dès 19h. Dans tous les cas, c'est savoureux et maison, jusqu'aux super desserts. Parfait pour une pause gourmande dans une ambiance relax.

**Le Petit Cambodge** (plan C3, **14**) : *20, rue Alibert, 75010. 01-42-45-80-88. Goncourt, Jacques-Bonsergent ou République. Tlj 12h-23h. Plats 10-18 € ; carte env 15 €.* Cette cantine familiale régale son monde de spécialités cambodgiennes plutôt bien réalisées, de salades fraîches et de soupes parfumées. Ce petit temple du « bobo bun », à la déco indus' épurée, reste une halte agréable dans le quartier, même si le service est parfois débordé.

**Levantine** (plan C3, **14**) : *36, rue Bichat, 75010. 01-83-56-18-56. Goncourt. Tlj 12h-15h30, 19h-23h30 (en continu le w-e). Congés : 1re quinzaine d'août et fêtes de fin d'année. Menu déj en sem 12 € ; portions et plats 5-12 € ; brunch dim 22 €.* Cette petite adresse chaleureuse aux doux effluves méditerranéens, on la doit à 2 grands amateurs de pois chiches ! Outre leur passion pour le houmous (goûtez à la recette de la semaine), leur cuisine s'inspire du Levant pour en tirer le meilleur : des plats généreux et épicés. Avec les doigts ou avec une bonne pita, on pioche dans les frites de *halloumi,* le *baba ganoush* (caviar d'aubergines), le taboulé frais ou les falafels bien croustillants. À accompagner d'un p'tit rouge gorgé de soleil, comme cette syrah marocaine ou un *gamla* israélien. Décor frais et coloré, à l'image de la maison !

**BMK Paris-Bamako** (plan B2, **16**) : *14, rue de la Fidélité, 75010. 09-82-54-17-48. Gare-de-l'Est. Mar-sam 12h-22h30 (23h ven-sam). Pas de résa. Formules déj (jusqu'à 15h) en sem 15-17 € ; plats 10-15 €.* 2 jeunes frangins maliens et malins ont ouvert cette sympathique épicerie-cantine africaine, où, dans un quartier plutôt dédié aux extensions de cheveux, ils mettent leur savoir-faire (qu'ils tiennent de papa) au service d'une cuisine franche, simple et délicieuse. Le « Mafé de maman » fait concurrence au « Yassa de tonton », qui lui-même est talonné par le « *Thieboudienne* du dimanche ». Le *thiakry* (un dessert) mettra tout le monde d'accord ! Service alerte, tables à touche-touche, ambiance cool, sous le regard bienveillant de Mandela.

**Kasha** *(plan C2, **18**) : 9, rue des Récollets, 75010. ☎ 09-51-76-34-26. Ⓜ Gare-de-l'Est, Jacques-Bonsergent ou République. ♿ Lun-ven 12h-14h30, 19h-1h (2h jeu-ven) ; sam-dim 12h-2h (1h dim). Formules déj 12,90-14,90 € ; galettes 8,90-12,90 € ; brunch sam-dim 22 €. Digestif maison offert sur présentation de ce guide.* De l'ascendance russo-bretonne de son initiateur est née cette crêperie où la pâte est préparée à base d'une farine de sarrasin et qui fermente au minimum pendant 48h. Du croustillant, des produits rigoureusement sélectionnés, et un cadre contemporain et chaleureux qui colle bien à l'air du temps, et le tour est joué ! Également quelques tapas-*dips* soignées, où tremper des chips de sarrasin bien beurrées... ; à escorter d'un cocktail ? Pourquoi pas puisque *Kasha* est aussi un bar à cocktails (dont une poignée de créations maison), qui joue les prolongations jusqu'à 2h.

**Two Stories** *(plan C3, **20**) : 72, quai de Jemmapes, 75010. ☎ 01-53-16-17-88. Café ouv mer-dim 10h-22h30 (18h dim). Resto ouv mer-ven 19h-22h30 ; brunch-piano w-e 11h30 (12h30 sam)-16h. Au café, plats 12-15 € ; au resto, formule 36 €, carte min 50 €. Two Stories* pour 2 histoires autour de la cuisine cajun, imaginées par Rachel, la grande prêtresse de la pâtisserie yankee. Au rez-de-chaussée, le *Po Boy Café* et ses petits plats familiaux genre *gumbo yaya* (ragoût épicé) et *po boys* (sandwichs louisianais), parfait pour un lunch ou un *Sunday brunch.* Excellents desserts, forcément, notamment les beignets façon *Café du Monde* à New Orleans, l'adresse emblématique de cette ville... Juste au-dessus et bien plus chic, le *Nola Restaurant* joue le registre gastro librement inspiré de la Louisiane, dans une atmosphère *trendy* et feutrée.

**Ahipoké** *(plan A2, **21**) : 84, rue d'Hauteville, 75010. ☎ 09-86-21-93-78. Ⓜ Poissonnière. Lun-ven 12h-14h30. Poke bowls 9,80-12,80 €.* L'équipe de *Ma Kitchen* – le resto situé juste en face, adulé pour ses *bibimbap* coréens – a ouvert ici un tout petit comptoir dédié au fameux *poke bowl* hawaïen. Difficile de faire plus *fusion* que ce plat venu des antipodes, véritable phénomène de mode : un grand bol de riz, des tranches de poisson cru mariné et une cascade de légumes plus ou moins exotiques pour les accompagner (au choix, chou kale, *edamame,* algues, *daikon*...). Idéal pour une pause sur le pouce *healthy* et dépaysante !

**SAaM** *(plan C2-3, **22**) : 59 bis, rue de Lancry, 75010. ☎ 09-83-50-84-94. Ⓜ Jacques-Bonsergent. Tlj sauf dim-lun. Le midi en sem, menus 13-14 € ; le soir et le w-e, formule 16 €.* La petite brioche dodue taïwanaise, baptisée *gua bao,* est ici revisitée à la sauce coréenne par la même équipe que *Ma Kitchen* (voir plus loin). Dans cette cantine de poche, au cadre brut et aux tables dépareillées, ça s'active derrière les casseroles. Le tofu frit se marie à une sauce mangue-basilic, le poisson est transcendé par la citronnelle, le poulet croustille sous une panure de gingembre ; enfin, sésame, cacahuètes, soja et autres condiments aigres-doux réveillent les papilles. Salade de chou, ravioles et pommes de terre sautées accompagnent ces sandwichs sucrés-salés que l'on mord à pleines dents. Également des tapas coréennes le soir.

**La Taverne de Zhao** *(plan B2, **23**) : 49, rue des Vinaigriers, 75010. ☎ 01-40-37-16-21. Ⓜ Jacques-Bonsergent, Gare-de-l'Est ou Château-d'Eau. Tlj 12h-14h30, 19h-22h30. Carte 12-15 €.* Une devanture rouge écarlate, une petite salle avec comptoir en marbre rose, murs vert d'eau et tabourets modernes par Hay, pour une cuisine chinoise du Xi'An, multimillénaire, plutôt inhabituelle à Paris. On ne sait où donner des baguettes entre petits pains croquants fourrés à la viande, succulents raviolis dorés à la poêle, *liangpi* (nouilles translucides tièdes avec julienne de concombre)...

Original, pas cher et bon. Pour goûter à la pâte *biangbiang* de la cuisine du Xi'An, rendez-vous chez *Mr Zhao (37, rue des Jeûneurs, 75002),* une petite cantine moderne.

🍽 ***Siseng*** *(plan C3,* ***24****) : 82, quai de Jemmapes, 75010. Pas de tél.* Ⓜ *Goncourt ou Jacques-Bonsergent. Tlj midi et soir. Formule déj 15 € ; plats 10-14 €.* *Gua bao,* retenez bien ce nom ! Cette petite brioche vapeur est passée du statut d'en-cas populaire en Chine ou à Taïwan à celui de superstar de la *street food* grâce à quelques chefs assez toqués pour la revisiter. Ici, les *bao burgers* sont garnis de bœuf mariné aux épices ou de poulet pané, rehaussés de lait coco, coriandre, oignons confits et cacahuètes. Dans une jolie salle moderne toute de brique et de bois, on a dû écraser quelques *hipsters* pour dégotter une table.

🍽 ***Ma Kitchen*** *(plan A2,* ***26****) : 85, rue d'Hauteville, 75010.* ☎ *09-83-07-29-96.* Ⓜ *Poissonnière. Lun-ven ; service 12h-14h30.* Bibimbap *10,80 €.* *Bibimbap,* la star de la maison. Littéralement : « mélanger » et « riz » en coréen. Dans un même plat, légumes frais, riz et viande marient les couleurs et les saveurs sous les mains expertes de la chef. Tofu frit, poulet mariné, bœuf sauté ou poisson vapeur se déclinent au gré du marché, accompagnés de chou rouge, carottes, céleri-rave et autres légumes de saison. Lait de coco, citronnelle, curry, soja, piment, cacahuètes et sauces maison (on a adoré la soja-sésame) relèvent le tout. Une cantine mouchoir de poche, à la déco minimaliste, comme le nombre de tables. Arrivez après 14h ou prenez à emporter.

🍽 ***Mulino Mulè*** *(plan D2,* ***25****) : 25, rue Sainte-Marthe, 75010.* ☎ *09-54-75-92-07.* Ⓜ *Belleville ou Colonel-Fabien. Mar-sam 10h-17h, plus jeu-sam 19h-23h (ou sur résa). Plat 10 €.* Ce n'est pas banal : cette petite échoppe au cadre brut moud sur place le blé provenant de la ferme familiale en Sicile, puis le transforme en pâtes fraîches. Difficile de trouver circuit plus court ! Reste plus qu'à les cuisiner en fonction de l'inspiration et du marché : chaque jour, 2 ou 3 options savoureuses, à déguster avec de la ricotta ou un délicieux caviar d'aubergine sur l'une des quelques tables. *NOUVEAUTÉ.*

🍔 ⛱ ***Paris-New York*** *(plan B3,* ***27****) : 50, rue du Faubourg-Saint-Denis, 75010.* ☎ *01-47-70-15-24.* Ⓜ *Château-d'Eau ou Strasbourg-Saint-Denis. Tlj 12h-15h (16h w-e), 19h-23h30. Burgers 12,90-16 € ; formule déj 16 €.* Une cantine dans les tons noirs, gris et alu sans grande originalité, mais pour de vrais hamburgers, c'est le bon spot ! Une poignée de créations originales (dont un vegan) qu'on peut compléter de frites de patate douce ou classiques (possibilité d'ajouter du cheddar fondu et du bacon sur les frites, pour les estomacs solides !). Viande excellente, pains maison, cheddar fondant, oignons frits sucrés et croustillants. À notre avis, un des meilleurs burgers de la capitale. En dessert, on craque pour l'onctueux cheese-cake ou pour le moelleux au chocolat et sa crème fraîche (amis de la légèreté, bonjour !). *4 autres PNY, au 96, rue Oberkampf (11e), au 1, rue Perrée (3e), au 24, rue Pierre-Fontaine (9e) et au 120, rue du Faubourg-Saint-Antoine (12e).*

🍽 ***Mulko*** *(plan A3,* ***28****) : 29, rue d'Enghien, 75010.* ☎ *09-50-94-56-10.* Ⓜ *Bonne-Nouvelle. Mar-sam 12h-14h30, 19h-22h30. Formules déj 12-16 € ; sandwich env 10 €, plats 14-17 €.* Épicée, parfumée et vivante comme les rues de Tel-Aviv, cette cantoche de poche sert une cuisine colorée et savoureuse, aux accents méditerranéens. *Shawarma* d'agneau, effiloché de veau de 12h ou *crush kebab* s'accompagnent d'aubergines confites ou de *labneh,* à partager ou à savourer jalousement. On ne gâche rien, pas même cette huile d'olive que l'on sauce avec gourmandise. Au déjeuner, le contenu des assiettes se glisse dans le pain maison encore tiède, et la file d'attente s'allonge à l'extérieur.

🍽 ⛱ ***Le Bichat*** *(plan C3,* ***30****) : 11, rue Bichat, 75010.* ☎ *09-54-27-68-97.* Ⓜ *Goncourt ou République.* ♿ *Tlj 9h-23h. Congés : Noël-Nouvel An. Bols 9-11 €, gâteau 3 €.* Les amateurs de *healthy food* se pressent dans cette cantine bio pimpante et colorée où manger sain rime avec manger bien (et pas cher !). Dans un cadre de bois, avec son lot de plantes et légumineuses en pots, les cagettes de produits de saison s'empilent devant le comptoir où l'on commande un gros bol de riz servi avec les préparations du jour, en version végétalienne ou protéinée : légumes cuits fondants ou crus croquants et viande, poisson ou œufs. Léger regret, on aimerait des plats plus relevés. Côté sucré, les desserts sans gluten effacent tous nos préjugés, le fondant au chocolat est à tomber (de son tabouret haut) ! Bonne sélection de p'tits crus, bio évidemment.

|●| ***Libertino*** *(plan A2,* ***36****) : 44, rue de Paradis, 75010. Ouv tlj midi et soir. Env 25-30 €.* Et de 7 pour la capitale ! Si toutes les antennes du groupe Big Mamma ne font pas l'unanimité, force est de constater que l'équipe ne manque pas d'idées. Ni d'énergie. Et le nouveau *Libertino* nous a séduits par son décor baroque exubérant et, nouveauté pas des moindres, la possibilité de réserver sa table ! L'occasion sans frustration ni impatience de goûter pizzas, plats traditionnels italianisants (servis en individuel ou version XXL) et bons produits toujours finement sélectionnés (mortadelle, burrata...) à déguster en mode partage. Un conseil, ne pas faire d'impasse sur les desserts. *NOUVEAUTÉ.*

|●| ***Da Graziella*** *(plan A2,* ***37****) : 43, rue des Petites-Écuries, 75010. ☎ 01-45-65-37-15. Ⓜ Château-d'Eau ou Cadet. Lun-ven 12h-14h30, 19h-22h30 (23h jeu-ven). Pizzas 12-22 € ; carte 25-30 €.* Dans cette ravissante petite échoppe (une ancienne oisellerie aux magnifiques mosaïques murales !), un imposant four à bois cuit d'excellentes pizzas estampillées STG *(Specialita Tradizionale Garantita),* norme officielle chez nos voisins transalpins. Graziella, originaire de Campanie, sélectionne avec soin les ingrédients qui entrent dans la composition de ces divines pizzas napolitaines. Également de très bons *primi* et *dolci.* Une vraie halte italienne, dont les tarifs reflètent la qualité... et le succès.

|●| ***STREET Bangkok Local Food*** *(plan C2,* ***31****) : 3, rue Eugène-Varlin, 75010. ☎ 01-42-05-22-51. Ⓜ Château-Landon, Louis-Blanc ou Colonel-Fabien. ♿ Tlj 12h-23h. Formules 10-16 € (avec citronnade maison au déj).* Coriandre, menthe, citronnelle, gingembre : les épices du curry du jour excitent les papilles quand les viandes marinées fondent dans la bouche. Saveurs et odeurs nous transportent dans les rues de Bangkok, où les stands de *street food* enfumés ne désemplissent pas. Tout y est : musique thaïe, joyeux brouhaha, néons, échafaudages et graffitis colorés. Chapeau !

|●| ***Cantina*** *(plan C3,* ***29****) : 11, rue Marie-et-Louise, 75010. ☎ 09-80-32-00-39. Ⓜ Jacques-Bonsergent, Goncourt ou République. Tlj 12h-15h, 19h-23h. Congés : 12-25 août. Carte 25-30 €.* Ce minuscule local aux murs grattés façon taverne bobo est le rayon de soleil de la rue. Pour son accueil tout sourire, mais surtout pour sa petite cuisine colorée aux couleurs de l'Argentine. Au coude-à-coude sur des tables communes chinées et des bancs carrelés, les gourmands picorent des *empanadas,* tartinent du houmous et dévorent le burger signature. C'est bien relevé et délicieux. Pour se rafraîchir, quelques vins au verre, des bières locales, ou simplement de l'eau puisée à la jolie fontaine. Très convivial. *NOUVEAUTÉ.*

|●| ***Mazzucco*** *(plan A-B3,* ***32****) : 7, rue d'Enghien, 75010. ☎ 01-71-97-31-02. Ⓜ Château-d'Eau ou Strasbourg-Saint-Denis. Tlj sauf lun soir et sam midi 12h-14h30, 19h-23h. Congés : 2 sem mi-août. Planches 9-14,50 €, pizzas 12,50-16 € ; carte env 20 €.* C'est petit, intime et chaleureux, un cadre en adéquation avec une authentique cuisine italienne qui suit à fond les principes du *slow food...* Totalement respectueux des produits, de leur fraîcheur et de leur saveur ! Une quinzaine de variétés de pizzas fines et croustillantes. Excellentes mozzarellas de *burrata,* de *bufala* et de *burratina,* truffe au lait cru... Belles salades et planches copieuses de charcuterie ou d'*antipasti* de légumes... Desserts à se damner (aïe aïe aïe, le tiramisù maison et la pizza caramel laitier et pistaches !). Un de nos

meilleurs italiens rive droite. Accueil souriant et affable, mais on s'en doutait un peu.

|●| **_Piccoli Cugini_** *(plan C2,* ***33****) : 34, rue des Vinaigriers, 75010. ☎ 09-50-57-79-25. Ⓜ Bonsergent ou Gare-de-l'Est. Tlj 12h-14h30, 19h-23h (en continu le w-e). Pizzas et plats 12-18 € ; repas 20-25 €.* Petit resto italien très sympa à la chaleureuse déco rétro, où l'on s'attable entre la bibliothèque et les objets vintage. La cuisine n'est pas en reste avec un bon point pour les *fritti misti* (légumes frits) et les *pizze* élaborées avec de la farine bio ! Accueil jeune et charmant. Pas de réservation possible et, vu le succès, mieux vaut s'armer de patience... ou préférer le grand frère pas trop loin, *I Cugini (33, rue de Paradis),* tout aussi bon !

|●| **_Le Bistro des Oies_** *(plan C3,* ***39****) : 2, rue Marie-et-Louise, 75010. ☎ 01-42-08-34-86. Ⓜ Goncourt, Jacques-Bonsergent ou République. ♿ Tlj sauf mar soir et sam-dim 12h-14h30, 19h-22h30. Congés : août et 24 déc-1er janv. Formules déj 14,50-18,50 € ; menus 22 € le midi, 27 € le soir. Digestif maison offert sur présentation de ce guide.* Joli petit resto qui a conservé son caractère bistrot : murs décorés d'objets domestiques ou culinaires, et une vraie atmosphère chaleureuse, entretenue par une équipe sympa. Cuisine tendance Sud-Ouest avec de solides plats maison, simples et francs, à base de produits locaux. Vins raccords, choisis avec intelligence et à prix raisonnables.

|●| **_Krishna Bhavan_** *(plan B1,* ***38****) : 24, rue Cail, 75010. ☎ 01-42-05-78-43. Ⓜ La Chapelle ou Gare-du-Nord. Tlj 11h-23h. Plats 8-14 € ; menus 14,50-19 €.* Au cœur du quartier indien, cette maison de Krishna se distingue de ses voisins par la qualité de sa cuisine exclusivement végétarienne... et par l'énorme Ganesh qui trône au fond de la salle. Tous les classiques de la gastronomie de l'Inde du Sud : *dosas* ou *idli* accompagnés des traditionnels *sambar* et chutney coco, bon *thali* servi sur son plateau métallique à compartiments. C'est goûteux, préparé avec des produits frais, et bien – mais modérément – épicé. Lassi un peu cher quand même. Annexes à côté *(aux nos 15 et 23 ; ouv tlj).*

|●| **_Le Chansonnier_** *(plan C1-2,* ***40****) : 14, rue Eugène-Varlin, 75010. ☎ 01-42-09-40-58. Ⓜ Château-Landon. Tlj 12h-15h, 18h-23h. Congés : quelques j. mi-août. Formule déj en sem 12,50 € ; menu 27 € ; carte 30-35 €. Kir cassis offert sur présentation de ce guide.* Indéboulonnable, cette belle adresse au cadre à l'ancienne régale les habitués et les gourmands de passage depuis bientôt 40 ans. L'atmosphère chaleureuse, le service efficace, les plats traditionnels (harengs-pommes à l'huile, ris de veau, gibier en saison...), les pichets de vins sélectionnés par le sympathique patron, tout inciterait à monter sur la table, le verre à la main... Bon, on se calme ! Mais c'est vraiment bien.

|●| **_Shouk_** *(plan C3,* ***35****) : 59, rue de Lancry, 75010. ☎ 09-87-57-87-68. Ⓜ Jacques-Bonsergent. Ouv mar-dim (en continu le w-e 12h-23h). Formule déj 17 € ; carte 25-30 €.* Les bobos du quartier se sont entichés de cette adresse conviviale où piocher dans les différentes assiettes est de rigueur. Dans un joyeux brouhaha, on partage une cuisine de marché (*shouk,* en hébreu) tournée vers la Méditerranée et les bons produits. Les légumes sont à tomber, comme cette aubergine « toute nue » qui fond en bouche. La cuisson au *mangal,* le barbecue traditionnel du Moyen-Orient, est concluante aussi pour le carpaccio de faux-filet fumé ! Avis aux amateurs de pique-nique, les délicieux pitas garnis sont aussi à emporter ! *NOUVEAUTÉ.*

|●| **_Le Réveil du Xe_** *(plan B3,* ***41****) : 35, rue du Château-d'Eau, 75010. ☎ 01-42-41-77-59. Ⓜ Château-d'Eau, République ou Strasbourg-Saint-Denis. Tlj sauf dim et j. fériés 8h-22h30. Congés : août. Plat env 15 € ; carte env 20 €.* Bistrot typique bien dans son jus, qui résiste à la gentrification galopante du quartier. On y sert depuis toujours de savoureux plats du terroir : tripoux, truffade, confits et autres mets qui font honneur au (bon) gras, ainsi que de succulentes charcuteries et d'onctueux fromages d'Auvergne. Le midi, on peut se contenter d'une quiche ou d'une salade. Bravo pour la belle sélection de

vins à petits prix ! Une de nos vieilles adresses, simple et authentique, qui ne s'endort pas sur la qualité.

|●| ☂ ***Brasserie Bellanger*** *(plan A1,* ***34****)* **:** *140, rue du Faubourg-Poissonnière, 75010. ☎ 09-54-00-99-65. Ⓜ Anvers ou Gare-du-Nord. Tlj 12h-23h30. Carte 25-30 €.* Une brasserie tradi revisitée à la sauce bobo-branchée, ça pourrait nous rebuter. Que nenni ! *Bellanger* combine avec talent le goût des belles et bonnes choses. Long comptoir et cuisine ouverte, plantes en plastique qui dégoulinent du plafond et atmosphère vibrionnante. Dans l'assiette, des produits sourcés et une cuisine française garantie 100 % maison ! Classiques œufs mayo et poireaux vinaigrette, « trouvailles » de la maison à partager (bœuf seché au poivre vert, saucisson truffé...), salade et croque (le midi), tartare ou saucisse-purée, sans oublier la suggestion vegan, la pêche du jour et la pièce de bœuf servie avec béarnaise au siphon. Fameux paris-brest aussi. Bref, rien de révolutionnaire, plutôt un retour aux sources version 2.0. Service sympathique et efficace, mais attention aux prix. *NOUVEAUTÉ.*

|●| ☂ ***Restaurant de Bourgogne*** *(plan C2,* ***42****)* **:** *26, rue des Vinaigriers, 75010. ☎ 01-46-07-07-91. Ⓜ Jacques-Bonsergent ou Gare-de-l'Est. Tlj sauf sam midi et dim 11h45-1h ; service 12h-15h, 19h-23h. Congés : 25 juil-24 août. Menus 17-21 € le midi, 19-23,50 € le soir. Café offert sur présentation de ce guide.* Petit resto de quartier qui n'a pas bougé d'un pouce depuis des décennies... Maurice, après 40 ans de bons et loyaux services, a passé le flambeau à Céline, qui n'a rien changé à l'esprit authentique du lieu malgré la déferlante *hipster* dans le coin. Clientèle semi-bobo, semi-popu qui vient sans façon se remplir la panse à moindres frais : spécialités de fromages (camembert frit, tartiflette, fondue), bonnes viandes accompagnées de frites maison et d'une sélection de p'tits vins à prix doux. C'est simple et bon.

|●| ***Saravanaa Bhavan*** *(plan B1,* ***43****)* **:** *170, rue du Faubourg-Saint-Denis, 75010. ☎ 01-40-05-01-01. Ⓜ Gare-du-Nord. Tlj 10h-23h (22h pour les thalis). Compter 10-15 €.* Cette chaîne connue dans toute l'Asie du Sud-Est propose une carte exclusivement végétarienne et généreusement épicée. Immanquables et copieux *thalis,* en version Nord ou Sud. Mais goûtez donc les *dosas,* de délicieuses crêpes garnies. Le tout servi dans la traditionnelle vaisselle en inox. En guise de boisson, on recommande le lassi (préciser « sans ajout de sucre » pour la version sucrée). Fréquenté autant par les employés du quartier que par les familles indiennes. En revanche, on ne vient ni pour l'accueil ni pour le cadre, quelconque.

## Prix moyens

|●| 🍷 ☕ ☂ ***La Cantine de Quentin*** *(plan C2,* ***45****)* **:** *52, rue Bichat, 75010. ☎ 01-42-02-40-32. Ⓜ République, Jacques-Bonsergent ou Colonel-Fabien. ♿ Tlj sauf lun, le midi seulement (12h-15h30) ; boutique tlj sauf lun 10h-19h. Congés : 1 sem pdt vac scol de fév (zone C) et août. Formules déj 19 € en sem, 24 € w-e et j. fériés ; carte 30-35 €. Apéritif maison offert sur présentation de ce guide.* Épicerie fine, caviste, resto : cette cantine-là mélange les genres, mais avec talent ! Confortablement installé en terrasse ou parmi les remparts de bouteilles et de marchandises, on déguste une cuisine bistronomique 100 % maison, accompagnée d'une sélection de vins bien choisis. Desserts maison à se damner, notamment le cheese-cake caramel au beurre salé. Un concept qui sent bon la gastronomie française !

|●| ***L'Avant-Poste*** *(plan B2,* ***44****)* **:** *7, rue de la Fidélité, 75010. ☎ 09-81-41-01-07. Ⓜ Gare-de-l'Est. ♿ Tlj sauf dim-lun. Formules déj 14-18,50 € ; le soir, petites assiettes 8-14 €.* À l'heure où tout un chacun se soucie de l'origine et de la qualité de sa nourriture, voici un resto bien de son temps, dans le décor comme dans la démarche, basée sur une charte de qualité précise : sélection rigoureuse de produits issus de l'agriculture paysanne auprès de 300 producteurs en France. À lire au dos du menu, ainsi que les paysans du jour dont la production vous est

proposée. C'est le moment de découvrir des légumes issus de semences paysannes, ou des viandes provenant de races rustiques. Pour autant, la jeune et motivée équipe de *L'Avant-Poste* n'oublie pas d'y apporter une réelle plus-value avec des assaisonnements, des épices ou des transformations surprenantes. Une approche militante de la cuisine qui régale tout en faisant réfléchir. *NOUVEAUTÉ.*

**Les Arlots** *(plan A1, **48**)* **:** *136, rue du Faubourg-Poissonnière, 75010. ☎ 01-42-82-92-01. Ⓜ Barbès-Rochechouart ou Gare-du-Nord. Mar-sam 12h-14h30, 20h-22h. Congés : 4 sem en août. Formules déj en sem 19-23 € ; le soir, carte 35-40 €.* Reprendre un troquet de quartier pour en faire un bistrot savoureux et actuel : un défi relevé haut la main par *Les Arlots* ! Outre les classiques parfaitement troussés (comme l'emblématique saucisse au couteau avec géniale purée maison), quelques plats canailles viennent adroitement se glisser dans le menu. Ne vous privez surtout pas de dessert, le chef mettant un soin particulier à régaler les becs sucrés. Et n'oubliez pas d'explorer la belle sélection de vins nature, pour une soirée entre copains 100 % réussie... Si vous êtes recalé, rendez-vous au *Billili,* juste à côté (voir la rubrique « Bars à vins »).

**Marrow** *(plan B2, **50**)* **:** *128, rue du Faubourg-Saint-Martin, 75010. ☎ 09-81-34-57-00. Ⓜ Château-d'Eau ou Gare-de-l'Est. Mar-sam 18h-2h. Plats 10-35 € ; carte env 40 €. Vins au verre à partir de 6 €.* Arthur Combe (sommelier) et Hugo Blanchet (ex de chez Robuchon et Darroze à Londres) ont posé leurs valises à l'ombre de la gare de l'Est. Dans un décor au mobilier de bois clair, les tables et le comptoir (un must pour profiter du show en cuisine) sont pris d'assaut pour découvrir d'excellents plats à partager façon tapas et *raciones* (par 2 ou 3 selon l'appétit), comme le poulpe croustillant, le *marrow* (« moelle » en anglais), ou encore la poitrine de cochon cuite 10h. Les vins ne sont pas en reste. Seul bémol, les portions sont légères !

**Grand Café d'Athènes** *(plan B1, **46**)* **:** *174, rue du Faubourg-Saint-Denis, 75010. ☎ 01-74-64-65-46. Ⓜ Château-d'Eau. ♿ Tlj 12h-14h30 (15h w-e), 19h-23h. Résa conseillée. Carte env 35 €.* Au cœur d'une artère animée bordée de restos ethniques, une adresse qui porte haut les couleurs helléniques. On s'installe au choix sur la terrasse chauffée ou en salle, sur une banquette ou au comptoir. Déco alternant murs patinés et papier peint. Carte qui renouvelle avec inventivité la palette des classiques grecs, avec une attention particulière sur les herbes et les aromates. Produits frais soigneusement sourcés, de la feta au *tzatziki* en passant par le pain pita *gyros,* la moussaka ou le poulpe fondant, le tout mis en valeur par une vaisselle joliment colorée. Vins grecs bien choisis et desserts subtilement sucrés. *NOUVEAUTÉ.*

**Zerda Café** *(plan B3, **52**)* **:** *15, rue René-Boulanger, 75010. ☎ 01-42-00-25-15. Ⓜ République, Strasbourg-Saint-Denis ou Jacques-Bonsergent. ♿ Tlj sauf lun midi, sam midi et dim. Tajines et couscous 16-23 € ; carte env 30 €.* La lourde porte franchie, on enjambe aussitôt la Méditerranée pour se retrouver propulsé entre Alger et la Kabylie ! Une belle fresque en zelliges, des banquettes rouges, l'atmosphère de cette vieille institution est intime le soir, sans trop forcer la note orientale. Pour ces cuistots qui connaissent par cœur les recettes ancestrales, inutile de déployer une palette d'artifices. La cuisine est extra, la graine légère et l'agneau fondant ! Osez le *makful,* la version berbère du couscous, c'est délicieux, comme le reste. Quelques bonnes bouteilles de vin.

**Maria Luisa** *(plan C3, **53**)* **:** *2, rue Marie-et-Louise, 75010. ☎ 01-44-84-04-01. Ⓜ Jacques-Bonsergent, Goncourt ou République. Tlj 12h-14h30, 19h30-23h (service continu le w-e). Plats du jour 15-17 € ; carte env 30 €.* Belle salle lumineuse aux murs de pierre positionnée en proue à l'angle des rues. Un cadre sobre, moderne et convivial à la fois. À la carte, sélection d'*antipasti* savoureux, suggestions du jour, mais surtout des *pizze* à la pâte fine et croustillante. Carte des vins à prix raisonnables, et grande terrasse pour trinquer en profitant des beaux jours. Service inégal.

**Chez Casimir** (*plan A1*, **1**) *: 6, rue de Belzunce, 75010. ☎ 01-48-78-28-80. Ⓜ Poissonnière ou Gare-du-Nord. ♿ Tlj sauf le soir sam-dim 11h30-14h30, 18h30-23h (en continu le w-e). Fermé sam-dim en août. Congés : 3 premières sem d'août. Résa vivement conseillée le w-e. En sem, formules déj 24-28 €, menu le soir 35 € ; w-e, brunch 30 €.* Dans un cadre bistrotier tout simple, une cuisine franche de tradition, entièrement préparée maison avec de bons produits du marché, et des vins de caractère, sélectionnés chez de petits propriétaires-récoltants. Le week-end, incroyable brunch casse-croûte à volonté, avec une dizaine de salades accompagnées de charcuterie et autres pâtés en croûte, souvent du civet de lapin en plat principal et un buffet de desserts gargantuesque. Une institution, ce bout de Finistère échoué dans le 10e !

**Les Vinaigriers** (*plan B2*, **56**) *: 42, rue des Vinaigriers, 75010. ☎ 01-46-07-97-12. Ⓜ Gare-de-l'Est ou Jacques-Bonsergent. Tlj sauf dim 12h-14h30 (12h30-15h sam), 19h30-22h30. Le midi, menus 19-24 € ; carte 30-35 €. Café offert sur présentation de ce guide.* Un vieux bistrot de quartier, relooké sans excès. En cuisine, le chef s'affaire à offrir le meilleur au meilleur prix en fonction des saisons et du marché. Pari réussi, avec une carte courte proposant de belles réalisations comme cet œuf parfait, mousse de *scamorza* et magrets de canard fumés... hmm ! Des plats goûteux et bien équilibrés. Accueil sympathique de la maîtresse des lieux, qui saura vous conseiller sa belle sélection de vins bio ou nature.



**Le Cambodge** (*plan C3*, **57**) *: 10, av. Richerand, 75010. ☎ 01-44-84-37-70. Ⓜ République ou Goncourt. Tlj 12h-14h30, 19h-23h (23h30 ven ; en continu le w-e). Congés : Noël-Jour de l'an. Carte env 25 €.* Une sympathique famille cuisine des petits plats khmers toujours parfumés et savoureux. Soupe « Phnom Penh », *nom pachok, natin* (velouté de porc chaud au saté et lait de coco accompagné de croustillantes chips aux crevettes), bo bun... Très prisé dans le quartier, donc s'armer de patience pour dégotter une table.

**La Marine** (*plan C3*, **58**) *: 55 bis, quai de Valmy, 75010. ☎ 01-42-39-69-81. Ⓜ Jacques-Bonsergent ou République. Tlj 7h30-2h ; service 12h-minuit. Formule déj 18 € ; le soir, carte env 35 €.* Cette brasserie a une vraie gueule d'atmosphère, sorte de *Flore* de l'Est parisien, avec la gouaille en plus. Souvent bondé compte tenu de sa situation stratégique au bord du canal. Tables et chaises sont prises d'assaut en terrasse, ou dans la jolie salle rétro, entre moulures et miroirs. Cuisine de bistrot classique et de bon aloi. Accueil agréable et service efficace.

**Da Mimmo** (*plan B3*, **59**) *: 39, bd de Magenta, 75010. ☎ 01-42-06-44-47. Ⓜ Jacques-Bonsergent. ♿ Tlj sauf dim 12h-14h30, 19h-23h30. Congés : août. Formule déj 19,50 € ; menu 38 € ; pizzas 12-23 € ; carte env 35 €. Digestif maison offert sur présentation de ce guide.* Cette petite institution locale arbore un décor de trattoria napolitaine classique, un brin désuet avec ses photos de ciné et ses fresques peintes. L'accueil est chaleureux, et le buffet d'*antipasti* irrésistible de fraîcheur et de finesse. On embraie sur des pâtes cuites al dente ou un risotto fondant et réconfortant. Gardez un bon coup de fourchette pour le dessert, le tiramisù est à tomber de bonheur. Il faudra mettre le prix pour s'accorder ces plaisirs. Un plan plus économique : les *pizze* au feu de bois.

## Chic

**Chez Michel** (*plan A1*, **1**) *: 10, rue de Belzunce, 75010. ☎ 01-44-53-06-20. Ⓜ Gare-du-Nord ou Poissonnière. Tlj sauf sam-dim, midi et soir. Menus 29-35 € le midi, 38 € le soir.* Un resto qui assume pleinement ses origines bretonnes ! Des produits de qualité qui collent aux saisons et offrent le meilleur de sa région : saint-jacques, ormeaux exceptionnels (en hiver), légumes « oubliés », pêche de ligne, gibier (sa grande spécialité !)... Ici, le terroir prend ses lettres de noblesse. Le cadre est classique, chaleureux et rassurant, comme la cuisine. On ressort heureux, ravi, rassasié, jamais déçu.

**Le Galopin** *(plan D2, **62**) : 34, rue Sainte-Marthe (sur la place), 75010. ☎ 01-42-06-05-03. Ⓜ Belleville ou Colonel-Fabien. Ouv le soir lun-ven, plus le midi jeu-ven. Menus 24 € le midi, 58 € le soir.* Formé par des chefs talentueux, Romain Tischenko est à son tour devenu l'un des incontournables du circuit gourmand parisien. Son univers : un minuscule bistrot de quartier, aux murs de pierre et vieux carrelages, servant d'écrin à une cuisine de l'instant pointue, créative et ambitieuse. Et toujours à base de produits de choix. Cuissons extra, associations judicieuses. Pour les vins, c'est le frère qui est à la manœuvre, privilégiant bien sûr le bio et le naturel. Un bistrot-gastro en somme. Et un vrai coup de cœur !

**Neni** *(plan B1, **60**) : 12, bd de Denain, 75010. ☎ 01-42-80-82-34. Ⓜ Gare-du-Nord. Tlj 12h-23h. Carte 35-40 €.* « Neni », ce sont les initiales des fils de Haya Molcho, grande prêtresse de la gastronomie orientale et israélienne. Planqué à l'étage de l'hôtel *25 Hours,* son resto est un vrai cocon où l'on se laisse emporter par une ambiance relax, un service aux petits oignons, et surtout une cuisine pleine de goût et de soleil. Falafels aériens, houmous et *baba ganoush* onctueux garnissent les plateaux à étages, avant de céder la place au *shawarma* de poulet ou au poulpe grillé. Tout est bon et délicat, jusqu'aux desserts méditerranéens revisités en version allégée. *NOUVEAUTÉ.*

**Abri** *(plan A2, **63**) : 92, rue du Faubourg-Poissonnière, 75010. ☎ 01-83-97-00-00. Ⓜ Poissonnière. Tlj sauf dim-lun, midi et soir. Congés : août. Menus 14 € (sandwich)-30 € le midi en sem, 60 € le soir.* Il ne faut pas se fier au cadre, très quelconque, de la minuscule salle où s'active une équipe nipponne tout sourire. Imperturbable au brouhaha, concentré, le chef exprime sa créativité et son talent à travers ses 2 entrées surprise (3 au dîner, et qui peuvent varier d'une table à l'autre !). Les poissons crus se déclinent en carpaccio ou en marinade vraiment bluffants ; côté plats, une viande ou un poisson au choix (les 2 le soir), tout aussi éblouissants de technique. Pour finir, desserts à tomber, dont on se serait volontiers resservis ! La maison tient également une annexe plus abordable, *Abri Soba,* dans l'arrondissement voisin *(10, rue Saulnier, 75009 ; tlj sauf dim midi et lun ;* soba *10-17 €),* dédiée aux pâtes de sarrasin.

**Gros** *(plan B2-3, **64**) : 4, cour des Petites-Écuries, 75010. ☎ 09-83-28-83-96. Ⓜ Château-d'Eau. Tlj 12h-minuit ; service 12h-14h30, 19h30-22h30. Fermé 1er janv et 25 déc. Formules déj en sem 18-23 € ; brunch w-e 29 € ; carte env 35 €.* Il y a de l'idée et du goût dans les plats de saison élaborés par les 2 jeunes chefs à la tête de ce grand et beau bistrot ouvert dès le petit déjeuner. Des associations intéressantes et réussies avec quelques notes asiatiques rapportées de leurs voyages. Dommage en revanche que les garnitures soient un peu légères et l'addition un peu salée. Belle carte de vins bio, dont on pourra aussi profiter en terrasse pour boire un verre tout simplement.

**Terminus Nord** *(plan B1, **65**) : 23, rue de Dunkerque, 75010. ☎ 01-42-85-05-15. Ⓜ Gare-du-Nord. Lun-sam 6h45-minuit, dim 8h30-23h ; service continu à partir de 11h. Menus 22,50-29,50 € ; carte env 45 €.* Face à la gare du Nord, une des plus belles brasseries parisiennes, au style Art déco. Baissez les yeux vers le beau carrelage à fleurs, reflété par les nombreux miroirs. Atmosphère animée, excellents plats de brasserie, service professionnel en tenue. Spécialités : fruits de mer provenant du banc de l'écailler, choucroutes généreuses, grillades sauce béarnaise. Du grand classique, bien fait mais pas donné. Pratique : un écran affiche les trains au départ, pour ne pas louper le coche !

**Floderer** *(plan A3, **66**) : 7, cour des Petites-Écuries (entrée par le 63, rue du Faubourg-Saint-Denis), 75010. ☎ 01-47-70-13-59. Ⓜ Château-d'Eau. Tlj 12h-15h, 19h-minuit (23h dim-lun). Formule et menus 27,50-49 € ; formule « Faim de nuit » (à partir de 22h30) 24,90 €.* Un grand classique de la nuit. La vieille brasserie de l'Allemand Flœderer, qui date de 1886, n'a pas pris une ride. Les acteurs des théâtres des Grands Boulevards tout proches se faisaient livrer des plats dans leur loge, notamment Sarah Bernhardt quand elle jouait à La Renaissance. Superbe déco 1900, vitraux séparant les pièces, plafonds richement décorés, banquettes de cuir, piano mécanique, porte-chapeaux en cuivre. Clientèle jeune, moins jeune, toujours gaie, attirée par les grands classiques : foie gras, choucroute, sole meunière, plateaux de fruits de mer, ils y sont tous.

**Bouillon Julien** (plan B3, **67**) : *16, rue du Faubourg-Saint-Denis, 75010. ☎ 01-47-70-12-06. Ⓜ Strasbourg-Saint-Denis. Tlj 12h-minuit. Carte env 20 €.* C'est l'un des plus vieux bouillons parisiens : son décor Art nouveau de 1903 est toujours aussi éblouissant avec candélabres, stucs baroques et verrières peintes d'après des dessins de Mucha. La carte très simple joue sur la nostalgie : poireaux vinaigrette, boudin aux pommes ou bœuf bourguignon, cervelle des canuts, crème de marron meringuée et pruneaux au vin... L'ensemble ne fait pas d'étincelles mais est correct, et surtout les prix sont très sages, comme à la grande époque des bouillons.

## Bars à vins

***La Cave à Michel*** (plan D2, **62**) : *36, rue Sainte-Marthe, 75010. ☎ 01-42-45-94-47. Ⓜ Belleville ou Colonel-Fabien. Tlj sauf lun-mar 16h-23h. Tapas 2-13 €. Vins au verre à partir de 6 €.* Cave à vins reprise par Romain Tischenko, du *Galopin* voisin, qui se transforme en bar à vins dès l'heure de l'apéro. C'est étroit, pas très confortable, mais il y a de l'ambiance. Quelle bonne idée que ces délicieuses tapas élaborées en direct derrière le comptoir ! On peut aussi acheter des bouteilles à emporter.

***Billili*** (plan A1, **48**) : *136, rue du Faubourg-Poissonnière, 75010. ☎ 09-87-76-27-49. Ⓜ Barbès-Rochechouart ou Gare-du-Nord. Mar-sam 12h-15h, 18h30-23h. Congés : août et 10 j. pdt les fêtes de fin d'année. Petites assiettes et plats 6-30 €.* Après la belle réussite des *Arlots,* Thomas et Tristan ouvrent leur annexe, la porte à côté, une cave à manger équipée pour gagner : à boire, des flacons bio et nature sélectionnés avec soin ; à manger, de savoureux plats de bistrot à la gloire du terroir, ainsi que des terrines et des tartes salées pour picorer bon. C'est généreux et chaleureux, comme le cadre tout en pierres apparentes et parquet.



## Où boire un verre ?

***Farago Pintxo Bar*** (plan A2-3, **78**) : *11, cour des Petites-Écuries, 75010. Ⓜ Château-d'Eau, Strasbourg-Saint-Denis ou Bonne-Nouvelle. Tlj sauf lun midi et sam midi 12h-14h, 19h-1h ; brunch dim 12h-16h. Fermé dim-lun en août. Vin au verre env 6 €. Pintxos env 5-10 € ; menus 24-42 € ; brunch à volonté 24 €.* Ce grand bar contemporain prolongé par une terrasse peinarde (car dans un passage piéton) est spécialisé dans les *pintxos,* les fameuses tapas basques, qui vous transporteront instantanément à Bilbao ou San Sebastián. On a aimé le jambon ibérique, l'œuf incroyable ou les *croquetas* bien fondantes. Avec un bon rioja ou un puissant *penedès* catalan, c'est le top. Enfin, craquez pour les dynamisants gins tonic, qui vous mèneront au bout de la nuit. Arrivez tôt, l'endroit ne désemplit pas.

***Gravity Bar*** (plan B2, **83**) : *44, rue des Vinaigriers, 75010. 06-98-54-92-49. Ⓜ Jacques-Bonsergent. Mar-sam 18h-2h. Cocktails env 13-14 €. Tapas 9-15 €.* Attention à ne pas terminer en apesanteur dans ce bar à cocktails ! Heureusement, la superbe salle aux allures de vaisseau spatial est pilotée sans soubresaut par des capitaines chevronnés. Tous les cocktails sont étonnants, mais celui contenant de la vodka infusée aux câpres nous a littéralement bluffés ! Belles grignotes globe-trotteuses pour les petites faims.

***La Sardine*** (plan D2, **87**) : *32, rue Sainte-Marthe, 75010.*

☎ *01-42-49-19-46.* Ⓜ *Colonel-Fabien, Belleville ou Goncourt. Tlj (sauf dim nov-avr selon météo) 9h (10h w-e)-2h. Vins au verre 3-6 €.* On vient à *La Sardine* pour se dépayser. En plein Paname, sa terrasse tranquille, ensoleillée en été ou chauffée en hiver, est un must pour profiter de la sérénité et de l'ambiance presque provinciale de la ravissante place Sainte-Marthe. Une pause idéale pour souffler en picorant fromage, charcuterie et autres tapas.

**L'Ours Bar** *(plan B2,* ***82****) : 8, rue de Paradis, 75010.* ☎ *01-45-23-40-06.* Ⓜ *Château-d'Eau, Gare-de-l'Est ou Poissonnière.* ♿ *Tlj sauf dim 18h-2h (1h lun-mar).* Happy hours *18h-21h. Cocktail 8 € (6 € pdt l'happy hour).* Démocratiser les cocktails de qualité, c'est la mission des oursons qui ont lancé cet *Ours Bar.* Et le pari est réussi ! On choisit parmi les classiques et les créatifs : pas de doute, il y a de la maîtrise. Les prix sont doux, et pendant l'*happy hour,* ils deviennent carrément imbattables ! Une excellente adresse pour commencer la soirée au faubourg Saint-Denis.

**Koukla** *(plan couleur D3,* ***79****) : 40, rue Jacques Louvel-Tessier, 75010.* ☎ *01-74-64-60-98. Ouv midi et soir, sauf mar-mer.* Une petite faim et curieux de découvrir des vins différents ? Au *Koukla,* on déguste d'excellents vins italiens, grecs, espagnols et portugais. Accompagnez le tout de quelques merveilleux *mezze* grecs. On termine par une liqueur de fruits à se damner. Le tout dans une belle convivialité. Bienvenue en Méditerranée !

**Le CopperBay** *(plan B3,* ***80****) : 5, rue Bouchardon, 75010. Pas de tél.* Ⓜ *Strasbourg-Saint-Denis ou Château-d'Eau.* ♿ *Tlj 18h-2h. Cocktails 12-14 €.* À l'écart du faubourg Saint-Denis et de sa faune branchée, on jette l'ancre avec plaisir au *CopperBay.* Sa déco design dans les tons bleus revisite le style marin façon XXI^e s, avec des cordages, du cuivre et un magnifique bar envahissant la salle, véritable scène ouverte. Les artistes ? Des virtuoses de l'art du cocktail en mal de liberté, qui misent sur la qualité. La carte change au gré des envies et des saisons mais elle étonne à chaque fois. Une belle découverte.

**Café A** *(plan B2,* ***84****) : 148, rue du Faubourg-Saint-Martin, 75010.* ☎ *09-81-29-83-38.* Ⓜ *Gare-de-l'Est.* ♿ *Tlj 10h-2h (17h dim-lun).* « A » comme « Architranquille ». Le couvent des Récollets cache un jardin clos, épargné par le brouhaha de la rue. Qu'il fait bon y flemmarder sur un transat coloré, au soleil ou à l'ombre des arbres. On se croirait à la campagne ! L'intérieur, avec ses pierres et poutres métalliques, s'apparente à un immense loft où les plus studieux viennent bûcher.

**Le Syndicat** *(plan B3,* ***81****) : 51, rue du Faubourg-Saint-Denis, 75010.* Ⓜ *Château-d'Eau ou Strasbourg-Saint-Denis. Tlj 18h-2h. Cocktail env 12 €. Tapas 8-12 €.* Pas d'inquiétude, on se met rarement en grève ici ! Ce bar discret se définit comme un « lieu de défense des spiritueux français » ! Une fois la porte poussée, le brouhaha du faubourg s'estompe au profit de la soul, du latin jazz ou du hip-hop. La clientèle branchée apprécie les cocktails... uniquement réalisés avec des alcools français donc. On pousse un peu le son le week-end, mais la priorité reste la dégustation.

**Le Comptoir Général** *(plan C2,* ***86****) : 80, quai de Jemmapes, 75010.* ☎ *01-44-88-24-48.* Ⓜ *République, Goncourt ou Jacques-Bonsergent.* ♿ *Lun-ven 18h (16h ven)-1h, sam 14h-2h, dim 11h-1h.* Niché au fond d'une cour donnant sur le canal Saint-Martin, cet espace génial se divise en différentes salles dont la déco fait voyager en Orient, aux Caraïbes ou vers d'autres destinations exotiques. Mention spéciale pour le comptoir en forme de bateau pirate ! Entre les concerts, les conférences, la vente de produits équitables ou les animations proposées aux enfants sur la mezzanine à l'heure du brunch (le week-end), on n'est pas près de s'ennuyer. Attention, la queue s'allonge en fin de semaine !

**Chez Jeannette** *(plan B3,* ***88****) : 47, rue du Faubourg-Saint-Denis, 75010.* ☎ *01-47-70-30-89.* Ⓜ *Château-d'Eau ou Strasbourg-Saint-Denis. Tlj 8h (9h dim)-23h.* Tables en formica, banquettes de moleskine rouge, carrelage et grand zinc d'époque, tout a été conservé depuis les seventies. Mais son aspect dégingandé et son agitation euphorisante lui donnent des airs de cantine des faubourgs du XXIe s. Profitez au passage des excellentes assiettes de fromages et de charcuterie du marché. C'est un lieu de vie fréquenté à toute heure, mais passé 22h30, le volume monte d'un cran, la lumière se tamise, les habitués débarquent, et l'ambiance se réchauffe, enivrante.

***Chez Prune*** *(plan C3,* ***89****)* **:** *36, rue Beaurepaire, 75010.* ☎ *01-42-41-30-47.* Ⓜ *Jacques-Bonsergent. Tlj 8h (10h dim et j. fériés)-2h.* Un café branché Paname presque au bord de l'eau. C'est un ancien bar-tabac retapé vite fait bien fait, ouvert dans l'urgence d'un Mondial 1998 qui s'annonçait déshydratant... et devenu aujourd'hui un lieu de rendez-vous incontournable du quartier. Que l'on choisisse une vieille prune ou un petit ballon de rouge, *Chez Prune,* on en a toujours pour son argent !

***Le Floréal*** *(plan D3,* ***75****)* **:** *73, rue du Faubourg-du-Temple, 75010.* ☎ *01-40-18-46-79.* Ⓜ *Goncourt.* ♿ *Tlj 8h (9h w-e)-2h. Bière 5 € ; cocktails 7-12 €. Plat env 11 €, servis jusqu'à minuit. Le Floréal* est un repère incontournable du bas Belleville. Avec son décor pop qui donne envie de revivre l'époque du Drugstore, il propose à toute heure une belle carte pour boire, manger (fruits de mer, plats de brasserie, snacks...) et s'amuser en bonne compagnie. Un classique.

***Le Renard*** *(plan D2,* ***76****)* **:** *38, rue de Sambre-et-Meuse, 75010.* ☎ *01-53-20-07-33.* Ⓜ *Colonel-Fabien, Belleville ou Goncourt.* ♿ *Tlj sauf dim 18h-2h (1h lun-mar). Happy hours 18h-21h. Cocktail 8 €. Tapas 5-9 €.* Entrez dans la tanière du *Renard.* Dans un décor soigné, on déguste de savoureux cocktails à prix vraiment démocratiques comme le « Chateaurenard », aromatisé à la lavande, qui évoque les parfums de Provence. Mention spéciale pour l'équipe, aux petits soins, et pour les planches à grignoter, généreuses... Une adresse très rusée !

***Baranaan*** *(plan B3,* ***77****)* **:** *7, rue du Faubourg-Saint-Martin, 75010.* ☎ *01-40-38-97-57.* Ⓜ *Strasbourg-Saint-Denis.* ♿ *Mar-sam 18h-1h (2h ven-sam). Cocktails 9-14 €. Naans 3-6 €.* À deux pas du passage Brady, le *Baranaan* joue la carte du *speakeasy* à la sauce Bollywood. On pousse la porte au fond d'un comptoir à *street food* et on est téléporté... dans un bar branché de Mumbai ! Au programme, eau de rose et cocktails épicés, qui marient habilement légende coloniale britannique et créativité du sous-continent. Une petite faim ? Fondez de plaisir en goûtant les exceptionnels *cheese naans. Namasté !*

# 11e ARRONDISSEMENT

• Plan *p. 126-127*

**Intéressant, cet arrondissement, à la fois popu et branché, où flotte globalement un air de fête. Du côté de Bastille, dans un large triangle compris entre les boulevards Voltaire, du Faubourg-Saint-Antoine et la rue de la Roquette – autrefois mal famée –, les activités artisanales des cours industrielles ont été délaissées, laissant le champ libre à la reconversion des anciens ateliers en lofts ou bureaux branchés. La morphologie du quartier a changé. Et avec elle, la typologie des adresses, plus adaptée à une clientèle désormais plutôt jeune et fêtarde. Les vieux rades subsistent toutefois avec leur lot de fidèles. On aime cette cohabitation réussie... Changement de décor côté Oberkampf, vivier de la branchitude parisienne. Il ne se passe pas un jour sans un baisser ou un lever de rideau... À peine célèbre-t-on la venue d'un nouveau chef créatif dans le quartier que les *sunlights* se tournent déjà vers un autre ! Les rues d'Oberkampf, Saint-Maur et Jean-Pierre-Timbaud concentrent presque à elles seules l'essentiel de l'animation du quartier. Bref, côté nord ou côté sud, de l'apéro à la fin (ou faim) de nuit, il y a toujours une bonne adresse pour festoyer dans le 11e. On adore !**

### Où manger ?

**1** Magnà (B2)
**2** CheZ Aline (B2)
**3** Le Grand Bréguet et Ten Belles Bread (B2)
**4** Street Bangkok Canteen & Bar (B3)
**5** Yemma (C2)
**6** Les Petits Plats de Maurice (B2)
**7** East Mamma (B3)
**8** La Ravigote (C3)
**9** Le Relais (C2)
**10** Le Dallery (B3)
**11** Chez Mamy (C3)
**12** Café de l'Industrie (B3)
**13** Pause Café (B3)
**14** Aux Bons Crus (C2)
**15** NaNa (B2)
**16** Buffet (B3)
**17** Le Menekse (B3)
**18** Mokonuts (C3)
**19** Bistrot Paul-Bert (C3)
**20** Clamato (C3)
**21** Amici Miei (B2)
**22** Ethiopia (C2)
**23** Auberge Flora (B2)
**24** Le Sot-l'y-laisse (D3)
**25** Unico (C3)
**29** Café Mareva (A-B1)
**30** Épicerie du Verre Volé (zoom)
**31** Boulangerie Benoît Castel (B1)
**32** La Reine Mer (A1)
**33** L'Orillon Bar (B1)
**34** Beans on Fire (B2)
**35** Dong Huong (B1)
**36** L'Alicheur (B1)
**37** Krügen (B1)
**38** Picotte (A1)
**39** Crêperie Bretons (zoom)
**42** Melt (zoom)
**43** Green House (C1)
**44** Square Gardette (B2)
**46** Double Dragon (C2)
**47** Le Villaret (zoom)
**48** Café du Coin (C2)
**49** Ober Mamma (zoom)
**50** Sizin (A-B1)
**51** L'Homme Bleu (B1)
**52** Café Lux (B2)
**53** La Vache Acrobate (A2)
**55** JJ Beaumarchais (zoom)
**56** Scaria (zoom)
**60** Vantre (B1)
**61** La Cave de l'Insolite (zoom)
**62** Patchanka (B2)
**63** Restaurant Pierre Sang in Oberkampf (zoom)
**64** Au Passage (B2)
**65** Robert (B1)
**66** Le Beslay (zoom)
**67** Pierre Sang on Gambey (zoom)

### Bars à vins

**70** La Cave Paul Bert (C3)
**71** Les Domaines qui montent (C2)
**75** La Canonnière (B1)
**76** La Buvette (B2)
**77** Passarito (B1)
**78** Yard Cave (C2)

### Où boire un verre ?

**90** Moonshiner (B3)
**91** Bottle Shop (B3)
**92** Le Motel (B3)
**95** Bluebird (C3)
**101** Les Niçois (B2)
**102** La Fine Mousse (C1)
**103** Le Perchoir (C1)
**104** L'Impasse (B1)
**105** Le Café Charbon (B1)
**106** Aux Deux Amis (zoom)
**107** Pop In (A2)
**108** La Loutre (B1)

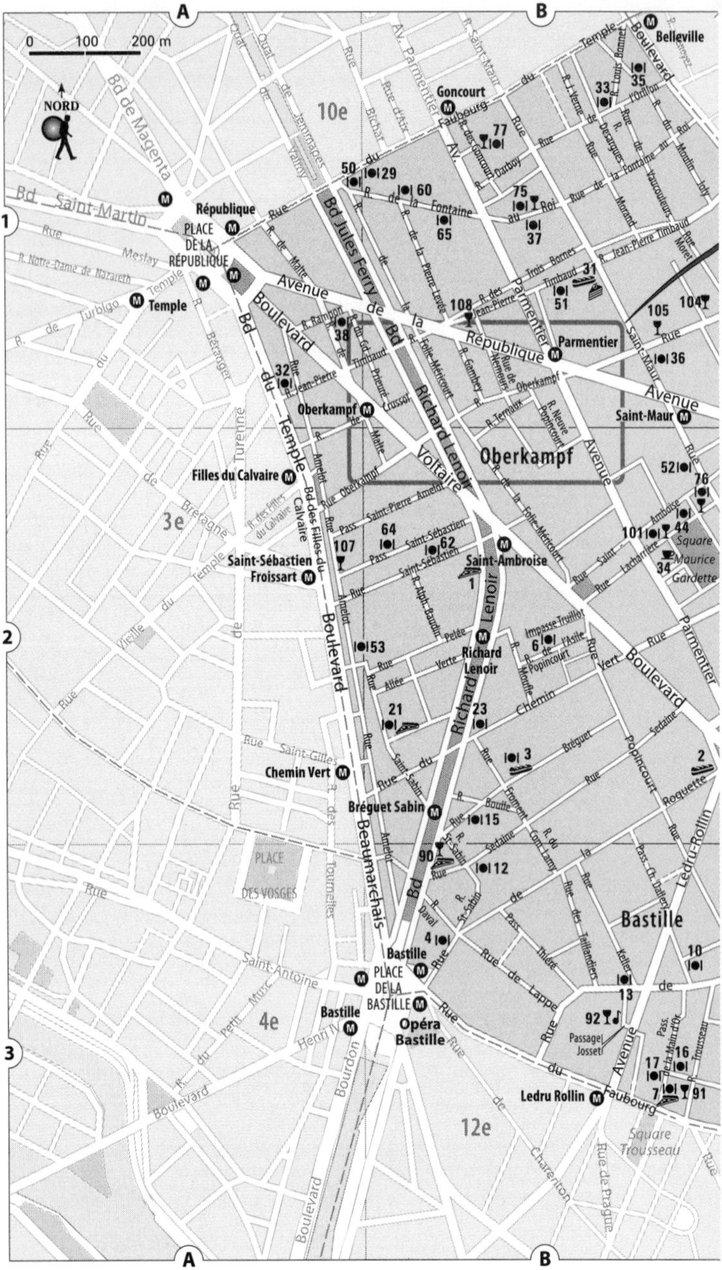
A
B
1
2
3
0 100 200 m
NORD
10e
3e
4e
12e
Oberkampf
Bastille
République
PLACE DE LA RÉPUBLIQUE
Temple
Goncourt
Belleville
Parmentier
Saint-Maur
Oberkampf
Filles du Calvaire
Saint-Sébastien Froissart
Saint-Ambroise
Richard Lenoir
Chemin Vert
Bréguet Sabin
Bastille
PLACE DE LA BASTILLE
Opéra Bastille
Ledru Rollin
PLACE DES VOSGES
Square Maurice Gardette
Square Trousseau
Passage Josset
Bd de Magenta
Bd Saint-Martin
Avenue de la République
Bd Jules Ferry
Bd Richard Lenoir
Boulevard Voltaire
Boulevard du Temple
Bd des Filles du Calvaire
Boulevard Beaumarchais
Boulevard Parmentier
Av. Parmentier
Avenue Ledru-Rollin
Rue du Faubourg du Temple
Rue Saint-Antoine
Rue de Lappe
Rue de la Roquette
Rue de Charenton
Rue de Prague
Rue Oberkampf
Rue Saint-Maur
Rue de Bretagne
Rue Vieille du Temple
Rue de Turenne
Rue Amelot
Rue de la Folie-Méricourt
Rue de Malte
Rue de Crussol
Rue Jean-Pierre Timbaud
Rue Popincourt
Rue Sedaine
Rue Saint-Sabin
Rue Saint-Sébastien
Rue du Chemin Vert
Rue Breguet
Rue de la Fontaine au Roi
Rue Boulle
Rue Keller
Rue des Taillandiers
Rue de Meslay
Rue de Turbigo
Rue Béranger
Quai de Jemmapes
Rue Bichat
Rue d'Aix
Rue du Grand Prieuré
Rue Morand
Rue de Vaucouleurs
Rue Moret
Rue Saint-Ambroise
Rue Lacharrière
Rue Neuve Popincourt
Rue Ternaux
Rue Gambey
Rue de Nemours
Impasse Truillot
Rue de l'Asile Popincourt
Rue Alph.-Baudin
Rue Pelée
Allée Verte
Pass. Ch. Dallery
Rue Daval
Rue Thiéré
Pass. de la Main d'Or
Rue Trousseau
Boulevard Henri IV
Boulevard Bourdon
Rue des Tournelles
Rue du Petit Musc
Rue Saint-Gilles
1
2
3
4
6
7
10
12
13
15
16
17
21
23
29
31
32
33
34
35
36
37
38
44
50
51
52
53
60
62
64
65
75
76
77
90
91
92
101
104
105
107
108

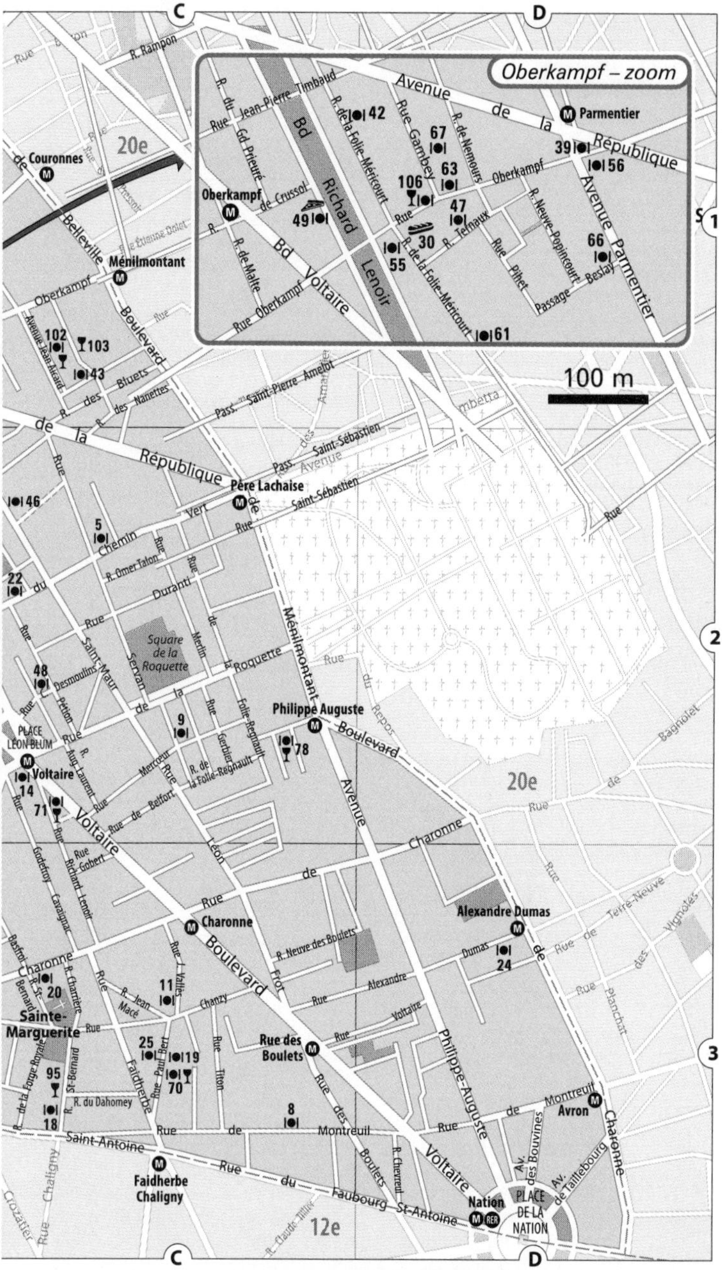


# 11e ARRONDISSEMENT

## *Autour de Bastille et de la Nation*

# Où manger ?

### Sur le pouce

**Ten Belles Bread** (plan B2, **3**) **:** 17-19 bis, rue Bréguet, 75011. ☎ 09-67-86-08-19. Ⓜ Chemin-Vert. Lun-ven 9h-19h, sam-dim 9h-17h30. Sandwichs 3,75-6,90 € (8,50 € sam-dim). Un génial café-boulangerie, qui régale son monde avec des spécialités d'inspiration anglo-saxonne : délicieux scones et muffins, cookies fondants ou *banana bread,* mais aussi un *pie* salé chaque jour, pour un goût très british. Bons petits déj *(granola),* sandwichs genre *focaccia* très convaincants, salades, soupes... Atmosphère très détente à l'intérieur et belle terrasse à l'arrière.

**CheZ Aline** (plan B2, **2**) **:** 85, rue de la Roquette, 75011. ☎ 01-43-71-90-75. Ⓜ Voltaire. Lun-ven 11h30-15h30. Sandwichs 5-9 €, salade 4 € sur place, plats du jour 10-12 €, dessert 5 €. La boucherie chevaline a échangé son *v* contre un *z* pour devenir un comptoir à sandwichs en vogue. Bon pain et une poignée de compositions du jour pour le garnir, de la terrine de porc et ses pickles à l'escalope milanaise, ou au jambon classique pour les puristes ! Si l'un des tabourets est libre, le plat du jour, chaud, vaut la peine aussi. Autrement, on emballe et on emporte !

**Street Bangkok Canteen & Bar** (plan B3, **4**) **:** 13, rue de la Roquette, 75011. ☎ 09-62-54-90-21. Ⓜ Bastille. Tlj 12h-23h. Menus 10-16 €, boisson offerte le midi en sem. Après le succès de la maison mère près du canal Saint-Martin, l'équipe rempile dans une rue dévolue aux kebabs et sandwicheries bas de gamme. À la bonne heure ! Sur place ou à emporter, salade de papaye bien relevée ou de porc vraiment croustillant, tendre brochette de poulet au curry, travers de porc... Spécialités savoureuses et fines odeurs d'épices, menthe, citronnelle, gingembre, nous téléportent en Thaïlande. Quelques cocktails maison, comme ce sirop de gingembre gazeux augmenté de gouttes de citron : délicieux !

11e

**Magnà** (plan B2, **1**) **:** 85, bd Richard-Lenoir, 75011. Ⓜ Parmentier. Pizzas 8,50-17,50 €. La pizza, c'est bon, c'est sain... mais pas toujours pratique à manger debout. Magnà (de *mangiare,* le patois napolitain) a trouvé la solution : la servir façon sandwich à emporter, et à commander au comptoir. 2 propositions : pliée en 4, *portofoglio,* ou roulée, *roloto...* cuite au feu de bois avant d'être généreusement garnie de ses ingrédients au choix. Charcuterie, crème de truffe auréolée de truffe fraîche râpée... le tout servi dans une barquette pour n'en perdre aucune miette et saucer ce qui aurait débordé. Si vous ne trouvez pas de place dans la microsalle, ne vous éloignez pas trop, les desserts, tradition napolitaine oblige, sont aussi fameux. Également un corner dans la gare de Lyon. *NOUVEAUTÉ.*

### Très bon marché

**Yemma** (plan C2, **5**) **:** 119, rue du Chemin-Vert, 75011. ☎ 01-48-05-67-07. Ⓜ Père-Lachaise. Tlj 11h45-23h30. Couscous env 15 €. *Yemma,* c'est « maman » en arabe, et on est comme à la maison dans cette petite cantine à la déco orientalisante. Si le couscous reste la figure de proue, nous, on aime toute la cuisine d'Abdel Alaoui (oui, vous l'avez déjà vu en chroniqueur culinaire à la télé) : ses tajines, sa pastilla, ses déclinaisons de cornes de gazelle... La gastronomie familiale marocaine version *street food* de qualité. On adore. D'ailleurs, les plats sont aussi à emporter à 100 m, au 35, rue Saint-Maur (délicieux « Kazdal », sandwichs chauds). *NOUVEAUTÉ.*

**Le Grand Bréguet** (plan B2, **3**) **:** 17, rue Bréguet, 75011. ☎ 01-48-05-36-36. Ⓜ Bréguet-Sabin. Tlj 8h-22h30 (2h ven-sam pour le bar). Soupes 3-5 € ; bols-repas 9-11 €. Entrepôt postal grand comme un hall de gare, aujourd'hui transformé en un resto 100 % bio, travaillant les produits locaux et de saison. Le concept est porteur, le résultat gagnant. Sous le comptoir où l'on passe sa commande, les cageots de légumes attestent de la fraîcheur des produits. Côté déco, des tables en formica coloré et des chaises années 1950, mais dans les assiettes, rien de régressif : des bols « végé » ou « protéiné », hyper complets et pleins de belles saveurs. Le soir, une armée de tapas vient en renfort.

**Pause Café** *(plan B3,* ***13****) : 41, rue de Charonne, 75011. ☎ 01-48-06-80-33. Ⓜ Bastille ou Ledru-Rollin. Lun-sam 7h-2h, dim 9h-20h ; service continu, excepté pour certains plats. Fermé 24-25 et 31 déc. Carte 11-17,50 €.* Le *Pause Café* a été immortalisé dans le film de Cédric Klapisch *Chacun cherche son chat,* qui peignait la vie du quartier. 20 ans plus tard, toujours beaucoup de monde et une nouvelle déco, particulièrement réussie. On apprécie la longue terrasse abritée, la grande salle mode aux beaux volumes (mais assez bruyante) et les assiettes bien garnies d'une cuisine classique et peu onéreuse.

**La Ravigote** *(plan C3,* ***8****) : 41, rue de Montreuil, 75011. ☎ 01-43-72-96-22. Ⓜ Faidherbe-Chaligny ou Rue-des-Boulets. Tlj sauf dim-lun et j. fériés 12h-14h30, 19h-22h30. Menus 19,50-22 € le midi, 26,50-29 € le soir.* Une trentaine de places dans un petit resto de quartier bourré d'habitués réjouis, qui se délectent de son incontournable menu à l'ardoise. Pas de chichis : laissez-vous tenter par une tête de veau ravigote, un confit de canard maison ou une cassolette de poisson. Ambiance bien parigote.

**Le Dallery** *(plan B3,* ***10****) : 6, passage Charles-Dallery, 75011. ☎ 01-47-00-11-72. Ⓜ Ledru-Rollin. Tlj sauf dim 8h30-minuit ; service 12h-15h. Congés : août. Menu 14 € (15 € avec la boisson).* Bon, d'accord, cette salle jonchée de tables bistrot et présidée par son zinc ne présente aucun charme particulier. Mais l'atmosphère est franchement conviviale, et le rapport qualité-prix imbattable. La viande est tendre à souhait, les légumes croquants, la cuisine d'une simplicité à toute épreuve et le patron conciliant sur le menu. L'accueil sympathique ne gâte rien. Couscous le vendredi.

## Bon marché

***Les Petits Plats de Maurice*** *(B2,* ***6****) : 17, impasse Truillot, 75011. ☎ 01-40-40-23-45. Face au jardin Truillot, repérer l'enseigne en hauteur. Lun-ven 12h-14h, puis salon de thé jusqu'à 16h. Formules soupe, quiche, salade 8 € ; entrée-plat 12 €, entrée-plat-dessert 16 €. Commande au comptoir, façon self (plat chaud servi à table).* Ce resto d'insertion, développé dans le cadre d'un ESAT (Établissement et Service d'Aide par le Travail), accueille des personnes handicapées qui ont un projet personnalisé. Elles travaillent aussi bien en salle qu'à la préparation des plats. Si cette initiative offre l'occasion de mélanger des populations qui se rencontrent peu, l'adresse vaut aussi pour la convivialité qui s'en dégage. On aime la salle à la fois lumineuse avec ses larges baies vitrées et la cuisine ouverte, colorée grâce aux peintures aux murs et moderne avec ses poutres de béton brut. Sans oublier l'accueil aux petits soins. Quant à la carte, elle se veut simple, à base de produits locaux et bio autant que possible (bons jus de fruits frais). Elle privilégie les circuits courts et... la gourmandise : le fondant au chocolat, une de leurs spécialités, est à tomber. À noter, que l'ESAT a également créé Les Petits vélos de Maurice à 2 coups de pédales de là, au 81, bd Richard Lenoir. On peut y acheter ou faire réparer son biclou, toujours pour la bonne cause.

***Aux Bons Crus*** *(plan C2,* ***14****) : 54, rue Godefroy-Cavaignac, 75011. ☎ 01-45-67-21-13. Ⓜ Voltaire. ♿ Tlj 12h-14h30, 19h30-22h30. Fermé 1er janv, 15 août et 25 déc. Menu déj 16 € ; carte env 25 €. Apéritif maison, café ou digestif maison offert sur présentation de ce guide.* Quand une bande de jeunes amoureux du terroir français monte un resto routier en plein 11e, ça crée forcément des embouteillages ! Super déco vintage, où les pubs d'apéritifs bien franchouillards donnent le ton. Dans les assiettes, de solides recettes d'antan entre saucisson brioché, entrecôte beurre maître d'hôtel et profiteroles au chocolat. Une adresse qui donne envie de traverser la France par les petites routes.

🍽 **_Mokonuts_** *(plan C3, **18**) : 5, rue Saint-Bernard, 75011. ☎ 09-80-81-82-85. Ⓜ Faidherbe-Chaligny. Lun-ven 9h-17h (petit déj 9h-11h, déj 12h-14h30). Petits déj 10-15 € ; plats env 35-40 €.* Cette minuscule enclave gourmande remporte tous les suffrages ! Il faut dire que l'adorable couple ne manque pas de talent ni d'inspiration : gâteaux, pain et plats du jour sont savoureux, préparés avec des ingrédients bio de qualité, et reflètent les influences culinaires de chacun (le Liban et le Japon). Une halte de choix à toute heure... même s'il vaut mieux venir tôt le midi sous peine de ne plus rien avoir à se mettre sous la dent, succès oblige !

🍽 **_Buffet_** *(plan B3, **16**) : 8, rue de la Main-d'Or, 75011. ☎ 01-83-89-63-82. Ⓜ Voltaire. ♿ Mar-sam 19h30-23h. Carte env 30 €.* L'équipe d'*Au Passage* (voir plus loin « Oberkampf et le nord du 11e ») a ouvert ce bistrot au décor d'avant-guerre qui revisite les classiques de la cuisine de Paname et d'ailleurs. Œufs mayo, endives au jambon, raie aux câpres ou navarin d'agneau jouent les vedettes sur une carte courte et nostalgique. Le soir, le volume monte d'un cran et de joyeuses bandes de copains envahissent les lieux pour gueuletonner.

🍽 **_East Mamma_** *(plan B3, **7**) : 133, rue du Faubourg-Saint-Antoine, 75011. ☎ 01-43-41-32-15. Ⓜ Ledru-Rollin ou Faidherbe-Chaligny. ♿ Lun-ven 12h15-14h30, 19h-22h45 ; sam-dim 12h15-16h, 19h-23h. Pas de résa et beaucoup de monde, surtout le soir. Notre astuce : au déj, venir en début de service, bon turnover ; le soir, venir tôt et laisser son numéro de tél pour se faire appeler dès qu'une table se libère. Pâtes et pizzas 12-18 €.* Une trattoria moderne revisitée, branchée et à prix démocratiques. Cuisine ouverte et serveurs 100 % ritals qui assurent le show, au milieu des meules de fromages et autres fioles d'huile d'olive. Ça sent le concept à plein nez, mais on s'en sort bien avec, dans l'assiette, la *pasta* sous toutes ses formes, la pizza bien sûr, et l'indissociable tiramisù. Ambiance sympa en famille ou entre amis. Même *success story* chez *Ober Mamma* (voir plus loin « Oberkampf et le nord du 11e »).

🍽 **_Le Relais_** *(plan C2, **9**) : 10, rue de la Vacquerie, 75011. ☎ 01-70-38-64-14. Ⓜ Voltaire. ♿ Tlj sauf sam-dim 12h-15h, 19h-23h. Le midi, plat 16 €, formule 19 €, menu 22 € ; le soir, assiettes à partager 6-22 €.* Vous êtes partisan des circuits courts ? Alors voici votre repaire. On y propose des repas classiques le midi et des assiettes à partager le soir dans une salle d'une élégance discrète et toute contemporaine, dont les murs comportent les feuilles de route des ingrédients. Provenance, distance entre lieu de production et de consommation, de la boulangerie du quartier aux fruits du sud de la France, vous faites votre choix en toute conscience sans perdre en gourmandise : fraîcheur, couleurs, saveurs et esthétique. Carte des vins du même tonneau, accueil attentif, service compétent : décidément non, un comportement écolo n'est pas une punition. *NOUVEAUTÉ.*

🍽 **_Chez Mamy_** *(plan C3, **11**) : 3, rue Jules-Vallès, 75011. ☎ 01-43-48-74-68. Ⓜ Faidherbe-Chaligny. Tlj 12h-15h, 19h30-23h. Congés : 2 sem en août. Formule déj en sem 15,50 € ; le soir, carte 40-50 €.* Mamy a laissé la place à des jeunes qui portent haut la tradition bistrotière : atmosphère conviviale et animée, cuisine franche, petits plats de saison bien élaborés, hors-d'œuvre d'une belle fraîcheur. Le charme du bon vieux 11e mais rajeuni avec talent !

🍽 **_Ethiopia_** *(plan C2, **22**) : 89, rue du Chemin-Vert, 75011. ☎ 01-49-29-99-68. Ⓜ Saint-Maur, Voltaire ou Père-Lachaise. Tlj midi et le soir jusqu'à 23h. Repas 20-25 €.* Cadre exotique et coloré pour une authentique cuisine éthiopienne. On y vient avant tout, bien sûr, pour l'*injera,* le plat national (immense « crêpe » couverte d'ingrédients frais et délicieux qu'on mange en commun), le *kiffo,* le poulet en sauce et le ragoût de bœuf... Expérience exceptionnelle à s'en lécher les doigts et service attentif et chaleureux.

🍽 **_Le Menekse_** *(plan B3, **17**) : 7, passage de la Main-d'Or, 75011. ☎ 01-40-21-84-81. Ⓜ Ledru-Rollin. Tlj sauf dim, midi et soir. Menus 14-16,50 € le midi, 24 € le soir.* Dans un passage presque secret, c'est une excellente petite adresse d'origine kurde. Outre les *mezze* classiques et les boulettes de viande, on déguste de bons *patlican* (au yaourt et à l'ail) ou des plats cuits à l'étouffée. Le midi, le calme, malgré les nombreux habitués, est propice aux déjeuners de travail. La qualité des plats, les prix très doux et la gentillesse de l'accueil font le reste.

**Café de l'Industrie** *(plan B3, **12**) : 15-17, rue Saint-Sabin, 75011. ☎ 01-47-00-13-53. Ⓜ Bréguet-Sabin ou Bastille. Tlj 8h30-2h ; service jusqu'à 0h30 non-stop. Plat du jour 14 € ; carte env 27 €.* Ce grand bistrot est l'une des institutions de la Bastoche, aussi couru en journée qu'en soirée. On vient à *L'Industrie* pour son chaleureux cadre « art décolonial » et pour sa très bonne ambiance, conviviale et décontractée. En revanche, la cuisine de bistrot, convenable, manque parfois de relief. Forts de leur succès, les propriétaires ont racheté petit à petit leur bout de rue, ouvrant de nouvelles salles à côté et juste en face : même esprit, même carte.

## De prix moyens à chic

**NaNa** *(plan B2, **15**) : 10, rue Bréguet, 75011. ☎ 01-43-38-27-19. Ⓜ Bréguet-Sabin. Lun-ven 12h-15h, 19h-23h. Formules déj 23-28 € ; le soir, plats 22-28 €. Vins au verre 6-8 €.* La façade assez modeste cache une bien belle découverte dans ce quartier agréablement animé. La jeune patronne réconcilie le meilleur de la terre avec la mer. Il n'est pas rare, en saison, de découvrir d'excellents couteaux aux poireaux. En plat, pourquoi ne pas tenter l'habile mélange du chorizo avec des coques ou la saint-jacques au lard ? Le résultat est toujours surprenant mais malin. Tout change tous les jours au gré des arrivages et de l'inspiration du chef. Pour les desserts, il n'a de leçon à recevoir de personne. Quelques tables extérieures dès les beaux jours. Une belle surprise !

**Bistrot Paul-Bert** *(plan C3, **19**) : 18, rue Paul-Bert, 75011. ☎ 01-43-72-24-01. Ⓜ Faidherbe-Chaligny. Tlj sauf dim-lun ; service 12h-14h, 19h30-23h. Menus 19-22 € le midi en sem, 41 € le soir.* Dans la catégorie « tronches de vie », on vote toujours *Paul-Bert.* Un vrai et beau troquet baignant dans son jus. À côté de la carte des vins qui vaut largement le détour, celle des mets, comme on dit, ne pourra que vous donner envie d'aimer. La carte change constamment. Dans le genre terroir généreux et un brin revisité, il n'y a pratiquement rien à redire du tartare de thon ou du mythique filet de bœuf. Accueil très parisien, là aussi.

**Amici Miei** *(plan B2, **21**) : 44, rue Saint-Sabin, 75011. ☎ 01-42-71-82-62. Ⓜ Bréguet-Sabin, Chemin-Vert ou Bastille. Mar-sam 12h-14h30, 19h30-23h. Congés : août et 1 sem à Noël. Pizzas 12-20 €, plats 14-25 € ; carte env 35 €.* Quelques tables sur le trottoir sous un auvent, une salle simplissime avec des tables de bois serrées, une cuisine apparente, et une atmosphère conviviale animée par l'incessant va-et-vient des serveurs. Le pizzaiolo est un maestro : fine pâte légèrement croustillante, délicieuses garnitures. Sans oublier les pâtes et les plats traditionnels. Belle palette de vins italiens.

**Clamato** *(plan C3, **20**) : 80, rue de Charonne, 75011. ☎ 01-43-72-74-53. Ⓜ Ledru-Rollin, Voltaire ou Charonne. Lun-ven 12h-14h30, 19h-23h ; sam-dim 12h-23h. Congés : 3 sem en août. Pas de résa. Carte env 40 €.* Le bistrot détonnant de l'équipe du *Septime,* le gastronome voisin qui vaut vraiment la peine à condition de casser sa tirelire ! On y mange de bluffantes tapas ultra-créatives, exclusivement consacrées aux poissons et crustacés. Couteaux, praires, huîtres ou sardines sont rehaussés d'accompagnements inattendus et d'assaisonnements qui réveillent les papilles. Compter au minimum 3 plats pour vous rassasier : gare à la note (iodée) en fin de repas ! Belle sélection de vins naturels, très pointue. Service simple et très joli cadre, avec un on-ne-sait-quoi de new-yorkais.

**Auberge Flora** *(plan B2, **23**) : 44, bd Richard-Lenoir, 75011. ☎ 01-47-00-52-77. Ⓜ Bréguet-Sabin ou Richard-Lenoir. ♿ Tlj 7h (8h w-e)-23h ; service 12h-15h, 19h-23h. Formules 16-30 € (sauf dim) ; brunch 29 € ; carte 35-40 € ; tapas 6-15 €.* Une auberge de « campagne » dans un style « urbain décalé ». Flora Mikula, chef atypique, a réussi son pari : faire partager son plaisir du goût et des saveurs dans ce lieu très singulier. Autour d'une cuisine sincère aux accents méridionaux (pour ne pas oublier ses origines), teintée d'allusions aux saveurs exotiques et de mariages sucrés-salés, où la qualité du produit prime toujours. Sympa aussi à l'heure de l'apéro, pour se régaler de tapas savoureuses et ensoleillées.

## Plus chic

|●| ☂ ***Unico*** *(plan C3,* ***25****)* **:** *15, rue Paul-Bert, 75011. ☎ 01-43-67-68-08. Ⓜ Faidherbe-Chaligny. Tlj sauf dim et lun midi 12h-14h, 19h30-23h. Résa indispensable le soir. Le midi en sem, menus 17-20 € ; carte env 50 €.* Dans un cadre orangé résolument seventies, *Unico* nous propulse à l'autre bout du monde, en Argentine, *che !* Viande hyper tendre et goûteuse, copieuse, ça va de soi. À arroser d'un petit vin de Mendoza. Autre adresse dans le 7e *(10, rue Amélie ; ☎ 01-45-51-83-65 ; Ⓜ La Tour-Maubourg).*

|●| **Le Sot-l'y-laisse** *(plan D3,* ***24****)* **:** *70, rue Alexandre-Dumas, 75011. ☎ 01-40-09-79-20. Ⓜ Alexandre-Dumas ou Avron. Tlj sauf sam midi, dim et lun midi ; service 12h-14h, 19h30-21h30. Résa conseillée. Formules déj 22-28 € ; carte 60-70 €.* Ce minuscule bistrot de quartier est devenu un incontournable du circuit gourmand depuis l'arrivée d'Eiji Doihara, transfuge de Bocuse à Tokyo formé aux subtilités des classiques de notre terroir. Résultat, il livre dans sa petite salle sage une cuisine française parfaitement maîtrisée, à peine revisitée à l'occasion par quelques touches asiatiques, épurée dans l'esprit zen. Service tout en délicatesse souriante. Un peu cher à la carte le soir mais parfait au déjeuner.

## Bars à vins

|●| 🍷 ***La Cave Paul Bert*** *(plan C3,* ***70****)* **:** *16, rue Paul-Bert, 75011. ☎ 01-58-53-50-92. Ⓜ Faidherbe-Chaligny ou Rue-des-Boulets. Tlj 12h-minuit. Planches et assiettes 9-22 €. Verres de vin 6-9 €.* Dans cette rue Paul-Bert où les adresses gourmandes sont nombreuses, voici un bar à vins original et vivant. Accoudé au comptoir, on découvre de bien jolies cuvées « nature » : la sélection change en permanence, et les trouvailles sont différentes à chaque passage. Quelques délicates planches de charcuterie ou de fromages ainsi que de petites assiettes de style tapas sont là pour accompagner la dégustation.

|●| 🍷 ☂ ***Les Domaines qui montent*** *(plan C2,* ***71****)* **:** *136, bd Voltaire, 75011. ☎ 01-43-56-89-15. Ⓜ Voltaire ou Charonne. Tlj sauf dim 10h-20h (10h30-19h30 lun) ; service seulement au déj (12h-14h). Congés : 1er-23 août. Résa recommandée, surtout sam. « Formule du caviste » 16,90 € ; carte env 20 €. Apéritif maison ou café offert sur présentation de ce guide.* En terrasse ou en salle, à l'une des tables disposées parmi les rayonnages, laissez-vous conseiller par la souriante équipe, experte en vins, qui a transformé cette ancienne quincaillerie en un sympathique concept cave-épicerie fine-table d'hôtes avec un choix de près de 300 vins vendus à prix coûtant, sans droit de bouchon. Côté assiettes, charcuterie artisanale, plats du jour et fromages fermiers. *2 autres maisons, dans le 9e (31, rue Ballu ; ☎ 01-42-81-97-47) et dans le 17e (22, rue Cardinet ; ☎ 01-42-27-63-96).*



## Où boire un verre ?

🍷 ♪ ***Le Motel*** *(plan B3,* ***92****)* **:** *8, passage Josset, 75011. ☎ 01-83-96-68-48. Ⓜ Ledru-Rollin. ♿ Tlj sauf lun 18h-2h.* Happy hours *18h-21h. Pinte 5,50 € ; cocktails 7-8 €.* Dans la pure tradition des bars rock, *Le Motel* est en place ! Salles à la déco sombre et bar pris d'assaut dès l'apéro par une clientèle de musiciens et d'amateurs de pop. Concerts intimistes en début de semaine, DJ sets indie rock le week-end, et *blind test,* quiz ou *comedy club* le dimanche. Bon choix de bières.

**Moonshiner** (plan B3, **90**) : *5, rue Sedaine, 75011. ☎ 09-50-73-12-99. Ⓜ Bréguet-Sabin. Tlj 19h-1h30. Pintes 6-8 € ; cocktails 10-14 €. Pizzas 9-15 €.* Ils sont sympa au *Routard,* ils t'envoient dans un bar à cocktails, et tu te retrouves dans une pizzeria... Eh bien non, on ne s'est pas trompés ! Poussez donc la porte du frigo au fond de la pizzeria *Da Vito.* Oh surprise, vous découvrez un *speakeasy* époque *Gatsby le Magnifique,* lumière tamisée et motifs Art déco de rigueur. Les bons cocktails jouent la carte de la tradition, avec un penchant pour les whiskeys, ryes et bourbons américains, prohibition oblige... Au fait, la pizza est excellente aussi, n'hésitez pas à faire étape dans ce morceau de Little Italy avant... ou après.

**Bottle Shop** (plan B3, **91**) : *5, rue Trousseau, 75011. ☎ 01-43-14-28-04. Ⓜ Ledru-Rollin. Tlj 12h-2h. Cocktails 8-10 € ; pinte en happy hour 5 €. Formules déj 13-16 €.* Un bar-pub à l'ambiance franco-anglaise. Pas mal de clients du quartier – notamment intermittents et expats –, qui font bien vivre l'endroit, même en semaine. Une déco chaleureuse et une atmosphère conviviale qu'on aimerait trouver partout. Et quelques tables en terrasse quand il fait beau.

**Bluebird** (plan C3, **95**) : *12, rue Saint-Bernard, 75011. Pas de tél. Ⓜ Faidherbe-Chaligny. Tlj 18h-2h. Cocktails 10-14 €.* Un bar à cocktails intime et chaleureux, qui s'est spécialisé dans les préparations à base de gin (mais pas uniquement). Quelques classiques revisités (Negroni, Martini Gin, Gin & Tonic) et des créations plus originales, où les mixologistes italiens tentent de sublimer leurs alcools *premium.* Jolie déco feutrée style années 1960, colorée par le bleu d'un aquarium.

# *Oberkampf et le nord du 11e*

## Où manger ?

### Sur le pouce

**Boulangerie Benoît Castel** (plan B1, **31**) : *72, rue Jean-Pierre-Timbaud, 75011. ☎ 01-48-06-70-59. Ⓜ Parmentier. Mer-sam 8h-20h30, dim 8h-18h. Sandwichs 4-5,90 € ; formules 8,30-10,90 €.* Des sandwichs gourmands (jambon/fromage de luxe, pastrami...), des pains fantaisie, de délicieuses viennoiseries : bienvenue chez Benoît Castel, nouvelle star de la boulangerie parisienne. Également de jolies pâtisseries, comme des mille-feuilles, des tartes au citron délicates ou de généreux fars bretons.

**Épicerie du Verre Volé** (plan zoom, **30**) : *54 bis, rue de la Folie-Méricourt, 75011. ☎ 01-48-05-36-55. Ⓜ Oberkampf. Lun-sam 11h-20h. Sandwichs 5,90-7,90 € ; formule env 14 €.* Juste derrière la vitrine de charcuterie fine et fromages à la coupe s'élaborent des sandwichs maison à base de produits de saison d'excellente qualité, composés à la commande. Difficile de faire plus frais ! Square tout proche pour déguster ce bon pain drôlement bien fourré.

**La Reine Mer** (plan A1, **32**) : *1, rue Jean-Pierre-Timbaud, 75011. ☎ 01-43-55-29-06. Ⓜ Oberkampf. Tlj sauf dim soir et lun 10h30-15h30, 18h-23h. Le midi, formule 17 € et menu 21 € ; plats 15-27 € ; happy oyster 17h30-19h 9 € (6 huîtres naturelles + verre de vin).* Poissons, coquillages et crustacés, bruts ou cuisinés, à emporter ou à manger sur place une fesse sur son tabouret au comptoir (16 places assises seulement). Que du frais issu de la pêche écoresponsable et des côtes françaises. Bons produits bien mis en valeur de façon simple et efficace, et plat du jour excellent. Huîtres de Normandie et de Bretagne au choix pour les amateurs. Carte de vins blancs soigneusement choisis pour accompagner cette sympathique excursion marine.

I●I **Café Mareva** (plan A-B1, **29**) : *38, rue du Faubourg-du-Temple, 75011. ☎ 01-43-38-64-57. Ⓜ République. ♿ Mar-jeu 9h-17h, ven-dim 9h-19h. Résa conseillée le w-e. Gaufre env 12 € ; menu brunch 22 €.* À un emplacement stratégique, derrière la place de la République, au démarrage du canal Saint-Martin et en face du *Palais des Glaces* apparaît une étroite façade bleu roi. L'entrée d'un royaume pour les gourmands à l'estomac fragile : pas de gluten, pas de lactose, mais tous les plaisirs du brunch. Toasts, smoothies, gâteaux américains, *buddha bowl* du jour et surtout de fameuses gaufres, l'invention maison, à base de patate douce (sucrées) et de pommes de terre (salées) ! Aussi savoureuses que les classiques, mais plus légères. Les garnitures sont aussi agréables à l'œil qu'au palais, le café fraîchement moulu, et vegan comme carnivores trouveront leur bonheur... Accueil et service chaleureux. *NOUVEAUTÉ.*

## De très bon marché à bon marché

☕ ⛱ **Beans on Fire** (plan B2, **34**) : *7, rue du Général-Blaise, 75011. ☎ 01-43-55-94-73. Ⓜ Voltaire ou Parmentier. Lun-ven 8h30-17h, sam-dim 9h-18h. Plat du jour 10 €.* Superbe terrasse : vaste, ensoleillée, juste devant un square où les enfants peuvent jouer de leur côté, longeant des rues désertées par les voitures. Et puis on revient pour l'atmosphère tranquille et conviviale, soutenue par de bonnes choses à picorer. Plats du jour, sandwichs, toasts ont tous un plus, comme cette tartine topinambour-morbier-pesto... Des produits de bonne qualité, préparés simplement mais soigneusement harmonisés. Desserts très anglo-saxons – délicieux crumble aux pommes. Au brunch, pas de forfait global exorbitant mais différentes propositions. Quant aux amateurs de café, ils seront ravis : il est torréfié sur place ! *NOUVEAUTÉ.*

11e

I●I **Dong Huong** (plan B1, **35**) : *14, rue Louis-Bonnet, 75011. ☎ 01-43-57-42-81. Ⓜ Belleville. Tlj sauf mar 12h-22h30 non-stop. Congés : 3 sem en été. Carte max 18 €. Saké (alcool de riz) offert sur présentation de ce guide.* Depuis son ouverture il y a 35 ans, ce petit resto familial s'est agrandi et compte 4 grandes salles et près de 40 personnes qui y travaillent. La raison de cette réussite ? Pas vraiment le service, même s'il est rapide et souriant, ni la déco façon resto U. C'est dans l'assiette ! Toutes les saveurs de la gastronomie vietnamienne s'y retrouvent, avec en prime d'excellentes *bánh xèos* (crêpes fourrées et grillées). La communauté vietnamienne de Belleville l'a bien compris et s'y bouscule.

I●I ***L'Orillon Bar*** (plan B1, **33**) : *35, rue de l'Orillon, 75011. Ⓜ Belleville. Resto en sem 12h15-14h30 et grignotage lun-sam jusqu'à 2h. Fermé dim. Congés : 2 sem en août et 1 sem à Noël. Formules 15-20 € ; carte env 20 €.* À Belleville, un café d'angle qui en a vu d'autres, tenu par une jeune équipe sympa, pas compliquée et appliquée. À l'image d'une cuisine du jour très fraîche, préparée en fonction du marché et de l'inspiration. Sur des tables en formica, entre un comptoir patiné et des murs bruts, on se régale d'un œuf mayo, d'une brandade de poisson ou d'un tartare avec sa salade de lentilles. Simple, bon et à prix démocratique. Difficile de ne pas en faire sa cantine, à l'instar d'une ribambelle d'habitués réjouis !

I●I **Picotte** (plan A1, **38**) : *42, rue de Malte, 75011. ☎ 01-49-29-98-77. Ⓜ Oberkampf. Tlj sauf sam midi et dim-lun 12h-14h, 19h30-22h. Congés : 27 juil-16 août. Formules déj 18-22 € ; le soir, assiette env 11 €. Café offert sur présentation de ce guide.* Dans un cadre moderne, coloré et chaleureux, à l'image de l'accueil, ce resto propose 2 formules appétissantes. Le midi, cuisine de marché avec des propositions légères et savoureuses. Le soir, à vous de choisir dans un éventail de « picottes » qui évoluent au fil des saisons : des « tapas » à partager pour picorer dans les spécialités régionales de l'Hexagone. Chaque portion arrive avec sa petite histoire, et on se cultive tout en régalant ses papilles ! Large choix de vins servis au verre, certains bio ou nature. Un concept original et réussi aussi bien le midi que le soir. *NOUVEAUTÉ.*

|●| ***Krügen*** *(plan B1,* ***37****) : 58, rue de la Fontaine-au-Roi, 75011. ☎ 09-52-29-78-79. Ⓜ Parmentier ou Goncourt. Tlj sauf dim soir, lun et mar soir 12h-14h30, 19h-22h30. Congés : 3 sem en août et 2 sem à Noël. Formules déj en sem 11,50-13,50 € ; carte 15-20 € ; brunch sam-dim 22 €.* La Bretagne est à l'honneur dans cette crêperie à la déco stylée, tendance surfeurs. Les galettes sont cuisinées « *kraz* », donc fines et croustillantes, vraiment goûteuses et garnies de produits du terroir sélectionnés (andouille de Guémené, saucisse d'Ille-et-Vilaine...), à choisir à la carte ou à composer au gré de ses envies. Les sucrées se déclinent en crêpes et en *kouigns,* spécialité bigoudène. Belle sélection de cidres artisanaux et/ou bio (dont une cuvée maison) et de bières locales. Une adresse sympa, gérée par une équipe jeune (mi-bretonne) et pro. Brunch le week-end et coin épicerie. *Autre adresse au 4, rue du Général-Renault, dans le 11e.*

|●| ***L'Alicheur*** *(plan B1,* ***36****) : 96, rue Saint-Maur, 75011. ☎ 01-43-38-61-38. Ⓜ Rue-Saint-Maur. Tlj sauf sam-dim ; service 12h15-15h30, 19h15-23h30. Formules 10-12 € ; nouilles 7,20-8,90 €, roll 1,60 €. Infusion maison selon disponibilité offerte sur présentation de ce guide.* Rethori prépare une cuisine légère, sans friture, aux parfums du monde. Une cuisine que lui a apprise sa mère, Rosine, qui fut l'une des reines de la cuisine khmère. Dans son minisnack, on avale debout sur le pouce ou on emporte des soupes parfumées, des salades malignes, et ces délicieux *rolls,* minirouleaux aux légumes et à la viande. Simple, sain, bon, pas cher, gentil comme tout. Et pour les curieux, il y a toujours l'énigme du jour, inscrite au tableau, qui permet à qui la découvre de gagner un *roll* d'honneur. Autant vous prévenir, ce n'est pas si facile !

|●| ***Crêperie Bretons*** *(plan zoom,* ***39****) : 56, av. de la République, 75011. ☎ 01-77-10-27-07. Ⓜ Parmentier. Tlj sauf dim-lun 12h-14h, 19h-22h. Congés : août. Galettes et crêpes 5-10 €.* Avec sa petite terrasse mordant sur l'avenue, cette crêperie ne paie pas de mine. Mais une fois à l'intérieur, on se sent enveloppé par la douceur du cadre contemporain, réchauffé de brique et de bois. La cuisine ouverte offre la vue sur le bilig où sont confectionnées crêpes dentelle et galettes de sarrasin, légères, à la fois croustillantes et moelleuses à cœur. Un choix de garniture ni large ni complexe, c'est vrai, mais une qualité constante et des tarifs très abordables pour le quartier. *NOUVEAUTÉ.*

## De bon marché à prix moyens

|●| ***Green House*** *(plan C1,* ***43****) : 22, rue Crespin-du-Gast, 75011. ☎ 09-80-48-79-47. Ⓜ Ménilmontant ou Rue-Saint-Maur. Tlj sauf dim-lun 12h-14h30, 19h-22h. Repas 15-25 €.* Après avoir lancé à Paris la mode de la *street food* dans son *Camion qui fume,* l'Américaine Kristin Frederick nous met au vert avec cette toute petite cantine *healthy,* épaulée par un jeune chef touche-à-tout. Le concept : des *bowls* complets, sains et gourmands, inspirés par le métissage de la cuisine californienne, et des *small plates* à grignoter à l'apéro, *fusion* toujours. Tout est bio, le plus local possible, et les vins sont naturels. Au moindre rayon de soleil, on s'installe en terrasse sur la placette verdoyante aménagée en potager urbain. Et c'est le bonheur ! Pour ceux qui seraient plus tentés par les burgers du *Camion qui fume,* retrouvez-les au 66, rue Oberkampf *(tlj 12h-23h).*

|●| ***Double Dragon*** *(plan C2,* ***46****) : 52, rue Saint-Maur, 75011. ☎ 01-71-32-41-95. Ⓜ Rue-Saint-Maur, Père-Lachaise ou Voltaire. Ouv le soir tlj, plus le midi sam-dim ; service 12h-14h30, 19h-23h. Pas de résa. Carte 30-35 €.* Un fantasme bobo de cantine asiatique, et ça marche. La gueule du dragon ? Une salle sobre avec mobilier de récup et sculpture en néon. Sur la carte, un piment indique les plats relevés. Saint-jacques crues, radis blanc et prunes préservées conjuguent fraîcheur et acidité ; les nouilles Dan Dan vous transportent au Sichuan ; le tofu au comté s'oriente vers une cuisine *fusion...* Aux manettes, 2 sœurs franco-philippines, Tatiana et Katia Levha.

**Melt** *(plan zoom, **42**) : 74, rue de la Folie-Méricourt, 75011. ☎ 09-81-36-42-76. Ⓜ Parmentier. Tlj 12h-15h, 19h30-23h. Pas de résa possible. Formules déj en sem 12-18 € ; viandes 11-14 €, légumes 4-6 €.* Dans l'esprit des *smokehouses* à la texane, les amateurs de bonne bidoche se pressent ici pour s'avaler des morceaux de viande fumée qui fondent délicieusement dans la bouche (*brisket black angus, smoked chick, spare ribs,* etc.), accompagnés comme il se doit d'une sauce barbecue et de *coleslaw.* On passe commande et on vous apporte votre plateau. Bref, il faut que ça tourne ! Les *sides* sont moins convaincants mais qu'importe, l'ambiance est jeune, décontractée, et les carnivores ne seront pas déçus.

**Café du Coin** *(plan C2, **48**) : 9, rue Camille-Desmoulins, 75011. ☎ 01-48-04-82-46. Ⓜ Voltaire, Père-Lachaise ou Rue-Saint-Maur. ♿ Tlj jusqu'à 1h ; service 12h30-14h30, 19h-22h30. Formule déj en sem 20 € ; le soir, carte de tapas env 30 €.* Un décor de bistrot parisien revisité avec sol en mosaïques, comptoir courbe et luminaires globes pour une cuisine originale, délicate et savoureuse. Le midi, menu défiant toute concurrence, avec des assiettes soignées et ultra-fraîches. Le soir, place à l'apéro dînatoire, avec une carte de tapas et autres grignotages, mais toujours de haute qualité (fruits de mer, *pizzette,* etc.). Carte des vins enthousiasmante.

**Ober Mamma** *(plan zoom, **49**) : 107, bd Richard-Lenoir, 75011. ☎ 01-58-30-62-78. Ⓜ Oberkampf. ♿ Tlj 12h-14h30 (15h30 w-e), 19h-22h45. Pâtes et pizzas env 12-18 €.* La petite sœur d'*East Mamma* (voir plus haut « Autour de Bastille et de la Nation ») rencontre le même succès. Autant dire qu'il faut venir en décalé pour espérer trouver sa place parmi les foules d'affamés branchés. Mais ça vaut le coup ! D'abord, parce que le service est sympa et efficace. Ensuite, parce que le cadre trattoria rustico-tendance (mobilier en bois, verrière, cuisine ouverte et cochonnailles suspendues) est réussi. Et enfin parce que les pizzas comme les pâtes sont vraiment goûteuses. Tout est bon, jusqu'au café qui est torréfié par la maison !

11e

**Sizin** *(plan A-B1, **50**) : 36, rue du Faubourg-du-Temple, 75011. ☎ 01-48-06-54-03. Ⓜ République. ♿ Tlj sauf dim midi ; service 12h-14h30, 19h-22h30. Le midi en sem, menus 12,50-15,50 € ; carte 20-25 €. Café ou thé offert sur présentation de ce guide.* Face au *Palais des Glaces,* au fond d'un préau où l'on dispose quelques tables en terrasse, ce modeste restaurant au cadre aussi flétri que dépaysant propose depuis plus de 30 ans, à la carte, toute la panoplie de la cuisine turque : pizzas et grillades au feu de bois, *böreks, kanarya* (aubergine et poivron au yaourt) et autres *mezze,* sans oublier les onctueux yaourts maison et les baklavas. Tout est fait maison, y compris le pain. Bon accueil.

**L'Homme Bleu** *(plan B1, **51**) : 55 bis, rue Jean-Pierre-Timbaud, 75011. ☎ 01-48-07-05-63. Ⓜ Parmentier. Tlj 10h (16h dim)-1h. Toujours plein le soir après 20h. Formule déj 13,80 € ; plat du jour 11,80 € ; carte 25-30 €.* Depuis une vingtaine d'années, les clients se rassemblent chaque soir sous la grande tente, à l'abri des tempêtes de sable, pour goûter couscous, tajines mijotés, keftas et petits farcis (*böreks,* bricks...) préparés sous leurs yeux, au coin de la cheminée, par d'heureuses *tilawins.* Une valeur sûre dans le quartier.

**Café Lux** *(plan B2, **52**) : 73, rue Saint-Maur, 75011. 📱 07-68-62-68-22. Ⓜ Rue-Saint-Maur. Mer-sam 12h-14h30 (15h30 sam), 19h-22h30. Bo bun 14,50-16 € ; carte env 20 €.* Ce repaire pour amateurs de bo bun offre une jolie déco qui mélange tables de bistrot en formica et lampes en papier d'Asie. La cuisinière propose une version soignée de cette emblématique spécialité vietnamienne, aussi belle à voir que bonne à manger. Tout est frais, maison (nems, oignons frits, viande émincée cuite à la minute...) et délicatement assaisonné. Avec un bon dessert et un verre de vin (naturel !), c'est la pause déjeuner idéale.

**La Vache Acrobate** *(plan A2, **53**) : 77, rue Amelot, 75011. ☎ 01-47-00-49-42. Ⓜ Saint-Sébastien-Froissart ou Chemin-Vert. Tlj sauf dim 12h-14h30, 19h-22h30. Congés : 3 sem en août. Formules déj 17-20 € ; carte 25-35 €.* Un petit troquet coloré, où les habitués aiment se retrouver pour une soirée conviviale, autour de petits plats bien troussés. Le cadre est chaleureux, mais mieux vaut savoir se faufiler et aimer le coude-à-coude ! La carte des vins privilégie petits crus et vignobles méconnus. Accueil très sympa.

**JJ Beaumarchais** *(plan zoom, **55**) : 92, bd Beaumarchais, 75011. ☎ 09-83-91-45-44 ou 09-83-25-95-78. Ⓜ Saint-Sébastien-Froissart. Tlj sauf dim soir et lun 12h-14h, 19h-22h30. Formules 20-22 € le midi en sem, 27-30 € sam-dim ; menu dégustation le soir env 50 € ; carte env 40 €.* L'atmosphère conviviale et l'accueil mettent tout le monde à l'aise. La cuisine se concentre sur une carte réduite pour ciseler des plats du jour savoureux et pleins de bonnes idées. C'est beau et d'une fraîcheur irréprochable... Belle sélection de vins.

**Scaria** *(plan zoom, **56**) : 88, av. Parmentier, 75011. ☎ 09-83-47-62-66. Ⓜ Parmentier. Lun-ven 11h30-14h30, 18h-23h (cuisine 12h-14h30, 19h30-23h), sam 10h-23h (cuisine 12h-16h, 19h30-23h). Sandwichs 5,90-9,50 € ; formules déj 18-22 € ; carte env 40 €. Café offert sur présentation de ce guide.* À l'image du quartier, *Scaria* est une adresse vivante, qui met les clients à l'aise. Il suffit de les prendre par la gourmandise, nous direz-vous... On se régale à toute heure dans cette jolie salle à la déco design, ouverte sur la cuisine. La carte est concise, mais que c'est beau, et diablement bon ! Les plats, méticuleusement travaillés, trahissent le tour de main d'un chef passé chez quelques pointures. Une option végétarienne redonne leurs lettres de noblesse aux légumes, bio le plus souvent. À midi, menu gastronomique à prix serré ! Pour un grignotage rapide, sandwichs (notamment au pastrami) et plats à emporter. Le soir, assiettes dégustation. Coin épicerie.

## De prix moyens à chic

**Vantre** *(plan B1, **60**) : 19, rue de la Fontaine-au-Roi, 75011. ☎ 01-48-06-16-96. Ⓜ Goncourt ou République. Lun-ven 12h-15h, 20h-22h. Formules déj 17,50-22 € ; carte 40-45 €. Vins au verre à partir de 5 €.* Déco de bistrot élégante, tables en marbre, parquet et ardoise. Iacopo Chomel (ex de chez *Saturne*) et Marco Pelletier (ex-sommelier au *Bristol*) ont réuni leurs talents ici pour allier une fine cuisine de marché et de grands vins. La formule déj est une vraie aubaine ! La carte des vins, impressionnante, est à faire pâlir d'envie les plus grands amateurs. Attention tout de même au budget. Service pro et attentionné.

**La Cave de l'Insolite** *(plan zoom, **61**) : 30, rue de la Folie-Méricourt, 75011. ☎ 01-53-36-08-33. Ⓜ Saint-Ambroise, Parmentier ou Oberkampf. Tlj sauf dim-lun ; service 12h-14h30, 19h30-22h30. Formules déj 18-20 € ; carte env 43 €.* Un ancien atelier au cadre adorablement foutraque : mobilier de récup, tables rustiques, vieilles banquettes de moleskine, sous le regard d'un bel escalier à hélice... Beaucoup de vins naturels occupent les rayonnages. Au niveau nourritures terrestres, plats de bistrot réalisés avec des produits frais, qui collent au cadre. En prime, une atmosphère déliée, authentique, sans chichis !

**Square Gardette** *(plan B2, **44**) : 24, rue Saint-Ambroise, 75011. ☎ 01-43-55-63-07. Ⓜ Rue-Saint-Maur. Tlj 12h-14h30, 19h-22h30 (23h ven-sam, 22h dim). Formules déj 21-26 € ; menu 36 € ; carte env 45 € ; brunch dim 29 €.* Le décor volontairement vieillot et chaleureux dégage une véritable atmosphère. Mais la vraie surprise est dans l'assiette ! Au piano, la chef élabore une cuisine mi-classique, mi-revisitée, fraîche et goûteuse. Des cuissons parfaites, une carte originale qui change régulièrement, des produits de saison, pour un résultat qui flatte très largement vos papilles ! Aux beaux jours, les tables s'étalent le long du trottoir, ce n'est pas désagréable. Un peu plus de simplicité dans l'accueil, et tout serait parfait !

**Patchanka** *(plan B2, **62**) : 33-35, rue Saint-Sébastien, 75011. ☎ 09-51-45-76-91. Ⓜ Saint-Ambroise. Tlj sauf sam midi et dim-lun ; service 12h-14h30, 19h30-23h. Formules déj 14-19 € ; carte env 50 €.* Le patron est argentin, le personnel hispanophone à l'accent chantant bien marqué et les viandes (sublimes) sont cuites au barbecue avec un charbon argentin. Alors si les viandes juteuses et goûteuses en diable font la fierté de la maison, la courte carte ne se prive cependant pas de piocher dans d'autres terroirs : ris de veau papaye verte et citron, pluma de porc ibérique aux légumes de saison. Remarquable. Tout comme les desserts, pâtissiers sans être saturés en sucres. L'épatante formule déjeuner donne déjà un bel aperçu du savoir-faire du chef. Joli cadre épuré et accueil tout en chaleur. Un coup de cœur.

|●| ***Le Beslay*** *(plan zoom,* ***66****) : 67, av. Parmentier, 75011. ☎ 01-83-75-11-71. Ⓜ Parmentier ou Saint-Ambroise. Lun-sam 12h-14h30, 19h30-22h30 ; dim brunch 11h30-15h, service 19h30-22h30. Formules déj en sem 18-22 € ; le soir, carte 35-40 €.* Un restaurant lumineux tout en longueur, avec une grande tablée façon table d'hôtes scandinave et quelques tables au style plus cosy avec banquettes en velours bleu canard. La chef italienne (passée par les grandes maisons parisiennes) propose une carte courte et de saison avec forcément quelques plats aux envolées transalpines. L'équipe charmante et l'ambiance feutrée finiront de vous convaincre de venir partager un agréable moment.

|●| ***Restaurant Pierre Sang in Oberkampf*** *(plan zoom,* ***63****) : 55, rue Oberkampf, 75011. ☎ 09-67-31-96-80. Ⓜ Oberkampf ou Parmentier. ♿ Tlj ; service 12h-15h, 19h-21h30. Congés : env 22 déc-2 janv. Formules déj 20-35 € ; menu 39 € le soir.* Ici, pas de carte, pas de stress. Et c'est justement ce qui contribue en fin de compte au plaisir. Surtout que le service est souriant, attentif, rassurant. Dans un décor minimal blanc et noir (assez austère), on savoure l'unique formule : 2, 3, 5 ou 6 plats en version dégustation, de l'entrée au dessert en passant par le fromage (fameux). Surprise toujours de mise ! Quant au chef, c'est un ancien finaliste de *Top Chef* (saison 2), qui, depuis, a tracé son chemin. Il a ouvert 2 autres adresses : ***Pierre Sang on Gambey*** (voir plus loin) et ***Signature,*** à vocation gastronomique.

|●| ***Au Passage*** *(plan B2,* ***64****) : 1 bis, passage Saint-Sébastien, 75011. ☎ 01-43-55-07-52. Ⓜ Saint-Sébastien-Froissart. Mar-sam 19h-1h30 (23h30 pour la cuisine). Carte env 40 €.* Un bistrot qui cache bien son jeu, au milieu d'un passage peu fréquenté, derrière sa façade de petits carreaux et ses graffitis de Miss.Tic. Déco vintage de bric et de broc, clientèle branchée et cuisine inspirée. Petits plats genre tapas : frais, très bons mais assez peu copieux (l'addition peut donc vite grimper)... Quant à la carte des vins, elle est de tout 1er ordre. Parfait entre amis.

|●| ***Robert*** *(plan B1,* ***65****) : 32, rue de la Fontaine-au-Roi, 75011. ☎ 01-43-57-20-29. Ⓜ Parmentier, Goncourt ou République. Tlj sauf sam midi et dim-lun 12h-14h30, 19h-22h30. Formules déj en sem 21-25 € (pas de carte le midi) ; le soir, menu 55 € et carte env 55 €.* Un resto qui surfe habilement sur la nouvelle vague gastronomique, où déco épurée rime avec cuisine colorée. Le chef, d'origine australienne, régale ses convives avec des assiettes parfaitement composées, inventives et savoureuses, et de petites touches italiennes. Les légumes, très présents, proviennent du jardin de Robert, sur les bords de la Loire (90 variétés !). Une très bonne table dans ce quartier où les adresses gourmet se multiplient.

|●| ***Le Villaret*** *(plan zoom,* ***47****) : 13, rue Ternaux, 75011. ☎ 01-43-57-89-76. Ⓜ Parmentier ou Oberkampf. Tlj sauf sam midi et dim ; service 12h-14h30, 19h-22h30 (23h sam). Congés : 2 sem mi-août. Formules déj 24-28 € ; menu du marché 36 € ; le soir, menu dégustation 60 € ; carte env 50 €.* À l'opposé des restos parfois trop branchés du quartier, cette belle table bistronomique a un côté rassurant. Les plats, élaborés selon le marché par Olivier Gaslin, qui tient les rênes de la cuisine depuis 25 ans, font mouche. Assiettes soignées et généreuses, qui mettent à l'honneur de bons produits. Fabuleuse carte de grands crus, que le personnel se fera un plaisir de commenter. Service très pro et cadre accueillant.

## Plus chic

|●| ***Pierre Sang on Gambey*** *(plan zoom,* ***67****) : 6, rue Gambey, 75011. ☎ 09-67-31-96-80. Ⓜ Parmentier ou Oberkampf. ♿ Tlj ; service*

*12h-15h, 19h-21h45. Congés : env 22 déc-2 janv. Formules déj 20-35 € ; menus 49-88 € le soir ; carte env 50 €.* Du pur plaisir que cette 2e adresse de Pierre Sang, à deux pas de la 1re. Les formules, jamais annoncées car évoluant au gré de l'inspiration, permettent de profiter du talent d'un chef généreux, qui s'épanouit dans une cuisine de l'instant, précise, inventive, pleine de goût et largement ancrée en terre coréenne, patrie d'origine de Pierre. On s'étonne, on se régale, et on passe à coup sûr un bon moment accoudé à l'une des tables hautes en bois épais alignées face aux rayonnages de bouteilles, à moins de préférer le comptoir de la cuisine ouverte pour profiter du spectacle. Un bel endroit, comme l'accueil.

## Bars à vins

**La Canonnière** *(plan B1, **75**) : 57, rue de la Fontaine-au-Roi, 75011. ☎ 09-83-22-05-09. Ⓜ Parmentier. Tlj 11h30-15h, 18h30-minuit (cuisine 12h-14h30, 19h-22h30). Formules 15-18 €.* Un bistrot à vins moderne, qui aligne son long comptoir et ses quelques tables hautes face à une belle collection de bouteilles. Excellent choix de vins, où le biodynamique règne en maître (on peut acheter à emporter). On fait vraiment de chouettes découvertes et on accompagne le breuvage de petites assiettes fraîches et futées, pour grignoter ou carrément dîner. Un coup de cœur !

**La Buvette** *(plan B2, **76**) : 67, rue Saint-Maur, 75011. ☎ 09-83-56-94-11. Ⓜ Rue-Saint-Maur ou Parmentier. Mer-jeu 17h-22h ; ven 11h-15h, 17h-22h ; sam-dim 11h-22h. Pas de résa. Tapas 6-12 €. Verres de vin à partir de 5 €.* Une cave à manger savoureuse et rétro, de celles qui font toute la vitalité du Paris d'aujourd'hui. Autour de flacons savamment sélectionnés, principalement de vins nature, on peut grignoter de bien belles choses : charcuterie fondante, fromages délicatement affinés ou poissons fumés (hmm, les délicieuses saint-jacques aux zestes de cédrat !). Une adresse dans l'air du temps, pas donnée mais attachante.

**Passarito** *(plan B1, **77**) : 10, rue des Goncourt, 75011. ☎ 09-83-31-25-06. Ⓜ Goncourt. ♿ Tlj sauf dim-lun 12h-minuit. Assiettes env 5-20 €, plats du jour 12-18 € (morue ven). Verres de vin à partir de 4 € ; bouteilles à partir de 16,50 €.* Un très joli bar à vins, qui a la particularité d'être spécialisé dans les *vinhos* portugais. On découvre avec plaisir les meilleurs crus lusitaniens, comme le Dao (Nord), les vins du Douro ou les crus plus solaires de l'Alentejo (Sud). Petites assiettes bien fichues *(dentadas)* pour les accompagner : outre les iconiques conserves de poisson Minerva, ne manquez pas les charcuteries, réalisées à base de cochon *bisaro.* Plat du jour savoureux le midi et pause café-*pasteis de nata* dans l'après-midi. Les sympathiques patrons finissent de rendre ce lieu très attachant.

**Yard Cave** *(plan C2, **78**) : 6, rue de Mont-Louis, 75011. ☎ 01-40-09-70-30. Ⓜ Philippe-Auguste. Tlj 18h-minuit. Tapas 2-10 €. Verres de vin 5-8 € ; bouteilles à partir de 15 €.* Un bar à vins naturels, planqué dans un atelier typique du 11e, où dialoguent grandes verrières, murs en brique et structures métalliques. Accoudé au comptoir de bois blond, on déguste une excitante sélection de vins vivants, originaux ou plus sages, mais toujours singuliers. La bonne nouvelle, c'est qu'ici on n'applique aucun droit de bouchon et que l'on paie le vin au prix caviste ! Une aubaine pour les bandes de potes un peu soiffards. Il faut grignoter un petit quelque chose pour pouvoir commander, mais c'est à la fois bon et peu onéreux. Un très bon plan. *NOUVEAUTÉ.*

11e

## Où boire un verre ?

**Les Niçois** *(plan B2, **101**) : 7, rue Lacharrière, 75011. ☎ 09-84-16-55-03. Ⓜ Saint-Ambroise ou Rue-Saint-Maur. Tlj sauf dim soir ; service*

*12h-15h, 19h-23h. Congés : début août. Formule déj en sem 17 € ; le soir, tapas seulement 5-12 € ; brunch sam-dim 28 €, avec Bobo, l'animateur qui s'occupe des bambins.* Il flotte un air de vacances dans ce bar-resto à la déco brute, où l'ambiance s'échauffe du comptoir au terrain de pétanque (planqué au sous-sol, à côté du baby-foot) ! On commence au Ricard, pour un apéro qui s'étire en longueur, avant de goûter aux délicieuses tapas nissardes : incontournables pissaladière, *pan bagnat* ou *socca* à partager dans une bonne humeur contagieuse. Le dimanche, c'est brunch le midi et barbecue le soir.

***La Fine Mousse*** *(plan C1, **102**) : 6, av. Jean-Aicard, 75011. ☎ 01-48-06-40-94. Ⓜ Ménilmontant ou Rue-Saint-Maur. Tlj 17h-2h (plus resto le midi sam-dim). Congés : resto 2 sem autour du 15 août et 2 sem Noël-Nouvel An ; bar 4 j. Noël-Nouvel An. Bières 3,50-7 €. Planches charcuterie-fromages 12-14 € ; au resto, menu 35 €, menu dégustation 42 €.* La boisson à fine mousse revient en odeur de sainteté (tchin !) : ce bar nouvelle génération est l'un de ses missionnaires les plus convaincants. Décor sobre et confortable, fait de pierre brute et de murs immaculés. Un choix énorme à la pression (20 pompes, pas moins), 150 références bouteille et rien que des bières artisanales, locales ou du bout du monde. N'hésitez pas à demander conseil, les barmen exercent leur mission comme un sacerdoce. On peut tester un repas « accords mets et bières » au resto d'à côté *(même enseigne ; tlj à partir de 19h et à midi le w-e ; compter 24-35 €).*

11e

***Aux Deux Amis*** *(plan zoom, **106**) : 45, rue Oberkampf, 75011. ☎ 01-58-30-38-13. Ⓜ Parmentier. Tlj sauf dim-lun 12h30-2h ; service 12h30-14h30, 19h30-22h30. Tapas 6-13 €.* À l'heure de l'apéro, on se mêle au joyeux brouhaha de ce bistrot de quartier branché pour goûter sur le pouce à un choix impressionnant de copieuses tapas de haut vol aux saveurs inventives. Dans une déco seventies, ça parle fort, on se presse autour du zinc, dans une ambiance bon enfant. Un brin victime de son succès ; optez donc pour un apéro dînatoire dès 19h ou pour un déjeuner précoce, car ici chaque centimètre carré est pris d'assaut !

***Le Perchoir*** *(plan C1, **103**) : 14, rue Crespin-du-Gast, 75011. ☎ 01-48-06-18-48. Ⓜ Ménilmontant. Mer-sam 18h-2h. Résa : • resabar@leperchoir.fr •* Une fois la hype un peu retombée, on ne boude plus son plaisir de profiter de ce *rooftop* vertigineux, avec vue imprenable sur les toits de Paris. Belles terrasses, avec différentes perspectives sur la ville. Quand il fait plus frais, grande cabane en bois façon repaire de flibustiers pour s'abriter. La queue s'allonge sacrément en cas de météo ensoleillée ou en fin de semaine, essayez de venir tôt ! Service un peu désordonné.

***L'Impasse*** *(plan B1, **104**) : 4, cité Griset, 75011. 📱 06-52-76-69-77. Ⓜ Ménilmontant ou Rue-Saint-Maur. ♿ Tlj sauf dim-lun 17h-2h. Congés : août. Verre de vin env 4 €. Planche de charcuterie ou de fromages 19 €.* Ouvrez l'œil ! *L'Impasse* se planque dans les murs de brique d'une ancienne manufacture, aujourd'hui reconvertie en un loft aux airs berlinois. Fauteuils dépareillés, canapés chesterfield et tapis colorés plantent le décor de ce repaire de bobos, mi-*arty*, mi-intellos. On s'accoude au bar tapissé de palmiers pour commander un p'tit verre de rouge, à accompagner d'une bonne planche de charcut' ou de fromages. Allez, une partie de baby-foot entre 2 tournées ?

***Le Café Charbon*** *(plan B1, **105**) : 109, rue Oberkampf, 75011. ☎ 01-43-57-55-13. Ⓜ Parmentier, Rue-Saint-Maur ou Ménilmontant. ♿ Tlj 8h-2h (4h ven-sam) ; service 12h-minuit. Happy hours 16h30-20h. Fermé soir du 24 déc et 25 déc. Carte env 20 € ; brunch dim 22 €.* Fréquenté par les habitués d'Oberkampf et les nuitards parigots, puisque communiquant avec *Le Nouveau Casino,* ce troquet est l'un des incontournables de la capitale. Les fresques 1900 et la savante lumière tamisée recréent une atmosphère de bistrot début XXe s. Allez, on peut le dire, ce bar a une âme. DJs les vendredi et samedi à partir de 23h.

***La Loutre*** *(plan B1, **108**) : 46, rue Jean-Pierre-Timbaud, 75011. ☎ 01-48-06-05-36. Ⓜ Parmentier. Tlj* *sauf dim 8h-2h (1h lun-mar).* Happy hours *18h-21h. Cocktail 8 €.* Le gang des bars animaux a encore frappé ! Après l'*Ours* et le *Renard,* voici venu le temps de *La Loutre.* On retrouve ce mammifère particulièrement à l'aise dans le liquide sur le joli papier peint, nageant dans... un cocktail géant. Comme pour les autres établissements de la bande, cocktails fameux et vraiment abordables, marque fabrique maison. Essayez donc le « Des Chiffres et des Loutres », composé de vermouth, sirop de figue, gin infusé au thym et jus de citron. Loutrement bon ! *NOUVEAUTÉ.*

**Pop In** *(plan A2,* ***107****)* **:** *105, rue Amelot, 75011. ☎ 01-48-05-56-11. Ⓜ Saint-Sébastien-Froissart. ♿ Tlj 18h30-1h15.* Happy hours *18h30-21h. Congés : 3 sem en août et Noël-1er janv. Demi 3,40 € (1,70 € pdt l'*happy hour*) ; pinte 6 € (3 € pdt l'*happy hour*).* On se sent ici comme dans un vieux *flat* de la banlieue londonienne. Gays et hétéros s'y retrouvent volontiers pour commencer la soirée. Régulièrement des concerts. Un incontournable.

# 12e ARRONDISSEMENT

• Plan *p. 144-145*

**Si le 12e s'étend de Bastille au bois de Vincennes, l'animation se concentre surtout à l'ouest de l'arrondissement, plus précisément autour de la place d'Aligre et de son célèbre marché. On ne sait quelle porte pousser tant les petites cantines et les bars à vins jouent la même carte : celle de la convivialité gourmande dans la grande tradition bistrotière. Pour un dernier verre, direction la Bastoche et ses innombrables bars de nuit, où se retrouvent les fêtards et les jeunes Parisiens assoiffés.**

## Où manger ?

### Sur le pouce

***Ground Control*** *(plan B2,* ***2****)* **:** *81, rue du Charolais, 75012. Ⓜ Gare-de-Lyon. Mer-sam 12h (11h sam)-minuit, dim 11h-22h30. Fermeture des stands 15h-18h. Fermé lun-mar.* L'ancien entrepôt de la SNCF est dédié à la *street food,* en attendant sa reconversion. À l'intérieur, dans la Halle Charolais, plusieurs stands proposent une cuisine thématique à prix abordable : pizzas chez *Faggio,* pâtes chez *Solina,* tex-mex chez *Chilam* (un bon chef mexicain) et d'onctueux *Mo* chez *Mr Zhao.* Mais notre chouchou reste ***La Résidence,*** restaurant solidaire qui accueille tout à tour des chefs réfugiés qui nous font découvrir la cuisine de leur pays. À l'extérieur, bus et wagons de train reconvertis en *food trucks* proposent des plats à base de produits majoritairement bio : crêpes et galettes, *fish & chips,* spécialités moyen-orientales, à déguster dehors ou dedans, sur de longues tables d'hôtes. On peut aussi se poser en terrasse, loin des bruits de la ville, juste pour boire un verre et chiller dans une chaise longue. Sympa à toute heure et particulièrement animé en fin de journée. Également des boutiques (récup, fleurs), des animations le week-end et même une radio !

***Bercy Village*** *(plan B3,* ***1****)* **:** *cour Saint-Émilion, 75012. Ⓜ Cour-Saint-Émilion. Tlj ; service continu 11h-2h.* Sur les anciens chais et entrepôts de Bercy, un vaste complexe de plein air, où prennent place, le long d'une rue pavée et animée, des restos plutôt concept et branchés. Parmi les bonnes enseignes, la ***Maison Kayser*** propose petits déj (brunch très prisé le dimanche de 11h à 16h), sandwichs, salades, pâtisseries et même quelques plats chauds à consommer sur place ou à emporter dans le parc voisin. À côté, chez ***Jour,*** des salades à base de produits frais, variés et sains, à composer soi-même ou non et à prix honnêtes. Enfin, la nouvelle enseigne de burgers made in USA, ***Five Guys,*** réputée pour la qualité de ses produits. Bref, des plans bons et pratiques avant ou après le ciné (juste en dessous !), et en terrasse aux beaux jours.

**La Bonne Tradition** *(plan B1,* ***3****)* **:** *2, rue Érard, 75012. Pas de tél. Ⓜ Bercy ou Ledru-Rollin. Lun-ven 12h-15h. Formule 8,50 € ; sandwich ou salade 6 €, soupe du jour 2,50 €.* En lieu et place d'une ancienne triperie de quartier, cette sandwicherie fait carton plein tous les jours. Sandwichs chauds bien garnis ou salades et soupes drainent une clientèle fidèle et soucieuse de manger vite, bon et sain. Équation rapidement saisie par la fine équipe, qui expose fièrement ses cageots débordants de fruits et légumes frais, et concocte chaque jour des recettes différentes. Le sandwich « jambon à l'os (tranché minute en chiffonnade), mozzarella, caviar d'aubergine » est désormais un classique... Accueil toujours cool, même au moment du rush.

## Très bon marché

**Restaurant Scotta** (plan zoom, **4**) : *11 bis, rue de Cotte, 75012. ☎ 01-46-28-01-65. Ⓜ Ledru-Rollin. Tlj 12h-14h45, 19h30-23h. Pizzas 10-16 €.* Tiercé gagnant pour cet italien niché derrière le marché d'Aligre. Le cadre d'abord, bien dans son époque avec son papier peint tendance et la belle terrasse fleurie abritée à l'arrière (extra aux beaux jours) ; ensuite l'accueil franc et pro (on adore...) ; enfin une qualité irréprochable de produits mis en scène dans de magnifiques assiettes d'*antipasti* et sur les pizzas, généreusement garnies, blanches (sans sauce tomate) ou traditionnelles. La fermentation lente de la pâte lui confère à la fois croquant et moelleux. Tout un art ! Bons petits vins bio pour accompagner.

**Tarmac** (plan A1, **5**) : *33, rue de Lyon, 75012. ☎ 01-43-41-97-70. Ⓜ Bastille ou Gare-de-Lyon. Tlj 7h30-1h ; service 11h30-23h30. Fermé 25 déc. Tapas à tte heure 5,50 € ; formule et menu du jour 16-20 € ; carte env 26 € ; brunch w-e 22 €.* Ce *Tarmac* nous a plus fait planer qu'atterrir ! Ce bistrot contemporain séduit par son cadre moderne et tendance, avec miroir, zinc, teintes blanches, et poétiques inscriptions aux murs. La carte est une invitation au voyage avec des tapas et des plats renouvelés, associant saveurs du monde, herbes et épices. Service diligent, carte des vins appropriée aux plats et agréable terrasse.

## Bon marché

**Pouzenc** (plan A1, **7**) : *67, rue de Charenton, 75012. ☎ 09-53-52-32-90. Ⓜ Ledru-Rollin ou Bastille. Tlj sauf sam-dim 19h-23h. Congés : août. Résa obligatoire, ce joli petit bistrot ne comptant que 14 couverts ! Menus 26-34 €. Café ou digestif maison offert sur présentation de ce guide.* Du bon fait maison, de saison... et à prix tout doux, la formule est assurément gagnante ! La carte, courte comme il se doit, change (très) régulièrement et mêle allègrement les terroirs français au gré du marché. Chose rare, le chef excelle aussi bien dans le salé que dans le sucré : feuilleté de canard confit-champignons-citronnelle accompagné d'une salade de choux-vinaigrette au gingembre, potimarron farci à l'épaule d'agneau-citron confit-jus de veau crémé au sumac, poire pochée à la fleur d'oranger-crème mascarpone amande amère-sablé blé noir aux noix... On en ferait bien sa cantine.

**Nomikaï** (plan B1, **24**) : *14, rue Crozatier, 75012. 06-18-94-28-64. Ⓜ Reuilly-Diderot. Ouv le soir mer-dim, plus le midi jeu-dim ; service 12h-14h30, 18h30-23h30. Résa préférable. Plat env 10 € (compter 3-4 plats/pers) ; carte env 45 €. Apéritif maison offert sur présentation de ce guide.*

**Où manger ?**

- **1** Bercy Village (B3)
- **2** Ground Control (B2)
- **3** La Bonne Tradition (B1)
- **4** Restaurant Scotta (zoom)
- **5** Tarmac et À la Biche au Bois (A1)
- **7** Pouzenc (A1)
- **8** Cappadoce (C2)
- **9** Les Bombistrot (B1)
- **10** Les Zygomates (C2)
- **11** Auberge Aveyronnaise (B2)
- **12** Entre les Vignes (A1)
- **13** Beyit Jedo (C2)
- **14** L'Ébauchoir (zoom)
- **15** Café Barge Restaurant (A2)
- **16** Assaporare (zoom)
- **17** Le Cotte Rôti et Sardegna a Tavola (zoom)
- **18** Do & Riz (zoom)
- **19** Jouvence (B1)
- **20** Le Janissaire (C2)
- **21** Paya Thaï (zoom)
- **22** L'Amarante (A1)
- **23** Les Amis des Messina (B1)
- **24** Nomikaï (B1)
- **25** Anco (B2)

**Bars à vins**

- **26** Le Siffleur de Ballons (zoom)
- **27** Les Caves de Prague (zoom)
- **28** Le Baron Bouge (zoom)

**Où boire un verre ?**

- **2** Ground Control (B2)
- **30** Le China (zoom)
- **31** Le Troll Café (zoom)

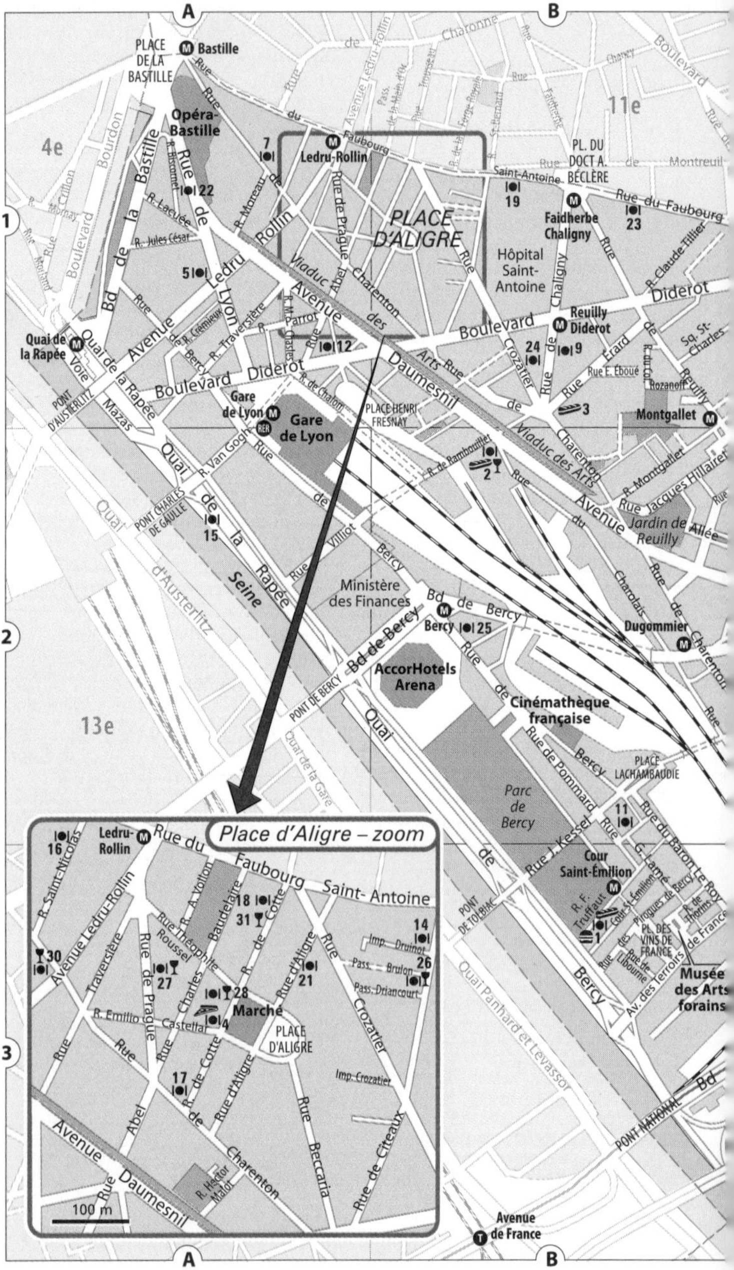

A
B
1
2
3
PLACE DE LA BASTILLE
Bastille
Opéra-Bastille
4e
11e
13e
Ledru-Rollin
PLACE D'ALIGRE
PL. DU DOCT A. BÉCLÈRE
Faidherbe Chaligny
Hôpital Saint-Antoine
Reuilly Diderot
Quai de la Rapée
Gare de Lyon
PLACE HENRI FRESNAY
Montgallet
Jardin de Reuilly
Ministère des Finances
Bercy
AccorHotels Arena
Dugommier
Cinémathèque française
PLACE LACHAMBAUDIE
Parc de Bercy
Cour Saint-Émilion
PL. DES VINS DE FRANCE
Musée des Arts forains
Seine
PONT D'AUSTERLITZ
PONT CHARLES DE GAULLE
PONT DE BERCY
PONT DE TOLBIAC
PONT NATIONAL
Avenue de France
Rue du Faubourg Saint-Antoine
Boulevard Diderot
Avenue Daumesnil
Viaduc des Arts
Rue de Charenton
Rue de Lyon
Avenue Ledru-Rollin
Quai de la Rapée
Quai d'Austerlitz
Quai de Bercy
Quai Panhard et Levassor
Bd de Bercy
Rue de Bercy
Place d'Aligre – zoom
Marché
PLACE D'ALIGRE
Rue d'Aligre
Rue de Cotte
Rue Crozatier
Rue Beccaria
Rue de Cîteaux
Rue Théophile Roussel
Rue de Prague
Rue Traversière
Rue Abel
R. Emilio Castelar
R. Hector Malot
Imp. Druinot
Pass. Brulon
Pass. Driancourt
Imp. Crozatier
R. Saint-Nicolas
R. A. Vollon
Baudelaire
Rue Charles
100 m

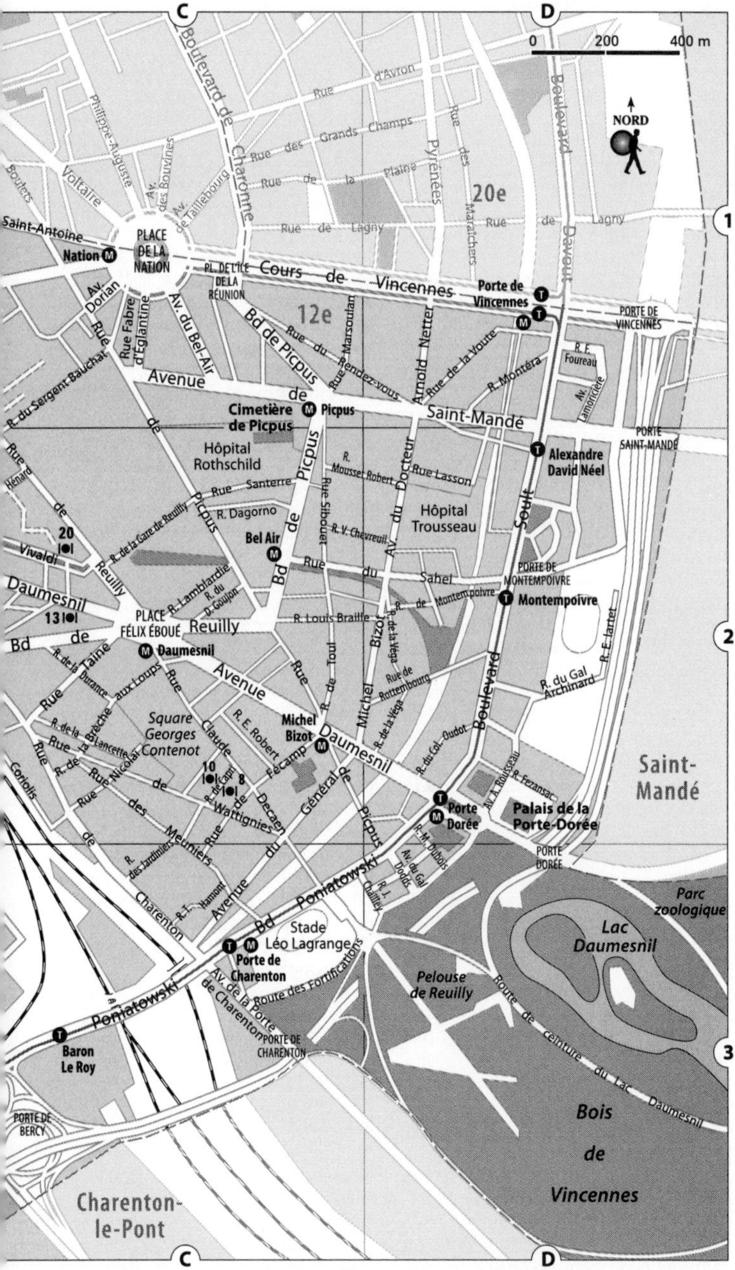


## 12e ARRONDISSEMENT

Des légumes locaux et bio, des viandes sélectionnées : ici, on réfléchit à ce que l'on cuisine ! La chef passionnée, que l'on voit à l'œuvre derrière son comptoir, s'est inspirée des *izakaya* japonaises, ces bars à saké où les boissons s'accompagnent de « tapas » chaudes ou froides. Elle propose une déclinaison de petites assiettes, savoureuses et raffinées. Du cuit, du cru, du chaud et du froid avec des inspirations venues d'Asie (à déguster avec des baguettes), mais aussi de délicates associations avec les produits de saison. Bon choix de boissons originales, vins nature. Pensez à réserver : peu de places dans la petite salle, plus quelques tables dehors en été. *NOUVEAUTÉ.*

**Beyit Jedo** *(plan C2, **13**) : 164, av. Daumesnil, 75012. ☎ 01-43-44-79-39. Ⓜ Daumesnil. Tlj sauf lun. Carte env 20 € ; brunch dim (buffet) 28 €.* Coup de cœur pour ce *coffee shop* coloré et fleuri, façon bonbonnière... orientale. À la carte et sur l'ardoise du jour, des recettes savoureuses et parfumées, traditionnelles et certaines revisitées, rendent hommage au Liban et à la variété de son répertoire culinaire. Les *mezze,* chauds et froids, les grillades, mais aussi des déclinaisons de tartares et burgers revisités avec des buns de chez Kayser sont concoctés avec des produits frais. En dessert, la tarte au fromage de chez Hommel, un MOF mosellan chez qui la patronne va se fournir de temps en temps, mérite le détour ! Pour accompagner, vins pas chers et bières libanaises. Les assiettes copieuses et la petite verrine servie en guise de bienvenue en disent long sur l'esprit généreux de la maison. *NOUVEAUTÉ.*

**Les Bombistrot** *(plan B1, **9**) : 22, rue de Chaligny, 75012. ☎ 01-43-45-36-32. Ⓜ Reuilly-Diderot. Tlj sauf dim et j. fériés ; service 12h-14h45, 19h-22h45. Congés : 5-25 août. Le midi, formules et menus 16,50-19,50 € ; carte env 30 €. Café offert sur présentation de ce guide.* Charmant, ce bistrot, avec ses éléments anciens conservés (comptoir en bois, carrelage géométrique gris et noir), sa belle hauteur sous plafond et ses lumières tamisées. La carte est bistrotière comme il se doit, plutôt classique mais variant au gré des saisons, et les vins sont à prix doux. Accueil discret mais prévenant.

**Cappadoce** *(plan C2, **8**) : 12, rue de Capri, 75012. ☎ 01-43-46-17-20. Ⓜ Michel-Bizot ou Daumesnil. Tlj sauf dim ; service 12h-14h30, 19h-23h. Congés : 10-31 août. Résa conseillée le soir. Formules déj en sem sauf j. fériés 14-16 € ; menus 23-28 €. Digestif maison offert sur présentation de ce guide.* L'hospitalité turque empreinte de gentillesse et de discrétion ainsi qu'une cuisine soignée ont assis la réputation de *Cappadoce* bien au-delà du quartier. Salle intime sans être étriquée, lumière tamisée. Menus bien pensés et variés (végétarien, diététique...). Service exquis et toujours aussi attentionné depuis 30 ans !

**Auberge Aveyronnaise** *(plan B2, **11**) : 40, rue Gabriel-Lamé, 75012. ☎ 01-43-40-12-24. Ⓜ Cour-Saint-Émilion. ♿ Lun-sam 12h-15h30, 19h-23h30. Fermé 1er janv, 1er mai, 24-25 et 31 déc. Congés : 28 juil-18 août. Formules déj en sem 22-31,50 € ; carte env 30 €. Apéritif maison offert sur présentation de ce guide.* Adresse populaire en diable, grande salle en pierre, bruyante, sur 2 niveaux. Ici, fourchette et couteau Laguiole bien en mains, on s'entoure le cou de la serviette en vichy et on se cale solidement les coudes pour s'attaquer sans barguigner aux produits en provenance du Massif central : bœuf de l'Aubrac, veau du Ségala, chou farci, farçous... et l'inévitable aligot-saucisse, le tout arrosé d'un marcillac bien gouleyant. Gardez un peu de place pour un saint-nectaire, un roquefort ou un flan à la louche. Prune du pays pour bien faire passer le tout. Picoreurs, s'abstenir.

**Anco** *(plan B2, **25**) : 108, rue de Bercy, 75012. ☎ 01-44-68-07-61. Ⓜ Bercy. Tlj 12h-22h30. Formules déj 17-21 € ; menus 25-31 €.* Planqué derrière l'*Accor Arena, Anco* a le double avantage de bénéficier d'une large terrasse sur voie piétonne et de grands espaces joliment décorés et cloisonnés pour accueillir la clientèle d'après-concert. Pour autant, la qualité n'a pas été sacrifiée au nombre. La carte présente une délicieuse cuisine de saison, fraîche, finement interprétée et présentée avec soin : merlu en viennoise d'herbes et déclinaison de champignons, agneau de Lozère de 7 heures et légumes confits. Les formules déj sont épatantes. Et même les petits ont le droit à un menu qui sort du lot. Bravo ! Accueil et service adorables. *NOUVEAUTÉ.*

## Prix moyens

**Les Zygomates** *(plan C2,* ***10****)* **:** *7, rue de Capri, 75012. ☎ 01-40-19-93-04. Ⓜ Michel-Bizot ou Daumesnil. Tlj sauf dim-lun ; service 12h-14h, 19h30-22h. Congés : août. Résa conseillée. Formules déj 16 € (sauf sam et j. fériés)-19 € (café compris) ; menus-carte 28-35 €. Café offert sur présentation de ce guide.* Rien n'a changé dans cette charcuterie début XXe s, reconvertie depuis en bistrot traditionnel plébiscité par les habitués du quartier, qui se précipitent sur le menu du déjeuner. Eh oui, la clientèle est satisfaite, ne s'en cache pas, et cette jovialité communicative a parfois des conséquences fâcheuses sur le niveau sonore !

**Café Barge Restaurant** *(plan A2,* ***15****)* **:** *5, port de la Rapée, 75012. ☎ 01-40-02-09-09. Ⓜ Gare-de-Lyon, Quai-de-la-Rapée ou Bercy. Le resto se trouve rive droite, entre le pont Charles-de-Gaulle et le pont de Bercy. Tlj sauf sam midi et dim-lun ; service 12h-15h, 19h30-2h (dernière commande à 23h – minuit sam). Le midi, formules 25-32 € ; le soir, formule 32 € et menu 39 € (37-43 € ven-sam).* Cette ancienne barge pétrolière sert de décor à un resto et à une cuisine d'inspiration méditerranéenne. Après 23h, le DJ assure le spectacle. On peut se contenter de boire un verre, une occasion d'admirer (ou non) les tables dessinées par des copains peintres qui exposent à tour de rôle. *And last but not least,* ne pas manquer d'aller faire un tour aux w-c, le design céramiques et hublot avec vue sur la Seine a son charme... Terrasse sur les quais, prise d'assaut aux beaux jours.

**À la Biche au Bois** *(plan A1,* ***5****)* **:** *45, av. Ledru-Rollin, 75012. ☎ 01-43-43-34-38. Ⓜ Gare-de-Lyon ou Quai-de-la-Rapée. ♿ Tlj sauf sam midi, dim et lun midi ; service 12h-14h30, 19h-22h45. Congés : 24 juil-23 août et 23 déc-2 janv. Résa conseillée. Menus 19-24,50 € (midi), puis 35,90 € ; carte env 32 €. Digestif maison offert sur présentation de ce guide.* Cette bonne halte, à 2 rues de la gare de Lyon, est la providence des voyageurs. D'ailleurs, ça ne désemplit pas. Certes, le décor est franchement quelconque, et les tables trop rapprochées n'invitent pas aux confidences amoureuses, mais la carte bistrotière est un vrai bonheur : fameux coq au vin (servi toute l'année), gibier en saison (dont la *famous grouse* !), beau plateau de fromages bien affinés, pâtisseries maison et vins à prix raisonnables. On en sort repu !

**Assaporare** *(plan zoom,* ***16****)* **:** *7, rue Saint-Nicolas, 75012. ☎ 01-44-67-75-77. Ⓜ Ledru-Rollin. Lun-ven 12h-14h30, plus mar-sam 19h-22h30. Congés : août. Formule déj 18 € ; carte env 36 €. Mar soir, apéro jazz, avec buffet, à partir de 10 €.* Dans un cadre bobo-*arty,* le grand Giuseppe, napolitain, mitonne ses petits plats dans sa cuisine ouverte sur la salle. Il prend aussi le temps de commenter à ses clients chaque plat : des recettes du Sud essentiellement, juste simples et bonnes. 2 ou 3 desserts, pas plus, mais en provenance directe de la meilleure pâtisserie de la côte amalfitaine. Belle carte de vins de producteurs à prix étudiés. Et l'accueil, extra, est tout en bonne humeur, comme là-bas.

**Do & Riz** *(plan zoom,* ***18****)* **:** *31, rue Cotte, 75012. ☎ 01-43-45-57-13. Ⓜ Ledru-Rollin. Tlj sauf dim. Formules déj en sem 15,50-19 € ; carte 20-25 €. Dessert offert sur présentation de ce guide.* Curieux nom pour ce resto de poche discret situé dans une rue à la branchitude toute parisienne. La cuisine vietnamienne, réalisée avec talent, attire les habitués, qui occupent rapidement les quelques tables. Et ces gens-là ont bon goût, car malgré les kilomètres, les recettes n'ont rien perdu des saveurs culinaires propres au Vietnam. Soupe *pho* parfumée, délicieux bo bun, salade de mangue légère, veau confit au caramel, autant de plats qui titillent les papilles avec justesse. Service tout en douceur, comme là-bas.

**Le Janissaire** *(plan C2, **20**) : 22-24, allée Vivaldi, 75012. ☎ 01-43-40-37-37. Ⓜ Daumesnil ou Montgallet. Tlj sauf sam midi et dim 12h-14h30, 19h-23h. Fermé 1er janv, 24 déc au soir et 25 déc. Congés : 9-30 août. Résa conseillée. Menus 16-23,50 € (midi), puis 26,90-29,90 € ; carte 30-35 €.* Dans le prolongement de la Coulée verte, une délicieuse cuisine turque. Le choix sera difficile entre les *mezze* et les incontournables *böreks* (roulés au fromage). Les viandes sont grillées, cuisinées en papillote ou marinées dans un onctueux yaourt épicé. Belle carte de vins de Turquie. Décor agréable et cosy, où se marient des œuvres de peintres turcs contemporains, des tapis anciens et de vieux documents officiels de l'Empire ottoman. Service discret et efficace. Aux beaux jours, agréable terrasse.

**Paya Thaï** *(plan zoom, **21**) : 30, rue d'Aligre, 75012. ☎ 09-50-96-10-00. Ⓜ Faidherbe-Chaligny. Lun-ven 12h-14h30, 19h-22h30 ; sam 19h-23h. Fermé dim. Formules déj 15,50-16,90 € ; carte 30-35 €. Café offert sur présentation de ce guide.* On se presse dans ce petit resto pour déguster une cuisine thaïe délicieuse, préparée par une équipe de jeunes femmes dynamiques et souriantes. La carte propose aussi bien des classiques à base de lait de coco ou de citronnelle que des plats moins connus de la province d'Isaan, dans le nord-est de la Thaïlande. Selon vos goûts, essayez un plat au curry ou le plus doux *pad thaï*, à base de pâtes de riz sautées au wok, plus adapté à nos palais occidentaux peu habitués à ces saveurs relevées. Pour une fois, les desserts ne sont pas en reste, alors n'hésitez pas à vous laisser tenter par un *Sa Kou Mamouang*.

12e

**Entre les Vignes** *(plan A1, **12**) : 27 ter, bd Diderot, 75012. ☎ 01-43-43-62-84. Ⓜ Gare-de-Lyon. Tlj sauf sam-dim 12h-14h30, 19h30-21h30. Formule 25 € ; menus 30-40 €.* Un petit resto qui redonne le sourire et améliore l'ordinaire de ce quartier ferroviaire. Dans un cadre rétro à souhait, on profite d'une cuisine bourgeoise et savoureuse : croustillant de pied de porc, saucisson pistaché et ses pommes de terre tièdes, risotto au vin rouge et effiloché de canard confit, entrecôte de Salers servie avec des frites à l'ancienne, baba au rhum... Tout est bon et fait maison. Malgré tout, la formule du midi peut s'avérer un peu chère au regard de ce qui se fait ailleurs à la même heure. Le soir, le rapport qualité-prix redevient bien plus évident.

## De chic à plus chic

**L'Ébauchoir** *(plan zoom, **14**) : 43-45, rue de Cîteaux, 75012. ☎ 01-43-42-49-31. Ⓜ Faidherbe-Chaligny. Tlj sauf dim et lun midi 12h-14h30, 19h30-22h30 (23h ven-sam). Congés : 11-18 août. Le midi, menus 15-29 € mar-ven, 26-29 € sam ; le soir, carte seulement, env 40 €. Belle carte des vins démarrant à 24 € avec des conseils pro ; vin au verre ou au compteur.* La cantine des artisans, cols blancs et bobos du coin. Cuisine traditionnelle fort honnête. Le midi, c'est plein comme un œuf. Atmosphère bourdonnante, voire rugissante. Les serveurs virevoltent entre les tables et livrent de copieux plats du jour, comme le carré d'agneau irlandais aux épices ou le mignon de cochon sauce au miel.

**Jouvence** *(plan B1, **19**) : 172 bis, rue du Faubourg-Saint-Antoine, 75012. ☎ 01-56-58-04-73. Mar-sam 12h-14h, 19h-22h. Résa conseillée. Formules déj 19-24 € ; carte env 40 €.* Voici un endroit original, une ancienne pharmacie où l'on imagine facilement les bocaux, les baumes et les potions jalousement conservés dans les armoires séculaires. Dans l'assiette, c'est tout autre chose ! Place à l'originalité, où l'on manie aussi bien le poisson que la viande avec un beau choix côté légumes, excellemment préparés. Romain, qui s'y connaît en vin, est de très bon conseil pour accompagner tout ça ! Peu de place.

**Le Cotte Rôti** *(plan zoom, **17**) : 1, rue de Cotte, 75012. ☎ 01-43-45-06-37. Ⓜ Ledru-Rollin. Tlj sauf sam-dim et lun midi ; service 12h-14h30, 19h30-22h (22h30 ven). Congés : 1 sem en mai, 3 sem en août et Noël-Jour de l'an. Formules déj 22-26 € ; le soir, carte env 60 €.* Le marché d'Aligre tout proche alimente sans doute, au gré des saisons, l'inspiration de ce jeune chef doué et créatif. La carte est volontairement courte mais les propositions sont toutes plus alléchantes les unes que les autres. Le midi, le rapport qualité-prix laisse littéralement pantois, tant par la qualité de la sélection que par la générosité des assiettes. Belle petite sélection de vins. Il a la cote, ce resto !

**L'Amarante** (plan A1, **22**) : 4, rue Biscornet, 75012. 07-67-33-21-25. Ⓜ Bastille ou Ledru-Rollin. Tlj sauf mer-jeu. Résa obligatoire. Le midi, menu 22 € ; carte 45-50 €. Vin au verre. Le genre d'adresse bistronomique qui ferait oublier toutes les autres et où l'on prendrait bien pension à vie, pour découvrir chaque midi l'humeur gourmande du chef et revenir le soir se régaler de ses classiques. Ah que c'est bio ! Ah, que c'est beau ! Dieu que c'est bon ! Ici, d'ailleurs, les convives, souriants, n'ont d'yeux que pour leur assiette, qu'ils font éventuellement goûter à leur voisin, pour mieux goûter la leur. Si les assiettes sont riches en légumes (de saison, cela va sans dire), les carnivores sont à la fête avec des viandes haut de gamme, savamment cuisinées. Pour parfaire le tableau, une sole « petit bateau », une mousse au chocolat à damner un saint et une belle sélection de vins nature à prix doux. Un coup de cœur !

**Sardegna a Tavola** (plan zoom, **17**) : 1, rue de Cotte, 75012. ☎ 01-44-75-03-28. Ⓜ Ledru-Rollin ou Gare-de-Lyon. Tlj midi et soir, sauf dim et lun midi. Congés : août et fêtes de fin d'année. Formules déj 24-28 € ; carte 50-60 €. Sympathique auberge sarde, située à deux pas du marché d'Aligre. Cuisine familiale, pas franchement légère mais haute en couleur et en saveur. Belles charcuteries (celles qui pendent au-dessus de vos têtes), superbes bruschettas, délicieuses suggestions de poisson ou de fruits de mer (renseignez-vous sur leur prix, car elles peuvent doper l'addition). En lisant bien la carte, on peut réussir à s'en sortir pour un prix encore raisonnable, d'autant que les portions sont très copieuses.

**Les Amis des Messina** (plan B1, **23**) : 204, rue du Faubourg-Saint-Antoine, 75012. ☎ 01-43-67-96-01. Ⓜ Faidherbe-Chaligny. Tlj midi et soir, sauf sam midi et dim. Formules déj 17-22 € ; carte 36-53 €. Dans l'assiette, du bon, du frais et une authentique cuisine sicilienne. *Antipasti* fignolés, pâtes al dente comme il se doit, poissons et crustacés irréprochables, viandes savoureuses et desserts à tomber. Vin sicilien en pichet. Service gentiment familier.

## Bars à vins

**Le Baron Bouge** (plan zoom, **28**) : 1, rue Théophile-Roussel, 75012. ☎ 01-43-43-14-32. Ⓜ Ledru-Rollin. Lun soir et mar-sam 10h-14h, 17h-22h (sam en continu) ; dim 10h-16h. Congés : 3 j. autour du 15 août. Assiettes composées 5-18 €. Verres de vin 1,50-4,50 €. Ici, on commande au bar, dans une conviviale promiscuité, un petit ballon que l'on va boire debout autour du fût ou sur un bout de trottoir. Une centaine de références en vente à emporter, dont 55 à déguster sur place (au verre, au pot ou à la bouteille), venant de producteurs indépendants issus de tout l'Hexagone. Très agréable en été en début de soirée ou le week-end pour profiter de l'animation du marché d'Aligre, tout proche, en dégustant des huîtres normandes et bretonnes (le week-end de septembre à mi-avril). Un authentique coup de cœur !

**Le Siffleur de Ballons** (plan zoom, **26**) : 34, rue de Cîteaux, 75012. ☎ 01-58-51-14-04. Ⓜ Faidherbe-Chaligny. Mar soir et mer-ven 10h30-15h, 17h30-23h30 ; sam 10h30-23h. Congés : sem du 15 août. Formule déj 14,50 € (soupe ou dessert, tartine du jour et verre de vin) ; carte env 20 €. Vins nature au verre 5-7 €. Les proprios de *L'Ébauchoir* (presque en face) ont ouvert ce sympathique petit bar à vins proposant une judicieuse sélection de flacons à prix doux, certains servis au verre. Mais comme le lieu n'a pas la licence de bar, il vous faudra mettre un peu de solide dans le liquide. Qu'à cela ne tienne, une petite planche de charcut' ou de fromages ne fera pas de mal, car en plus, c'est rien qu'du bon !

**Les Caves de Prague** *(plan zoom, **27**) : 8, rue de Prague, 75012. ☎ 01-72-68-07-36. Ⓜ Ledru-Rollin. Tlj sauf dim-lun 10h-23h : resto 12h-14h30, puis bar à vins 16h-23h. Formules déj en sem 16-22 € ; le soir, planches 9-21 €. Vins au verre env 5,50-12 € ; bouteilles à partir de 17 €.* Une cave de quartier comme il en fleurit un peu partout dans Paris. Une adresse tout ce qu'il y a de plus sympathique pour boire, en toute convivialité et en toute simplicité, des vins de vignerons, bio et de caractère. Belles et copieuses planches de fromages et de charcuterie, et, chaque midi, un beau plat du jour. On adore ! Décor chaleureux. Grande table d'hôtes pour les copains ou petites tables pour les amoureux, à vous de choisir la vôtre !

## Où boire un verre ?

**Ground Control** *(plan B2, **2**) : 81, rue du Charolais, 75012. Ⓜ Gare-de-Lyon ou Reuilly-Diderot. Mer-ven 12h-minuit, sam 11h-minuit, dim 11h-22h30 (dernière entrée à 21h15). Fermé lun-mar.* Cette vaste halle, installée dans d'anciens entrepôts de la SNCF, est le siège d'un lieu culturel multifonctions où l'on peut tout aussi bien croquer un morceau (voir la rubrique « Où manger ? »), prendre un pot entre copains, faire du shopping, remplir son panier de produits bio, suivre des ateliers ou encore prendre des cours de yoga ! L'immense terrasse perchée de 1 500 m² est prise d'assaut aux beaux jours, en particulier les transats. Mais on n'est pas mal non plus à l'intérieur sur un siège d'avion ou à bord d'un wagon. Tous les soirs sauf le dimanche, un DJ chauffe le son dès 21h. Un espace libre et cosmopolite comme on aime.

**Le China** *(plan zoom, **30**) : 50, rue de Charenton, 75012. ☎ 01-43-46-08-09. Ⓜ Ledru-Rollin ou Bastille. Tlj 12h-2h ; service 12h-15h, 19h-minuit.* Happy hours *17h-21h. Cocktail env 12 € (7 € pdt l'*happy hour*). Formule déj 19 € ; brunch à volonté dim 34 €.* Excellente nouvelle pour les dandys amateurs de cocktails : *Le China* a rouvert ses portes dans un somptueux décor chinois années 1930 (on s'y croirait !). Un lieu chic et choc. Les cocktails sont fameux et, petit tuyau, c'est un vrai plan en or pendant l'*happy hour*... Mais chut ! Possibilité de dîner (cuisine asiatique plutôt chère).

**Le Troll Café** *(plan zoom, **31**) : 27, rue de Cotte, 75012. ☎ 01-43-42-10-75. Ⓜ Ledru-Rollin. ♿ Tlj (sauf dim 20 juil-20 août) 17h-2h. Demis pression 2,50-4 €, bières bouteille 5-8 €. Planches à tte heure 7-22 €.* Dans une rue devenue très branchée, un « ch'ti » bar à bières (120 sortes en bouteille : belge, allemande, bretonne...) où l'on sirote une Troll en toute simplicité, entre habitués et oiseaux de nuit fuyant l'agitation de Bastille, et on se surprend à penser : « C'est troll la vie quand même ! » Mardi dédié aux joueurs de go.

# 13e ARRONDISSEMENT

• Plan *p. 152-153*

**On ne peut évoquer le 13e arrondissement sans penser spontanément au Chinatown parisien, qui concentre une grande part de nos bonnes adresses asiatiques, regroupées dans la rubrique « Restaurants asiatiques dans Chinatown » (voir plus loin). Mais le 13e, c'est aussi l'historique quartier de la Butte-aux-Cailles, aux ruelles presque villageoises pour certaines, au charme intact, qui s'est largement « boboïsé » – comme ses restos du reste – au cours des dernières décennies ; sans oublier celui des Gobelins, plus plan-plan, autour de sa célèbre manufacture et de la récente fondation Seydoux. De l'autre côté de la place d'Italie, le quartier de la Bibliothèque nationale de France et de la Cité de la Mode et du Design, ouvert sur la Seine, s'est métamorphosé. Peuplé par les nombreux étudiants des Grands Moulins, ce nouvel ensemble urbain poursuit sa mue. Le nouveau Quartier latin ? C'est dans ce quartier, largement dévolu aux repas pris sur le pouce, que chaque jour des *food trucks* viennent régaler une nouvelle génération de fins gourmets !**

## Où manger ?

### Sur le pouce

**I●I** *Ť* ***La Catrina*** *(plan B2, **1**) : 136, bd Vincent-Auriol, 75013. ☎ 09-81-80-14-22. Ⓜ Nationale ou Place-d'Italie. Mar-dim 12h-22h. Fermé lun. Formules 11-17 €.* Avec sa petite dizaine de tables à touche-touche nappées de toiles cirées colorées et ses murs couverts d'affiches et de colifichets évoquant le Mexique, cette *taquería* a tout bon. Petite carte de spécialités : tacos,

**I●I Où manger ?**

- **1** La Catrina (B2)
- **2** Blé Noir (A1)
- **3** La Félicità (C2)
- **4** Virgule (B2)
- **5** Persillé (C2)
- **6** Café du Commerce (zoom)
- **7** Chez Gladines (zoom)
- **8** Marso & Co (A2)
- **9** Le Temps des Cerises (zoom)
- **10** Palais de Krishna (B2)
- **11** Piacere (A3)
- **12** Pasta et Basta (B2)
- **13** Suave (zoom)
- **14** Tempero (C2)
- **15** La Touraine (A2)
- **16** Chez Trassoudaine (B2)
- **17** La Butte aux Piafs (zoom)
- **18** Le Sirocco (A1)
- **21** Le Petit Pascal (A1)
- **22** Etchegorry (A2)
- **23** Berty (B2)
- **25** L'Avant-Goût (zoom)
- **26** Les Cailloux (zoom)
- **27** Au Petit Marguery (A1)
- **29** Basilic & Spice (B3)
- **30** Bekseju Village (B1)
- **32** Restaurant EP7 (C2)
- **34** Sellae (B1)
- **35** L'Hommage (B3)

**I●I Restaurants asiatiques dans Chinatown**

- **35** Imperial Choisy (B3)
- **40** Pâtisserie de Saison (B3)
- **42** Fleurs de Mai (B3)
- **44** Dong Tam (B3)
- **45** Ny Hav (B3)
- **46** Phó Bida Vietnam (C3)
- **48** Le Bambou (B2)
- **50** Chinatown Olympiades (B3)
- **51** Le Lao Thaï (B2)
- **53** Bangkok-Thaïland (zoom)
- **55** Lao Lane Xang (B2-3)
- **56** Hoi An (B2-3)
- **57** La Mer de Chine (B2)
- **58** Le Nouveau Village Tao Tao (B2)
- **60** Paradis Thaï (B2)

**Où boire un verre ?**

- **70** La Dame de Canton (C2)
- **71** La Taverne de la Butte (zoom)
- **72** Wanderlust (C1)

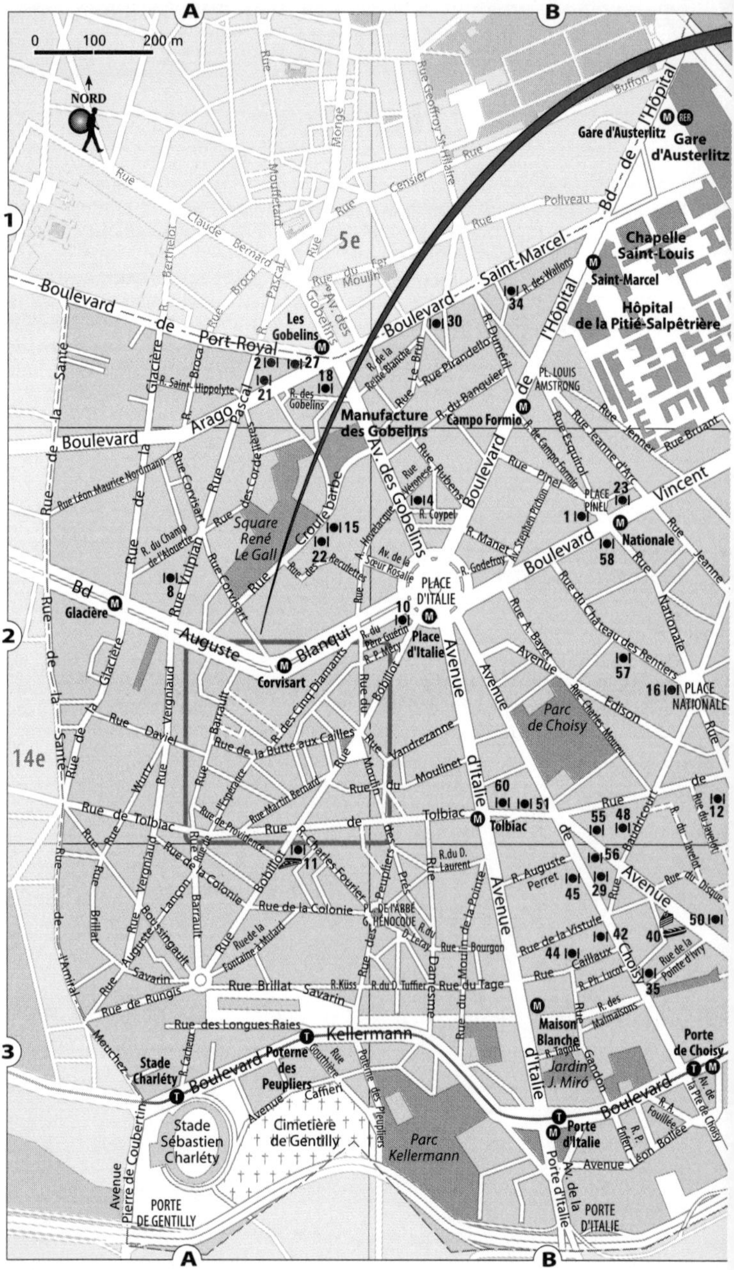
A
B
1
2
3
0 100 200 m
NORD
5e
14e
Gare d'Austerlitz
Gare d'Austerlitz
Chapelle Saint-Louis
Saint-Marcel
Hôpital de la Pitié-Salpêtrière
Les Gobelins
Manufacture des Gobelins
Campo Formio
PL. LOUIS AMSTRONG
PLACE PINEL
Nationale
PLACE D'ITALIE
Place d'Italie
Square René Le Gall
Glacière
Corvisart
PLACE NATIONALE
Parc de Choisy
Tolbiac
PL. DE L'ABBÉ G. HÉNOCQUE
Maison Blanche
Jardin J. Miró
Porte de Choisy
Porte d'Italie
Poterne des Peupliers
Stade Charléty
Stade Sébastien Charléty
Cimetière de Gentilly
Parc Kellermann
PORTE DE GENTILLY
PORTE D'ITALIE
Boulevard de Port-Royal
Boulevard Arago
Boulevard Saint-Marcel
Bd de l'Hôpital
Boulevard Vincent Auriol
Bd Auguste Blanqui
Avenue d'Italie
Av. des Gobelins
Avenue de Choisy
Boulevard Kellermann
Rue de Tolbiac
Rue Brillat Savarin
Rue des Longues Raies
Rue de la Santé
Rue de la Glacière
Rue de l'Amiral Mouchez
Avenue Pierre de Coubertin
Rue Claude Bernard
Rue Mouffetard
Rue Monge
Rue Geoffroy St-Hilaire
Rue Censier
Rue Buffon
Rue Poliveau
Rue du Fer à Moulin
Rue Broca
Rue Pascal
Rue Corvisart
Rue Croulebarbe
Rue Daviel
Rue Vergniaud
Rue Barrault
Rue Bobillot
Rue de la Butte aux Cailles
Rue du Moulinet
Rue de la Colonie
Rue Nationale
Rue du Château des Rentiers
Avenue Edison
Rue Baudricourt
Rue Jeanne d'Arc
Rue Esquirol
Rue Pinel
Rue Jenner
Rue Bruant
Rue Dameme
Rue du Moulin de la Pointe
Rue de la Vistule
Rue Caillaux
Rue du Tage
Rue de Rungis
Rue Gandon
Avenue Caffieri
Avenue Léon Bollée
Av. de la Porte d'Italie
Av. de la Pte de Choisy
Rue des Peupliers
Rue du Moulin des Prés
Rue Charles Fourier
Rue Vandrezanne
Rue Martin Bernard
Rue Wurtz
Rue Brillat
Rue Boussingault
Rue Auguste Lançon
Rue Vulpian
Rue Léon Maurice Nordmann
R. du Champ de l'Alouette
Rue des Cordelières
R. Saint-Hippolyte
R. des Gobelins
R. de la Reine Blanche
Rue Le Brun
Rue Pirandello
R. Duméril
R. du Banquier
R. de Campo Formio
Rue Rubens
Rue Véronese
R. Coypel
R. Manet
R. Godefroy
Av. Stephen Pichon
Av. de la Sœur Rosalie
Rue des Reculettes
R. des Cinq Diamants
R. du Père Guérin
R. P. Méry
R. des Wallons
R. Charles Moureu
R. Auguste Perret
R.du D. Laurent
R.du D. Leray
Rue Bourgon
R. Küss
R.du D. Tuffier
R. Ph. Lucot
R. des Malmaisons
R. Tagore
Rue de la Pointe d'Ivry
Rue du Javelot
Rue du Disque
Rue de l'Espérance
Rue de Providence
Rue de la Fontaine à Mulard
Rue Gouthière
R. Cacheux
R. A. Fouillée
R. P. Enfert
1 2 8 10 11 12 14 15 16 18 21 22 23 27 29 30 34 35 40 42 44 45 48 50 51 55 56 57 58 60

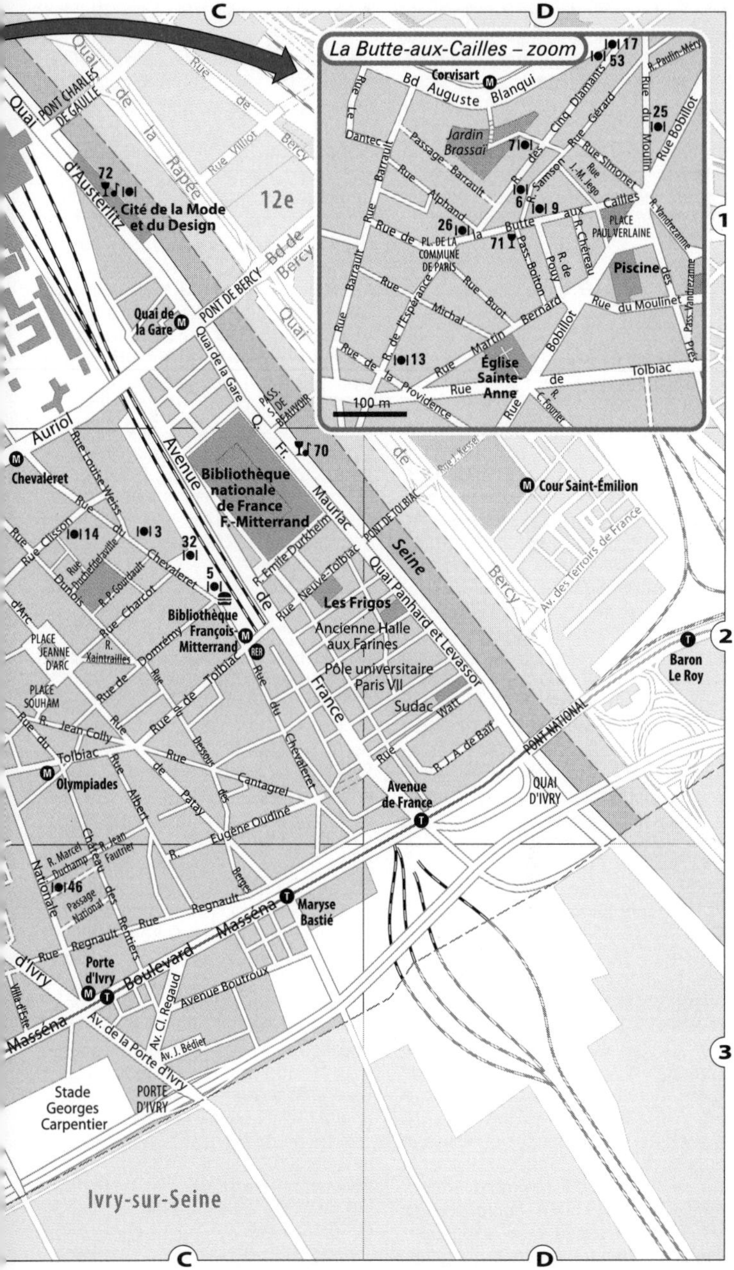




# 13e ARRONDISSEMENT

*nachos, burritos, tamales* (papillotes de pâte de maïs) et une poignée d'entrées, dont une salade de *nopales* (cactus), bien relevées et d'une fraîcheur indiscutable. La *cochinita pibil,* souvent desséchée, est ici particulièrement onctueuse et savoureuse, et le *pollo en salsa verde* fondant et parfumé... À accompagner d'une bière mexicaine ou d'un jus frais maison. Dépaysant !

## Très bon marché

🍴 ***Blé Noir*** *(plan A1,* ***2****) : 15, bd de Port-Royal, 75013. ☎ 09-81-47-88-88. Ⓜ Les Gobelins. Tlj sauf dim soir, lun et mar midi. Formule déj 13,50 € ; carte env 20 €.* La minuscule crêperie est pleine comme un œuf à chaque service ! Comme quoi la galette a encore de beaux jours devant elle. Surtout quand elle est réalisée avec une authentique farine de sarrasin breton et garnie d'ingrédients frais, finement cuisinés. Les légumes d'accompagnement sont poêlés, comme la délicieuse saucisse ou l'épaisse tranche de jambon. Quant à l'œuf, cuit à la perfection et servi entier sur la crêpe, il fait office de cerise sur le gâteau. La version sucrée, exclusivement au blé noir, se savoure avec de délicieuses et originales confitures artisanales (en vente si vous souhaitez repartir avec un pot). Et parce qu'ici on ne donne pas dans le conventionnel, le cidre – fort bon – vient du pays d'Othe.

🍴 ***Chez Gladines*** *(plan zoom,* ***7****) : 30, rue des Cinq-Diamants, 75013. ☎ 09-67-31-96-46. Ⓜ Corvisart (sortie gauche, puis passer sous l'immeuble). Tlj ; service 12h-15h (16h w-e et j. fériés), 19h-23h45. Fermé 1er janv, 24-25 et 30 déc. Pas de résa. Plat du jour 10 € en sem ; formule déj 12 €. Café offert sur présentation de ce guide.* Cantine de quartier incontournable de la Butte-aux-Cailles, avec ses nappes à carreaux rouges et blancs et sa clientèle néobab mêlant étudiants et habitués. En cuisine, gentille tambouille du Sud-Ouest, genre salades copieuses et cassoulet maison. Service à la bonne franquette, mais attention, ici, ça défile (le soir, c'est souvent bondé).



## Bon marché

🍴 ***La Félicità*** *(plan C2,* ***3****) : 5, parvis Alan-Turing, 75013. Ⓜ Chevaleret. Fermé le soir lun-mar ; ouv en continu le w-e. Pas de résa. Plats 10-18 €.* Concerts, projections de films, expos de *street art,* retransmissions d'événements sportifs... Bienvenue dans le dernier-né de la *success story Big Mamma,* qui a ouvert ses portes Station F, l'incubateur de start-up de Xavier Niel *(• stationf.co/fr/ •)* ! Cette fois-ci, les 2 associés à la tête de la galaxie ont vu les choses au superlatif. Un véritable *food market* transalpin ; 1 000 places assises – dont une partie sur la graaaaaande terrasse –, 5 cuisines, une boulangerie, une cafétéria, un stand de burgers, 6 m de barbecue, 3 bars... *La Félicità* s'affiche comme le plus grand resto d'Europe, dans une déco broc et chaleureuse. Certains y font – longuement – la queue quand d'autres n'y mettront pas les pieds. Mais le fait est là : le rapport qualité-prix est bon, et l'environnement convivial et festif.

🍴 ***Café du Commerce*** *(plan zoom,* ***6****) : 39, rue des Cinq-Diamants, 75013. ☎ 01-45-80-49-74. Ⓜ Place-d'Italie ou Corvisart. Tlj sauf dim soir et lun. Formules déj 13-15 € ; le soir, carte 25-30 €.* Les caboulots comme celui-ci, on a presque envie de se les garder pour soi tant ils sont devenus rares ! Ouvert en 1927, *Le Commerce,* au décor authentique de vieux bistrot avec chaises Thonet, banquettes de moleskine et miroirs patinés, est un bon cru. Comme la cuisine maison, réalisée avec des produits frais et qu'on arrose de bons p'tits vins servis au verre à prix plancher. L'imbattable menu du jour décline entrées et plats simples mais réjouissants : bonnes viandes, pommes sarladaises, légumes de saison. Le crumble aux pommes, les glaces (maison elles aussi) et l'accueil franc du collier achèvent de nous séduire. *NOUVEAUTÉ.*

🍴 ***Palais de Krishna*** *(plan B2,* ***10****) : 16, rue du Père-Guérin, 75013. ☎ 01-45-88-69-92. Ⓜ Place-d'Italie. Tlj 12h-14h30, 19h-22h30 (23h ven-sam). Le midi, formules et assiettes 8-12 € ; menus 16,50-25 €.*

Assurément, Vishnou, dont Krishna est l'un des avatars, veille à la bonne marche de ce petit palais, temple de la cuisine indienne. Rien de gastronomique mais les spécialités classiques y sont correctement réalisées : tandooris, *biryani*, currys, *thalis*, et des plats végétariens. Assiettes généreuses, cuisine fraîche, peu pimentée mais parfumée, service diligent et cadre coloré dépaysant. Un voyage à prix très doux !

**Persillé** *(plan C2,* ***5****) : 66, rue du Chevaleret, 75013. ☎ 01-45-82-98-96. Ⓜ Bibliothèque-François-Mitterrand ; Ⓣ Maryse-Bastié. Tlj sauf dim et lun soir 12h-14h15, 19h30-22h15. Formules déj 15-17 € ; burgers 15-16 €, grillades à partir de 15 €.* C'est bien connu, plus elle est persillée, plus elle est tendre et goûteuse. Elle, c'est la viande, star incontestée de ce restaurant-boucherie : bœuf, veau, agneau, porc, volailles et autres saucisses en provenance, entre autres, d'une coopérative auvergnate. Le grand panneau propose un vaste choix à consommer sur place (on paie au poids) ou à emporter (servez-vous dans les frigos). Également de délicieux burgers et tartares, des frites maison et de petits desserts efficaces. Accueil simple, souriant et naturel. Tout ce qu'on aime...

**Pasta et Basta** *(plan B2,* ***12****) : 103-105, rue de Tolbiac, 75013. ☎ 01-44-24-54-84. Ⓜ Olympiades. Sur l'esplanade des Olympiades, emprunter les escalators. Lun-ven 12h-14h30, plus jeu-ven 19h-22h30. Congés : août et pdt les fêtes de fin d'année. Carte seulement, 25-30 €.* Romain Zagaria a pris la relève de son papa, Armando, et le moins que l'on puisse dire, c'est qu'il s'y attèle avec application. Son chef italien y concote une fine cuisine du sud de l'Italie, plutôt axée sur les produits de la mer, et qui change toutes les semaines. Fins *antipasti*, pâtes parfaitement cuites et plats riches de saveurs délicates. Superbe carte de vins de toutes les régions italiennes, qu'on peut également acheter, ainsi qu'un joli choix de produits, sur le site • *enotecaitaliana.fr* •

**Marso & Co** *(plan A2,* ***8****) : 13, rue Vulpian, 75013. ☎ 01-45-87-37-00. Ⓜ Glacière. Tlj sauf sam-dim. Formule déj 20 € ; menu 36 €.* Et de 3 pour Tomy Gousset, ce chef virtuose qui signe là son nouveau bistrot. Le cadre contemporain chaleureux, à l'empreinte méditerranéenne évidente (les teintes de bleu et blanc, le grand poulpe qui court sur l'un des murs, les carrelages, le plafond de verdure), sert d'écrin à la cuisine métissée qui pioche ses influences dans tout le pourtour de la Méditerranée. Taboulé revu sauce créative, poulpe en salade de fenouil, maquereaux grillés aux poivrons... et chaque jour un plat de pâtes extra. Les assiettes sont colorées, créatives et savoureuses... jusqu'aux desserts. Avec un petit vin de Provence ou un petit nectar de Samos (Grèce) de derrière les fagots et l'accueil aussi chaleureux qu'un chant de cigales... on rempile pour un aller-retour ! *NOUVEAUTÉ.*

**Piacere** *(plan A3,* ***11****) : 81, rue Bobillot, 75013. ☎ 01-45-23-53-68. Ⓜ Place-d'Italie ou Tolbiac. Tlj 12h-14h30, 19h-22h30. Pizzas 10,50-17 €, desserts 7-8 €.* Nichée au pied de la Butte-aux-Cailles, dans l'ombre de l'imposante église Sainte-Anne, cette pizzeria au décor bien actuel est une aubaine. Carte simple mais efficace de pizzas garnies de produits frais, plus quelques planches et salades. Incontournables tiramisù et pannacotta au rayon *dolci*. Pour accompagner, choisir un vin au verre, plus accessible que les bouteilles. Sans surprise mais bon, généreux et bien animé.

**Suave** *(plan zoom,* ***13****) : 20, rue de la Providence, 75013. ☎ 01-45-89-99-27. 📱 06-38-83-21-71. Ⓜ Corvisart ou Tolbiac. À l'angle de la rue de l'Espérance. Tlj sauf dim ; service 12h-14h30, 19h-22h30. Congés : août et 1 sem fin déc. Formule déj 17 € ; menus 22-27 € ; carte 25-30 €. Digestif maison offert sur présentation de ce guide.* Ici, pas de carte en 3 tomes mais des spécialités vietnamiennes finement préparées et servies avec courtoisie par la famille. Le soin particulier apporté à la préparation des plats justifie les prix. De la salade de poisson, citron vert et gingembre, au crabe en sauce fines herbes, la cuisine est fraîche, à l'image de la petite salle prisée par une clientèle qui y a ses repères.

**Virgule** *(plan B2, **4**) : 9, rue Véronèse, 75013. ☎ 01-43-37-01-14. Ⓜ Place-d'Italie. Tlj sauf mer ; service 12h-14h30, 19h30-23h. Congés : 2 sem en fév et mai. Formules 15,90 € le midi, à partir de 18,50 € le soir, puis 29-36 €.* À deux pas de la place d'Italie, cette adresse au décor banal ne désemplit pas. Le 1er menu offre un excellent rapport quantité-qualité-prix et suffisamment de choix pour que chacun y trouve son compte. Cuisine franchouillarde de très bonne tenue, bien que les patrons soient d'origine... cambodgienne. Sans prétention et avec le sourire !

**Le Temps des Cerises** *(plan zoom, **9**) : 18, rue de la Butte-aux-Cailles, 75013. ☎ 01-45-89-69-48. Ⓜ Corvisart. Tlj sauf dim ; service 11h45-14h30, 19h30-23h30. Fermé Noël et Jour de l'an. Formules déj en sem 13,50-16,50 € ; menus 21-26 €.* Voici l'un des derniers – si ce n'est le dernier – vieux bistrots de la Butte. Monté en coopérative en 1976 par une bande de potes, très anar' dans l'âme, il a toujours résisté à l'invasion des bistrots néobranchés. Et ça se ressent jusque dans l'ambiance au coude-à-coude, le décor d'un autre âge et le service plutôt bourru. Quant à votre portable, n'espérez même pas le sortir, ça dérange ! Cuisine correcte. Mais en fait, on vient ici surtout pour cette survivance d'une époque où l'on croyait dur comme fer qu'on ne se battait pas pour des queues de cerises !

## Prix moyens

**Chez Trassoudaine** *(plan B2, **16**) : 3, pl. Nationale, 75013. ☎ 01-45-83-06-45. Ⓜ Nationale. Tlj sauf sam midi, dim et j. fériés ; service 12h-15h, 19h30-22h30 (dernière commande). Entrées 8-12 €, poissons, crustacés ou viandes à partir de 18 €, dessert 7 €.* Arakel et Haigo, 2 frères mariés l'un à une Mexicaine (Yvette) et l'autre à une Hollandaise (Mareke), tiennent ce resto spacieux avec la bonne humeur de ceux qui ont vu d'autres horizons... Les entrées changent selon l'inspiration du chef. Mais ici on vient pour les superbes viandes qui débarquent d'Argentine, d'Écosse ou des grandes plaines des USA. Petit clin d'œil hommage aux origines de maman Astrig avec l'assiette arménienne proposée en entrée. Une qualité dans les produits et une gentillesse dans l'accueil toujours de mise. Parfois, une belle fête thématique le samedi soir. *Rock is still alive !*

**Tempero** *(plan C2, **14**) : 5, rue Clisson, 75013. ☎ 09-54-17-48-88. Ⓜ Chevaleret ou Bibliothèque-François-Mitterrand. Lun-ven 12h-14h15, plus le soir jeu-ven jusqu'à 22h15. Congés : août et 1 sem à Noël. Formule déj 23 € ; carte env 40 € ; le 1er mer soir du mois, spécialité brésilienne, menu 45 € avec caïpi (25 € à emporter sans caïpi).* Un petit resto d'une dizaine de tables, avec atelier-cuisine ouvert sur la salle. Les casiers à pommes font office d'étagères sur les murs. Dans l'assiette, cuisine du marché spontanée, avec d'excellents produits, créative et voyageuse – Alessandra est brésilienne. Une étonnante découverte.

**Le Sirocco** *(plan A1, **18**) : 8 bis rue des Gobelins, 75013. Ⓜ Gobelins. ☎ 01-43-31-13-13. Tlj midi et soir, sauf lun midi. Plats 15-25 €. Carte env 35 €.* Le cadre, à lui seul, est une invitation au voyage : pierres apparentes habillées d'objets, peintures et fresques, lanternes en métal ciselé diffusant un éclairage tamisé, banquettes garnies d'épais coussins et tables faites de larges plateaux en métal. Pas de doute, vous êtes... au Maroc. Au menu, les grands classiques berbères : tajine, pastilla, grillades et un couscous à la graine divinement fine, arrosée selon la tradition, d'huile d'argan. Fines entrées (chekchouka, *briouats* croustillants) et bons gâteaux marocains à savourer avec le traditionnel thé à la menthe. Accueil chaleureux de serveurs vêtus de sarouels et babouches. C'est bon comme là-bas, dis ! *NOUVEAUTÉ.*

**La Touraine** *(plan A2, **15**) : 39, rue Croulebarbe, 75013. ☎ 01-47-07-69-35. Ⓜ Corvisart ou Les Gobelins. Tlj sauf dim ; service 12h-14h, 19h-22h. Congés : août. Résa conseillée, surtout pour les tables en terrasse. Beau choix de menus 13,50 € (jusqu'à*

*20h)-40 € ; carte 30-35 €. Apéritif maison offert sur présentation de ce guide.* 2 salles au discret décor rustique. Accueil tout à fait charmant. Cuisine roborative mais savoureuse : ris d'agneau flambé aux morilles, salade de rillons, poires et pruneaux confits... Plein de menus copieux et un menu gastronomique (le plus cher, bien sûr). Pour faire quelques pas et digérer, un joli jardin de l'autre côté de la rue, au pied du Mobilier national.

**Les Cailloux** *(plan zoom, **26**) : 58, rue des Cinq-Diamants, 75013. ☎ 01-45-80-15-08. Ⓜ Corvisart. Tlj 12h-14h30, 19h-23h ; café-bar à partir de 15h. Résa conseillée. Formules déj en sem 15-19 € ; carte 30-35 €. Chèques refusés.* Derrière une très jolie devanture, un resto tout dédié à l'Italie, avec des menus souvent renouvelés et une belle carte des vins. Les pâtes, évidemment, sont à l'honneur et al dente (si vous ne les aimez pas trop fermes, mieux vaut le préciser !). Service particulièrement actif au déjeuner et bon point pour le verre de vin compris. L'après-midi, fait café-bar.

**Basilic & Spice** *(plan B3, **29**) : 88, av. de Choisy, 75013. ☎ 01-45-85-19-30. Ⓜ Tolbiac ou Maison-Blanche. Tlj sauf lun soir 12h-15h, 19h-23h30. Menus 14 € (midi en sem), puis 24-50 € ; carte 30-35 €. Apéritif maison sans alcool offert sur présentation de ce guide.* Cadre contemporain, élégant et chaleureux tout à la fois, à découvrir le soir de préférence. D'origine cambodgienne, la propriétaire propose ici une cuisine d'aujourd'hui qui plonge ses racines dans les plats khmers d'antan (le côté basilic) tout autant que thaïs (gare au piment !). Des alliances harmonieuses d'herbes et de saveurs, à tester avec le beau plateau découverte (pour 2) en entrée et une des 100 façons d'accommoder le poisson du chef, à la vapeur ou non. Excellent accueil.

**Berty** *(plan B2, **23**) : 124, bd Vincent-Auriol, 75013. ☎ 09-80-72-16-46. Ⓜ Place-d'Italie. Lun-ven 12h-14h15, plus mer-ven 19h30-22h15. Fermé sam-dim. Congés : 3-23 août. Formules déj 18,50-24 € ; le soir, carte 40-45 €.* Ce petit bistrot contemporain séduit les gourmets du coin avec sa cuisine de saison, fine, créative et servie dans de belles assiettes en grès. Gage de grande fraîcheur, la carte est courte et se renouvelle au gré du marché : jarret de cochon au miel, pastilla de poulet... des plats qui changent des classiques bistrotiers et qui demandent un certain savoir-faire. Une belle surprise, en particulier au déj, dont la formule reste épatante. Accueil charmant. *NOUVEAUTÉ.*

**Le Petit Pascal** *(plan A1, **21**) : 33, rue Pascal, 75013. ☎ 01-45-35-33-87. Ⓜ Les Gobelins. Tlj sauf w-e 12h-14h30, 19h-22h. Congés : août. Repas 30-40 €.* En contrebas du boulevard de Port-Royal, dans une rue qui change d'arrondissement comme ça, sans prévenir, ce bistrot à vins sympathique propose une honnête cuisine de terroir. Vins au verre, en carafe, en pot ou en bouteille, assiettes de fromages fermiers ou de charcuterie, plats roboratifs accompagnés de pommes de terre fondantes, dont la liste s'égrène sur les nombreuses ardoises.

**Bekseju Village** *(plan B1, **30**) : 53, bd Saint-Marcel, 75013. ☎ 01-77-11-24-37. Ⓜ Gobelins. ♿ Tlj 12h-14h (14h30 sam-dim), 19h-22h30. Congés : 3 sem en août. Menus 13-15 € le midi en sem ; carte 25-35 €.* De grandes tables de bois blond, des lampions immaculés, des calligraphies à l'encre de Chine : voilà un décor inspirant ! À quelques pas des Gobelins, cette adresse vous plongera dans l'atmosphère d'un bistrot coréen traditionnel, appelé là-bas « maison d'alcools ». Les classiques de la gastronomie du pays du Matin-Calme sont au rendez-vous : *bibimbap, bulgogi, kimchi* préparé de diverses manières... Mais quelques plats plus rares surprendront les palais expérimentés, comme ces galettes *(jeon)* aux fruits de mer ou ce jarret mariné au *bekseju* (alcool de riz aux épices). Le mieux pour en profiter ? Venir à plusieurs et commander une ribambelle de petites assiettes que l'on partage entre tous les convives, à la coréenne. Pour accompagner le tout, bière Hite ou verre de *soju*. Dépaysant.

**La Butte aux Piafs** *(plan zoom, **17**) : 31, bd Auguste-Blanqui, 75013. ☎ 09-83-51-07-50. Ⓜ Corvisart ou*

*Place-d'Italie. ♿ Tlj sauf sam midi et dim 12h-15h, 18h-minuit. Carte env 30 €.* En bas de la Butte, un cadre agréablement rétro, une grande terrasse baignée de soleil et une carte alléchante qui sait coller aux goûts du moment. Voilà une bonne équation ! Burgers déjà fameux, lasagnes végétariennes et des plats du jour qu'on choisit à l'ardoise. Vins nature et à emporter.

**Restaurant EP7** *(plan C2, **32**) : 133, av. de France, 75013. ☎ 01-43-45-68-07. Ⓜ Bibliothèque-François-Mitterand. Tlj ; resto (au 2e) tlj sauf sam-dim. Résa indispensable. Formules déj 23-27 € ; le soir, carte env 40 €.* Quel est donc ce nom de code ? Celui d'un espace culturel, un cube noir juste sorti de terre, posé telle une brique de Lego dans ce quartier encore en mutation. En façade, les écrans numériques diffusent en continu des contenus ludiques créant ainsi un pont entre l'art et l'espace public, comme un écho à l'environnement *street art*. À l'intérieur, 3 plateaux, 3 espaces : le bar au rez-de-chaussée, où l'on peut grignoter à toute heure ; la salle de yoga (ou fumoir !) au 1er, ouverte sur l'extérieur ; et le restaurant au 2e, au mobilier contemporain en bois chaud et aux tables joliment dressées bien séparées les unes des autres contrastant avec l'écrin. Sur l'ardoise, une poignée de plats du moment réalisés avec les produits du marché et présentés avec soin. Bon accueil.

**Etchegorry** *(plan A2, **22**) : 41, rue Croulebarbe, 75013. ☎ 01-44-08-83-51. Ⓜ Corvisart ou Les Gobelins. Tlj sauf dim-lun ; service 12h-14h, 19h30-22h15. Plats 20 € ; menu découverte 36 € ; carte env 40 €. Parking payant. Digestif maison offert sur présentation de ce guide.* Sous la jolie façade fleurie, juste à côté de l'*Hôtel Le Vert Galant,* on lit une vieille inscription : « Cabaret de Mme Grégoire ». Il y a près de 2 siècles se restauraient ici Victor Hugo, Béranger, Chateaubriand et bien d'autres. Depuis plus de 30 ans, l'*Etchegorry* (« maison rouge » en basque) régale une clientèle fidèle, dans la grande tradition du Sud-Ouest. Plats goûteux et assiettes généreuses. Une adresse attachante !

13e

## Chic

**L'Avant-Goût** *(plan zoom, **25**) : 26, rue Bobillot, 75013. ☎ 01-53-80-24-00. Ⓜ Place-d'Italie. Tlj sauf dim-lun, midi et soir. Congés : 1re sem de janv. Résa indispensable. Formules déj 16-26 € ; le soir, menu 48 € et carte env 45 €.* L'adresse a fait peau neuve ! Nouvelles cartes, nouveaux décors, plus urbains avec brique aux murs, touches contemporaines avec mobilier en bois et rampes industrielles. À l'étage, une salle propice aux grandes tablées. Dans l'assiette, même principe. Le produit brut, de saison, assaisonné simplement pour le mettre en valeur à sa hauteur, de l'entrée au dessert. Pas d'esbroufe et bon rapport qualité-prix. Service sympa.

**Sellae** *(plan B1, **34**) : 18, rue des Wallons, 75013. ☎ 01-43-31-36-04. Ⓜ Saint-Marcel. Tlj sauf dim-lun 12h15-14h30, 19h30-22h30. Formules déj 19-22 € ; carte env 50 €.* L'ancien *Top Chef* Thibault Sombardier tient les rênes de cet élégant bistrot avec terrasse, à l'angle de rues calmes. Les touches vintage et contemporaines ne renient pas le décor du bistrot d'antan avec ses stucs et miroirs au mercure. Et la carte joue la même partition en mettant à l'honneur une cuisine saisonnière de tradition agréablement allégée et réinterprétée. Tartare de veau, suprême de pintade, faux-filet de bœuf Angus... Les viandes sont goûteuses, les légumes de saison nacrés comme il faut. Les desserts sont moins enthousiasmants mais ils ont le mérite d'être faits maison ! La formule déjeuner est un vrai bon plan.

**L'Hommage** *(plan B3, **35**) : 36, av. de Choisy, 75013. ☎ 01-44-24-38-70. Ⓜ Maison-Blanche. Tlj sauf sam midi et dim 12h-14h, 19h-22h. Formules déj 20-25 € ; le soir, carte 40-45 € et menu dégustation 54 €.* L'hommage est celui que le jeune Jonathan offre à son père en transformant, au cœur du Chinatown, le resto familial en cantine gastro branchée ! Entouré d'une belle équipe – cousins et copains de promo de l'école de cuisine, dont la moyenne d'âge n'excède pas le prix de l'épatante formule déj –, il sert une cuisine actuelle, fine et savoureuse, renouvelée au gré du marché et qui témoigne de bases solides. Cuissons, touches créatives, accompagnements de légumes... La carte est courte mais appétissante, les desserts sont pâtissiers, le tout est mis en valeur dans une superbe vaisselle en grès émaillé. Bonne sélection de vins également servis au verre. Le genre de pépite qu'on se refile sous le manteau.

**Au Petit Marguery** *(plan A1, **27**) : 9, bd de Port-Royal, 75013. ☎ 01-43-31-58-59. Ⓜ Les Gobelins. Tlj 12h-14h15, 19h-22h15. Menus 26-41,50 € ; carte env 45 €. Voiturier.* Institution des Gobelins au joli décor 1900. Le service brasserie parisienne maintient la tradition, et la cuisine bourgeoise est toujours à l'honneur. Gibier en saison (lièvre à la royale, entre autres), sans oublier la vedette incontournable de la maison : le soufflé au Grand Marnier. À côté, ***Le Comptoir Marguery*** affiche une ardoise bistrotière bien plus abordable. Et, en sortant, jetez donc un œil à *L'Escurial*, un de nos cinémas parisiens préférés.

## Restaurants asiatiques dans Chinatown

### Sur le pouce

**Pâtisserie de Saison** *(plan B3, **40**) : 65, av. d'Ivry, 75013. ☎ 01-45-84-37-70. Ⓜ Porte-d'Ivry. Tlj 9h30-19h (20h sam). Fermé 1er janv, 1er mai et 14 juil.* Au cœur de Chinatown, cette boulangerie-pâtisserie confectionne sur place des gâteaux sucrés et salés, majoritairement chinois. Ses feuilletés fourrés (haricot rouge ou durian) sont frais et moelleux, comme les brioches fondantes (porc laqué, poulet farci pour le salé). Les sandwichs sont préparés sous vos yeux avec des ingrédients fraîchement émincés. Également quelques bons desserts, dont un fameux cake à la banane. Accueil chaleureux.

### Très bon marché

**Fleurs de Mai** *(plan B3, **42**) : 61, av. de Choisy, 75013. ☎ 01-44-24-37-71. Ⓜ Maison-Blanche ou Porte-de-Choisy. Tlj sauf mer 12h-23h. Repas bien copieux 15-25 €.* Ce petit resto chinois grand comme votre salle à manger, récemment rénové, est une référence dans la communauté asiatique comme chez les *foodies*. On vient y déguster le succulent poulet fermier à la vapeur, à l'ail et au gingembre, goûter des raviolis de crevettes remarquables, et profiter de la rôtisserie maison (canard ou porc laqué, porc croustillant). Une foultitude d'autres plats, avec une large sélection de préparations à base de tofu (pâte de soja).

**Imperial Choisy** *(plan B3, **35**) : 32, av. de Choisy, 75013. ☎ 01-45-86-42-40. Ⓜ Porte-de-Choisy. À l'angle de la rue de la Pointe-d'Ivry. Tlj 12h-23h. Pas de résa. Carte 15-20 €. Plats à emporter.* Petite devanture où pendent les volailles en rôtissoire. Déco banale de cantine, tables serrées, ambiance sans chichis, salle tranquille en sous-sol. Authentique cuisine du sud-ouest de la Chine. Essayez la soupe de raviolis aux crevettes avec nouilles, le poulet fermier à la vapeur au gingembre et à la ciboulette ou le crabe en mue. Demandez que l'on vous serve tous les plats ensemble et pas à la queue leu leu. Service speedé.

**Dong Tam** *(plan B3, **44**) : 12 bis, rue Caillaux, 75013. ☎ 01-45-84-87-18. Ⓜ Maison-Blanche. Tlj sauf mer ; service 11h-15h30, 18h-22h30. Soupe énorme env 8,50 € ; menus 12,50-14,50 €.* Dans une petite salle proprette et accueillante, on déguste une authentique cuisine vietnamienne, riche en herbes fraîches et saveurs subtiles, servie avec le sourire. De grands classiques comme le bo bun et les grillades, mais aussi des plats plus rares comme la soupe aux vermicelles et aux bulots, ou encore la salade de fleur de bananier au poulet.

**Ny Hav** *(plan B3, **45**) : 101, av. de Choisy, 75013. ☎ 01-45-85-88-88. Ⓜ Tolbiac. Tlj sauf mer 12h-22h30. Formules 10,50-13,90 €.* Ambiance familiale et carte très courte de spécialités vietnamiennes et cambodgiennes réalisées à la minute par le patron, qui fait lui-même ses feuilles de riz (celles qui entourent notamment les savoureux rouleaux de printemps), ce qui explique qu'elles soient moins fines... en épaisseur mais pas en goût ! Fraîcheur garantie, donc, et service chaleureux de son épouse, qui énonce avec fierté le contenu et l'origine des plats.

|●| ***Phó Bida Vietnam*** *(plan C3, **46**) : 36-38, rue Nationale, 75013. ☎ 01-53-79-01-61. Ⓜ Olympiades. Tlj sauf lun soir 11h30-15h30, 18h-23h (en continu sam-dim). Plats 8,50-11 €.* Voici l'adresse idéale pour s'initier aux délices de la cuisine vietnamienne. De l'avis de tous, on y sert l'un des meilleurs *phó* de Paname ! Le cadre est coquet (murs en pierre, lanternes, tableaux contemporains), l'accueil alerte (en français ou en vietnamien, pour les gens du quartier) et la cuisine d'une rare fraîcheur. Outre les délicieux *phó,* fumants et copieux, les bo bun sont un choix très sûr. Attendez-vous à faire un peu la queue, la maison s'étant constitué une clientèle très fidèle.

|●| ***Le Bambou*** *(plan B2, **48**) : 70, rue Baudricourt, 75013. ☎ 01-45-70-91-75. Ⓜ Tolbiac, Maison-Blanche ou Olympiades. Tlj sauf lun 11h30-15h30, 18h30-22h30. Congés : 2de quinzaine d'oct. Carte env 20 €.* Cadre clair et plutôt joyeux pour découvrir l'une des bonnes tables vietnamiennes de Chinatown. Faire son choix est cruel tant la carte recèle de merveilles : le bo bun, excellent, parfumé à la citronnelle, la salade de papaye au bœuf séché ou au porc, les crevettes et méduses, les brochettes grillées, le *phó* généreux, etc. Toujours bondé, attente garantie le week-end, à moins d'arriver tôt. Service expéditif.

|●| ***Le Lao Thaï*** *(plan B2, **51**) : 128, rue de Tolbiac, 75013. ☎ 01-44-24-28-10. Ⓜ Tolbiac. Tlj sauf mer, midi et soir. Menu midi en sem 10,50 € ; carte 15-20 €.* La maison est très connue pour son délicieux bœuf séché caramélisé, mais la carte décline encore quelques spécialités franchement remarquables, type poulet épicé au lait de coco ou *rouam mit* (vermicelles verts avec des fruits de palmier au lait de coco).



## De bon marché à prix moyens

|●| ☂ ***Hoi An*** *(plan B2-3, **56**) : 109, av. d'Ivry, 75013. ☎ 01-44-24-81-03. Ⓜ Tolbiac. ♿ Tlj sauf lun 12h-15h (16h dim), 19h-22h30. Menus 12,90 € (midi en sem), puis 16,90-19,90 € ; plats 9-15 €.* La pimpante façade jaune est assez prometteuse, et la déco intérieure est tout aussi fraîche, avec ses boiseries et ses lampions colorés. L'équipe a voulu rendre hommage ici à l'atmosphère et à la cuisine de Hoi An, jolie ville du centre du Vietnam. Goûtez aux spécialités locales : fondantes galettes de riz vapeur aux crevettes *(Banh bèo),* croustillantes crêpes aux crevettes *(Banh khot),* fumantes soupes de pâtes de riz, poulet fermier et porc laqué (maison), et crevettes *(Cao Lau)* ou canard rôti à la sauce tamarin et ananas *(Vit Sot Me).* Également de plus classiques bo bun ou *phó,* succulents. Un vrai coup de cœur !

|●| ***Lao Lane Xang*** *(plan B2-3, **55**) : 102, av. d'Ivry, 75013. ☎ 01-58-89-00-00. Ⓜ Tolbiac. Tlj sauf mer et jeu midi ; service 12h-15h, 19h-23h. Plateau-repas 12,80 € le midi en sem, avec verre de vin, café ou eau ; carte env 30 €.* Les spécialités laotiennes servies ici sont réputées bien au-delà du 13e ! Laissez-vous charmer par cette cuisine parfumée et subtile où les herbes apportent toute leur fraîcheur. Le bœuf séché, la saucisse laotienne mais aussi le canard au basilic ou les brochettes à la citronnelle figurent parmi les musts. Le cadre moderne distingue l'adresse des cantines du quartier, tandis que les prix, eux, restent ultra-raisonnables.

|●| ☂ ***Bangkok-Thaïland*** *(plan zoom, **53**) : 35, bd Auguste-Blanqui, 75013. ☎ 01-45-80-76-59. Ⓜ Place-d'Italie ou Corvisart. ♿ Tlj sauf dim-lun 12h-14h30, 19h30-minuit. Congés : 2 sem en avr et 2 sem en nov. Menus max 14 € le midi en sem, 25 € le soir ; carte env 25 €. Pour une bouteille de vin français achetée, 1 verre de bois bandé offert. Parking payant.* Un peu à l'écart du cœur de Chinatown. C'est d'abord un décor original d'objets d'art, de statuettes, marionnettes, gravures, photos, dans un joyeux et

romantique désordre... et des tas de recoins comme autant de boudoirs pour amoureux. Patron chaleureux et patronne discrète et souriante pour une belle cuisine thaïe pleine de saveurs et de parfums. Goûtez notamment au savoureux *tom yam,* à la salade de bœuf séché ou au riz rouge maison.

**La Mer de Chine** *(plan B2,* ***57****) : 159, rue du Château-des-Rentiers, 75013. ☎ 01-45-84-22-49. Ⓜ Place-d'Italie ou Nationale. Tlj (sauf le midi lun-mar en basse saison) 12h-14h30, 19h-minuit. Menus 15 € le midi en sem, 25 € le soir et le w-e ; carte env 30 €.* Les intitulés, au début, peuvent rebuter : « crabes en mue à l'ail », « langues de canard sautées au sel et au poivre », « beignets de tripes », « salade de méduse au poulet émincé ». Mais pour peu qu'on ait envie de voir plus loin que le bœuf aux oignons et le poulet à l'ananas, *La Mer de Chine* est l'une de ces adresses immanquables, sincères et authentiques, bien loin des usines asiatiques qui pullulent dans le quartier. Pour les vrais voyageurs.

**Le Nouveau Village Tao Tao** *(plan B2,* ***58****) : 159, bd Vincent-Auriol, 75013. ☎ 01-45-86-40-08. Ⓜ Nationale. Tlj 12h-14h30, 19h-23h. Formule déj 13 € ; carte env 25 €.* Un asiatique réputé pour son célèbre canard pékinois, mais aussi pour ses spécialités de bœuf, d'agneau, ou encore pour ses merveilleuses crevettes flambées (devant vous !).

**Chinatown Olympiades** *(plan B3,* ***50****) : 44, av. d'Ivry, 75013. ☎ 01-45-84-72-21. Ⓜ Porte-d'Ivry. ♿ À l'étage, dans le centre commercial, plusieurs salles accessibles par un escalier depuis la rue. Tlj ; service 12h-15h, 19h-0h30 (2h ven-dim). Repas 20-30 €.* Un incontournable du quartier asiatique, pour s'initier aux subtilités de la cuisine cantonaise, en pointant sur l'interminable carte les numéros des *dim sum* fondants ou la salade de méduse, les pinces de crabe farcies et le délicat canard laqué accompagné de liserons d'eau. On y vient aussi pour une vraie séquence dépaysement avec le karaoké en semaine et l'orchestre le week-end, qui fait danser l'assistance en rangs d'oignons sur des airs de crooners chinois. Service bien rodé et diligent.

**Paradis Thaï** *(plan B2,* ***60****) : 132, rue de Tolbiac, 75013. ☎ 01-45-83-22-26. Ⓜ Tolbiac. ♿ Tlj 12h-14h30, 19h-23h. Formules déj 11,90-16,90 € ; menu 23,50 € ; carte env 30 €.* Voici LE resto chic et élégant de Chinatown ! Jolie déco, éclairage étudié, nappes blanches, vaisselle du pays, hôtesses en habits traditionnels... Bref, l'endroit idéal pour dîner en amoureux. La cuisine est à la hauteur du décor et de l'addition. Les saveurs de basilic, citronnelle et autres herbes aromatiques se bousculent à chaque coup de baguettes, avec des plats parfois très épicés, comme en Thaïlande (ce qui est rare en France), et d'autres plus doux pour les estomacs occidentaux susceptibles. Une très bonne adresse pour son rapport qualité-authenticité-dépaysement-déco.

## Où boire un verre ?

**La Dame de Canton** *(plan C2,* ***70****) : port de la Gare (au pied de la BnF), 75013. ☎ 01-53-61-08-49. Ⓜ Bibliothèque-François-Mitterrand ou Quai-de-la-Gare. Bar tlj sauf dim-lun 19h-minuit. Resto tlj sauf dim-lun ; service 19h-minuit. Terrasse tlj midi et soir mai-sept. Congés : août (sauf terrasse). Entrée : env 8-12 € selon programmation. Verres à partir de 4 €. Apéritif maison offert pour tte formule dîner sur présentation de ce guide.* Cette *Dame de Canton* est une authentique jonque traditionnelle construite en Chine à l'aube des années 1980. Autant dire que le lieu est magique ! Cocktails et quelques petits plats goûteux. La jonque est aussi bien ancrée dans la fête et fait entendre ses sirènes : concerts de jazz, fusion, rock ou soul... Une programmation musicale qui mise généralement sur le métissage des cultures.

**La Taverne de la Butte** *(plan zoom,* ***71****) : 13, rue de la Butte-aux-Cailles, 75013. ☎ 01-45-89-16-18. Ⓜ Corvisart ou Place-d'Italie. Tlj*

*17h-2h (minuit lun).* Happy hours *18h-20h. Pintes 3,50-7 €.* Ambiance conviviale dans ce bar aux allures de vieux pub où se retrouvent étudiants et jeunes cadres pour écluser quelques bières et décompresser après une dure journée. Le service se fait au comptoir, mais on vient gentiment vous distribuer de petites tartines et autres assiettes de frites. Parfait pour l'apéro !

***Wanderlust*** *(plan C1,* ***72****) : dans la Cité de la Mode et du Design, 32, quai d'Austerlitz, 75013.* Ⓜ *Austerlitz. Mai-sept, mar-dim 18h-6h ; oct-avr, jeu 22h-4h, ven-sam 23h-6h. Consos 5-12 €.* Street food *8-15 €. Possibles changements selon programmation, voir le site • wanderlustparis.com •* La plus grande terrasse de Paris : 1 600 m² surplombant la Seine, au beau milieu de la Cité de la Mode et du Design, vaisseau de béton corseté de vert. Le *Wanderlust,* c'est l'endroit idéal pour profiter du soleil, assister à des concerts, danser au son de DJs house, hip-hop ou dancehall. Également de nombreux événements et activités, comme des festivals de *street food* ou des projections. Bref, un lieu à fréquenter toute l'année, et encore plus en été.

# 14e ARRONDISSEMENT

• Plan *p. 164-165*

**Très étendu, le 14e arrondissement rassemble en réalité plusieurs micro-quartiers distincts et culturellement riches : l'emblématique Montparnasse, bien sûr, avec son cimetière, sa tour (en fait administrativement dans le 15e), ses cinémas, ses crêperies, sa *Coupole* et le souvenir de sa vie nocturne ; le parc Montsouris, vaste poumon vert du Sud parisien, ses belles villas et la Cité universitaire ; le secteur Denfert-Daguerre, sans doute le plus animé avec sa longue rue piétonne commerçante ; et enfin le populaire quartier Plaisance-Pernety, dont le nom sonne comme un village. Ici et là, ce ne sont pas les bons restos qui manquent ! Brasseries et cafés historiques, rades authentiquement popu, voilà un bon florilège de bistrots conviviaux où qualité rime indéniablement avec créativité !**

## Où manger ?

### Sur le pouce

**Big Fernand** (plan zoom, **1**) **:** *86, bd du Montparnasse, 75014. ☎ 01-73-70-51-52. Ⓜ Montparnasse-Bienvenüe. Tlj 11h30-22h30 (23h w-e). Formules 16-19 € ; burgers à partir de 13 € + 4 € pour la version « grosse faim ».* Vous avez une petite (grosse ?) faiblesse pour le burger ? Ces burgers-là, rebaptisés « hamburgés », avec des noms *Frenchy* (« Lucien », « Basile », « Bartholomé » – extra celui-là !), répondent à une vraie charte qualité :

**Où manger ?**

- **1** Big Fernand (zoom)
- **2** Enzo (zoom)
- **3** Les Pipelettes (C2)
- **4** Les Grands Voisins – L'Oratoire (D1)
- **5** Les Délices du Pays (zoom)
- **6** Coriandre (B2)
- **7** La Table de la Ressourcerie Créative (B1)
- **8** Chez Joy (zoom)
- **9** Chez Victor (B1-2)
- **10** Le Vaudésir (D2)
- **11** Le Daudet (C2)
- **12** Tripletta (zoom)
- **13** Ti Jos (zoom)
- **14** Yaai Thaï (zoom)
- **15** Daguerre Marée (zoom)
- **16** Le Petit Baigneur (C2)
- **17** Le Smoke (zoom)
- **18** La Baraka (zoom)
- **19** Au P'tit Zinc (C2)
- **20** Indian House (zoom)
- **21** Swann et Vincent (zoom)
- **22** Le Verre Siffleur (C2)
- **23** Le Bistrot des Campagnes (zoom)
- **25** Mian Fan et Au Bretzel (zoom)
- **26** Kakdougui (C2)
- **27** Chez Félicie (C2)
- **28** Dokkebi (B2)
- **30** Papy aux Fourneaux (B1)
- **32** Au Bistrot (zoom)
- **33** Cà Phê Broc'Ouest et La Cantine du Troquet (B2)
- **34** Bistrotters (B2)
- **36** La Cantine du Troquet Daguerre (zoom)
- **37** O Corcovado (zoom)
- **38** L'Essentiel (B2)
- **41** L'Ordonnance (C2)
- **42** À Mi-Chemin (C2)
- **44** Le Plomb du Cantal (zoom)
- **47** La Cerisaie (zoom)
- **48** Le Cornichon (zoom)
- **49** Aux Plumes (C2)
- **50** L'Auberge de Venise (zoom)
- **51** Bistrot du Dôme (zoom)
- **52** Les Petits Plats (C2)
- **53** Les Petites Sorcières (zoom)
- **56** L'Assiette (C2)
- **57** La Coupole (zoom)

**Où boire un verre ?**

- **4** Les Grands Voisins – La Lingerie (D1)
- **17** Le Smoke (zoom)
- **66** Le Moulin à Café (B2)
- **68** Le Rosebud (zoom)
- **69** Le Dôme (zoom)
- **70** Ker Beer (zoom)

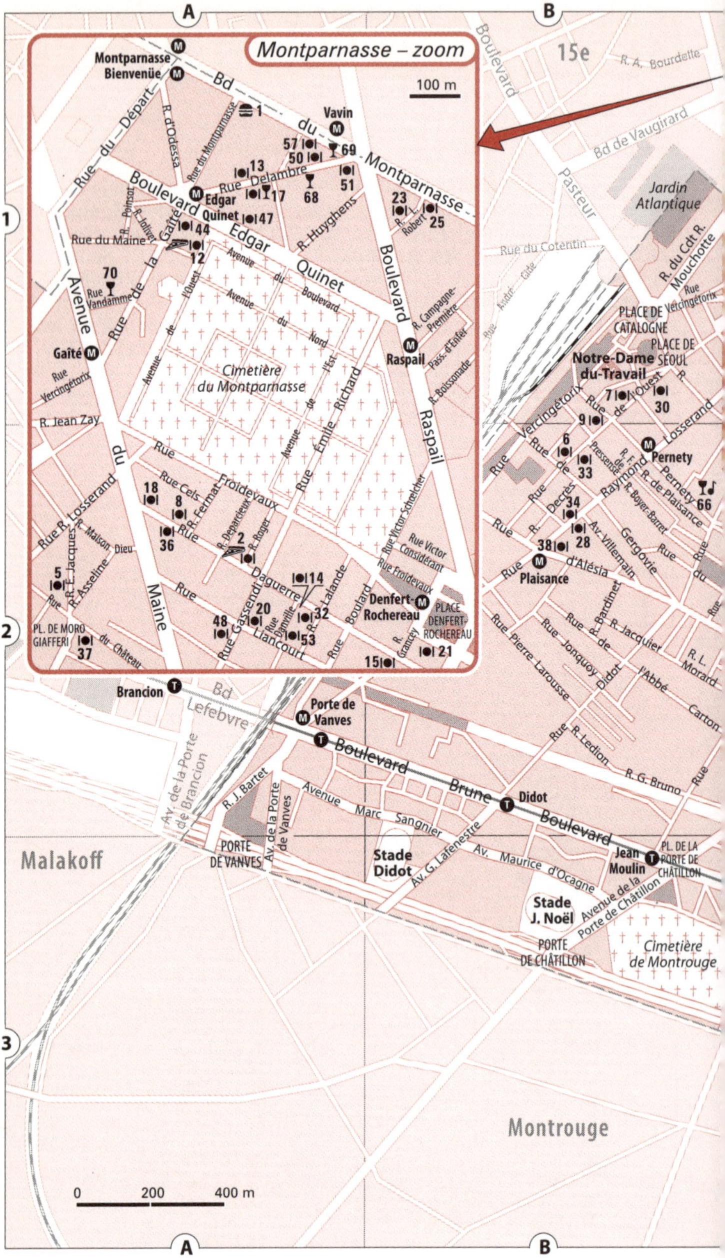

A
B
1
2
3
Montparnasse – zoom
100 m
Montparnasse Bienvenüe
Bd du Montparnasse
Vavin
Rue du Départ
R. d'Odessa
Rue du Montparnasse
Rue Delambre
Edgar Quinet
Boulevard Edgar Quinet
R. Poinsot
R. Jolivet
Rue du Maine
Rue de la Gaîté
R. Huyghens
R. L. Robert
Boulevard Raspail
R. Campagne-Première
Pass. d'Enfer
R. Boissonade
Raspail
Rue Vandamme
Avenue du Maine
Gaîté
Rue Vercingétorix
R. Jean Zay
Avenue de l'Ouest
Avenue du Boulevard
Avenue du Nord
Avenue de l'Est
Cimetière du Montparnasse
Avenue Émile Richard
Rue Froidevaux
Rue Cels
R. Fermat
R. Deparcieux
R. Roger
Rue Daguerre
Rue Victor Schoelcher
Rue Victor Considérant
Rue R. Losserand
R. Maison Dieu
R. E. Jacques
R. Asseline
Rue Gassendi
Rue Danville
R. Lalande
Rue Boulard
Denfert-Rochereau
PLACE DENFERT-ROCHEREAU
R. Grancey
Rue Liancourt
PL. DE MORO GIAFFERI
Rue du Château
Brancion
Bd Lefebvre
Porte de Vanves
Boulevard Brune
Av. de la Porte de Brancion
R. J. Bartet
Av. de la Porte de Vanves
Avenue Marc Sangnier
PORTE DE VANVES
Malakoff
Stade Didot
Av. G. Lafenestre
Av. Maurice d'Ocagne
Didot
Jean Moulin
PL. DE LA PORTE DE CHÂTILLON
Stade J. Noël
Avenue de la Porte de Châtillon
PORTE DE CHÂTILLON
Cimetière de Montrouge
Montrouge
15e
R. A. Bourdelle
Boulevard Pasteur
Bd de Vaugirard
Jardin Atlantique
R. du Cdt R. Mouchotte
Rue du Cotentin
Rue André Gide
PLACE DE CATALOGNE
PLACE DE SÉOUL
Rue Vercingétorix
Notre-Dame du-Travail
Rue de l'Ouest
Rue Losserand
Pernety
Rue de Pressensé
R. F. de Pressensé
Rue Raymond Losserand
Rue Pernety
R. de Plaisance
R. Boyer-Barret
Rue Gergovie
Rue des Plantes
Rue de Decrès
Av. Villemain
Rue d'Alésia
Plaisance
Rue Pierre Larousse
Rue Jonquoy
Rue de Didot
R. Bardinet
R. Jacquier
Rue de l'Abbé Carton
R. L. Morard
R. Ledion
R. G. Bruno
0
200
400 m


14e

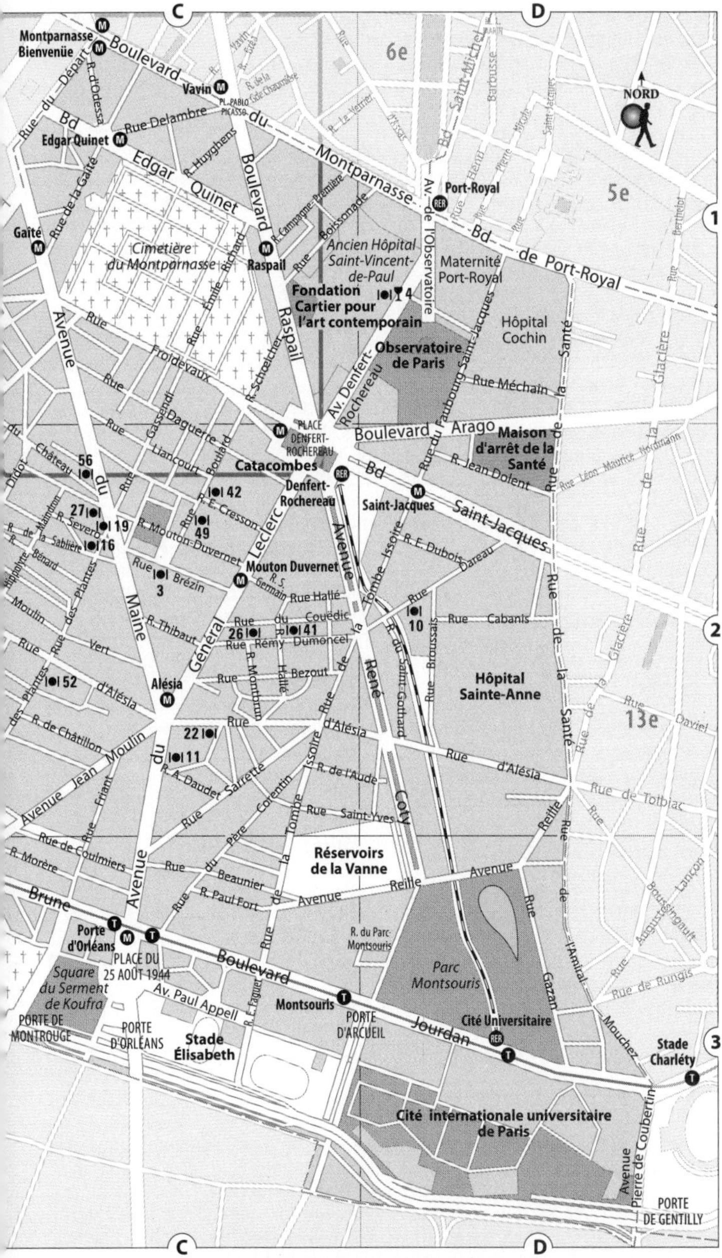


# 14ᵉ ARRONDISSEMENT

14ᵉ

champignons de Paname, fromages au lait cru, viande de race hachée sur place, et sont accompagnés de frites maison. Autre bon point : parmi le petit choix de desserts, on trouve le flan de la maison Savary (unique resto où il est revendu à Paris). Au cœur d'un secteur dévolu aux chaînes, le succès ne se dément pas... et *Big Fernand* continue à faire des petits à Paris, en province et à l'étranger !

**Enzo** *(plan zoom, **2**) : 72, rue Daguerre, 75014. ☎ 01-43-21-66-66. Ⓜ Denfert-Rochereau ou Gaîté. Tlj sauf lun midi et le soir sam-dim ; service 12h-14h30, 19h-22h30. Congés : 1 sem en fév et août. Carte 12,50-18 € ; pizzas 11,50-15,50 €.* Tables et chaises hautes, comme au snack, mais paradoxalement, chaleureuse atmosphère et accueil affable. Décor réjouissant de scènes de cinéma italien sur la bouffe (en noir et blanc, bien sûr). Belles assiettes d'*antipasti.* Goûter aux onctueuses lasagnes, aux pizzas à pâte fine et craquante, et au tiramisù d'anthologie.

## Très bon marché

**Les Grands Voisins – L'Oratoire** *(plan D1, **4**) : 74, av. Denfert-Rochereau, 75014. 06-70-00-45-14. Ⓜ Denfert-Rochereau ; RER B : Port-Royal. Mer-sam 12h30-14h30, 19h30-21h30 ; dim 9h-20h. Formule 12 €.* L'ancien hôpital Saint-Vincent-de-Paul abrite *Les Grands Voisins,* un projet alternatif et... temporaire. Jusqu'en 2020, il accueille des logements sociaux, start-up, associations, artisans et artistes, un café-resto *(L'Oratoire),* un bar (*La Lingerie* ; voir plus loin « Où boire un verre ? ») et une boulangerie *(Chardon).* Ensuite, cette expérience laissera place à un nouvel écoquartier. Alors, pas de temps à perdre, on file vers *L'Oratoire,* le resto qui emploie notamment des personnes en insertion vivant sur le site. On y goûte des produits locaux et de saison, qui composent une assiette inventive, aux textures et cuissons travaillées (émulsion, épluchures de légumes en chips, croquant des fruits secs...), mais peu copieuse. Excellent pain de chez *Chardon,* la boulangerie voisine qui confectionne aussi des pizzas aux légumes de saison, des *focacce* et de petits cakes qu'on mange en regardant le boulanger travailler. Également des boissons bio et des vins au verre à prix serrés. Service en salle, au comptoir ou sur la terrasse. Pratique aussi, le café ou repas suspendu : la possibilité de payer un café, une boisson ou un repas à une personne qui n'en a pas les moyens. Solidaire jusqu'au bout !

**Cà Phê Broc'Ouest** *(plan B2, **33**) : 111, rue de l'Ouest, 75014. ☎ 09-51-69-24-34. Ⓜ Pernety. Tlj sauf dim-lun 12h-22h. Carte max 15-20 €.* Une petite cantine alternative et originale qui sied bien à ce quartier en constante mutation. En guise de décor, une poignée de tables dépareillées, un bric-à-brac d'objets à vendre, et sur chaque table une micro-ardoise de plats vietnamiens. Les *phó* (prononcer « pheu », bouillon accompagné de légumes et de boulettes de bœuf, déclinaison vietnamienne du pot-au-... *phó* !), bo bun, rouleaux de printemps et plats du jour (mais pas tous les jours !) sont concoctés avec des produits frais, des herbes savoureuses et sans aucun additif. De la vraie cuisine maison en somme, la différence est nette. À noter qu'une option végétarienne est proposée pour ces plats. Quelques boissons et infusions originales pour accompagner. Le genre d'endroit où l'on prend racine. Ça tombe bien, monsieur et madame reçoivent comme à la maison. Sûr, on reviendra ! *NOUVEAUTÉ.*

**Les Délices du Pays** *(plan zoom, **5**) : 26, rue Édouard-Jacques, 75014. ☎ 01-83-06-77-03. Ⓜ Gaîté. Tlj sauf dim soir et lun 9h-17h (20h sam). Plats 8,90-17,90 €.* L'adorable Mme Rosario tient cette épicerie portugaise depuis longtemps. Et pourtant, elle garde son accent... et son sourire. À chaque repas, elle prépare 2 plats du jour typiquement portugais, devant vous : brandade, poulpe grillé, agneau au four, grillades ou cochon de lait. Le tout avec du *vinho verde* que vous aurez déniché sur les étagères. Ici, pas de chichis, c'est comme à la maison. On ne sait faire que du bon à des prix abordables. Les clients se partagent 2 grandes tables, ou sinon ils emportent le tout chez eux. Pour les desserts, les *pasteis de nata* sont bien présents.

**La Table de la Ressourcerie Créative** *(plan B1,* ***7****) : 68, rue de l'Ouest, 75014. ☎ 09-86-48-77-99. Ⓜ Pernety. Tlj sauf dim-lun 12h-14h30, plus jeu-sam 19h-21h30. Congés : 3 sem en août. Plat 10 € ; formule 12 €. Café offert sur présentation de ce guide.* D'abord bénévoles aux *Grands Voisins,* Jeanne et Nana ont créé un resto associatif engagé contre le gaspillage alimentaire, avec l'aide de nombreuses âmes volontaires. À partir d'invendus provenant de supermarchés et marchés du coin, la chef concocte des plats savoureux aux parfums d'Afrique et d'ailleurs. Attention toutefois au piment, il est costaud ! Une poignée de propositions sur l'ardoise, dont une option végétarienne. Et pour faire glisser le tout, vins bio et bières artisanales. Accueil simple et souriant. *NOUVEAUTÉ.*

**Tripletta** *(plan zoom,* ***12****) : 1, impasse de la Gaité, 75014. ☎ 01-43-20-96-34. Ⓜ Edgar-Quinet ou Gaîté. Tlj 12h-14h30, 19h-23h (service continu le w-e). Résa préférable. Formule déj en sem 12,50 € ; repas complet env 20 €.* Née sur les hauteurs de Belleville, *Tripletta* prend ses aises sur l'impasse semi-piétonne de ce microquartier, siège de nombreux théâtres. Et nous voilà transportés à Naples pour déguster les fameuses pizzas... napolitaines à gros bord qui sortent brûlantes du four à bois. Sans oublier les produits D.O.P., une déco chaleureuse, un petit bout de terrasse aux beaux jours et un accueil franchement sympathique. Un vrai coin d'Italie en somme... Fait aussi vente à emporter. *NOUVEAUTÉ.*

**Coriandre** *(plan B2,* ***6****) : 104, rue de l'Ouest, 75014. 07-53-88-35-23. Ⓜ Pernety. Tlj 12h-14h15, 19h-22h15. Lunch box 11 € ; formule déj 15 € ; le soir, carte 20-25 €.* Cette petite cantoche fraîche et pimpante, qui jouxte une supérette indienne, change des indiens traditionnels. La carte, elle, reste dans la tradition avec les classiques tandooris, *byrianis, khichuri* (mélange de légumes et riz, spécialité de la maison), samossas, currys, *tikka massala...* savoureux. On a connu plus fin et plus relevé, mais les assiettes, généreusement servies, tiennent leurs promesses. À accompagner d'un lassi, d'une King Fisher ou d'un Grover à 5 € le verre (eh oui, en Inde, on fait du vin !). Bon point enfin pour les smoothies originaux ou encore l'eau détox délicatement aromatisée (offerte) et l'accueil adorable. Une bonne petite trouvaille.

**Les Pipelettes** *(plan C2,* ***3****) : 31, rue Brézin, 75014. ☎ 09-81-29-27-32. Ⓜ Mouton-Duvernet. Tlj sauf dim-lun 11h-19h ; service 12h-14h30, sam brunch 11h-15h (sur résa). Congés : août. Formules dînette servies avec soupe et salade 14,50-18,90 € ; brunch 25,50 €.* 2 copines, Aline, ancienne de l'école Ferrandi, et Agnès, exploratrice de nouveaux goûts, ont créé cet adorable resto-épicerie (belle sélection de produits fins à la vente) où elles peuvent donner libre cours à leur passion culinaire. Résultat, on se régale de goûteuses « dînettes » de saison concoctées avec une créativité et un savoir-faire confondants. Une grande partie est faite maison, le reste butiné chez d'excellents petits producteurs. Gâteaux pas en reste et intéressantes variétés de thés. Accueil alerte et souriant, mais ça, on s'en doutait !

**Chez Joy** *(plan zoom,* ***8****) : 84, rue Daguerre, 75014. ☎ 01-43-20-01-68. Ⓜ Gaîté ou Denfert-Rochereau. Tlj sauf sam soir et dim ; service 11h30-15h, 18h-22h (11h30-17h sam). Congés : de mi-juil à mi-août et 2de quinzaine de déc. Menus 10,50 € (midi en sem)-12,50 € ; carte env 15 €.* Ce traiteur vietnamien discret assure depuis des années une qualité et un sourire constants. Délicieux nems, salades fraîches aux saveurs baladeuses (citronnelle, aromates et parfums inspirés de la cuisine thaïlandaise), incontournables *phó* (la soupe traditionnelle vietnamienne), bo bun et menus impeccables. Le porc au caramel est un délice...

**Chez Victor** *(plan B1-2,* ***9****) : 73, rue Pernety, 75014. ☎ 09-80-97-72-60. Ⓜ Pernety. Tlj sauf dim-lun 12h-15h. Congés : 3 sem en août. Formules et planches 12-15 € ; goûter 9 €. Café offert sur présentation de ce guide.* Le concept a ses adeptes : d'un côté, l'épicerie où sont vendus des produits sélectionnés en direct chez des producteurs travaillant en agriculture bio ou raisonnée, dans un rayon de 100 km autour de Paris – comme le montre la carte punaisée de l'Île-de-France avec leur localisation. De l'autre, le *coffee shop* où l'on prend place après avoir choisi sa formule au comptoir de l'épicerie. Rien de sophistiqué, mais tout est concocté sur place le matin même : quiches, soupes, salades, petits entremets en guise de dessert. Le tout servi dans des bocaux (sauf les quiches) et sur plateau. C'est bon, frais et bien dans l'air du temps.

**Le Vaudésir** (plan D2, **10**) **:** *41, rue Dareau, 75014. ☎ 01-43-22-03-93. Ⓜ Saint-Jacques. Tlj sauf lun soir, sam midi et dim ; service 12h-14h, 19h30-21h30. Congés : août. Plat du jour 8,20 € ; repas complet env 15 €. CB refusées. Café offert sur présentation de ce guide.* Le p'tit caboulot de quartier comme on les aime, avec ses cols blancs et ses habitués, saupoudrés de quelques cols bleus survivants. Dans ses 2 petites salles de part et d'autre du zinc, on déguste une vraie cuisine familiale concoctée avec de bons légumes par l'adorable Michèle. Un plat de ménage unique servi généreusement et qui part vite. Ainsi, il arrive qu'à 13h15-13h30 il faille se contenter d'une quiche-salade... Atmosphère chaleureuse et conviviale, comme il sied en ces lieux hors du temps.

**Le Daudet** (plan C2, **11**) **:** *16, rue Alphonse-Daudet, 75014. ☎ 01-45-40-82-33. Ⓜ Alésia. ♿ Tlj sauf dim 12h-15h, plus jeu-ven 19h-23h. Congés : 2 sem en août. Plat du jour 15 €, sandwichs 3,60-5,50 €, salades 10,50-13,50 €, tarte salée env 10 € ; carte 25-30 €. Apéritif maison ou café offert sur présentation de ce guide.* Le midi, beaucoup de monde – travailleurs du quartier pour l'essentiel – dans cette brasserie aveyronnaise bruissante et bourdonnante. Un comptoir pour s'envoyer un canon, et des tables pour se requinquer d'une solide cuisine ; choux farcis, saucisse d'Auvergne, andouillette. Excellent tartare maison avec frites bien craquantes, et desserts maison. Belle carte de vins de propriétaires.

***Ti Jos*** (plan zoom, **13**) **:** *30, rue Delambre, 75014. ☎ 01-43-22-57-69. Ⓜ Montparnasse-Bienvenüe, Vavin ou Edgar-Quinet. Tlj sauf dim ; service 12h-14h30, 19h-23h30. Congés : sem du 15 août, 24-25 déc et 31 déc-1er janv. Carte env 20 €. Apéritif maison offert sur présentation de ce guide.* Une des plus anciennes crêperies de Paris, restée quasi dans son jus avec son cadre typique. Joli cadre composé de panneaux sculptés de lits bretons. Des galettes classiques et généreuses faites avec de bons produits. Quelques plats chauds le soir. Cidre et bières pression pour arroser ces agapes armoricaines.

## Bon marché

**Daguerre Marée** (plan zoom, **15**) **:** *9, rue Daguerre, 75014. ☎ 01-43-22-22-52. Ⓜ Denfert-Rochereau. Tlj sauf dim soir et lun ; service 12h-14h (9h-13h dim), 19h-22h. Congés : 2 janv, 1er-15 août et 26 déc. Douzaine d'huîtres 24-35 €, poisson 20-25 € selon arrivage ; formule 17 € ; carte env 30 €.* La meilleure poissonnerie du 14e a enfin ouvert son propre bistrot juste à côté des étals (difficile de faire plus frais). Pour l'achalandage, impossible de les prendre en défaut. Et les bougres s'y connaissent. Moins cher qu'ailleurs car ici, on ne paie pas la déco. Tout est dans l'assiette, et c'est la patronne (adorable) qui tient la barre ! Privilégiez l'ardoise, c'est ce qui vient de descendre du bateau. Terrasse sur la rue piétonne.

**Au P'tit Zinc** (plan C2, **19**) **:** *2, rue des Plantes, 75014. ☎ 01-45-40-45-50. Ⓜ Alésia ou Denfert-Rochereau. ♿ Tlj sauf dim 12h-15h, 19h-22h. Congés : 3 dernières sem d'août. Formules déj 17-19 € ; grandes salades 13,50-16 € ; le soir, carte env 35 €.* En passant la porte de ce bistrot, on est d'emblée séduit par l'accueil affable et chaleureux. L'ardoise est classique : bavette à l'échalote, tartare façon *P'tit Zinc,* confit de canard et pommes sautées ou délicieux chou farci. Une adresse qui ne ment ni sur la qualité des produits ni sur le service. Elle a d'ailleurs reçu une Bouteille d'or, qui couronne ce beau travail. Avec ce genre d'adresses, Paris tiendra toujours le haut du pavé (de bœuf).

🍴 ***Le Petit Baigneur*** *(plan C2,* ***16****) : 10, rue de la Sablière, 75014. ☎ 01-45-45-47-12. Ⓜ Mouton-Duvernet ou Pernety. Tlj sauf sam midi, dim et j. fériés ; service 12h-14h30, 19h-22h. Congés : 25 juil-25 août. Le midi, formule et menu 17,90-26 € ; le soir, menu 29 € ; carte 20-35 €.* Un p'tit resto installé dans une ancienne épicerie au décor vintage : objets chinés, anciennes affiches publicitaires, objets rétro... Cuisine de famille, simple et sans prétention, à l'image des harengs-pommes à l'huile, du pâté de campagne et du bœuf (le patron est un ancien boucher) décliné sous toutes les formes et à toutes les sauces. Ne pas manquer l'excellent tartare. Une adresse qui fait le plein au déjeuner.

🍴 ***Le Bistrot des Campagnes*** *(plan zoom,* ***23****) : 6, rue Léopold-Robert, 75014. ☎ 01-40-47-91-27. Ⓜ Vavin ou Raspail. ♿ Tlj sauf sam midi et dim 12h-15h30, 19h-23h. Congés : 2 premières sem d'août. Plat du jour 14 € ; menus 17-22 € le midi, 27-34 € le soir ; carte 20-30 €. Apéritif maison ou digestif maison offert sur présentation de ce guide.* Dans une petite rue cachée à deux pas du cimetière du Montparnasse, une étape revigorante ! Le nom de la maison n'est pas volé ! Ambiance chaleureuse, avec bouteilles bien alignées, tables à touche-touche, ardoise et comptoir à l'arrivée, et vue sur les cuisines ouvertes. Une carte tout aussi alléchante avec poisson du jour, viandes sous toutes leurs formes de la terrine aux sautés, confits et autres préparations en sauce. Présentation soignée, sourire au service et prix au plus juste nous ont conquis ! *NOUVEAUTÉ.*

🍴 ☂ ***La Baraka*** *(plan zoom,* ***18****) : 70, rue Daguerre, 75014. ☎ 01-43-27-28-20. Ⓜ Denfert-Rochereau ou Gaîté. ♿ Tlj sauf dim soir et lun ; service 12h-14h30, 19h-22h45. Congés : 3 sem en août. Assiettes du marché (midi en sem) 13-18 € ; carte env 25 €. Apéritif maison offert sur présentation de ce guide.* Un resto sud-méditerranéen qui a le bon goût de ne pas jouer la carte du folklore. La déco, sobrement moderne, donne dans le « zen méditerranéen ». En toute saison, la salle est prolongée par un patio chauffé. Rare à Paris ! Belle déclinaison de couscous et tajines, notamment au poisson, servis avec une semoule ultrafine. Côté prix, la modestie est de mise. Service discret.

🍴 ***Le Smoke*** *(plan zoom,* ***17****) : 29, rue Delambre, 75014. ☎ 01-43-20-61-73. Ⓜ Vavin ou Edgar-Quinet. Tlj sauf sam midi et dim 12h-14h30, 19h-22h30. Formule déj 14 € ; plats 8-18 €.* Au cœur du Montparnasse artistique et littéraire cher à Hemingway, dans une rue où ont vécu tant de génies (Gauguin, André Breton, Henry Miller...), *Le Smoke* est une rareté. La carte est courte mais il n'y a que du bon. Dans ce secteur dominé par les crêperies, voici enfin un beau bar jazzy (déco sur ce thème, photos et musique jazz) avec banquettes, tables en bois et grosses poutres, et une cuisine française de qualité à prix imbattables. *Le Smoke* est parrainé aujourd'hui par l'écrivain américain Paul Auster, qui est aussi le scénariste du film *Smoke* (avec Harvey Keitel). Ce dernier a inspiré le patron Lazhar et ses fils (Moez et Talal), qui maintiennent cet esprit « brooklynien » à Montparnasse. Ambiance conviviale. Service aimable et attentionné de Noï et Kim. Une bonne adresse aussi pour boire un pot à l'apéro ou jouer aux échecs...

🍴 ***Yaai Thaï*** *(plan zoom,* ***14****) : 22, rue Daguerre, 75014. ☎ 09-81-07-85-25. Ⓜ Denfert-Rochereau. Tlj 12h-14h30, 19h-23h. Pas de résa. Menu pinto 19 € (min 2 pers) ; carte env 20 €. Café offert sur présentation de ce guide.* Dans cette rue commerçante, une adresse pleine de vitalité (et assez bruyante) qui vous propulse sans escale dans une échoppe bigarrée en Thaïlande. Coup de cœur pour la déco foisonnante avec lampes en bambou. Les classiques de la cuisine thaïe sont revenus au wok : onctueux currys rouge et vert, incontournables *pad thaï,* concluant bo bun et de fameux cocktails... *Adresse jumelle au 35, bd de Bonne-Nouvelle, dans le 2e. NOUVEAUTÉ.*

🍴 ***Indian House*** *(plan zoom,* ***20****) : 27, rue Gassendi, 75014. ☎ 01-43-20-07-64. Ⓜ Denfert-Rochereau, Mouton-Duvernet ou Gaîté. Tlj*

*12h-14h30, 19h-23h30 (minuit w-e). Fermé 24-25 déc. Formules déj sauf dim 12-14 € ; le soir, menu 20 € ; carte 25-30 € ; brunch dim (12h-15h) 22 €. Café offert sur présentation de ce guide.* Une adresse solide question cuisine indienne, dans un cadre chaleureux où sont servis tous les classiques, dont bien sûr le *thali* (assortiment de légumes avec des chutneys). Délicieux lassis aux différents parfums sucrés (rose, mangue...) ou salés. Sinon, petits vins de propriété à prix doux.

**Swann et Vincent** *(plan zoom,* **21***)* **:** *22, pl. Denfert-Rochereau, 75014. ☎ 01-43-21-22-59. Ⓜ et RER B : Denfert-Rochereau. Tlj 12h-14h30 (15h w-e), 18h30-22h30 (23h w-e). Résa recommandée. Formule déj 17,50 € ; carte 25-30 €.* Cet établissement s'inscrit dans la lignée du *Swann et Vincent* du 12e : les parfums d'huile d'olive envoient directement nos papilles en Italie. Tout est bon, frais et copieux. Intéressante formule déjeuner. Service sympathique. Que vous faut-il de plus ?

**Le Verre Siffleur** *(plan C2,* **22***)* **:** *73, rue d'Alésia, 75014. ☎ 01-40-47-08-34. Ⓜ Alésia. Tlj 8h-2h ; service continu 12h-23h. Plat du jour 12,90 € ; carte 25-30 € ; brunch 19,50 €. Café offert sur présentation de ce guide.* Un café-resto qui a su conserver quelques vestiges du passé et qui maintient la tradition : le carrelage typique des années 1950, les banquettes de moleskine, le comptoir de marbre en U... Vraie cuisine de bistrot, un tantinet imaginative dans les goûts et la présentation, et servie généreusement. Clientèle d'employés et de travailleurs du coin le midi, un poil « branchouille » le soir (niveau sonore élevé !)... Belle carte des vins. Service jeune et efficace.

**Mian Fan** *(plan zoom,* **25***)* **:** *124, bd du Montparnasse, 75014. ☎ 01-56-54-01-55. Ⓜ Vavin ou Raspail. Tlj 12h-15h, 19h-23h. Dim sum 8 €, plats 10-24 €.* Une petite cantine asiatique sans prétention où l'on vient surtout pour les *dim sum,* bien garnis et savoureux. Quant aux plats *fusion,* ils lorgnent aussi bien vers le Vietnam que vers la Thaïlande ou la Chine, version tout de même occidentalisée, sans tous les parfums qui caractérisent ces cuisines. Reste les prix sages et le service rapide, qui en font une honorable adresse de repli à l'heure du déjeuner ou avant le ciné.

**Kakdougui** *(plan C2,* **26***)* **:** *55, rue du Couëdic, 75014. ☎ 01-43-22-45-48. Ⓜ Mouton-Duvernet. Tlj sauf lun et dim midi 12h-14h30, 19h-22h30. Plats 11-18 € ; carte env 20 €.* Les restos coréens commencent à creuser leur trou. Ici, dans cette rue typique du 14e mais peu passante, c'est quasiment toujours plein. Le bouche-à-oreille a de suite fonctionné (compris, réservez !). Il faut dire que qualité et saveurs sont au rendez-vous à prix fort modérés. Le *kakdougui,* c'est l'étonnant radis blanc coréen qui accompagne souvent les viandes. Sinon, les plats les plus plébiscités : le *boulgogi* (traditionnel bœuf mariné grillé sur la table, le barbecue coréen), le délicieux *bibimbap* chaud, les raviolis et les crêpes de ciboulette et fruits de mer... Cadre agréable, accueil affable, atmosphère animée (pas mal de Coréens, pas surprenant !) en prime.

**Chez Félicie** *(plan C2,* **27***)* **:** *174, av. du Maine, 75014. ☎ 01-45-41-05-75. Ⓜ Mouton-Duvernet ou Alésia. Tlj jusqu'à 2h ; service 11h-0h30. Formules déj 14,50-22 € ; repas 22-30 € ; brunchs à partir de 20,90 €. Apéritif ou café offert sur présentation de ce guide.* Non loin de la mairie, une terrasse couverte pour les fumeurs et une grande salle où se retrouvent les jeunes du quartier. C'est l'adresse la plus animée d'Alésia. On y sert une savoureuse cuisine classique à base de produits frais et bio (légumes et fruits), d'excellentes viandes de Salers, dont un choix de 5 recettes de tartare, des frites maison et des fromages au lait cru. Inutile de dire qu'on en ressort repu !

**Dokkebi** *(plan B2,* **28***)* **:** *121, rue Raymond-Losserand, 75014. ☎ 01-45-43-35-12. Ⓜ Plaisance. Tlj sauf mar 12h-15h, 19h-22h30. Menus 10-14 € le midi (petits mais déjà copieux), 21-25 € le soir ; carte max 25 €. Café ou digestif maison offert sur présentation de ce guide.* Cadre intime pour un tour d'horizon des grandes spécialités coréennes : *pibim pap chaut,* BBQ de bœuf, délicats raviolis grillés... Des saveurs envoûtantes, un voyage culinaire d'une très grande finesse. Et cerise sur la glace au thé vert, un accueil chaleureux, un service attentif et des prix abordables.

## Prix moyens

**L'Essentiel** (plan B2, **38**) : *168, rue d'Alésia, 75014. ☎ 01-45-42-64-80. Ⓜ Plaisance. Tlj 7h30-22h30 ; service 12h-14h30, 19h-22h30. Congés : Noël et Jour de l'an. Formules déj 12,50-17,50 € ; carte 30-35 €.* Ouvert dès potron-minet pour avaler un petit noir serré, ce néobistrot aux murs de brique nue est une véritable ode au « bien-manger-pour-pas-cher », si rare de nos jours. Les habitués s'y pressent au déjeuner en tables serrées sur la terrasse chauffée ou, au fond, sur les bancs autour de la robuste table commune, pour décrypter les offres du jour sur tableau noir. Cuisine de brasserie typique : que du frais, garanti fait maison, du simple et revigorant, servi sans délai et dans la bonne humeur. Honnêtes vins au verre ou en pichet.

**Papy aux Fourneaux** (plan B1, **30**) : *70, rue de l'Ouest, 75014. ☎ 01-45-49-06-12. Ⓜ Pernety. Tlj 12h-14h, 19h30-22h. Formule déj 25 € ; plats 17-19 € ; cagette apéritive 15 € ; carte env 30 €. Digestif maison offert sur présentation de ce guide.* Le partage est à l'honneur dans ce resto-table d'hôtes au cadre rustico-moderne. On conseille de venir nombreux vous installer autour des grandes tablées, car ici, plus on est de fous, moins on paie ! L'idée est simple : on se met d'accord sur les propositions de l'ardoise (2 entrées, 3 plats et 3 desserts) et on partage la même cocotte. On se sert comme à la maison, et en plus, on peut saucer la marmite jusqu'à plus faim... On a aimé la courge farcie au risotto ou encore le lieu noir sauce canard fumé ! C'est copieux et les produits sont frais, bio et de saison. En plus, vente de mets de producteurs locaux et coin salon avec baby-foot et jeux de société.

**O Corcovado** (plan zoom, **37**) : *152, rue du Château, 75014. ☎ 01-43-27-50-87. Ⓜ Pernety. Tlj sauf lun 19h-22h15. Carte env 35 €. Digestif maison offert sur présentation de ce guide.* Discrètement implanté dans le quartier, ce petit restaurant aux couleurs du Brésil a la cote auprès des Brésiliens nostalgiques et des Parisiens grisés par la chaleur de l'accueil, et par l'excellente caïpirinha (qui se décline avec des fruits) ! Assis au coude-à-coude, on embarque pour un voyage culinaire à travers le pays : *pão de queijo,* feijoada, *moqueca de camarão...* Tout est délicieux !

**Au Bistrot** (plan zoom, **32**) : *18, rue Lalande, 75014. ☎ 01-43-20-00-28. Ⓜ Denfert-Rochereau. Tlj sauf dim 12h-15h, 19h-23h. Formules déj 20-25 € ; plats 19-29 € ; carte env 32 €. Café offert sur présentation de ce guide.* Un bistrot, tout simplement, pour se retrouver entre amis autour d'une cuisine de terroir, consistante et bien ficelée : superbe entrecôte de salers, classique andouillette... Toujours d'excellents produits et, surtout, de gouleyants vins de propriété. Comptoir particulièrement animé le midi. Le *Bistrot,* c'est celui qu'on souhaiterait avoir dans sa propre rue !

**La Cantine du Troquet** (plan B2, **33**) : *101, rue de l'Ouest, 75014. ☎ 01-45-40-04-98. Ⓜ Pernety. Tlj sauf dim-lun 12h-14h30, 19h-22h45. Fermé 1er janv, 24-25 et 31 déc. Congés : 2 sem en août et 1 sem en déc-janv. Pas de résa. Carte env 38 €.* Une poignée de tables prises d'assaut, dont une grande table d'hôtes, de grandes ardoises et les cuisines au fond. Mais les flux sont bien gérés. La formule se veut rapide mais pas bâclée : tout le savoir-faire de Christian Etchebest se retrouve dans l'assiette. Le Sud-Ouest est à l'honneur, avec des produits de belle qualité (boudin, poitrine de porc et oreilles de cochon à se damner) et des frites extra. Pour les fans, d'autres *Cantine* dans le 14e (voir ci-après), à Dupleix (voir dans le 15e arrondissement) et dans le 6e (voir à cet arrondissement).

**Bistrotters** (plan B2, **34**) : *9, rue Decrès, 75014. ☎ 01-45-45-58-59. Ⓜ Plaisance. Tlj 12h-14h, 19h-22h. Congés : 1 sem à Noël. Résa préférable, possible via le site internet • bistrotters.com • Formules déj en sem 19-23 € ; menus-carte 33-37 €.* Dans cette rue assez improbable, 2 jeunes hardis et optimistes, Adrien au service et Martin au piano, imposent avec brio leur cuisine créative dans un cadre sobre. Produits du marché, mise en valeur subtile des saveurs, carte qui bouge pas mal... Avec cependant quelques vedettes plébiscitées comme le croustillant de poitrine de cochon. Poisson frais cuit à la perfection. Beaux desserts. Carte des vins bien fournie, notamment en biodynamie. Globalement un bon rapport qualité-prix.

**La Cantine du Troquet Daguerre** (plan zoom, **36**) : *89, rue Daguerre, 75014. ☎ 01-43-20-20-09. Ⓜ Gaîté. Tlj sauf dim et lun midi 12h-14h45, 19h-23h. Congés : 2 sem en août. Pas de résa. Plats à partir de 17 € ; carte env 35 €.* Rebelote pour Christian Etchebest, qui signe là sa 3e *Cantine.* Même concept bistrotier et grands classiques du Sud-Ouest affichés sur l'ardoise (cochonnailles de « son » ami Ospital, pièces de cochon et de veau formidables, indétrônables frites maison), belle déclinaison de flacons servis également au verre, et service bien rodé. Sauf que là, Nicolas Gras, ex-chef pâtissier chez *Ledoyen,* s'est invité (plus que ça, il gère le resto) et ajoute son grain de... sucre dans la carte des desserts. À ne pas manquer, du coup !

**L'Ordonnance** (plan C2, **41**) : *51, rue Hallé, 75014. ☎ 01-43-27-55-85. Ⓜ Mouton-Duvernet ou Alésia. Lun-ven 12h-13h45, 19h45-21h45. Congés : 2 sem en août. Résa conseillée le soir. Formule déj 20 € ; menus 26-34 €.* Un cadre de bistrot réussi, gentiment rétro, avec banquettes rouges et affiches portées sur la dive bouteille. Le menu, complété par des plats à l'ardoise, change tous les jours pour satisfaire une clientèle d'habitués. Cuisine de qualité, pleine de fraîcheur et de bonnes idées. Le midi, la formule inclut un verre de vin judicieusement sélectionné, et même le café.

**À Mi-Chemin** (plan C2, **42**) : *31, rue Boulard, 75014. ☎ 01-45-39-56-45. Ⓜ Denfert-Rochereau ou Mouton-Duvernet. Tlj sauf dim-lun ; service 12h-14h30, 19h30-23h30. Congés : août. Formules déj en sem 24-28 € ; carte env 45 €. Apéritif maison offert sur présentation de ce guide.* Cadre simple de bistrot pour une cuisine pleine d'une réjouissante créativité : la carte évolue sans cesse au gré du marché et des saisons. Viande tendre, poisson cuit parfaitement et couscous le samedi. Service diligent. Resto à la hauteur de son excellente réputation ! Terrasse aux beaux jours.

**Au Bretzel** (plan zoom, **25**) : *1, rue Léopold-Robert, 75014. ☎ 01-40-47-82-37. Ⓜ Vavin ; RER B : Port-Royal. ♿ Mar-sam 12h-14h, 19h30-22h30. Congés : 3 sem en août. Formule déj 17,50 € ; flammekueches 10-11,50 € ; carte env 30 €.* Loin des grandes brasseries alsaciennes, une petite winstub calme et proprette. 2 associés, l'un alsacien, l'autre égyptien, et voilà un cocktail réussi de savoir-faire et de gentillesse. Les plats sont savoureux, comme les flammekueches ou, bien sûr, l'incontournable choucroute. Le tout servi avec le sourire. On en redemande !

**Le Plomb du Cantal** (plan zoom, **44**) : *3, rue de la Gaîté, 75014. ☎ 01-43-35-16-92. Ⓜ Edgar-Quinet ou Gaîté. Tlj sauf mar 7h-minuit ; service 12h-minuit. Fermé à Noël. Petit déj 7-9 € ; salade 12 €, plats 17-28 € ; carte 30-35 €.* Une petite envie de plats auvergnats ou une grosse faim tardive ? 2 bonnes raisons de venir au *Plomb.* Ici, on ne lésine pas sur les salades, les viandes et les pommes de terre, cuisinées en truffade ou en aligot (et présentées dans un poêlon en cuivre), ni sur la charcuterie et la saucisse sèche artisanales. Beaucoup de monde, surtout en fin de spectacles (nombreuses salles alentour). Les affamés attendent parfois leur tour jusque sur le trottoir !

## Chic

**Aux Plumes** (plan C2, **49**) : *45, rue Boulard, 75014. ☎ 01-53-90-76-22. Ⓜ Denfert-Rochereau. ♿ Tlj sauf dim-lun 12h15-14h30, 19h30-22h30. Congés : août et 1 sem en oct. Menus 18 € (+ 7 ou 10 € avec dessert) le midi, 38 € le soir ; menus dégustation (6 plats) 32 € le midi, 50 € le soir ; café gourmand (extra) 10 €.* Dans l'imaginaire japonais, les plumes symbolisent la liberté et l'accomplissement. 2 notions chères à ce chef, qui n'a pas manqué son envol après avoir œuvré dans les cuisines étoilées, ni son atterrissage dans ce quartier bobo-popu très attaché à ses habitudes... Produits du marché exclusivement, travaillés avec un art certain et une inventivité qu'on n'attend pas à ces prix-là, en particulier dans l'épatante formule déjeuner. Le soir, carte plus élaborée, avec des produits plus nobles. Un feu d'artifice de l'entrée au dessert !

**Le Cornichon** *(plan zoom, **48**) : 34, rue Gassendi, 75014. ☎ 01-43-20-40-19. Ⓜ Alésia, Mouton-Duvernet ou Denfert-Rochereau. Lun-ven 12h-13h45, 19h-22h. Congés : août et 2 sem à Noël. Menus 35 € le midi, 42 € le soir ; carte env 55 € (spécialité de gibiers sept-déc).* Ne cherchez pas, il n'y a ni terrine ni cornichons sur les tables, mais une peinture de la cucurbitacée au mur. Et en guise de plats bistrotiers, le chef donne plutôt dans le bistronomique ! Produits de prime fraîcheur et de belle qualité (excellentes viandes) pour une cuisine de marché sans fanfaronnade mais bien troussée, servie dans un élégant cadre contemporain (coup de cœur pour les toilettes rose fuchsia !).

**L'Auberge de Venise** *(plan zoom, **50**) : 10, rue Delambre, 75014. ☎ 01-43-35-43-09. Ⓜ Vavin. Tlj 11h30-14h30, 18h-minuit (service continu ven-dim). Menus 14,90 € (midi sauf dim et j. fériés)-24,90 € (vin compris) ; carte env 35 €.* Ici autrefois siégeait le *Dingo's Bar,* le bistrot préféré d'Hemingway à Montparnasse. Les cinémas du quartier ainsi qu'une poignée de bonnes tables font qu'on peut encore, avec plaisir, s'amuser à y jouer les Montparnos d'un soir. Parmi ces tables, cette auberge italienne où règne Enzo, bonhomme jovial, plein de malice, qui a l'art et la manière de vous mettre immédiatement à l'aise, sans oublier Massimo, son fiston. Éditeurs et gens du spectacle y viennent en amis plus qu'en voisins. Également une annexe dans le 4e arrondissement *(2, rue de la Bastille).*

**Bistrot du Dôme** *(plan zoom, **51**) : 1, rue Delambre, 75014. ☎ 01-43-35-32-00. Ⓜ Vavin. Tlj 12h-14h30, 19h-22h30 (23h ven-sam). Carte seulement : repas complet à partir de 50 €.* L'annexe bistrotière de la célèbre brasserie de Montparnasse. La marée y est en pleine forme, la carte des vins sans houle. Le service, qui ne sort pas de la flibuste, vous laisse le temps de respirer avant de monter à l'abordage, carte en main. Au fil des arrivages, poissons et fruits de mer expriment la même franchise savoureuse que celle qui nous émeut tant à la table d'un cabanon des bords de mer. Assiettes généreuses et très bons desserts.

**Les Petits Plats** *(plan C2, **52**) : 39, rue des Plantes, 75014. ☎ 01-45-42-50-52. Ⓜ Alésia. ♿ Tlj sauf dim 12h-14h, 19h30-22h. Congés : 3 sem en août, Noël et Jour de l'an. Résa conseillée. Formule déj en sem 21 € ; menu dégustation 50 € ; carte env 45 €.* Un bistrot très convivial, au décor rétro, et tenu par une équipe qui mise sur la qualité. Une ardoise met à l'honneur la viande d'Aubrac, une autre s'inspire des produits de saison et offre une cuisine savoureuse et généreuse. N'hésitez pas à opter pour les plats en « demi-portion », une version plus douce pour l'estomac comme pour le portefeuille. Large gamme de bons vins, avec quelques grands crus, pour accompagner.

**La Cerisaie** *(plan zoom, **47**) : 70, bd Edgar-Quinet, 75014. ☎ 01-43-20-98-98. Ⓜ Montparnasse-Bienvenüe ou Edgar-Quinet. Lun-ven 12h-14h30, 19h-22h30. Congés : 14 juil-15 août. Résa conseillée. Carte env 40 €. Apéritif maison offert sur présentation de ce guide.* Voilà près de 20 ans que le couple Lalanne porte haut les couleurs du Sud-Ouest dans ce bistrot de poche niché au pied de la tour Montparnasse. Les plats, d'une qualité constante, sont préparés avec minutie et à base d'ingrédients de saison finement sélectionnés. Tourte de pigeon, cassoulet longuement mijoté, agneau de lait des Pyrénées, palombe (en saison) régalent une clientèle de fins gourmets, qui trouve aussi son compte dans les desserts maison, franchement gourmands. Seuls bémols, l'absence de formule le midi et des quantités un peu justes, qui incitent à opter pour des formules complètes. Belle sélection de vins.

**Les Petites Sorcières** (plan zoom, **53**) : *12, rue Liancourt, 75014. ☎ 01-43-21-95-68. Ⓜ Denfert-Rochereau. Tlj sauf dim-lun 12h-14h, 19h30-22h. Congés : 2 sem en août. Résa conseillée bien à l'avance. Formule déj 26 € ; le soir, menus 39-59 €.* Ghislaine Arabian, très connue des épicuriens fortunés à l'époque où elle œuvrait chez *Ledoyen,* tient là un p'tit bistrot moderne et lumineux où il est permis de goûter à la cuisine d'une grande à prix doux... le midi. Pas de fioritures ni de falbalas : la cuisine se veut simple et rappelle parfois le Nord (pas la peine de fuir !).

## Plus chic

**L'Assiette** (plan C2, **56**) : *181, rue du Château, 75014. ☎ 01-43-22-64-86. Ⓜ Gaîté ou Mouton-Duvernet. Tlj midi et soir, sauf lun-mar. Résa indispensable. Formule déj 23 € ; carte 50-60 €.* Ancienne charcuterie de quartier, naguère le resto préféré de François Mitterrand, et repris par le talentueux David Ratgeber, formé à l'école Ducasse. Dans ce lieu plein de charme, le chef, défenseur de la cuisine de terroir, réalise des plats canailles avec un amour évident du bon produit (excellents gibiers) et un savoir-faire jamais démenti. Ici, on ne rigole pas sur la qualité des produits. Bons desserts bistrotiers au goût d'antan.

**La Coupole** (plan zoom, **57**) : *102, bd du Montparnasse, 75014. ☎ 01-43-20-14-20. Ⓜ Vavin. Tlj 8h-11h pour le petit déj ; pour la brasserie, commande à la carte 12h-minuit (23h dim-lun). Formule déj 19,50 € ; menu 29,50 € ; carte 50-60 €. Service voiturier le soir mar-dim (10 €).* C'est l'un des derniers dinosaures de Montparnasse. Gigantesque « hall de gare » : c'est le plus grand resto, en surface, de France. *La Coupole* a vu le jour en 1927 dans un dépôt de bois et de charbon. Dès sa naissance, l'endroit était fréquenté par les artistes : Chagall, Man Ray, Soutine, Joséphine Baker et son guépard. C'est là qu'Aragon rencontra Elsa, que le modèle Youki quitta Foujita pour Robert Desnos, lui-même en rupture avec Breton sur le surréalisme... Impossible d'établir une liste exhaustive de tous ceux qui fréquentèrent *La Coupole* : Hemingway, Lawrence Durrell, Henry Miller, Buñuel, Dalí, Picasso, Artaud, Colette, Simone de Beauvoir, Sartre, Giacometti... Un lieu mythique donc, qui a plus de 80 ans d'existence, mais le décor, lui, bien que rénové, n'a pas changé : style Art déco original, colonnes surmontées de fresques et d'une superbe coupole, carrelage cubiste. En cuisine, continuité et innovation avec le savoir-faire du groupe *Flo,* et les recettes d'un bon chef, sans compter l'emblématique curry d'agneau servi traditionnellement par un Indien en tenue. Huîtres et crustacés en direct du banc à huîtres. Très bon accueil.

## Où boire un verre ?

**Les Grands Voisins – La Lingerie** (plan D1, **4**) : *74, av. Denfert-Rochereau, 75014. 06-48-86-19-79. Ⓜ Denfert-Rochereau. Mer-ven 18h-minuit, sam 14h-minuit, dim 14h-20h.* Autre espace convivial de ce projet alternatif qui devrait s'arrêter en 2020 (voir plus haut « Où manger ? »). Le bar organise des soirées jeux, concerts, scène ouverte, lectures... Petite restauration également, mais pas besoin de consommer pour profiter du lieu.

**Le Moulin à Café** (plan B2, **66**) : *8, rue Sainte-Léonie, 75014. ☎ 01-40-44-87-55. Ⓜ Pernety. Derrière le Château ouvrier. Tlj sauf dim-lun 12h-22h ; service 12h-14h, 19h-21h. Congés : 27 juil-21 août et 22 déc-3 janv. Vin au verre 3 € ; bière bio 3 €. Café offert sur présentation de ce guide.* Chaleureux café associatif tenu par les habitants du quartier, pour boire un verre, déjeuner sur le pouce ou goûter. Produits principalement bio et issus de circuits courts. Riche programmation culturelle (soirées festives, concerts, conférences, débats, ateliers divers...). Terrasse aux beaux jours.

🍷 ***Le Rosebud*** *(plan zoom,* ***68****)* **:** *11 bis, rue Delambre, 75014. ☎ 01-43-35-38-54. Ⓜ Vavin ou Edgar-Quinet. Tlj 19h-2h. Congés : août. Cocktail env 14 €.* Dans les années 1950, Jean-Paul Sartre et la bande de Montparnasse venaient souvent y prendre un verre. Ce bar, au joli cadre 1930, accueille aujourd'hui une clientèle d'artistes peintres, d'écrivains et de journalistes. Les tables de style bistrot baignent dans une douce pénombre, propice aux confidences. Les serveurs n'ont pas leur pareil pour concocter d'excellents cocktails : commandez un bloody mary, et vous comprendrez ! Et n'oubliez pas le steak tartare, mythique lui aussi.

🍷 ***Ker Beer*** *(plan zoom,* ***70****)* **:** *10, rue Vandamme, 75014. ☎ 01-42-84-43-22. Ⓜ Gaîté, Edgar-Quinet ou Montparnasse-Bienvenüe. Tlj 17h-2h. Congés : 8-23 août. Bières 4-7 € ; dégustation 4 galopins 10 €. Dégustation 4 galopins 8 € au lieu de 10 € sur présentation de ce guide.* En plein cœur du quartier breton de Montparnasse, voici une adresse qui hisse haut le *Gwenn ha du* ! Les 3 jeunes associés ont ouvert ce bar coopératif afin de faire connaître les nombreuses et succulentes bières artisanales bretonnes (ce qui évidemment inclus le département de la Loire-Atlantique !). À l'ardoise, une douzaine de cuvées du moment, servies à la pression, complétées par une cinquantaine de bières bouteilles toutes différentes. Pour les allergiques au houblon, sélection de cidres et whiskies... bretons ! Quelques planches à grignoter pour rester bien accroché au bastingage. *NOUVEAUTÉ.*

🍷 ⛱ ***Le Dôme*** *(plan zoom,* ***69****)* **:** *108, bd du Montparnasse, 75014. ☎ 01-43-35-25-81. Ⓜ Vavin. Tlj (sauf dim-lun juil-août) ; service 12h-15h, 19h-23h. Demi 5,50 €. Formules 43-48 € ; carte 85-90 € ! Parking payant.* Terrasse agréable, lampes Tiffany, chaises en osier, plantes vertes. Décor signé Slavik à tous les coups. Aux murs, intéressante collection de photos rappelant la grande époque et sa faune d'alors. C'est le plus touristique et le plus chicos des grands cafés de Montparnasse. Jean-Paul Sartre (toujours lui !) aimait y venir l'après-midi. Dans l'assiette, poisson et fruits de mer (mais il faut y mettre le prix !).

🍷 ***Le Smoke*** *(plan zoom,* ***17****)* **:** *29, rue Delambre, 75014. ☎ 01-43-20-61-73. Ⓜ Vavin ou Edgar-Quinet. Tlj sauf dim 11h (15h sam)-2h.* Happy hours *14h30-20h : pintes de bière 4-5,50 €, cocktail 5 €.* Voir la rubrique « Où manger ? ».

# 15e ARRONDISSEMENT

• Plan p. 178-179

**À l'exception d'être l'arrondissement le plus grand et le plus peuplé de Paris, le 15e n'est pas celui de tous les superlatifs ! Et hormis ses 2 principales artères commerçantes – la rue Saint-Charles, prolongée par le très chic centre commercial *Beaugrenelle,* et la bien-nommée rue du Commerce – et ses 2 grands parcs contemporains – André-Citroën et Georges-Brassens –, pas de quoi fouetter un chat en matière d'animation. Pourtant, l'arrondissement compte aussi un des plus grands nombres de bistrots gastro de la capitale, de vrais bistrots gourmands et créatifs tenus par des chefs inspirés et soucieux de satisfaire une clientèle locale nombreuse, fidèle... et gourmande. Faites votre choix !**

## Où manger ?

### De très bon marché à bon marché

|●| ***La Cave de l'Os à Moelle*** *(plan B2,* ***2****)* **:** *181, rue de Lourmel, 75015. ☎ 01-45-57-28-28. Ⓜ Lourmel. Tlj sauf lun 10h30-22h30. Congés : 3 sem en été et 1 sem en hiver. Résa conseillée. Formule déj 20 € ; menu unique 26 €.* *La Cave* est la version table d'hôtes de *L'Os à Moelle,* juste en face. Le repas commence par une terrine et des crudités qui circulent sur les tables, puis chacun va se servir, en récupérant une des assiettes dépareillées au passage, de plats de tradition (sauté de veau, par exemple) dans les marmites qui mijotent sur le fourneau, au fond de la salle. Suivent les fromages et un buffet de bons desserts maison. Enfin, on choisit soi-même son nectar dans les casiers à vins. Une adresse hors du temps et insolite pour une soirée entre potes ou à partager avec d'autres convives sur les grandes tablées ! On adore !

|●| ***Aux Artistes*** *(plan D2,* ***7****)* **:** *63, rue Falguière, 75015. ☎ 01-43-22-05-39. Ⓜ Pasteur ou Falguière. Tlj sauf sam midi et dim ; service 12h-14h30, 19h30-23h30. Congés : août et fêtes de fin d'année. Formule déj 12 € ; menu 15 € le soir.* Ce resto est un cas ! Modigliani et Foujita y venaient au temps de la Cité des artistes. L'atmosphère et le décor hétéroclite n'ont pas bougé d'un pouce. Affiches et objets colorés partout. Clientèle mélangée et bruyante mangeant au coude-à-coude des plats bien franchouillards et de bonne facture, du genre bourguignon, tartare, confit de canard, boudin noir ou poisson du jour grillé. Et à des prix d'avant-guerre ! Les soirs de week-end, aux heures cruciales, pas mal d'attente, mais le kir au comptoir est bien bon. Service efficace et à la bonne franquette.

|●| ⛱ ***Le Petit Pan*** *(plan C3,* ***3****)* **:** *18, rue Rosenwald, 75015. ☎ 01-42-50-04-04. Ⓜ Plaisance ou Convention. Mar-sam 12h-14h30, 19h-23h. Congés : 1 sem fin avr, 3 sem en août et 1 sem en déc. Menus midi en sem 16,50-20,50 € ; carte 20-25 € ; tapas 3-18 €.* Boosté par le franc succès du *Grand Pan,* le chef Benoît Gauthier a remis le couvert juste en face, dans le même esprit de franche convivialité, avec une formule et des prix dégraissés. Ambiance bistrot au déjeuner, atmosphère bar à vins le soir. À l'ardoise, délicieuses tapas chaudes ou froides, charcuterie de 1er choix, comme l'ensemble des produits ; le tout à dévorer sur de grandes tables. Ambiance chaleureuse.

|●| ⛱ ***Le Café Noisette*** *(plan B3,* ***1****)* **:** *74, rue Olivier-de-Serres, 75015. ☎ 01-45-35-86-21. Ⓜ Convention. ♿ Tlj sauf sam midi, dim et lun soir 12h-14h, 18h30-23h. Attention,*

*2 services le soir. Congés : sem de Noël. Formules déj 22-28 € ; tapas le soir 5-18 €.* À peine 1 km, à pinces, sépare l'excellent bistronomique *Beurre Noisette* de ce nouveau *Café* au décor de brique et de bois clair. Au déjeuner, plats de saison et de tradition réalisés avec d'excellents produits : raviolis de boudin noir, bouillon de jambon et légumes, carpaccio de pied de cochon, ravigotes de lentilles. Le soir, assiettes de tapas à partager – ou pas ! – façon apéro dînatoire. Et belles ardoises de vins bien choisis servis au verre ou en 50 cl à des prix démocratiques. Desserts dans la veine bistrotière : entre le vacherin aux fraises et l'onctueux riz au lait, notre cœur n'a pas balancé longtemps. Une adresse qui réveille sacrément ce coin résidentiel du 15e.

**Mad'Eo** *(plan B3,* ***6****) : 14, rue de Cadix, 75015. ☎ 01-42-50-52-43. Ⓜ Porte-de-Versailles. Tlj sauf dim-lun 12h-15h, 19h-22h30. Résa préférable. Formule déj 11,50 € ; carte 15-20 €.* La belle de Cadix... est une minuscule crêperie au décor bien typé. Aux commandes, une Bretonne de Douarnenez, qui reçoit comme à la maison, avec force gentillesse et passion du travail bien fait. Les galettes sont fines et croustillantes, selon la bonne tradition finistérienne, et les crêpes de froment élaborées avec des œufs bio. Le tout garni d'ingrédients finement sélectionnés dans le terroir breton et de préparations cuisinées maison. Simple et authentique. *Mad'Eo !* Autrement dit, bravo, c'est... tout bon. Et que les recalés se rassurent, la même équipe tient la crêperie *Ty Fanch,* une annexe plus spacieuse, à 300 m, sur la petite place Henri-Rollet. *NOUVEAUTÉ.*

***Pizzeria Guillaume Grasso*** *(plan C3,* ***4****) : 45, rue Brancion, 75015. ☎ 01-45-33-83-83. Ⓜ Plaisance. Tlj sauf dim, midi et soir. Pizzas env 6-18 €. Bons vins au verre à partir de 6 €.* Encore une pizzeria ?! Difficile d'échapper aux tendances du moment, surtout quand la qualité s'invite dans l'assiette. Guillaume, le jeune patron-pizzaiolo, perpétue la longue tradition familiale avec cœur, et s'attache à la qualité de la farine, du pétrissage, des ingrédients en provenance de la Botte, et de la cuisson au feu de bois pour confectionner la *vera pizza napoletana... Mamma mia !* Le décor basique est peu chaleureux, mais toute la chaleur de l'Italie se retrouve dans l'assiette.

***Fratelli Castellano*** *(plan B-C1-2,* ***5****) : 43, rue Fondary, 75015. ☎ 01-45-77-61-93. Ⓜ Émile-Zola ou La Motte-Picquet-Grenelle. Mer-dim 12h-14h30 (12h30-15h w-e), 18h30-22h30. Fermé lun-mar. Carte 15-20 €.* Il y a ces restos qu'on aime pour la cuisine, d'autres pour l'accueil. Celui-ci combine si bien les 2 qu'on ne sait plus si l'on vient pour goûter la bonne humeur des frérots Castellano ou pour croquer dans l'onctueuse pâte à pizza.

**Où manger ?**

- **1** Le Café Noisette (B3)
- **2** La Cave de l'Os à Moelle (B2)
- **3** Le Petit Pan (C3)
- **4** Pizzeria Guillaume Grasso (C3)
- **5** Fratelli Castellano (B-C1-2)
- **6** Mad'Eo (B3)
- **7** Aux Artistes (D2)
- **8** Le P'tit Gavroche (C2)
- **9** Séoul Mama (B1)
- **10** Au Rendez-Vous (B2)
- **11** Lylee (B1)
- **12** Le Commerce (C3)
- **13** Erawan (C1)
- **16** Le Casse-Noix (B1)
- **18** La Petite Auberge (B3)
- **20** Intuition Gourmande (C2)
- **22** La Cantine du Troquet Dupleix (B1)
- **23** Croccante (D2)
- **24** Restaurant Biscotte (B2-3)
- **25** Le Beurre Noisette (B3)
- **26** Le Bélisaire (C2)
- **27** L'Os à Moelle (B2)
- **29** Le Volant Basque (B1)
- **30** Sawadee (B2)
- **31** Le Café du Commerce (C2)
- **32** L'Atelier du Parc (B3)
- **33** Le Radis Beurre (C2)
- **34** Le Grand Pan (C3)
- **35** L'Accolade (B2)
- **36** Polichinelle (B1)
- **37** Afaria (B3)
- **38** Le Concert de Cuisine (B1)

**Où boire un verre ?**

- **50** Le Bréguet (D2)
- **51** Le Général Beuret (C2)
- **52** Le Cristal (C2)
- **53** Au Dernier Métro (B1)
- **54** Guinguette La Javelle (A2)

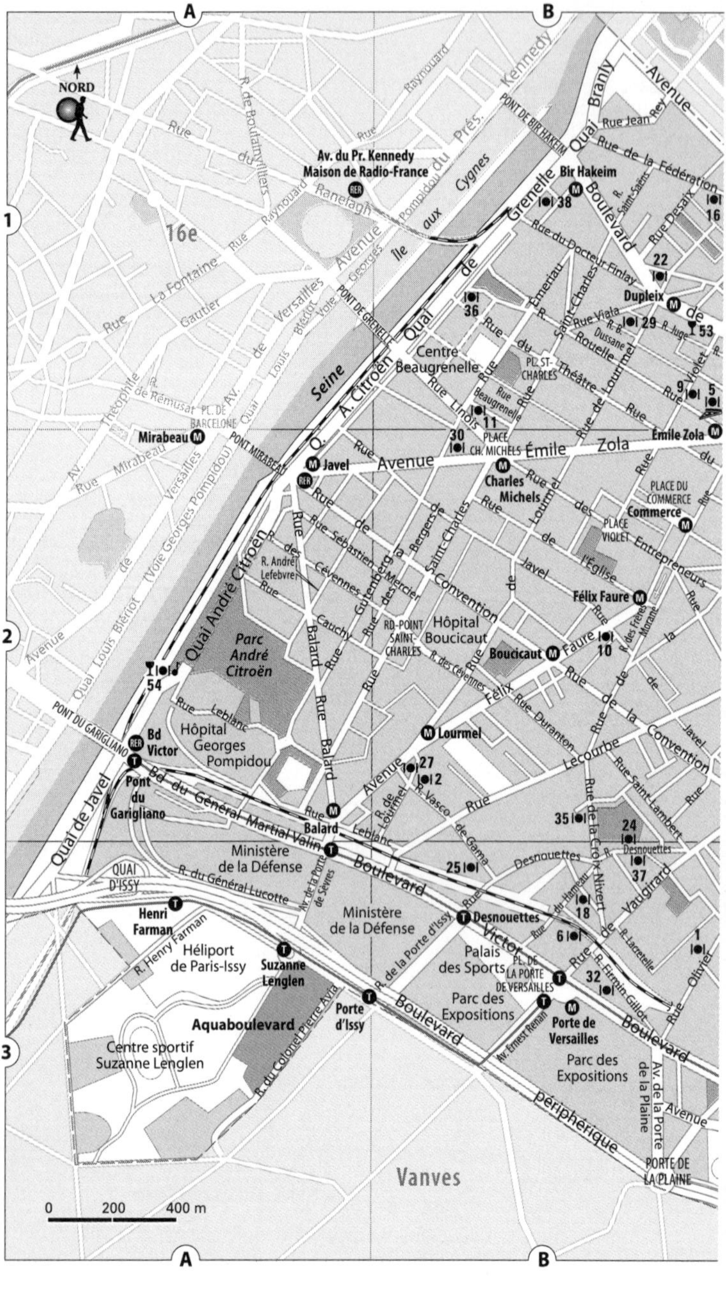
A
B
1
2
3
NORD
16e
Av. du Pr. Kennedy
Maison de Radio-France
Bir Hakeim
Dupleix
Centre
Beaugrenelle
PL. ST-
CHARLES
PLACE
CH. MICHELS
PL. DE
BARCELONE
Mirabeau
Javel
Émile Zola
Charles
Michels
PLACE DU
COMMERCE
Commerce
PLACE
VIOLET
Félix Faure
Seine
Parc
André
Citroën
Hôpital
Boucicaut
RD-POINT
SAINT-
CHARLES
Boucicaut
Lourmel
Hôpital
Georges
Pompidou
Bd
Victor
Pont
du
Garigliano
Balard
Ministère
de la Défense
Ministère
de la Défense
Desnouettes
Henri
Farman
Héliport
de Paris-Issy
Suzanne
Lenglen
Porte
d'Issy
Aquaboulevard
Palais
des Sports
PL. DE
LA PORTE
DE VERSAILLES
Parc des
Expositions
Porte de
Versailles
Parc des
Expositions
Centre sportif
Suzanne Lenglen
Vanves
PORTE DE
LA PLAINE
QUAI
D'ISSY
PONT DE BIR HAKEIM
PONT DE GRENELLE
PONT MIRABEAU
PONT DU GARIGLIANO
Quai André Citroën
Quai de Javel
Quai de Grenelle
Quai Branly
Quai Louis Blériot
Île aux Cygnes
Avenue Émile Zola
Rue de la Convention
Rue Lecourbe
Boulevard Victor
Boulevard périphérique
Rue de Vaugirard
Bd du Général Martial Valin
0
200
400 m
1
2
5
6
9
10
11
16
18
22
24
25
27
29
30
32
35
36
37
38
53
54

15e

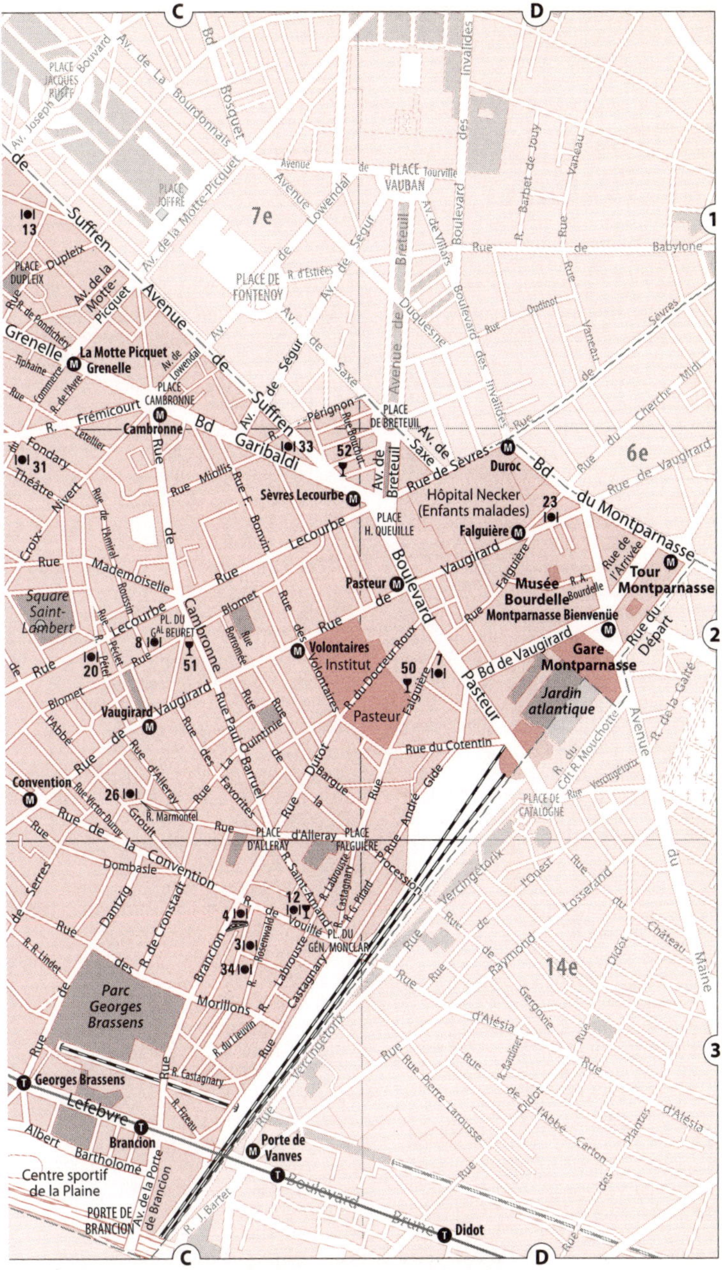


15e ARRONDISSEMENT

La carte est courte : pizza... ou pizza ! Si la qualité des ingrédients est imparable (hmm, cette sauce tomate concoctée par la *mamma* italienne avec 3 variétés de tomates), c'est la pâte, fin mélange de farines, et la pousse qui font la différence en goût, texture et digestion. Même combat pour le baba au rhum et le tiramisù. À consommer sur place sur une grande tablée de cantine ou à emporter. *NOUVEAUTÉ.*

**Lylee** *(plan B1,* ***11****) : 4, rue de Beaugrenelle, 75015.* ☎ *01-45-75-17-38.* Ⓜ *Charles-Michels. Tlj, midi et soir, sauf dim et lun soir. Résa conseillée. Formules déj 12-15 €. Carte le soir, env 25 €.* Ce microresto à la déco zen est tout entier dédié à la cuisine du sud-est asiatique. Une cuisine authentiquement maison d'où émanent ces doux parfums de citronnelle, curry, coriandre, basilic... qui invitent au voyage. Grandes salades, amusant pot au phó, buddha bun, poissons marinés : la carte est courte mais d'une fraîcheur indiscutable. Du reste, les plats sont préparés à la commande, donc prévoir un peu d'attente. Kéo, le chef d'origine laotioenne est associé à son beau-frère, également chef à la maison de la truffe (d'où l'étonnante présence de bricks de brie à la truffe noire), et sa femme sert en salle. L'accueil est adorable et attentionné. Une très symapthique affaire de famille. *NOUVEAUTÉ.*

**Séoul Mama** *(plan B1,* ***9****) : 33, rue Violet, 75015.* ☎ *09-51-45-37-38.* Ⓜ *Émile-Zola. Tlj sauf dim, midi et soir (jusqu'à 21h30). Résa préférable. Plats 17-18 € ; repas env 30 €.* Après la vague du burger, on assiste à une déferlante coréenne qui voit fleurir de petites enseignes un peu partout. Et en particulier dans ce quartier bien résidentiel, situé non loin du *K-Mart,* lieu d'approvisionnement de la communauté coréenne. Cette petite cantine pop mise tout sur les *dumpings* (raviolis farcis), le *Dup Bap* (bol garni de riz, légumes sautés et d'une viande) et le *curry* coréen, un potage réservé aux repas familiaux. Mais mention spéciale au « KFC », le *Korean Fried Chicken,* fin, parfumé et divinement croustillant. Avec un bon dessert (délicieuse réinterprétation du tiramisù au thé vert) et une bonne *kloud* (la bière coréenne), l'expérience est savoureuse ! *NOUVEAUTÉ.*

**Au Rendez-Vous** *(plan B2,* ***10****) : 21, av. Félix-Faure, 75015.* ☎ *09-87-37-27-10.* Ⓜ *Félix-Faure. Tlj sauf mar et dim soir ; service 7h30 (petit déj !)-22h (bar l'ap-m) ; brunch dim jusqu'à 15h. Congés : 1 sem en fév et 3 sem en août. Formules déj 21-26 € ; le soir, tapas 5-18 €.* Voici un lieu design et chaleureux, tenu par une équipe toute jeune. Celle-ci élabore une cuisine décomplexée, redonnant de la vigueur aux recettes les plus simples en trimbalant nos papilles sur des airs d'ailleurs. On se régale d'un velouté de carotte à l'orange, de haricots tarbais à l'andouille de Guémené ou d'un *tataki* de thon sauce thaïe, aux saveurs renouvelées. Les desserts ? Soignés et inventifs. Le soir, les plats sont servis sous forme de tapas à partager... ou pas. Bravo au service, souriant et enjoué. *NOUVEAUTÉ.*

**Le Commerce** *(plan C3,* ***12****) : 45 bis, rue de Vouillé, 75015.* ☎ *01-73-74-67-97.* Ⓜ *Plaisance. Tlj sf dim, déjeuner seulement. Repas 20-25 €.* Bistrot de carrefour style années 1950, formica, banquettes en moleskine, clientèle joyeuse et bruyante de travailleurs du coin. Et une belle et copieuse cuisine de terroir. À notre avis, peut-être le meilleur œuf mayo du XVe, généreuse chiffonnade de jambon, viandes tendres, pâtes fraîches et saucisse aligot qui possède ses fans. Sélection affutée de petits vins gouleyants.

**Erawan** *(plan C1,* ***13****) : 76, rue de la Fédération, 75015.* ☎ *01-47-83-55-67.* Ⓜ *Dupleix. Tlj sauf lun midi et dim 12h-14h30, 19h-22h15. Congés : 3 sem en août. Menus à partir de 16 € le midi, 26 € le soir ; carte midi seulement env 30 €.* Le cadre est agréable, l'accueil courtois et le service efficace. Et quelle constance pour ce pionnier des restos thaïs à Paris ! Parmi les grands classiques de la gastronomie siamoise, la *tom ka kaï* (soupe de poulet au lait de coco) est délicieuse, et la salade de seiche à la citronnelle retient notre attention. Et l'air de rien, c'est archi-plein tous les midis !

**La Petite Auberge** *(plan B3,* ***18****) : 13, rue du Hameau, 75015.* ☎ *01-45-32-75-71.* Ⓜ *Porte-de-Versailles. Tlj* *sauf dim ; service 12h-14h, 19h-22h. Congés : 1 sem en mai, 3 sem en août et la dernière sem de déc. Résa impérative le soir. Plats 11-24 € ; carte env 25 €. Café offert sur présentation de ce guide.* Siège des supporteurs de l'équipe de rugby du Racing, comme le montrent les murs couverts de maillots et de photos, ce resto est un lieu d'humeur et surtout une bonne adresse de quartier, avec ses habitués. Rien d'extravagant, mais de la bonne bidoche accompagnée de frites. Bon rapport qualité-prix pour ce resto qui tourne avec succès.

**Le P'tit Gavroche** *(plan C2,* ***8****) : 88, rue Blomet, 75015. ☎ 01-45-31-09-38. Ⓜ Vaugirard. À l'angle de la rue de l'Amiral-Roussin. Tlj sauf dim soir dès 7h ; service 12h-15h, 19h-23h30. Congés : 3 sem en août. Formule déj en sem 14,90 € ; plats 12-19 € ; carte 20-25 €. Apéritif maison offert sur présentation de ce guide.* Derrière la mairie du 15e, voici un petit resto-bistrot décoré à l'ancienne, avec tables en bois, carrelage au sol et zinc. Accueil attentionné de Momo, le patron, qui va à Rungis la nuit se fournir en produits frais (viande, légumes...). La carte suit donc le rythme du marché pour une cuisine franchouillarde simple à prix honnêtes. Vins de propriété bien choisis.

## Prix moyens

**Le Casse-Noix** *(plan B1,* ***16****) : 56, rue de la Fédération, 75015. ☎ 01-45-66-09-01. Ⓜ Dupleix ou Bir-Hakeim. ♿ Lun-ven 12h-14h30, 19h-22h30. Congés : 3 sem en août et 10 j. Noël-Jour de l'an. Formules déj 22-27 € ; menu-carte 35 €.* 3 choix d'entrées, plats et desserts dans le menu, une poignée de suggestions du jour, certains avec supplément, sur l'ardoise. Au moins, on ne se casse pas la noix pour choisir... Les grands classiques bistrotiers sont travaillés avec malice et les poissons toujours cuits à la perfection par Pierre-Olivier Lenormand, un chef doué, également auteur de livres pour enfants ! Pour arroser la fine cuisine de saison, quelques bons flacons issus du Beaujolais. Cadre bistrot d'antan assez bruyant et pas hyper confort que font vite oublier la petite terrine de bienvenue et le contenu des assiettes !

**La Cantine du Troquet Dupleix** *(plan B1,* ***22****) : 53, bd de Grenelle, 75015. ☎ 01-45-75-98-00. Ⓜ Dupleix. Tlj 7h-22h45 ; service 12h-15h, 19h-22h45. Fermé 1er janv et 24-25 et 31 déc. Attention, pas de résa ; certains soirs en fin de sem, attente un peu longue ! Une astuce : venir tôt, ou carrément très tard. Carte env 30 €.* Christian Etchebest a planté là sa 2e *Cantine,* au décor de bistrot chic parisien. Ambiance animée, et clientèle d'ici et d'ailleurs, qui vient surtout pour le contenu de l'assiette : de savoureuses recettes du Sud-Ouest, généreuses et servies avec le sourire... qui font oublier l'attente d'une table. Délicieuses frites maison. Un troquet moderne et bien racé, comme certains flacons de la carte des vins. Belle terrasse sur rue.

**Intuition Gourmande** *(plan C2,* ***20****) : 4, rue Pétel, 75015. ☎ 01-45-32-58-76. Ⓜ Vaugirard. Tlj sauf dim-lun 12h-14h, 19h30-22h. Congés : 3 sem en août. Formule déj en sem 18 € ; menus 29,50-36 € ; carte env 36 €.* On aime bien ce petit bistrot de quartier au cadre chaleureux et assez intime en soirée. Au menu, cuisine bistrotière revisitée par Mathieu Sebban, un chef talentueux qui a fait ses armes chez Pierre Gagnaire. Son secret : de bons produits frais travaillés avec passion, en saupoudrant quelques saveurs inattendues. On s'est régalés ! Belle carte des vins à prix copains. Accueil familial gentil.

**Le Radis Beurre** *(plan C2,* ***33****) : 51, bd Garibaldi, 75015. ☎ 01-40-33-99-26. Ⓜ Sèvres-Lecourbe ou Ségur. Tlj sauf sam-dim ; service 12h-14h30, 19h30-22h30. Congés : 3 sem en août. Formule déj 29 € ; menu-carte 36 €.* Ce récent bistrot, à l'ombre de la ligne de métro aérien, s'est discrètement taillé une belle place dans le cœur des habitants du quartier et des touristes qui ont trouvé refuge non loin de la tour Eiffel. Le chef, tout aussi discret mais bien expérimenté, élabore une savoureuse cuisine de tradition, rythmée par les saisons, rehaussée d'une pointe de créativité. Autrement dit, une réjouissante cuisine bistronomique aux associations fines et honorée par une sélection de vins futée. Service attentionné, qui sait rester simple, comme ces croquants radis-beurre posés sur la table en guise de bienvenue.

**L'Accolade** (plan B2, **35**) : *208, rue de la Croix-Nivert, 75015. ☎ 01-45-57-73-20. Ⓜ Porte-de-Versailles. Tlj sauf dim-lun 12h-14h30, 19h-22h30 (selon service). Congés : 1 sem en avr, 28 juil-19 août et 1 sem à Noël. Formules déj 19,50-24,50 € ; le soir, menu imposé 35 € (avec fromage) ; carte 40-50 €.* 3 potes ont décidé de mutualiser leurs compétences pour créer un bistrot tendance qui revisite le terroir avec sincérité. Point de formule pompeuse ni de plats qui se la jouent mais, sur l'ardoise, de belles assiettes bistrotières, généreusement garnies de produits saisonniers. On ne perd pas ses repères avec l'œuf à 63 °C façon meurette, la poitrine de cochon de 33h ou le magret à 66 °C, et on apprécie la justesse des cuissons autant que la touche créative qui réveille certains plats. Tout est sympa, du cadre à l'accueil en passant par l'ambiance (avec un bon niveau sonore).

**Croccante** (plan D2, **23**) : *138, rue de Vaugirard, 75015. ☎ 01-47-83-37-28. Ⓜ Falguière. Tlj sauf dim-lun 12h-14h30, 19h-22h30. Congés : 4-27 août et 22 déc-1er janv. Résa conseillée. Carte 28-32 €.* Une p'tite trattoria avec une poignée de tables, qui fait le plein pour sa bonne et généreuse cuisine des familles italiennes. Rien d'extravagant ni de compliqué, mais d'appétissants *antipasti,* de goûteuses pâtes maison et des pizzas. Excellent accueil à l'italienne. Une adresse truffée d'habitués.

**Restaurant Biscotte** (plan B2-3, **24**) : *22, rue Desnouettes, 75015. ☎ 01-45-33-22-22. Ⓜ Convention. Mar-ven 12h-14h, 19h-22h ; sam-dim brunch 12h-14h30. Congés : juil-août. Formule déj 28 € ; menus 37-49 € ; brunch-buffet 35 €.* L'avantage lorsque les cuisines sont ouvertes sur la salle est qu'on ne peut pas tricher avec le client ! Et du bar, on est aux 1res loges pour observer l'équipe travailler dans un calme et une organisation très instructifs. Où l'on voit que tout est frais et préparé minute. Les produits sont de saison, locaux dans la mesure du possible, et cuisinés avec savoir-faire (cannellonis de coques au curry jaune, épaule d'agnelet, courges et jus aux 4 épices...). Service pro et gentil comme tout.

**Sawadee** (plan B2, **30**) : *53, av. Émile-Zola, 75015. ☎ 01-45-77-68-90. Ⓜ Charles-Michels. Tlj sauf dim et lun midi 12h-14h30, 19h30-22h30. Congés : 4 sem en août. Formule déj 18,50 € ; menus 25-40 € ; carte 30-35 €. Digestif maison offert sur présentation de ce guide.* Une des institutions thaïes de la capitale. Déco dans les tons rouges et or, rehaussée de statues et objets venant tout droit de Thaïlande. Dans l'assiette, un véritable festival de couleurs et de parfums exotiques avec tous les délicieux classiques de la cuisine thaïe, copieux et joliment présentés.

## De prix moyens à chic

**Polichinelle** (plan B1, **36**) : *51-53, quai de Grenelle, 75015. ☎ 01-87-44-69-14. Ⓜ Bir-Hakeim. Tlj midi et soir. Résa préférable en soirée et pour le brunch. Formules 23-29 € le midi, 39 € le soir ; brunch 49 €.* Polichinelle, pourtant discrètement niché au rez-de-chaussée du *Yooma Urban Lodge,* n'est plus un secret ! La nouveauté a circulé comme une traînée de poudre. Épaisses tentures de velours ocre, banquettes garnies de coussins moelleux, tables espacées, grande luminosité issue des baies vitrées en journée, éclairages tamisés en soirée : le cadre séduit autant les tablées de copains que les couples romantiques ! Et pour contenter tout ce petit monde, un unique buffet à volonté. Les petits appétits picoreront mais pourront goûter à tout car les portions restent raisonnables, tandis que les gourmands gourmets seront à la fête. De l'entrée au dessert, des petites assiettes de légumes de saison, assez sophistiquées ou très créatives, particulièrement goûteuses, sortent au fur et à mesure des cuisines juste derrière. Cerise sur le gâteau, les desserts sont signés Christophe Michalak, pâtissier star. Et les cocktails maison sont réussis. Nous, on ressigne pour *Polichinelle*, c'est sûr. Service pro et adorable. *NOUVEAUTÉ.*

**Le Volant Basque** (plan B1, **29**) : *13, rue Béatrix-Dussane, 75015. ☎ 01-45-75-27-67. Ⓜ Dupleix. Tlj sauf lun midi et dim ; service 12h-14h15, 18h45-22h30. Congés : août et 1 sem à Noël. Formule déj en sem 22 € ; menus 24-32 € ; plats 20-25 € ; carte env 45 €.* Ce bistrot de quartier a conservé son nom, donné par son précédent propriétaire, ancien pilote automobile. Il a aussi conservé son ambiance bouillonnante, sa cuisine et ses habitués ! C'est donc au coude-à-coude, voire pare-chocs contre pare-chocs (!), qu'on goûte à une sérieuse cuisine bistrotière, ancrée dans le Sud-Ouest. Beaux morceaux de viande et accompagnements généreux (fameuse, la polenta). Et des vins à prix encore sages. Service naturel enjoué.

**L'Atelier du Parc** (plan B3, **32**) : *35, bd Lefebvre, 75015. ☎ 01-42-50-68-85. Ⓜ Porte-de-Versailles ; Ⓣ Georges-Brassens. En face du parc des expos. Tlj sauf dim-lun ; service 12h-14h, 19h30-21h30. Congés : 1 sem en janv et 3 sem en août. Formule déj 27 € ; menus 36-85 € ; carte env 55 €.* Précédé d'une terrasse sur le boulevard, c'est un espace design et feutré où le bar lumineux et flashy donne le ton. Vraie cuisine d'artisan, à cheval sur la tradition et respectueuse des saisons, mais bourrée d'idées novatrices et mise à la portée de tous grâce à un large éventail de formules. Desserts confondants et plateau de fromages labellisés ; vins au verre bien conseillés. Service courtois et attentif.

**Afaria** (plan B3, **37**) : *15, rue Desnouettes, 75015. ☎ 01-48-42-95-90. Ⓜ Convention. Mar-sam 12h-14h, 19h-22h30. Congés : août et Noël-Jour de l'an. Résa indispensable. Formules déj en sem 24-27 € ; menu dégustation 45 € ; carte env 38 € ; plats 18-24 €, tapas 5-13 €.* *Afaria* est une belle affaire de filles qui portent haut la tradition culinaire française. Dans l'assiette, généreuse cuisine de saison, inventive et colorée, qui sublime les bons produits frais régionaux. On s'est régalés ! Cadre chaleureux avec grande tablée idéale pour partager des tapas, accompagnées d'un verre de vin.

**Le Bélisaire** (plan C2, **26**) : *2, rue Marmontel, 75015. ☎ 01-48-28-62-24. Ⓜ Convention ou Vaugirard. Tlj sauf sam midi et dim ; service 12h-14h, 20h-22h. Congés : 3 sem en août et 1 sem pour les fêtes de fin d'année. Formules déj 30-33 € ; le soir, menus 35-40 € ; menu découverte 50 €.* Le chef talentueux, Matthieu Garrel, se démène pour maintenir ses prix tout en continuant à faire évoluer sa cuisine, fine et aboutie. Si l'on ajoute à cela le décor d'authentique bistrot, on voit que tous les ingrédients sont réunis pour savourer un repas sans fausse note.

**Le Café du Commerce** (plan C2, **31**) : *51, rue du Commerce, 75015. ☎ 01-45-75-03-27. Ⓜ Avenue-Émile-Zola ou Commerce. ♿ Tlj 12h-14h30, 19h-22h30. Fermé 1er janv, 1er mai et 24-25 déc. Formule déj en sem 18 € ; carte env 35 €.* Ce *Café du Commerce*, contemporain des bouillons du XIXe s, a de nombreux atouts ; à commencer par son spectaculaire intérieur sur plusieurs niveaux, avec sa déco fleurie et son toit ouvrant aux beaux jours. Bref, une brasserie historique, qui propose des plats tradi, de bonnes viandes à prix démocratiques et un tartare qui se défend bien. L'ambiance est là, bourdonnante le midi, conviviale le soir.

## Chic

**Le Grand Pan** (plan C3, **34**) : *20, rue Rosenwald, 75015. ☎ 01-42-50-02-50. Ⓜ Plaisance ou Convention. Tlj sauf sam-dim 12h-14h, 19h30-23h. Congés : 1 sem en mai, 3 sem en août et 2 sem fin déc. Le midi, menus 22-32 € ; carte 40-45 €.* « Du temps que régnait le Grand Pan, les dieux protégeaient les ivrognes » : Georges Brassens. C'est la devise accrochée aux murs de ce bistrot. Le chef, Benoît Gauthier, excelle dans l'art de la bistronomie, avec juste ce qu'il faut de créativité. Sa cuisine du Sud-Ouest est élaborée à partir de produits frais de saison. Magnifiques côtes de veau ou de bœuf de Mauléon ou limousine, les vedettes de la carte. Belle sélection de vins... Et pour prendre l'apéro, *Le Petit Pan* est juste en face !

**Le Beurre Noisette** (plan B3, **25**) **:** *68, rue Vasco-de-Gama, 75015. ☎ 01-48-56-82-49. Ⓜ Lourmel, Balard ou Porte-de-Versailles. Tlj sauf dim-lun ; service 12h-14h, 19h-22h30. Congés : 5-19 août. Résa indispensable. Formules déj 25-34 € ; le soir, menu 42 € ; menus dégustation 50-60 €.* Thierry Blanqui, chef formé à bonne école, concocte une cuisine assez classique et raffinée, qu'il revisite au gré du marché. Pas de fausse note dans l'assiette. Il n'y a qu'à voir la mine réjouie des habitués qui savourent au coude-à-coude cette cuisine inspirée dans les salles bistrotières ou entre potes autour de la grande table d'hôtes. Très belle sélection de vins, assez chère. Une bonne maison, comme on dit !

**L'Os à Moelle** (plan B2, **27**) **:** *3, rue Vasco-de-Gama, 75015. ☎ 01-45-57-27-27. Ⓜ Lourmel. Tlj sauf sam midi et dim-lun ; service 12h-14h, 19h-22h (22h30 ven-sam). Congés : 3 sem en été et 1 sem en hiver. Menus 22 € (midi en sem)-44 € (dégustation) ; carte env 40 €.* On revient toujours à ses 1res amours, c'est bien connu ! Thierry Faucher en est le parfait exemple, lui qui a fondé cette maison, l'a quittée pour vivre l'aventure « banlieusarde », puis l'a reprise. Ancien du *Crillon,* il joue à merveille une partition bistrotière façon grand chef. L'ardoise, qui varie en fonction du marché et de l'inspiration du chef, est enrichie d'une carte de vins bien pensée, à des prix qui ne surchauffent pas l'addition. Côté desserts, le baba au rhum est une valeur sûre. Juste en face, *La Cave* propose une formule buffet sacrément avantageuse (voir « De très bon marché à bon marché » plus haut).

**Le Concert de Cuisine** (plan B1, **38**) **:** *14, rue Nélaton, 75015. ☎ 01-40-58-10-15. Ⓜ Bir-Hakeim. Tlj sauf dim, lun midi et sam midi ; service 12h-14h, 19h30-21h30. Résa conseillée le midi. Menus 29-35 € le midi, 49-67 € le soir.* Dans un cadre gris anthracite épuré avec cuisine ouverte sur la salle, le chef japonais Naoto Matsumoto donne libre cours à son talent sur son *teppanyaki* (plaques chauffantes), composant de merveilleux petits plats inspirés et pleins de saveurs franco-nipponnes étonnantes. Attention, à notre avis, surtout un établissement pour déjeuner ; le soir, c'est quand même pas donné !

## Où boire un verre ?

**Le Bréguet** (plan D2, **50**) **:** *72, rue Falguière, 75015. ☎ 01-42-79-97-00. Ⓜ Pasteur. Tlj sauf dim 17h (18h sam)-1h30. Happy hours 17h-20h. Fermé Noël et Jour de l'an. Cocktails 6-9 € ; pintes 4,50-7,50 €.* Ce bar surprise de la rue Falguière joue la carte alternative tous azimuts ! Au menu : des cocktails « sanglants », comme l'« Hémorragie » (crème de cassis, vodka, cidre et bière), et cette satanée rage d'échapper au parisianisme ambiant ! Venus de Mayenne, de Vendée, de Normandie et de Bretagne, les associés, plus déjantés les uns que les autres, ont fait de ce bar perdu d'avance un des lieux les plus délirants de Paname !

**Le Cristal** (plan C2, **52**) **:** *163, av. de Suffren, 75015. ☎ 01-47-34-47-92. Ⓜ Sèvres-Lecourbe ou Ségur. ♿ Tlj 15h-2h. Happy hours tlj 19h-21h (18h-22h dim-lun). Congés : Noël-Jour de l'an. Pinte blonde 2,50 € ; cocktail maison 5 €.* Une adresse *after work* incontournable ! Des bières au prix de la bière, des *shots* au prix d'un *shot* ; enfin un peu d'attention dans ce monde de brutes ! Ne comptez pas en revanche y passer une soirée en tête à tête ou buller tranquillement au comptoir. Le week-end, *Le Cristal* ne désemplit pas jusqu'à la fermeture. Grosse ambiance assurée jusque sur le trottoir. DJ les vendredi et samedi.

**Le Général Beuret** (plan C2, **51**) **:** *9, pl. du Général-Beuret, 75015. ☎ 01-42-50-28-62. Ⓜ Vaugirard. Tlj 8h-2h. Pinte 5,90 € ; cocktail 7,50 €.* Dans ce décor haut en couleur assez déjanté, *Le Général* attire toutes les âmes nocturnes et festives du coin. Ici, on sirote des mojitos sous l'œil bienveillant d'un Spiderman pendu au plafond, qui nous encourage même à reprendre un petit *shot,* la spécialité maison. En été, on profite de la terrasse sur rue, bien animée jusque tard. En plus, les consos sont vraiment bon marché. Alors, si vous êtes dans les parages, ne résistez pas à l'appel du *Général* !

**Au Dernier Métro** *(plan B1,* ***53****)* **:** *70, bd de Grenelle, 75015.* ☎ *01-45-75-01-23.* Ⓜ *Dupleix. Tlj 7h (6h30 mer et dim)-2h pour le bar ; cuisine 10h-1h.* Happy hours *tlj 16h-20h. Pdt l'*happy hour, *pintes 4,20-5,50 €.* Un bistrot à l'ambiance et au style à part dans le quartier. On adhère à son côté rétro alignant une flopée de vieilles pubs aux murs. Tandis que les planches de charcuterie ou de fromages en direct des Pyrénées obtiennent les suffrages des habitués. On vient donc ici avant tout pour boire un verre et grignoter. Bon accueil.

**Guinguette La Javelle** *(plan A2,* ***54****)* **:** *port de Javel-Bas, 75015.* Ⓜ *Balard ou Exelmans.* ♿ *Avr-oct, tlj 12h-minuit. Env 10-15 €.* La péniche déploie tables, chaises, lumières multicolores et bonne humeur sur le quai de Seine, face au parc André-Citroën. Plusieurs *food trucks* de qualité pour nourrir les affamés, et le quai se transforme en salle de concerts et plancher de danse (latino, karaoké, live...).

# 16e ARRONDISSEMENT

• Plan 16e nord *p. 188-189* • Plan 16e sud *p. 190-191*

**Cet arrondissement chic et aéré qu'est le 16e conserve une réputation d'arrogance qui lui colle à la peau. Et pourtant, il y fait bon vivre ! Une balade du bois de Boulogne jusqu'au Trocadéro le long de ses larges rues arborées vous en persuadera, et vous laissera l'estomac dans les talons. Sortez des clichés, il n'y a pas que des tables guindées fréquentées par une clientèle B.C.B.G. ! D'Auteuil à Passy, on a écumé pour vous les restos et retenu ceux qui font mouche : du troquet chaleureux au bar à vins en passant par des adresses plus créatives, ce sont de beaux restos qu'on tient là, et qu'on a hâte de vous faire découvrir.**

## Où manger ?

### Sur le pouce

**Joséphine** *(plan nord D2, **3**) : 69, av. Marceau, 75016. ☎ 01-47-20-49-62. Ⓜ Charles-de-Gaulle-Étoile. Lun-ven 8h-20h ; service 12h-15h, en continu pour le salon de thé. Plat env 16 €, dessert 7 €.* Une boulangerie-pâtisserie-resto qui met l'accent sur les bonnes recettes du terroir et les produits frais de saison. Pour les fromages, la sélection est assurée par le fameux Bordier. Question dessert, *Joséphine* est la reine. On peut hésiter devant la tarte au citron meringuée, le pralin au chocolat et l'éclair géant. Les indécis choisiront le plateau de pâtisseries. *Joséphine* est déjà notre copine. Une autre *Joséphine* existe dans le 6e *(42, rue Jacob).*

### Bon marché

**Honoré** *(plan sud B1, **9**) : 13, rue Bosio, 75016. ☎ 01-42-88-12-12. Ⓜ Michel-Ange-Auteuil ou Jasmin. Tlj sauf dim ; service 12h-14h30, 19h30-22h30 (23h ven-sam). Congés : 4 sem en août et Noël-2 janv. Formule déj 16 € ; carte env 25 €. Apéritif maison ou digestif maison offert sur présentation de ce guide.* Dans une rue discrète du quartier d'Auteuil, ce restaurant est une aubaine. Cadre chaleureux avec tables en bois, rondes pour certaines, et un bon feu de cheminée pour se ragaillardir dès les 1ers frimas. Le menu du déjeuner n'offre pas de choix mais il est irréprochable, et le prix aussi. À la carte, prix légers pour une qualité plutôt costaude et une présentation soignée. Belle cave à vins et nombreuses références au verre. Ambiance sympa, comme l'accueil.

**Restaurant YE'S** *(plan nord C2, **5**) : 23, rue Saint-Didier, 75016. ☎ 01-47-04-73-81. Ⓜ Boissière ou Trocadéro. Tlj sauf sam midi 12h-15h, 19h-23h. Formules déj 18-22 € ; menus 24-29 €. Café offert sur présentation de ce guide.* Une petite adresse inattendue dans un coin dévolu aux sandwicheries pour employés de bureau et aux restos chics. Un entre-deux qui séduit autant par la qualité de sa table, qui présente une cuisine de marché parfaitement exécutée, que par son cadre, simple et moderne, qui n'en impose pas. Comme l'accueil du reste, attentif et serviable. Ici, on mesure le savoir-faire du chef, d'origine chinoise, à sa capacité à twister les classiques français de touches « asiatisantes ». Carte plus simple au déjeuner que le soir. Bref, à ce prix-là, on dit... *yes !*

**Baagaa** *(plan nord C2, **4**) : 54, rue de Longchamp, 75016. ☎ 01-85-09-13-30. Ⓜ Trocadéro. Lun-jeu 12h-15h, 19h-22h30 ; ven-dim 12h-22h30. Formule déj en sem 15 € ; burger 12 € (+ 4 € pour une double portion de viande).* Un énième burger dans la « burgosphère » parisienne ! Eh bien oui, mais pourquoi bouderait-on ce *Baagaa*-là ? Pas pour son joli décor, si différent. Pas pour l'accueil, chaleureusement amical. Pas non plus pour les frites croustillantes, qui méritent leur supplément de 3 €. Encore moins pour les savoureux burgers confectionnés avec du bœuf *wagyu* (une bête à la chair persillée qui confère à la viande un goût et une tendreté incomparables) et des sauces maison. Un vrai gastro-burger !

***Schwartz's Deli*** *(plan nord C2,* ***6****) : 7, av. d'Eylau, 75016. ☎ 01-47-04-73-61. Ⓜ Trocadéro. ♿ Tlj ; service lun-ven 12h-15h, 19h30-23h, sam-dim 12h-17h, 19h-23h30. Congés : 3 premières sem d'août. Plats 9,50-34 €.* Voir la rubrique « Où manger ? » dans le 4e arrondissement.

## Prix moyens

***Les Marches*** *(plan nord D2,* ***11****) : 5, rue de la Manutention, 75016. ☎ 01-47-23-52-80. Ⓜ Iéna ou Alma-Marceau. ♿ Tlj ; service 12h-14h30 (15h w-e), 19h30-22h30. Fermé 1er janv et 25-26 et 31 déc. Congés : 2e-3e sem d'août. Formule déj en sem 18,90 € ; carte env 25 €. Apéritif maison, café ou digestif maison offert sur présentation de ce guide.* Dans une petite rue qui longe le palais de Tokyo en descendant vers la Seine (au pied d'une longue volée de marches, donc), un bistrot plutôt décalé dans cet arrondissement huppé. Les sets de table à carreaux, le miroir au mur, les banquettes et les tables qui débordent sur la rue aux beaux jours appuient l'ambiance bonne franquette. Dans l'assiette, des classiques bon teint comme le steak au poivre-frites ou les quenelles, généreusement servis et à des prix contenus. Quelques valeurs sûres côté vins, proposés aussi au verre et en carafe.

***Le Petit Rétro*** *(plan nord C2,* ***12****) : 5, rue Mesnil, 75016. ☎ 01-44-05-06-05. Ⓜ Victor-Hugo. Tlj sauf dim 12h-14h30, 19h-22h30. Congés : 3 sem en août et 1 sem à Noël. Menus midi 26-31 € ; carte env 35 €.* Un superbe bistrot classé des années 1900, à la belle faïence fleurie, aux grands miroirs et aux lampes globes. La clientèle gentiment bourgeoise ou d'affaires vient y savourer une cuisine de produits frais déclinée en de courtes suggestions. Pour le reste, carte classique. Bon accueil.

***Le Vieux Crapaud*** *(plan nord C-D1,* ***10****) : 16, rue Lauriston, 75016. ☎ 01-73-75-70-10. Ⓜ Charles-de-Gaulle-Étoile ou Kléber. Tlj sauf sam-dim 12h-14h30, 19h30-22h30. Congés : 3 premières sem d'août. Formules 24-28 € le midi, 33-39 € le soir ; carte 40-50 €.* En voilà un drôle de nom pour un bistrot qui fait un carton, midi et soir. Ce *Vieux Crapaud* est une ode à la cuisine traditionnelle, consistante, agrémentée de sauces onctueuses qu'on finit par absorber avec du pain. Les classiques bistrotiers de saison sont déclinés chaque jour sur ardoise ; la carte, elle, recèle quelques spécialités bien franchouillardes, comme les oreilles de cochon, les cuisses de grenouille ou les escargots en persillade, l'incontournable gibier en saison et de merveilleuses terrines maison. Une table authentique tenue par le chef Thomas Boutin et sa femme.

## De prix moyens à chic

***Le Quarante & Un*** *(plan sud C1,* ***15****) : 41, av. Mozart, 75016. ☎ 01-45-03-65-16. Ⓜ Ranelagh. ♿ Tlj en continu 8h-23h. Congés : 10-24 août, 24-25 déc et 31 déc-1er janv. Résa préférable aux heures pleines (midi et soir). Pas de menu ; planches 9-24 €, plats 15,50-25 € ; carte 40-45 €.* La tendance actuelle consiste à reprendre un vieux troquet, à lui redonner du lustre en mixant déco contemporaine et esprit d'antan, à l'habiller de stores pour abriter une terrasse le plus souvent chauffée... L'avenue Mozart en compte plusieurs dans le style. *Le No 41* a ce truc en plus qui fait qu'au moment des repas on s'y bouscule : la qualité des produits. Outre les classiques de brasserie (œuf mayo, omelette, croque), qui permettent de casser une graine sans casser la tirelire, la carte décline de belles planches de charcuterie ibérique, des viandes et poissons *a la plancha* impec, des plats en cocotte et un formidable semainier (lundi, c'est...).

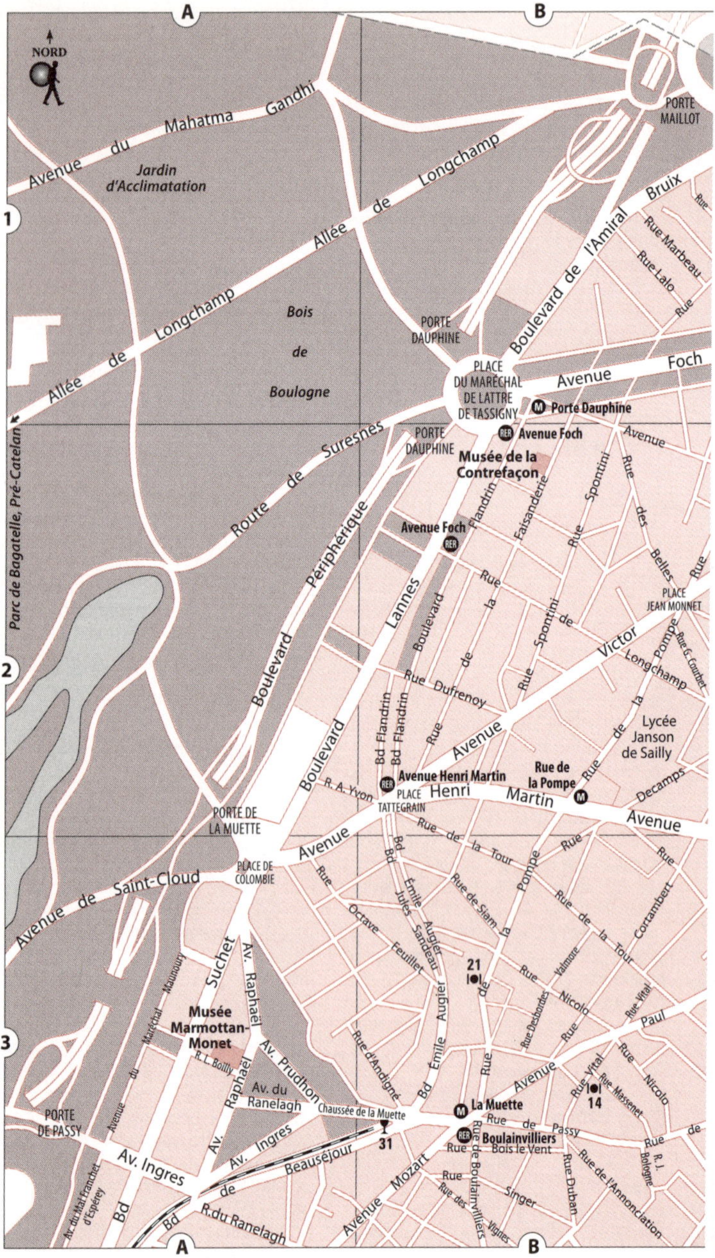
A
B
NORD
Avenue du Mahatma Gandhi
Jardin d'Acclimatation
Allée de Longchamp
Bois de Boulogne
PORTE MAILLOT
Boulevard de l'Amiral Bruix
Rue Marbeau
Rue Lalo
Rue
PORTE DAUPHINE
PLACE DU MARÉCHAL DE LATTRE DE TASSIGNY
Avenue Foch
Porte Dauphine
Avenue Foch
Musée de la Contrefaçon
Parc de Bagatelle, Pré-Catelan
Route de Suresnes
Boulevard Périphérique
Boulevard Lannes
Rue Flandrin
Rue Faisanderie
Rue Spontini
Rue des Belles Feuilles
PLACE JEAN MONNET
Rue de la Faisanderie
Rue de Longchamp
Rue de la Pompe
Rue G. Courbet
Avenue Victor Hugo
Boulevard Flandrin
Bd Flandrin
Rue Dufrenoy
Lycée Janson de Sailly
Rue de la Pompe
Rue Decamps
Avenue Henri Martin
PLACE TATTEGRAIN
R. A. Yvon
PORTE DE LA MUETTE
PLACE DE COLOMBIE
Avenue de Saint-Cloud
Rue de la Tour
Rue Octave Feuillet
Bd Émile Augier
Bd Jules Sandeau
Rue de Siam
Rue Cortambert
Rue Valmore
Rue Nicolo
Rue Desbordes
Rue Vital
Avenue Paul Doumer
21
Rue d'Andigné
Rue de la Pompe
Suchet
Av. Raphaël
Av. Prudhon
Musée Marmottan-Monet
R. L. Boilly
Avenue du Maréchal Maunoury
Av. du Ranelagh
Chaussée de la Muette
La Muette
Boulainvilliers
Rue de Passy
Rue Bois le Vent
Rue Massenet
14
PORTE DE PASSY
Av. Ingres
Bd de Beauséjour
31
Avenue Mozart
Rue de Boulainvilliers
Rue Duban
Rue de l'Annonciation
R. J. Bologne
Rue Singer
Rue des Vignes
R. du Ranelagh
Bd
Av. du Mal Franchet d'Espérey
1
2
3

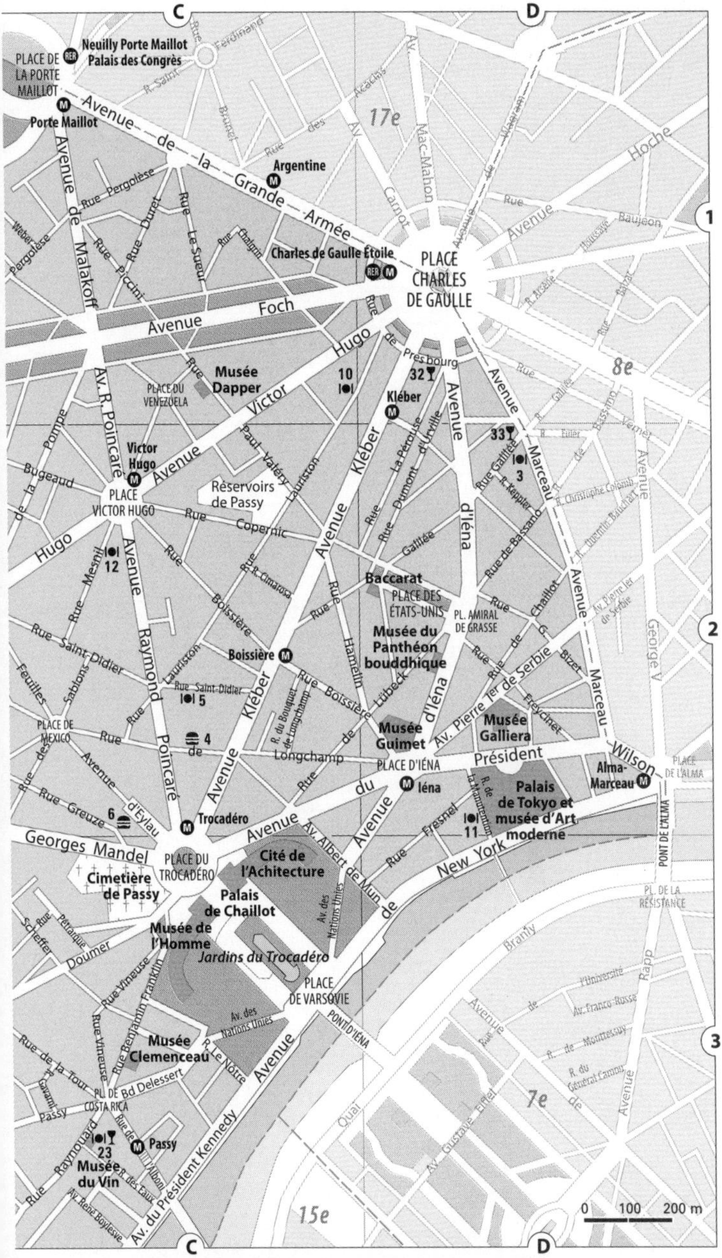


# 16e ARRONDISSEMENT NORD

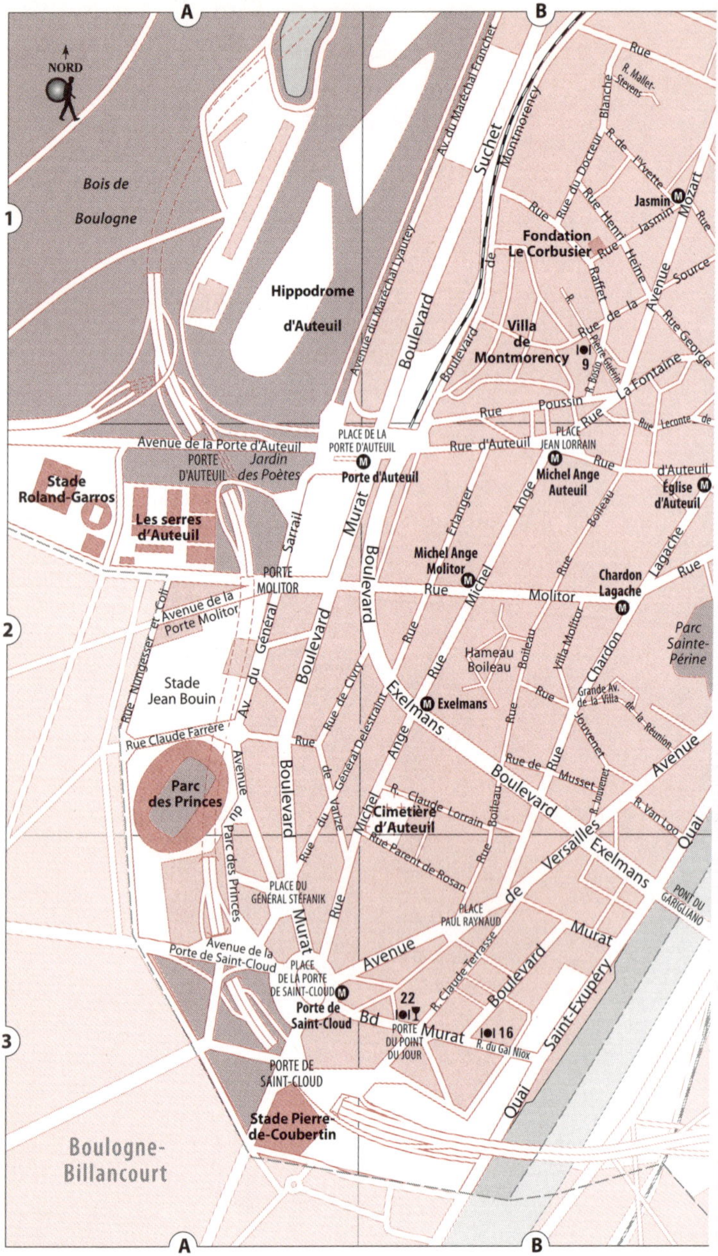
NORD
Bois de Boulogne
Hippodrome d'Auteuil
Avenue du Maréchal Lyautey
Av. du Maréchal Franchet
Boulevard Suchet
Boulevard de Montmorency
Fondation Le Corbusier
Villa de Montmorency
9
Jasmin
Rue Jasmin
Rue Mozart
Avenue Mozart
R. Mallet-Stevens
Rue Blanche
R. de l'Yvette
Rue du Docteur Blanche
Rue Henri Heine
Rue Raffet
Rue de la Source
Rue George Sand
Rue de la Fontaine
R. Pierre Guérin
R. Bosio
Rue Poussin
Rue Leconte de Lisle
PLACE JEAN LORRAIN
Rue d'Auteuil
PLACE DE LA PORTE D'AUTEUIL
Porte d'Auteuil
Michel Ange Auteuil
Église d'Auteuil
Avenue de la Porte d'Auteuil
PORTE D'AUTEUIL
Jardin des Poètes
Stade Roland-Garros
Les serres d'Auteuil
Rue Erlanger
Rue Michel Ange
Rue Boileau
Rue Lagache
Michel Ange Molitor
Chardon Lagache
Rue Chardon Lagache
PORTE MOLITOR
Rue Molitor
Avenue de la Porte Molitor
Rue Nungesser et Coli
Boulevard Murat
Rue Sarrail
Av. du Général Sarrail
Parc Sainte-Périne
Hameau Boileau
Villa Molitor
Stade Jean Bouin
Exelmans
Boulevard Exelmans
Grande Av. de la Villa de la Réunion
Rue Jouvenet
Rue de Musset
R. Jouvenet
R. Van Loo
Rue Claude Farrère
Rue de Civry
Rue du Général Delestraint
Rue de Varize
Cimetière d'Auteuil
R. Claude Lorrain
Rue Parent de Rosan
Parc des Princes
Avenue du Parc des Princes
PLACE DU GÉNÉRAL STÉFANIK
Avenue de Versailles
PLACE PAUL RAYNAUD
Quai Saint-Exupéry
PONT DU GARIGLIANO
Avenue de la Porte de Saint-Cloud
PLACE DE LA PORTE DE SAINT-CLOUD
Porte de Saint-Cloud
22
PORTE DU POINT DU JOUR
Bd Murat
R. Claude Terrasse
16
R. du Gal Niox
PORTE DE SAINT-CLOUD
Stade Pierre-de-Coubertin
Boulogne-Billancourt
A
B
1
2
3

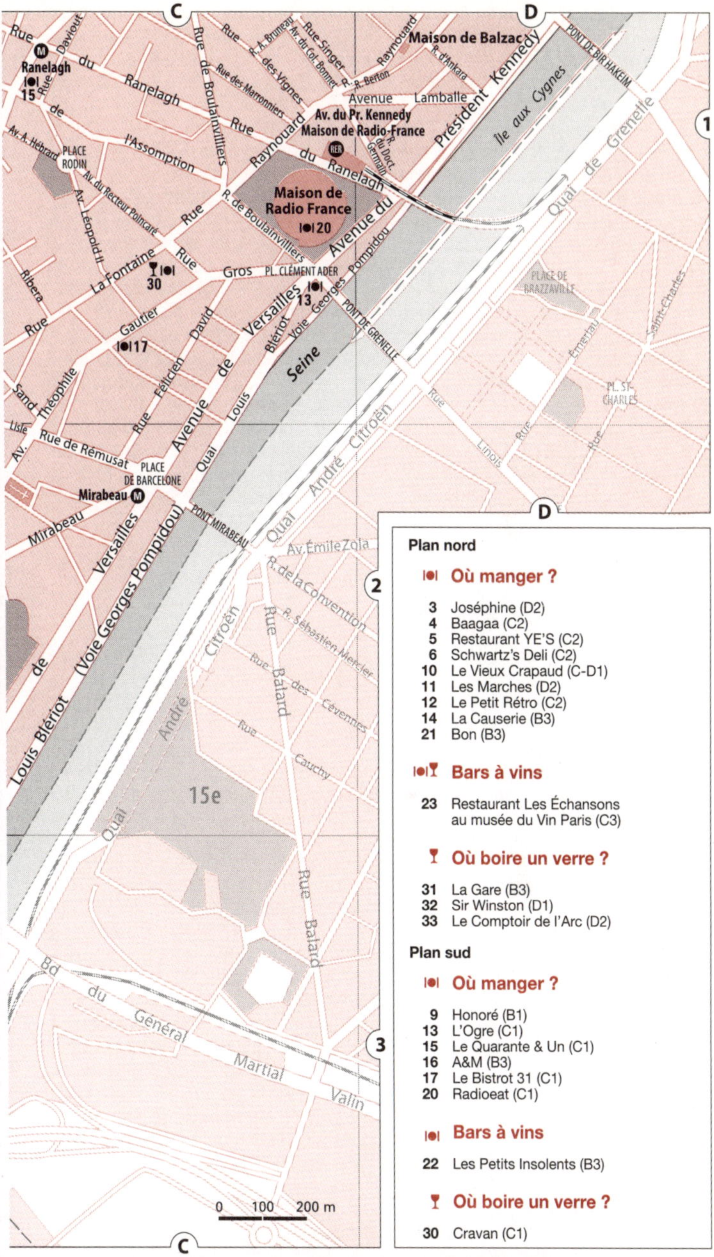


**Plan nord**

## Où manger ?

- **3** Joséphine (D2)
- **4** Baagaa (C2)
- **5** Restaurant YE'S (C2)
- **6** Schwartz's Deli (C2)
- **10** Le Vieux Crapaud (C-D1)
- **11** Les Marches (D2)
- **12** Le Petit Rétro (C2)
- **14** La Causerie (B3)
- **21** Bon (B3)

## Bars à vins

- **23** Restaurant Les Échansons au musée du Vin Paris (C3)

## Où boire un verre ?

- **31** La Gare (B3)
- **32** Sir Winston (D1)
- **33** Le Comptoir de l'Arc (D2)

**Plan sud**

## Où manger ?

- **9** Honoré (B1)
- **13** L'Ogre (C1)
- **15** Le Quarante & Un (C1)
- **16** A&M (B3)
- **17** Le Bistrot 31 (C1)
- **20** Radioeat (C1)

## Bars à vins

- **22** Les Petits Insolents (B3)

## Où boire un verre ?

- **30** Cravan (C1)

# 16e ARRONDISSEMENT SUD

16e

**L'Ogre** *(plan sud C1,* ***13****) : 1, av. de Versailles, 75016. ☎ 01-45-27-93-40. Ⓜ Mirabeau. Tlj sauf sam midi et dim 12h-14h30, 20h-23h30. Carte env 40 €.* Cet *Ogre* a du style, de celui qu'on aime, décontracté et décomplexé. Le personnel de Radio France en a vite fait sa cantine : il n'a qu'à traverser la rue pour se jucher sur l'une des chaises hautes, le long de la baie vitrée. L'esprit fausse vieille patine est crédible, et le bar central convivial. Pas d'extravagances à l'ardoise, des bidoches qui font saliver les carnassiers, et des poissons qui se défendent bien. Bien vu les vins de propriétaires, servis à la ficelle pour certains (chers cependant) ! À signaler également, un authentique fumoir.

**A&M** *(plan sud B3,* ***16****) : 136, bd Murat, 75016. ☎ 01-45-27-39-60. Ⓜ Porte-de-Saint-Cloud. Tlj sauf sam midi et dim 12h-14h30, 19h-22h30. Congés : août. Formules 28-37 € ; carte env 45 €.* Dans ce quartier peu aguichant, *A&M,* restaurant lumineux et aéré, tranche par sa déco de bistrot discrètement contemporaine. La cuisine, plutôt sage, propose quelques embardées gustatives avec, par exemple, des sauces aux agrumes qui apportent parfois aux plats un zeste de fantaisie. Le menu, entre terre et mer et d'un bon rapport qualité-prix, ne se réduit pas à portion congrue. Présentation soignée. En dessert, ne pas manquer la mousse glacée au fenouil et coulis d'ananas à la cardamome. Épatant !

**Le Bistrot 31** *(plan sud C1,* ***17****) : 31, av. Théophile-Gautier, 75016. ☎ 01-42-24-52-31. Ⓜ Église-d'Auteuil ou Mirabeau. Tlj sauf dim ; service 12h-14h30, 19h30-22h30. Fermé 1er janv, 24-25 et 31 déc. Résa conseillée le soir. Formules déj en sem 19,90-24,90 € ; carte env 35 €. Réduc de 15 % pour une commande à emporter.* Un restaurant à la lumière tamisée où règne une atmosphère décontractée et amicale. Ici, une clientèle d'amis et du voisinage aime se faire plaisir sans trop se ruiner. La carte mise sur une bonne cuisine franco-italienne, faite de produits frais et de qualité, où se croisent de copieuses assiettes de jambon San Daniele (24 mois), un tartare de bœuf à l'italienne, des poissons frais grillés, un tiramisù maison... et de bons expressos ! À noter, des pâtes originales, un vrai repas à elles seules.

**La Causerie** *(plan nord B3,* ***14****) : 31, rue Vital, 75016. ☎ 01-45-20-33-00. Ⓜ La Muette ou Passy. ♿ Lun-ven 12h-14h, 19h-21h30. Congés : 8-22 août. Menus-carte 2 ou 3 plats 30-37 €.* Dans un quartier plutôt dévolu aux boutiques qu'aux bons restos, on est content de croiser Gabriel et Arnaud, l'un en cuisine et l'autre en salle, dans ce bistrot chic à l'ambiance légèrement canaille. Et on n'est pas déçu ! Gabriel (étoilé au *Royal Monceau*) concocte des spécialités comme les ris de veau croustillants, le lapin farci ou encore la cocotte de légumes, et pour finir, un fameux baba au rhum et le soufflé au chocolat... une tuerie ! Les produits viennent en direct de petits producteurs. En saison, le gibier est à l'honneur.

## Plus chic

**Radioeat** *(plan sud C1,* ***20****) : 116, av. du Président-Kennedy, 75016. ☎ 01-47-20-00-29. Ⓜ Passy. Accès par la porte principale de la Maison de la radio, face à la Seine. Tlj midi et soir ; bar mar-sam jusqu'à 2h. Formules déj en sem 22-29 € ; plat 15 € ; le soir, carte env 50 €.* L'équipe de l'ancien *Tokyo Eat* (autrefois dans le palais de Tokyo au Trocadéro) et sa clientèle modeuse rempilent au 1er étage de la Maison de la radio. La longue banquette ondulatoire qui rappelle l'architecture singulière du bâtiment constitue la colonne vertébrale de cette immense salle inondée de lumière. Les tables de 2, qui se raccordent entre elles tels des modules de puzzle, et les tables ovales pour les petits groupes de 4 ou 6 personnes sont toutes orientées côté Seine, pour profiter pleinement de la vue panoramique. Une invitation au voyage illustrée par une carte de brasserie *fusion* réalisée avec les bons produits du moment. Présentations soignées, assiettes généreuses et carte des vins qui ménage toutes les bourses. La formule déj est imbattable ! Bon point enfin pour le service éminemment sympathique. La soirée peut tranquillement se poursuivre au 2e étage, au bar lounge.

🍽 ⛱ **Bon** *(plan nord B3, **21**) : 25, rue de la Pompe, 75016. ☎ 01-40-72-70-00. Ⓜ La Muette. Tlj ; service 12h-14h30, 19h30-23h (23h30 ven-sam). Formules déj 27,50-32,50 € ; le soir, menu dégustation 110 € ou carte env 55 € ; brunch dim 50 €. Café offert sur présentation de ce guide.* Dans un superbe bâtiment à la façade Art nouveau incrustée de mosaïques, belle enfilade de salles aux atmosphères classieuses et distinctes imaginées par Starck. Passez l'étonnant fumoir pour vous rendre sur la mezzanine avec sa belle charpente et prendre place dans la petite alcôve capitonnée. Idéal pour un dîner en amoureux. Le spectacle ne se limite pas au décor, la clientèle (bon teint ultrachic) et le contenu de l'assiette étonnent tout autant. La cuisine d'inspiration asiatique se révèle fine et créative, et la formule déj particulièrement intéressante. Service sérieux et agréable. Et une terrasse verdoyante ouverte seulement le midi en semaine aux beaux jours. Bref, du beau, du bon, du bon... heur !

## Bars à vins

🍽 🍷 ***Les Petits Insolents*** *(plan sud B3, **22**) : 2, pl. Léon-Deubel, 75016. ☎ 01-42-88-88-93. Ⓜ Porte-de-Saint-Cloud. Ouv le midi lun-ven, plus le soir mar-ven. Fermé le w-e. Congés : de fin juil à mi-août et 1 sem à Noël. Formule déj 19 € ; carte 25-30 €.* Avec ses casiers à bouteilles qui occupent une grande partie de l'espace disponible, on se sent tout de suite à l'aise dans ce petit lieu convivial, à mi-chemin entre la cave de quartier et le bistrot des amis. Les habitués sont d'ailleurs légion à se partager les quelques tables pour se régaler d'une cuisine de terroir toute simple et généreuse, faisant la part belle aux charcuteries du Sancy et aux fromages affinés servis avec du pain maison. Dans les verres, des vins de vignerons indépendants, pour ajouter un zeste de bonne humeur à une ambiance déjà bon enfant et sans chichis.

🍽 🍷 ***Restaurant Les Échansons au musée du Vin Paris*** *(plan nord C3, **23**) : rue des Eaux, 5, sq. Charles-Dickens, 75016. ☎ 01-45-25-63-26. Ⓜ Passy. ♿ Tlj sauf dim-lun, le midi seulement ; service 12h-15h. Congés : août et Noël-Jour de l'an. Menus 29,50-63 € ; planche de fromages et/ou de charcuterie ou plat 21 €. Apéritif maison offert sur présentation de ce guide.* Au cœur du 16e, un musée du vin rue des Eaux ! Caves voûtées du XVe s, creusées dans l'argile de Chaillot par des frères qui cultivaient jadis la vigne ici. L'endroit est superbe, et les plats bien mitonnés, même si le restaurant est surtout prétexte à s'asseoir, bavarder vin avec ses voisins et déguster. 5 à 8 vins sont proposés au verre, mais, par curiosité, jetez un coup d'œil sur la carte des vins (300 à 350 références). Accès payant à la collection du musée en visite libre (non guidée, mais audioguide sur demande).

## Où boire un verre ?

🍷 🍽 ⛱ **Cravan** *(plan sud C1, **30**) : 17, rue Jean-de-La-Fontaine, 75016. Pas de tél. Ⓜ Jasmin. Tlj 8h-23h. Cocktail 12 € ; pas de vin ni de bière. Tapas 10-14 €.* Une petite terrasse campée devant un immeuble Art nouveau signé Hector Guimard. Un bistrot au cadre patiné, où des miroirs piqués reflètent fresques et comptoir en zinc... Bienvenue chez *Cravan,* un bar à cocktails qui secoue le 16e ! Ici, les mixtures maison flattent les palais les plus exigeants avec leurs douces liqueurs et leurs amers d'antan. Pour accompagner les libations, une poignée de tapas savoureuses (et chères), réalisées à partir de produits d'exception (couteaux, asperges...). La bande-son jazzy confère au lieu une atmosphère raffinée, à apprécier aussi en journée le temps d'un café.

**La Gare** *(plan nord B3,* ***31****) : 19, chaussée de la Muette, 75016. ☎ 01-42-15-15-31. Ⓜ La Muette ; RER C : Boulainvilliers. ♿ Café ouv tlj 15h30-23h ; partie resto ouv tlj 12h-14h30, 19h-23h. Sodas 6-7 € ; cocktails 11-22 €.* Une ancienne gare qui joue les belles ferroviaires ! La salle des pas perdus a judicieusement été transformée en bar, où une jeunesse bien comme il faut aime siroter de très bons cocktails. La déco a été entièrement repensée par la créatrice Laura Gonzalez dans un thème mêlant l'ici et l'ailleurs très coloré. À l'arrière, belle terrasse au calme et dans la verdure, vraiment agréable pour se prélasser au soleil. Les voies et ballast au sous-sol sont devenus un resto. Vraiment joli avec ses airs de campagne chic. On y savoure de délicieuses tapas aux saveurs métissées de Gastón Acurio, star des fourneaux péruviens.

**Sir Winston** *(plan nord D1,* ***32****) : 5, rue de Presbourg, 75016. ☎ 01-40-67-17-37. Ⓜ Charles-de-Gaulle-Étoile ou Kléber. Lun-ven 8h-2h, sam 17h-2h, dim 10h-minuit. Cocktails 10-15 € et large gamme de whiskies à prix variables.* À une enjambée de l'Étoile, un pub à l'élégance très british et baroque, tendance cosy-intimiste-tamisée. Grand bouddha à l'accueil. Des bougies éclairent les visages de jeunes B.C.B.G. très ouest-parisiens qui posent dans de gros fauteuils bien confortables. DJ ou concerts du jeudi au samedi.

**Le Comptoir de l'Arc** *(plan nord D2,* ***33****) : 73, av. Marceau, 75016. ☎ 01-47-20-72-04. Ⓜ George-V. Lun-ven 7h-minuit ; service resto en continu 12h-23h. Cocktails à partir de 6,50 €.* À deux pas des Champs-Élysées surpeuplés, cette vieille brasserie connaît une cure de jouvence ! De fait, sa situation stratégique, ses prix doux et son ambiance souriante attirent les 20-35 ans pétillants pour déguster une salade ou pour boire un verre avant le cinéma.

# 17ᵉ ARRONDISSEMENT

• Plan *p. 196-197*

**De l'avenue de la Grande-Armée à l'avenue de Saint-Ouen, le vaste 17ᵉ dévoile ses différents visages. Place aux restos et bistrots assez chics entre le palais des congrès et l'Étoile, où se retrouvent au déjeuner les cols blancs des bureaux alentour. Les habitués, souvent en costume et tailleur, se réunissent dans des cadres feutrés, autour d'une cuisine traditionnelle soignée. Pour plus de fantaisie, il faut pousser du côté des Batignolles. Bars à vins, cuisines du monde et bistrots animés pas donnés se partagent les petites rues de ce quartier bien dans son temps, très couru le soir pour ses bonnes adresses branchées. Si vous souhaitez poursuivre votre soirée, une seule route : celle de la populaire place de Clichy. D'ici au métro Rome, les bars se suivent mais ne se ressemblent pas. Bars à vins, bars à matchs, bars populaires... faites vos jeux !**

## Où manger ?

### Sur le pouce

***Bodrum*** *(plan zoom,* ***2****)* **:** *43, rue des Batignolles, 75017.* Ⓜ *Rome. Tlj sauf dim 11h-21h. Compter 6 € pour un döner kebab-frites ; assiettes env 10-11 €.* À l'intérieur de l'étroite échoppe de 3 m², ni tables ni chaises mais 3 Turcs très sympa, tout sourire pour vous servir. Ici, c'est à emporter. Ah, le bon p'tit kebab qu'on va manger au soleil, sur un banc, au square des Batignolles ! La clientèle, fidèle et nombreuse, accourt... y a qu'à voir la queue sur le trottoir ! À juste titre : selon le patron, c'est le meilleur kebab de la capitale. On conseille en toute simplicité le « classique » sandwich *döner* (sauce et garniture au choix) avec frites bien sûr !

***BioLogis*** *(plan C3,* ***3****)* **:** *3, rue de Phalsbourg, 75017.* ☎ *01-79-25-21-45.* Ⓜ *Monceau. Tlj sauf sam-dim 11h40-15h. Congés : 3 sem en*

**Où manger ?**

1 La Table Verte (B3)
2 Bodrum (zoom)
3 BioLogis (C3)
4 Chez Sam (D2)
5 Le Bistrot des Cinéastes (D2)
6 Chez Maxence (zoom)
7 James Bún (D2)
8 La Phyliale (B3)
9 La Cantine de Quentin (B3)
10 La Crèmerie du 17ᵉ (zoom)
11 Cucuzza (zoom)
12 La Cantina Chic (B3)
13 Aux Dés Calés (D2)
14 Brutus (C2)
15 Chez Gladines (D2-3)
16 Buzkashi (D2)
17 Sole di Sardegna (zoom)
21 Ripaille (zoom)
22 Samesa (B3)
23 Le Café d'Angel (B3)
24 Le Bouchon et l'Assiette (C2)
25 La Cantine de Mémé (zoom)
26 Restaurant La Rucola (B2)
30 Le Relais de Venise – L'Entrecôte (A3)
31 Gare au Gorille (zoom)
32 Kirane's (A3)
33 Rural (A3)
34 Comme chez Maman (zoom)
36 Fabrique de Bouchons (zoom)
37 Coretta (C2)
38 Le 975 (D1-2)
39 Le Tourbillon (C2)
40 Restaurant Vatel (zoom)

**Bars à vins**

45 Les Domaines qui montent (B3)
46 Le Rouge et le Verre (A3)
47 L'Établi (zoom)

**Où boire un verre ?**

18 Irène et Bernard (D1)
50 Le 3 Pièces Cuisine (C2)
51 Le Café des Petits Frères (zoom)
52 Les Caves Populaires (zoom)
53 Le Cyrano (D2)

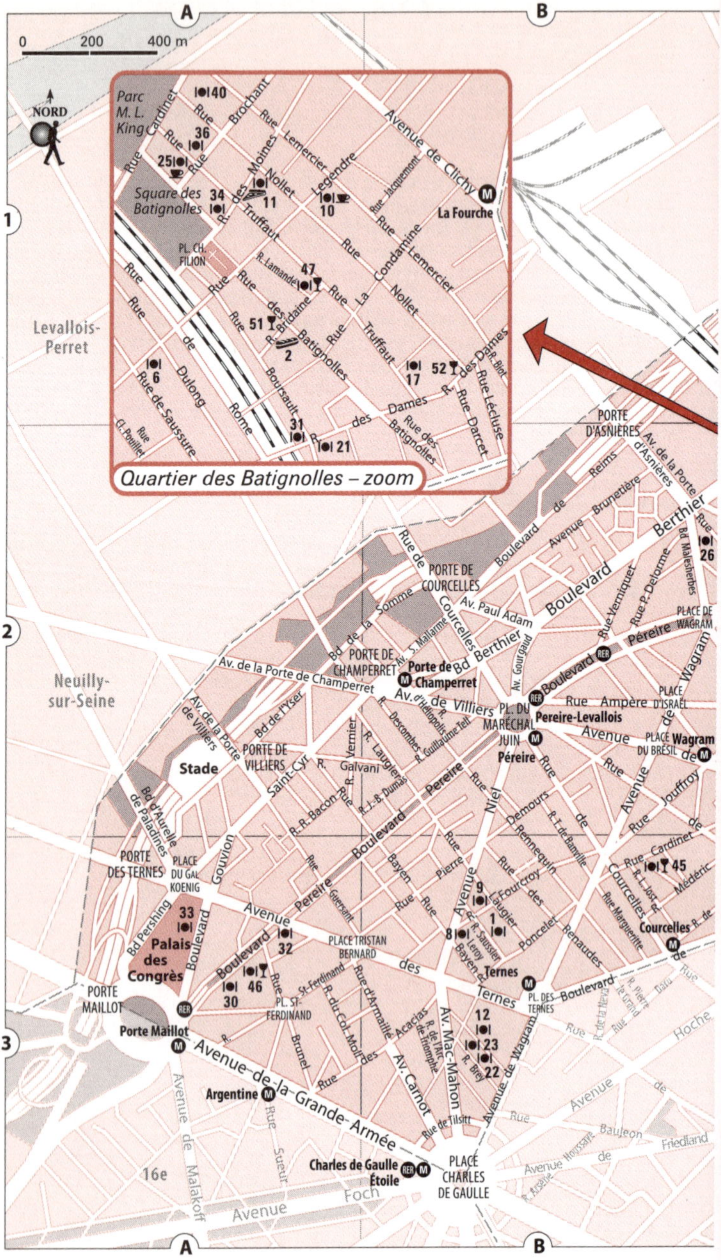
A
B
1
2
3
0
200
400 m
NORD
Quartier des Batignolles – zoom
Parc M. L. King
Square des Batignolles
PL. CH. FILION
Rue Cardinet
Rue Brochant
Rue Lemercier
Avenue de Clichy
La Fourche
Rue Jacquemont
Rue Legendre
R. des Moines
Nollet
Truffaut
Rue La Condamine
Rue Lemercier
R. Lamandé
Rue des Batignolles
R. Bridaine
Rue Truffaut
Rue de Rome
Rue Dulong
Rue de Saussure
Rue Cl. Pouillet
Boursault
R. des Dames
Rue des Batignolles
Rue Darcet
Rue Lécluse
R. Biot
40
36
25
34
11
10
47
51
2
6
17
52
31
21
Levallois-Perret
Neuilly-sur-Seine
PORTE D'ASNIÈRES
Av. de la Porte d'Asnières
Boulevard de Reims
Avenue Brunetière
Boulevard Berthier
Rue Bd Malesherbes
26
Rue de Courcelles
PORTE DE COURCELLES
Av. Paul Adam
Bd de la Somme
Av. S. Mallarmé
PORTE DE CHAMPERRET
Porte de Champerret
Bd Berthier
Av. Gourgaud
Rue Verniquet
Rue P. Delorme
PLACE DE WAGRAM
Boulevard Pereire
Av. de la Porte de Champerret
Av. de Villiers
PL. DU MARÉCHAL JUIN
Pereire-Levallois
Rue Ampère
PLACE D'ISRAËL
Avenue de Wagram
Pereire
PLACE DU BRÉSIL
Wagram
Av. de la Porte de Villiers
Bd de l'Yser
PORTE DE VILLIERS
Stade
Saint-Cyr
R. Galvani
R. Vernier
R. Laugier
R. Descombes
R. d'Héliopolis
R. Guillaume Tell
R. J.-B. Dumas
R. Bacon
Boulevard Pereire
Rue Niel
Rue Demours
Rue Rennequin
R. T. de Banville
Rue de Courcelles
Avenue de Villiers
Rue Jouffroy
Rue Cardinet
45
R. L. Jost
Rue Médéric
Bd d'Aurelle de Paladines
PORTE DES TERNES
PLACE DU GAL KOENIG
Gouvion
Rue Guersant
Rue Bayen
Rue Pierre Demours
Rue Fourcroy
Rue Laugier
Rue Poncelet
Rue des Renaudes
Rue Marguerite
Courcelles
R. de
9
1
8
R. Saussier Leroy
33
Palais des Congrès
Bd Pershing
Boulevard Gouvion St-Cyr
Avenue des Ternes
32
PLACE TRISTAN BERNARD
Ternes
PL. DES TERNES
Boulevard de Courcelles
R. Pierre le Grand
Daru
R. de la Néva
Rue
Boulevard
46
30
Rue St-Ferdinand
PL. ST-FERDINAND
R. du Col. Moll
Rue d'Armaillé
Rue des Acacias
R. de l'Arc de Triomphe
Av. Mac-Mahon
12
23
22
R. Brey
Avenue de Wagram
Avenue Hoche
PORTE MAILLOT
Porte Maillot
Avenue de la Grande-Armée
Brunel
Rue
Av. Carnot
Rue de Tilsitt
Argentine
Rue Bauleon
Avenue de Friedland
Rue Sueur
Avenue de Malakoff
16e
Charles de Gaulle Étoile
PLACE CHARLES DE GAULLE
Avenue Foch
Avenue Houssaye
R. Arsène

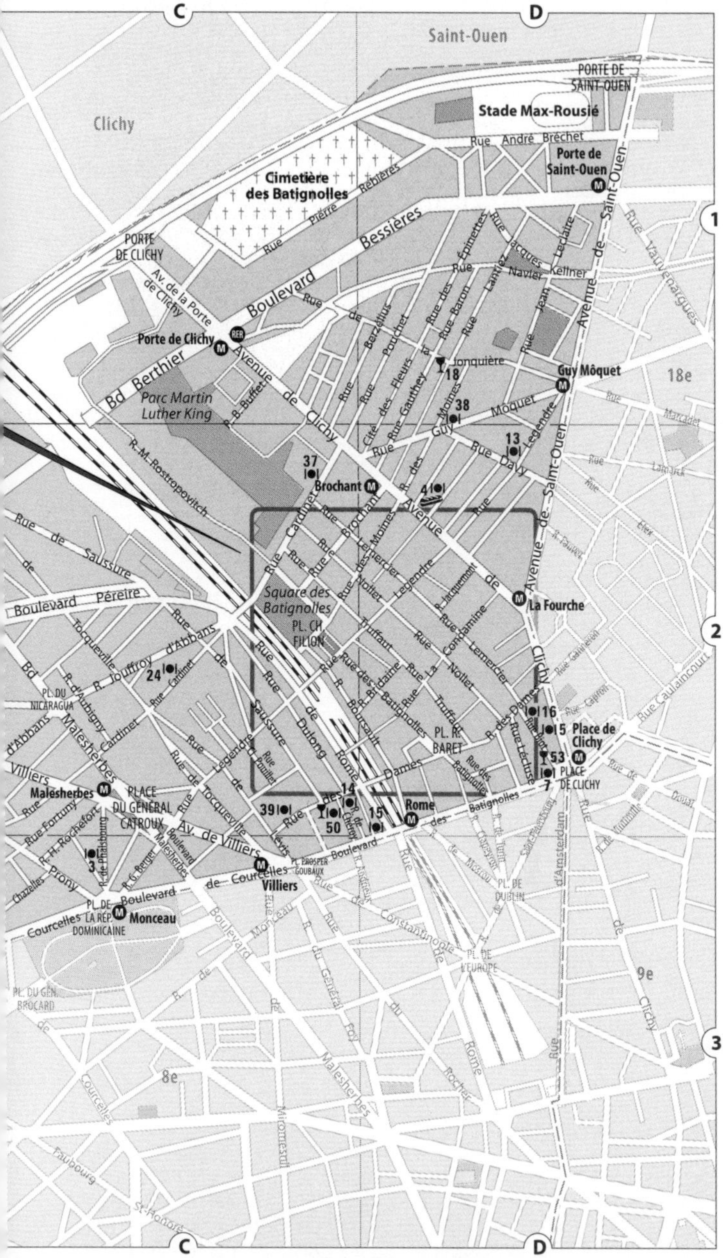


17e ARRONDISSEMENT

*août et Noël-Jour de l'an. Compter 15-20 €. Café offert sur présentation de ce guide.* La culture, ça ne nourrit pas l'estomac, alors cette petite cantine située à deux pas de la nouvelle Cité de l'Économie, et fréquentée par les cadres du coin, paraît tout indiquée en fin de visite (ou pour s'y préparer). Chaque jour, plats, soupes, quiches, gratins, salades variées composent des assiettes généreuses et colorées, saupoudrées de graines pour la touche Oméga 3. Eau détox et jus frais pour la touche fraîcheur. On est servi au comptoir et l'on s'assoit en salle ou sur les quelques tables en terrasse. Sinon, demander à emporter : le parc Monceau est à deux enjambées. Sur le plan économique, c'est une bonne affaire ! *NOUVEAUTÉ.*

**Chez Sam** (plan D2, **4**) : *118, av. de Clichy, 75017. ☎ 09-86-12-71-44. Ⓜ Brochant. Tlj 11h-minuit. Sandwichs 6,50-7,50 € (10,50 € en menu) ; assiettes 13-14 € ; menu 17 €.* Une échoppe de poche devant laquelle on passerait sans même lever le nez. Heureusement, nos papilles nous ont rappelé à l'ordre. Chez Sam, on goûte une cuisine syrienne pleine de fraîcheur et de notes méditerranéennes, servie avec générosité. Taboulé d'herbes fraîches, caviar d'aubergine fumée à la crème de sésame, chaussons au fromage et épinards, feuilles de vignes farcies... on arrête là avant de saliver ! À déguster avec un verre de lait fermenté, l'*ayran,* avant de mordre dans un baklawa et de finir en léchant ses doigts pleins de miel. *NOUVEAUTÉ.*

## De très bon marché à bon marché

***La Table Verte*** (plan B3, **1**) : *6, rue Saussier-Leroy, 75017. ☎ 01-42-27-80-63. Ⓜ Ternes. Lun-ven 11h30-19h, sam 10h30-16h. Fermé dim. Formules et menus 9,90-15,50 €. Café offert sur présentation de ce guide.* Un resto végétarien goûteux, à deux pas de l'effervescence du marché Poncelet, pour se restaurer rapidement d'une tarte salée ou d'un plat du jour à base de produits naturels et biologiques. En dessert, quelques tartes, du fromage blanc et des gâteaux sans gluten, histoire que les gueules sucrées ne restent pas sur leur faim. En face, au nº 5, *La Petite Table* propose des formules analogues.

***La Crèmerie du 17e*** (plan zoom, **10**) : *106, rue Legendre, 75017. ☎ 09-73-28-72-91. Ⓜ La Fourche ou Brochant. Tlj 9h-20h30. Compter env 15,50 € au déj ; brunchs 15,50-22,50 €.* Brie à la truffe, chèvre aux fleurs séchées, gouda à la lavande... mais qui aurait l'idée de s'attabler au milieu des vitrines de fromages ? Nous ! Ah la bonne idée de la laitière qui a installé une poignée de tables pour accueillir les Batignollais amateurs de crème ! Si l'on vient s'y ravitailler en produits laitiers, on peut aussi y déguster quiches maison et salade au déjeuner, ou une généreuse part de gâteau au goûter. Cheese-cake, tarte au citron meringuée, gâteau au fromage blanc, on tourne toujours autour du pot... de lait ! Excellent brunch aux saveurs campagnardes, les plus gloutons s'attaqueront au brunch version raclette. *NOUVEAUTÉ.*

***La Phyliale*** (plan B3, **8**) : *12, rue Bayen, 75017. ☎ 01-82-09-64-29. Ⓜ Ternes. Tlj sauf dim 12h-14h30, 19h-23h. Carte 15-20 €.* Difficile de dégotter une adresse économique dans ce très chic quartier. Mais nous, nous l'avons trouvée ! À la pause déjeuner, ça défile et ne désemplit pas dans cette cantine vietnamienne. Bo bun généreux, *phô* relevés ce qu'il faut (facile, le jeu de mots !), raviolis et nems croustillants, on cuisine ici les plats populaires de la *street food* vietnamienne, avec beaucoup de fraîcheur. Service express et accueil gentil. Fait aussi à emporter pour les archipressés. Une perle rare dans le quartier ! *NOUVEAUTÉ.*

**Chez Maxence** (plan zoom, **6**) : *52, rue Legendre, 75017. ☎ 01-47-54-04-91. Ⓜ Rome ou Villiers. Tlj midi et soir. Formules déj en sem 15-19 € ; carte 20-25 €.* Des Batignolles à la Bretagne, il n'y a qu'un pas avec cette excellente crêperie ! Rien de surjoué dans la déco, sobre et fraîche. La carte offre un large choix de galettes au bon goût de sarrasin, des plus classiques aux spéciales terroir ou mer, et toujours une galette du moment. Toutes sont généreuses, croustillantes et fondantes à la fois, garnies de produits frais et bien travaillés. En dessert, les sarrasins sucrées (la caramel au beurre salé est un régal) ou les froments tiennent également leurs promesses. Merci, Maxence !

|●| ***Brutus*** *(plan C2,* ***14****)* **:** *99, rue des Dames, 75017. ☎ 09-86-53-44-00. Ⓜ Rome. Lun-ven midi et soir, sam 12h30-23h, dim 11h30-16h. Formule déj en sem env 15 € ; galettes 10-14 €. Digestif maison offert sur présentation de ce guide.* Dans une salle aux volumes étudiés dans les tons blancs et bleus, éclairée par de larges baies vitrées, l'équipe majoritairement originaire de Normandie (et un peu de Bretagne) redonne ses lettres de noblesse aux crêpes et au cidre. Les galettes *kraz* (dentelles) sont confectionnées avec une touche de miel pour les rendre plus croustillantes, et les préparations tant salées que sucrées se révèlent aussi originales que délicieuses. Plus de 25 cidres à la carte : vieilli en fût de calvados, au gingembre, aux fines bulles façon champagne, du Pays basque... Les proprios en parlent comme de grands crus, en cidrologues passionnés.

|●| ***Sole di Sardegna*** *(zoom,* ***17****)* **:** *7, rue de Bizerte, 75017. ☎ 01-43-87-77-10. Ⓜ Place-Clichy ou Rome. Tlj sauf sam midi et dim midi. Compter 20 €.* Un petit caboulot sarde inattendu dans ce quartier branché. Cadre désuet, décor anachronique parsemé de souvenirs personnels, nappes à carreaux, atmosphère intime pour une cuisine sarde familiale de bon niveau : pizzas croustillantes (ah, l'onctueuse 4-fromages) et pâtes cuites parfaitement. Mon tout nimbé d'une musique d'opéra et de vénérables tubes italiens. Sympathique patron quasiment seul en cuisine et au service. Et ça fonctionne, et on s'attend presque à voir arriver Totò ou Alberto Sordi ! *NOUVEAUTÉ.*

|●| ***James Bún*** *(plan D2,* ***7****)* **:** *10, bd des Batignolles, 75017. ☎ 01-43-87-90-13. Ⓜ Place-de-Clichy. Tlj 12h-23h. Plats 9-14 € ; carte 15-20 €.* Et si on s'attablait dans une cantine de quartier d'Hanoï, à deux pas de la place de Clichy ? Cuisine ouverte, étagères chargées de produits asiatiques et une poignée de tables dans un décor coloré : bienvenue dans un vrai marché couvert, avec les odeurs et les saveurs *ad hoc* ! Aux fourneaux, une équipe vietnamienne mijote des bo bun, *banh mi* (sandwichs) et *phô* frais et savoureux, élaborés avec des produits d'origine France livrés chaque matin. On a trouvé notre *street food* de haute volée dans cette cantoche fraîche et colorée.

|●| ***Cucuzza*** *(plan zoom,* ***11****)* **:** *14, rue des Moines, 75017. ☎ 01-42-28-71-75. Ⓜ Brochant. Tlj 12h-14h30, 19h30-22h30. Congés : 1 sem autour du 15 août et Noël-1er janv. Pizzas 10-19 € ; carte 20-25 €.* Si la salle est petite, rassurez-vous, les pizzas sorties tout droit du four à l'entrée sont grandes, leur pâte est légère et généreusement garnie de fort bons produits, dont on peut avoir un aperçu dès l'entrée avec les légumes grillés à partager. À vous de choisir entre les classiques ou les signatures (plus élaborées et plus chères), à accompagner d'un vin italien bien sûr, issu de la jolie petite sélection proposée. Et si on n'aime pas les pizzas ? Lasagnes et *parmigiana* d'aubergines se défendent bien aussi. S'il vous reste de la place, laissez-vous tenter par le tiramisù, tout à fait honorable.

|●| ***La Cantina Chic*** *(plan B3,* ***12****)* **:** *14, rue de l'Étoile, 75017. ☎ 01-43-80-41-09. Ⓜ Ternes ou Charles-de-Gaulle-Étoile. Lun-ven midi et soir. Fermé le w-e. Formules déj en sem 15,50-17,50 € ; carte 25-30 €.* On passerait devant sans le remarquer. Quelle erreur ! Un sympathique couple franco-italien est aux commandes de ce resto sobre de cuisine bistrotière et familiale de la Botte. Une carte courte – idem côté vins –, qui change un peu toutes les semaines, sauf les *pappardelle* champignons et crème de truffe et les penne *alla sorrentina,* fidèles au poste et attendues par les habitués ! Occasionnellement un plat de viande. Une escale d'un bon rapport qualité-prix et une aubaine dans ce quartier chic et cher.

|●| ***Chez Gladines*** *(plan D2,* ***15****)* **:** *74, bd des Batignolles, 75017. ☎ 01-55-30-08-84. Ⓜ Rome. Tlj midi et soir. Plats 9-17 €.* On ne change pas une formule

qui gagne. La maison mère de la Butte-aux-Cailles a pondu un petit vers la place de Clichy. Des plats basques sympa, des salades maxi gourmandes, des patates ensevelies sous le fromage et le jambon, et des petits vins du Sud-Ouest pour faire passer l'ensemble. Déco amusante, très fifties, avec bar en formica et juke-box à l'entrée. Portions plus que généreuses et prix franchement raisonnables : rapport qualité-prix difficile à concurrencer.

**Le Bistrot des Cinéastes** *(plan D2,* ***5****)* **:** *7, av. de Clichy, 75017. ☎ 09-67-55-40-34. Ⓜ Place-de-Clichy. ♿ Tlj 18h-23h. Congés : août. Plats 15-20 €.* Il fallait le dégotter celui-là, bien planqué à l'étage d'un ancien cabaret devenu cinéma d'art et d'essai ! Là-haut se cache un secret jalousement gardé, un petit bistrot à l'image du quartier : coloré et bohème. La déco suit les tendances du moment. La surprise en revanche est dans l'assiette. Une cuisine teintée d'exotisme et d'originalité où se mêlent sucré et salé, aigre et doux, épices et herbes aromatiques. Un conseil : piochez à la carte, partagez entre copains et arrosez le tout d'un p'tit ballon de rouge.

## Prix moyens

**Aux Dés Calés** *(plan D2,* ***13****)* **:** *181, rue Legendre, 75017. ☎ 01-47-70-01-09. Ⓜ Guy-Môquet. ♿ Tlj 12h-23h. Congés : 15-26 août et 24-26 déc. Le midi en sem, formule et menu 12-19 € ; le soir, carte seulement, 30-35 €. Rhum arrangé offert sur présentation de ce guide.* Une brasserie de quartier, qui justifie bien un petit tour vers les Épinettes. La preuve par 3 : accueil chaleureux, cuisine familiale et jeux de société par centaines, la maison mise tout sur la convivialité ! À l'ardoise, des plats traditionnels qui évoluent avec le marché et les saisons. Ici, on mise sur une cuisine sincère et sans artifice : pas de triche, que du bon ! Œuf en cocotte, terrine de campagne, tartare au couteau ou poisson du jour (les mercredi et vendredi), gardez une p'tite place pour la tatin ou le brownie à la fleur de sel. En un mot comme en 1 000 : généreux ! *NOUVEAUTÉ.*

**Buzkashi** *(plan D2,* ***16****)* **:** *7, rue des Dames, 75017. ☎ 09-53-41-92-30. Ⓜ Place-de-Clichy. Tlj sauf dim, le soir seulement. Plats 15-18 €. Buzkashi,* c'est le sport national en Afghanistan, une compétition équestre collective. Rassurez-vous, point de cheval dans votre assiette mais bien de savoureuses spécialités afghanes. Les raviolis vapeur, au bœuf ou aux poireaux, offrent une introduction tout en saveurs de cette cuisine riche en grillades, légumineuses, épices et produits laitiers. On a aimé les *kofta* (boulettes de bœuf) marinées dans une sauce aux épices et tomates, accompagnées de riz sauté aux raisins, pistaches et carottes, et de *dhal* (purée de lentilles corail). Installez-vous en tailleur côté traditionnel pour parfaire l'expérience culinaire. Accueil tout en gentillesse. Une belle découverte. *NOUVEAUTÉ.*

**La Cantine de Quentin** *(plan B3,* ***9****)* **:** *11, rue Fourcroy, 75017. ☎ 01-73-73-23-41. Ⓜ Ternes. Ouv le midi lun-ven, plus le soir mer-ven. Formule déj 19 € ; carte 30-35 €. Apéritif maison offert sur présentation de ce guide.* On y déguste de bons plats terroir de style bistronomique accompagnés d'une sélection de vins très abordables. Desserts maison à se damner, notamment le cheese-cake et le croustillant praliné-chocolat. Dans un style bistrot-boutique, avec une petite terrasse au calme pour prendre le café en fin de repas. À l'épicerie, on peut acheter vins, champagnes, foie gras, charcuterie, plats cuisinés, condiments... Un concept qui fleure bon la France qu'on aime.

**Ripaille** *(plan zoom,* ***21****)* **:** *69, rue des Dames, 75017. ☎ 01-45-22-03-03. Ⓜ Rome. Lun-ven 12h-14h30, 19h30-22h (22h30 ven) ; le w-e sur résa seulement. Congés : 1 sem à Pâques, 3 sem en août et 1 sem à Noël. Résa indispensable. Formules déj 12-20 € ; menus 28,50-35 € ; carte env 35 €. Kir offert sur présentation de ce guide.* Un nom bien rustique pour une cuisine de saison fine et inventive ! La courte carte change souvent et fait la part belle au poisson. Le plaisir est prolongé par des portions généreuses. Tous les jours,

1 ou 2 suggestions à l'ardoise. Bons vins de petits propriétaires proposés aussi à la ficelle. Accueil et service sympa. À savoir quand même, le resto est d'un format de poche, et on n'y est pas au large.

🍽 ***Samesa*** *(plan B3,* ***22****)* **:** *13, rue Brey, 75017. ☎ 01-43-80-69-34. Ⓜ Charles-de-Gaulle-Étoile. ♿ Tlj sauf sam midi et dim ; service 12h-14h30, 19h-23h. Congés : 3 premières sem d'août. Menus 21 € le midi, 31 € le soir ; carte 35-40 €. Café offert sur présentation de ce guide.* Le chef, originaire des Abruzzes (*sa mesa,* « la table » en sarde), pratique une réjouissante ouverture gastronomique. Cuisine sérieuse avec d'excellents produits : pâtes fraîches, risotto, délicieuse pannacotta, ainsi que tiramisù et *tartufo affogato* à se damner. Belle carte des vins. La salle (trop) traditionnelle mériterait tout de même un petit coup de jeune !

🍽 ***Le Café d'Angel*** *(plan B3,* ***23****)* **:** *16, rue Brey, 75017. ☎ 01-47-54-03-33. Ⓜ Charles-de-Gaulle-Étoile. Lun-ven 12h-14h, 19h-22h. Fermé sam-dim et j. fériés. Congés : 3 premières sem d'août et Noël-Jour de l'an. Menus 28-34 € ; carte env 50 €.* Le cadre rétro cache un élégant bistrot réputé parmi les gens du quartier. Une salle chaleureuse avec, en toile de fond, les fourneaux visibles derrière le bar, et une délicieuse cuisine qui revisite le terroir comme chez les grands (normal, le chef, Jean-Marc Gorsy, est un ancien du *Jules Verne*), avec un zeste de fantaisie en sus. Menus d'un remarquable rapport qualité-prix. Parmi les spécialités de la maison : supions, rognons et liégeois au chocolat.

🍽 ***Le Bouchon et l'Assiette*** *(plan C2,* ***24****)* **:** *127, rue Cardinet, 75017. ☎ 01-42-27-83-93. Ⓜ Malesherbes. Mar-sam midi et soir. Formule déj 26 € ; le soir, carte 40-45 €.* Sol en béton brossé, tables de bistrot dans 2 petites salles sobrement accueillantes, plats évocateurs affichés à l'ardoise, on connaît la ritournelle. La carte, qui évolue sans cesse, est à l'image d'une cuisine pas banale. Malgré une petite attente quand il y a du monde, on apprécie une déclinaison de plats joliment revisités, dans lesquels les propriétaires distillent des touches de ce Pays basque auquel ils sont attachés. Carte des vins au diapason, un peu chère.

🍽 ☕ ⛱ ***La Cantine de Mémé*** *(plan zoom,* ***25****)* **:** *11, rue Brochant, 75017. ☎ 01-58-59-36-91. Ⓜ Brochant. Tlj sauf dim-lun 12h-14h30, 20h-22h30 (23h ven-sam). Congés : 1re sem de janv, 4-24 août et 24-25 déc. Formules déj en sem 20-25 € ; le soir, carte 35-40 €. Apéritif maison ou café offert sur présentation de ce guide.* Dans un cadre chaleureux et intime, il faut découvrir la cuisine de Marie Lemoine, une jeune chef pleine d'inspiration, créatrice d'harmonieuses associations de saveurs et de télescopages culinaires inédits. Produits d'une rigoureuse fraîcheur et desserts d'anthologie. À propos, *Mémé* fait aussi salon de thé pour le p'tit creux de 16h *(mer et ven-sam 15h-20h)* et épicerie fine...

🍽 ***Rural*** *(plan A3,* ***33****)* **:** *2, pl. de la Porte-Maillot, 75017. ☎ 01-72-69-03-03. Accès au rdc du palais des congrès, côté bd des Maréchaux. Tlj 10h30-22h30. Formules 30-55 € ; planches-repas 16-24 €.* Les vacances à la montagne sont terminées mais l'appel des cimes se fait toujours sentir ? Qu'à cela ne tienne, c'est la montagne qui vient à vous avec ce qu'elle a de meilleur. Dans un décor de chalet d'alpage (version XXL) avec peaux de bêtes et mobilier en épaisses boiseries blondes, Marc Veyrat, le médiatique chef alpin au chapeau noir, propose de généreuses planches de charcutailles et fromages, des croques et salades, et des plats tradi revisités, servis en cocotte. Les becs sucrés reluqueront vite le buffet de desserts, entre recettes de montagne et de famille. On en salive encore !

🍽 ***Le Relais de Venise – L'Entrecôte*** *(plan A3,* ***30****)* **:** *271, bd Pereire, 75017. ☎ 01-45-74-27-97. Ⓜ Porte-Maillot. Tlj midi et soir. Formule unique 28 €.* L'entrée est facile à repérer à la file d'attente qui se forme avant chaque service. Depuis plus de 50 ans, ce resto traditionnel, au décor de brasserie mâtiné de touches vénitiennes, propose la même formule : une salade aux noix servie d'office, suivie d'un contre-filet de bœuf accompagné de frites fines et croustillantes et d'une sauce dont la recette est toujours tenue secrète. Le tout servi 2 fois. Ne demandez pas autre chose, il n'y a pas ! Desserts très classiques pour conclure. Service efficace, voire expéditif.



**Kirane's** *(plan A3,* ***32****) : 85, av. des Ternes, 75017. ☎ 01-45-74-40-21. Ⓜ Porte-Maillot. Tlj midi et soir. Formules déj en sem 14,50-16,50 € ; le soir et le w-e, menus 34,50-39,50 €.* La déco très appuyée fait illico voyager : tissus et sculptures évoquent les splendeurs de l'Inde du Nord. La cuisine, goûteuse et pleine de parfums subtils, vient de cette région. À côté d'une riche carte classique (poulet tandoori, *tikka saag* ou *vindaloo,* currys), on découvre la cuisine *dum* (à l'étuvée), une rare déclinaison de la cuisine d'Inde du Nord. Une escale sereine et gourmande, bienvenue dans la tumultueuse avenue des Ternes.

**Le Tourbillon** *(plan C2,* ***39****) : 116, rue des Dames, 75017. ☎ 09-83-01-10-81. Ⓜ Villiers. Tlj sauf dim-lun 12h-14h30, 19h30-22h30. Congés : 3 premières sem d'août et 24-26 déc. Formules déj 22-26 € ; carte 40-45 €. Café offert sur présentation de ce guide.* 3 salles en enfilade à la déco épurée dans lesquelles le service est assuré avec efficacité. Aux fourneaux, le chef concocte une cuisine bien tournée et inventive, à base de produits de saison, bien entendu. Assiettes joliment présentées et saveurs bien dosées, où le terroir a toute sa place. Un peu cher le soir toutefois.

**Restaurant La Rucola** *(plan B2,* ***26****) : 198, bd Malesherbes, 75017. ☎ 01-44-40-04-50. Ⓜ Wagram. Tlj sauf sam midi et dim. Formules déj 19-25 € ; carte env 35 € (plus cher pour les viandes et poissons).* Si le quartier n'est pas franchement le plus sexy de l'arrondissement, ce resto italien, à deux pas de la porte d'Asnières, mérite le détour. Dans un cadre très classique (un peu tristoune peut-être), le chef réinvente les régions tous les 15 jours : Pouilles, Ombrie, Campanie, Lombardie... pour le plus grand bonheur des habitués. Parmi les grands classiques : assortiment d'*antipasti,* carpaccio de bœuf au basilic... On apprécie la constance de la cuisine et l'accueil de toute l'équipe. Et on en redemande !

## De chic à plus chic

**Le 975** *(plan D1-2,* ***38****) : 25, rue Guy-Môquet, 75017. ☎ 09-53-75-67-71. Ⓜ Brochant. Lun-ven 12h-14h30, 19h30-22h30. Fermé le w-e. Congés : 8-30 août. Formule déj (sauf j. fériés) 17 € ; menus dégustation 39-65 € ; carte env 50 €.* À la proue de 2 rues, tout en baies vitrées ponctuées par une palissade. Le cadre s'apprécie en toute transparence dès l'extérieur. Petite cuisine ouverte précédée d'une poignée de places au comptoir (un peu dans le passage) et décor industrielo-dépouillé. La formule déjeuner est une aubaine et laisse entrevoir le talent du chef Taiki, qui distille quelques touches nippones dans sa cuisine. Des plats délicieux et raffinés, soigneusement présentés, sans préciosité pour autant. Accueil et service pro et charmants. Jolie sélection de whiskies et de vins au verre.

**Restaurant Vatel** *(plan zoom,* ***40****) : 122, rue Nollet, 75017. ☎ 01-42-26-26-60. Ⓜ Brochant. Lun-ven midi et soir. Fermé le w-e. Résa obligatoire. Menus 23 € (midi), puis 38-48 €.* Ce resto d'application, lié à l'école hôtelière du même nom, se révèle une bonne escale. Salle moderne et chaleureuse sous une verrière, nappage de coton beige, sièges confortables... On se pique au jeu, d'autant que tout ça est bien bon et raffiné, et ce dès le 1er menu. Ceux du soir garantissent un dessert princier : vous serez carrément cerné par 3 chariots (si, si...), soit plus d'une quinzaine de douceurs. Pendant ce temps, les élèves sont notés, mais l'atmosphère n'est pas guindée.

**Comme chez Maman** *(plan zoom,* ***34****) : 5, rue des Moines, 75017. ☎ 01-42-28-89-53. Ⓜ Brochant. Tlj midi et soir. Menus 24 € le midi, 37 € le soir ; carte env 50 €.* Il y a de jeunes chefs qui donnent la rassurante impression d'avoir extirpé leurs savoureuses recettes du grimoire de leurs mamans chéries. Pari gagné : Wim Van Gorp, qui a officié chez les plus grands à Paris et à l'étranger, propose des recettes savoureuses et traditionnelles, entre l'auberge de campagne et le bistrot parisien. Les produits sont impeccables, les cuissons justes et le plaisir garanti.

**Gare au Gorille** *(plan zoom, **31**) : 68, rue des Dames, 75017. ☎ 01-42-94-24-02. Ⓜ Rome. Lun-ven midi et soir. Fermé le w-e. Résa vivement conseillée. Menus déj 29-39 € ; carte env 45 € (le soir, quelques petits plats à prix modérés et de gros plats de viande, compter alors 50-60 €).* Déjà, cadre fort sobre et pas d'enseigne, c'est donc qu'on mise sur la notoriété avant tout... En outre, pas de titres ronflants pour les plats (seulement le nom des produits !), le chef joue sur de fines associations de saveurs et des cuissons parfaites. Les plats, colorés et joliment présentés, évoluent avec le marché et les envies derrière les fourneaux. Tout cela plaît beaucoup aux *hipsters*, « startupeurs » et gens du quartier, qui composent la clientèle volubile et réjouie. Bon choix de vins nature et grande table conviviale au fond, dans la partie la plus lumineuse.

**Coretta** *(plan C2, **37**) : 151 bis, rue Cardinet, 75017. ☎ 01-42-26-55-55. Ⓜ Brochant. Tlj 12h-14h, 19h30-22h. Menus 37-43 €.* Un bistrot-gastro adossé au parc Martin-Luther-King. Grandes baies vitrées donnant sur rue et jardin, fourneaux ouverts sur le rez-de-chaussée (autre grande salle à l'étage), carrelages graphiques, parquets, boiseries, éclairages : la déco répond à un design étudié. Même précision dans les assiettes, avec une cuisine de marché, fine et particulièrement inventive. La chef mexicaine insuffle à ses plats d'exaltantes notes d'exotisme. Excellentes formules déj. Service impeccable.

**Fabrique de Bouchons** *(plan zoom, **36**) : 17, rue Brochant, 75017. ☎ 01-58-59-06-47. Ⓜ Brochant. Tlj sauf sam midi et dim-lun ; service 12h-14h, 19h30-22h. Congés : 3 sem en août. Formules déj 20-24 € ; carte 45-50 €. Café offert sur présentation de ce guide.* Bonne surprise que ce resto de poche installé dans une ancienne fabrique de bouchons, dont il reste le nom et l'enseigne classée sur la façade ! Le chef, Fabien, ancien de chez Iñaki Aizpitarte, a beaucoup de talent. De ses racines asiatiques et africaines, il tire la touche exotique ; de son Madagascar natal, les épices. Son péché mignon : l'assemblage du cuit et du cru, une réussite ! En salle, service plein d'attentions. Excellent rapport qualité-prix des vins proposés.

17e

## Bars à vins

**Les Domaines qui montent** *(plan B3, **45**) : 22, rue Cardinet, 75017. ☎ 01-42-27-63-96. Ⓜ Courcelles. Boutique ouv lun 10h30-19h30, mar-sam 10h-20h (20h30 ven-sam) ; service 12h-14h seulement. Fermé dim. Congés : 1er-23 août. « Formule du caviste » 16,90 € ; dîner 45 € ; carte env 20 €. Apéritif maison ou café offert sur présentation de ce guide.* Avec sa double casquette de boutique et table d'hôtes, cette adresse conviviale réunit les amateurs de bonnes bouteilles. Le menu unique n'offre pas d'alternative, mais la cuisine de terroir ne blouse pas les épicuriens avertis. Un tour de France et de ses caves qui n'impose pas un choix entre la bourse ou le verre, puisque, ici, on consomme au prix boutique, sans droit de bouchon, et que l'on peut repartir avec sa bouteille entamée.

**Le Rouge et le Verre** *(plan A3, **46**) : 33, rue Brunel, 75017. ☎ 01-45-72-69-98. Ⓜ Argentine. Tlj sauf dim 10h (11h sam)-20h (22h jeu-ven). Formule déj 19 € ; planches de charcuterie ou de fromages 9-12 €.* Pour commencer, on prend place parmi les tables dispersées entre les rayonnages bien garnis et les caisses de grands crus. Ensuite, on choisit un vin à la bouteille, en pot lyonnais ou au verre parmi ces cuvées issues des domaines de petits vignerons qui « montent à Paris ». Enfin, on se sustente au choix d'une planche de charcuterie ou de fromages à l'apéro ou d'un plat souvent basque. Bons conseils sur les vins (à emporter ou à consommer sur place au même prix) et service fort sympathique.

**L'Établi** *(plan zoom, **47**) : 4, rue Bridaine, 75017. ☎ 01-44-90-05-04.*

*Ⓜ Rome ou La Fourche. Tlj sauf sam midi, dim et lun midi. Formules déj 15-19 € ; planches 16-22 €. Café offert sur présentation de ce guide.* Dans un joli bistrot de poche à la façade vert bouteille (ça s'annonce bien !), le binôme aux commandes propose une carte simple et réussie (planche de charcuterie ou de fromages, foie gras, andouille...) pour accompagner la découverte de bons petits crus, vedettes de la maison. Sous les conseils avisés, accoudé à l'épaisse table de bois, la soirée se prolonge sous les meilleurs auspices. Addition un poil élevée, dommage.

## Où boire un verre ?

**Le 3 Pièces Cuisine** *(plan C2,* ***50****) : 25, rue de Chéroy, 75017. ☎ 01-44-90-85-10. Ⓜ Rome. Lun-ven 8h-2h (1h lun-mar), sam 10h30-2h, dim 10h30-1h.* Convivial, ludique, coloré... ce bar-resto (le « 3PC » pour les intimes) à la déco brocante seventies se la joue annexe du salon de votre appart. C'est là que vous croiserez des amoureux autour d'un backgammon, des bandes de potes rieurs et de tendres loups en quête de compagnie. En été, les grandes baies vitrées s'ouvrent et tout ce petit monde déborde joyeusement sur le trottoir. Bonne carte de bistrot (burgers, salades...) pour éponger un peu !

**Irène et Bernard** *(plan D1,* ***18****) : 58, rue Gauthey, 75017. ☎ 01-42-29-56-16. Ⓜ Guy-Môquet. Tlj 8h-1h. Vin au verre 3,50 € ; demi 3 €.* Papier peint à l'anglaise, photos en noir et blanc, abat-jour à frange et plaques émaillées, chez *Irène et Bernard,* c'est la version jeune et décontractée du *Café des Amis.* Les habitués sont nombreux à fréquenter ce bistrot convivial où l'on sirote son p'tit noir le matin au comptoir et où l'on siffle son p'tit rouge en terrasse à l'heure de l'apéro. Fait aussi resto (burgers et quiches entre autres), mais on n'a pas été convaincus.

**Les Caves Populaires** *(plan zoom,* ***52****) : 22, rue des Dames, 75017. ☎ 01-53-04-08-32. Ⓜ Place-de-Clichy. Tlj 8h30 (10h sam, 11h dim)-2h.* Un troquet ultra-fréquenté et bon enfant du quartier des Batignolles. Quand certains ont joué la carte du néobobo, *Les Caves Populaires* proposent leur ambiance parigote, mélangée et bruissante. À l'ardoise : petits crus au pichet ou à la bouteille (vins bio et nature), mousses pression artisanales et bonnes planches mixtes ravissent une clientèle d'habitués forcément conquise. Prix fort démocratiques. Populaire, on vous dit !

**Le Café des Petits Frères** *(plan zoom,* ***51****) : 47, rue des Batignolles, 75017. ☎ 01-42-93-84-41. Ⓜ Rome ou La Fourche. Tlj sauf mar ap-m et dim 9h-12h30, 14h-18h (17h ven). Congés : août. Les prix sont solidaires : café 0,45 € ; formule petit déj 1,60 €. Le Café des Petits Frères* est un espace ouvert à tous, convivial et culturel, favorisant la mixité sociale et générationnelle. Il est animé par des bénévoles de l'association Les Petits Frères des Pauvres, qui lutte depuis 1946 contre l'isolement et l'exclusion. Le cadre est simple et chaleureux : ici on discute, là on bouquine autour d'un café ou d'un verre (sans alcool). Journaux et livres à disposition.

**Le Cyrano** *(plan D2,* ***53****) : 3, rue Biot, 75017. ☎ 01-45-22-53-34. Ⓜ Place-de-Clichy. Tlj 9h-1h30. Happy hours 18h-21h. Demi 3,70 € ; cocktail 8 €.* C'est une vraie perle, située quasiment sur la place de Clichy, pas vraiment réputée pour ses bonnes adresses. Ce qui frappe quand on déboule ici, c'est le magnifique décor Art nouveau daté de 1914, avec miroirs ovales, mosaïques dorées et peintures de mousquetaires. Si le bar a pris le nom de Cyrano, c'est parce qu'il ouvrit le soir d'une première de la pièce d'Edmond Rostand. Depuis, on garde le cap (ou la péninsule) et il faut se faufiler parmi la foule installée en terrasse pour accéder au comptoir. Un vrai coup de cœur ! *NOUVEAUTÉ.*

# 18e ARRONDISSEMENT

• Plan *p. 206-207*

**Riche de son héritage des Années folles et d'une importante immigration, le 18e offre une diversité gastronomique aussi variée que parfumée. Les guinguettes de Montmartre se sont muées en petits restos français où l'on chouchoute la cuisine de bistrot. Mais on aime aussi ses rades de quartier pour siroter un p'tit ballon de rouge autour d'une planche de charcuterie et finir en beauté en s'encanaillant dans les bars de Pigalle. Plus populaires, les quartiers de la Goutte-d'Or, de la Chapelle, Marx-Dormoy et Clignancourt fourmillent de marchés et de restos aux effluves épicés, d'influence maghrébine ou africaine. En pleine reconversion, les gares et entrepôts de ces coins de la périphérie offrent aujourd'hui d'immenses et agréables points de chute pour boire un verre, loin de l'agitation parisienne !**

## Où manger ?

### Sur le pouce

**Marché de l'Olive (La Chapelle** ; *plan D2,* **1) :** *10, rue de l'Olive, 75018.* Ⓜ *Marx-Dormoy. Mar-sam 8h-19h30, dim 8h-13h30.* Cette belle halle de style Baltard accueille, outre les traditionnels primeurs, charcutiers, fromagers, bouchers et poissonniers, quelques traiteurs gourmands d'ici

**Où manger ?**

- **1** Marché de l'Olive (La Chapelle ; D2)
- **2** Bob's Bake Shop (D2)
- **3** Il Brigante (B2)
- **4** Sohan Café (D3)
- **5** Birdie Num Num (A2)
- **6** Chez Foucher – Mère & Fille (C1)
- **7** Raffinati (C2)
- **8** Le Café d'ICI (C2)
- **9** Sidi Rached (C2)
- **10** Bouillon Pigalle (B3)
- **11** Jimmy 2 Fois (B1)
- **12** In Bocca al Lupo (B2)
- **13** Étsi (A2)
- **14** Le Ruisseau (B1)
- **15** Le Colchide (C2)
- **16** La Brasserie Thaï (zoom)
- **17** Chez Pradel (A1)
- **18** L'Assiette (B2)
- **19** Gemüse (B2)
- **20** Soul Kitchen (B2)
- **21** Buffet Sandwicherie Fine (B2)
- **22** Le Dan Bau (zoom)
- **23** La Boîte aux Lettres (zoom)
- **24** Chez Foucher – Mère & Fille Pajol (D2)
- **25** Le Sanglier Bleu (A3)
- **26** B.O.U.L.O.M (A1-2)
- **28** La Traversée (B2)
- **29** Fichon (B2)
- **30** La Rallonge (B2)
- **31** La Part des Anges (zoom)
- **32** Montcalm (B2)
- **33** La Vache et le Cuisinier (zoom)
- **34** Les Inséparables (B2)
- **35** Vava (zoom)
- **37** Le BAL Café (A2)
- **38** Seç (B2)
- **40** Le Coq Rico (zoom)
- **41** L'Esquisse (B2)
- **42** Le Bouclard (A2)
- **43** L'Atelier Ramey (B2)

**Bars à vins**

- **50** Au Bon Coin (B2)
- **51** Le Vingt Heures Vin (zoom)

**Où boire un verre ?**

- **60** Le Bar à Bulles (zoom)
- **61** Le Bar Fondamental (B3)
- **62** La Fourmi (B3)
- **63** Nord Nord (D2)
- **64** Les Petites Gouttes (D2)
- **67** La REcyclerie (B1)
- **69** Chez Camille (zoom)
- **70** Brasserie Barbès (C3)
- **71** Sunset (B2)
- **72** El Tast (B1-2)
- **73** Le Hasard Ludique (A1)
- **74** Marlusse et Lapin (zoom)
- **75** Coq & Bock (B2)
- **76** Le Très Particulier (A2)
- **77** Kiez Biergarten (A1-2)

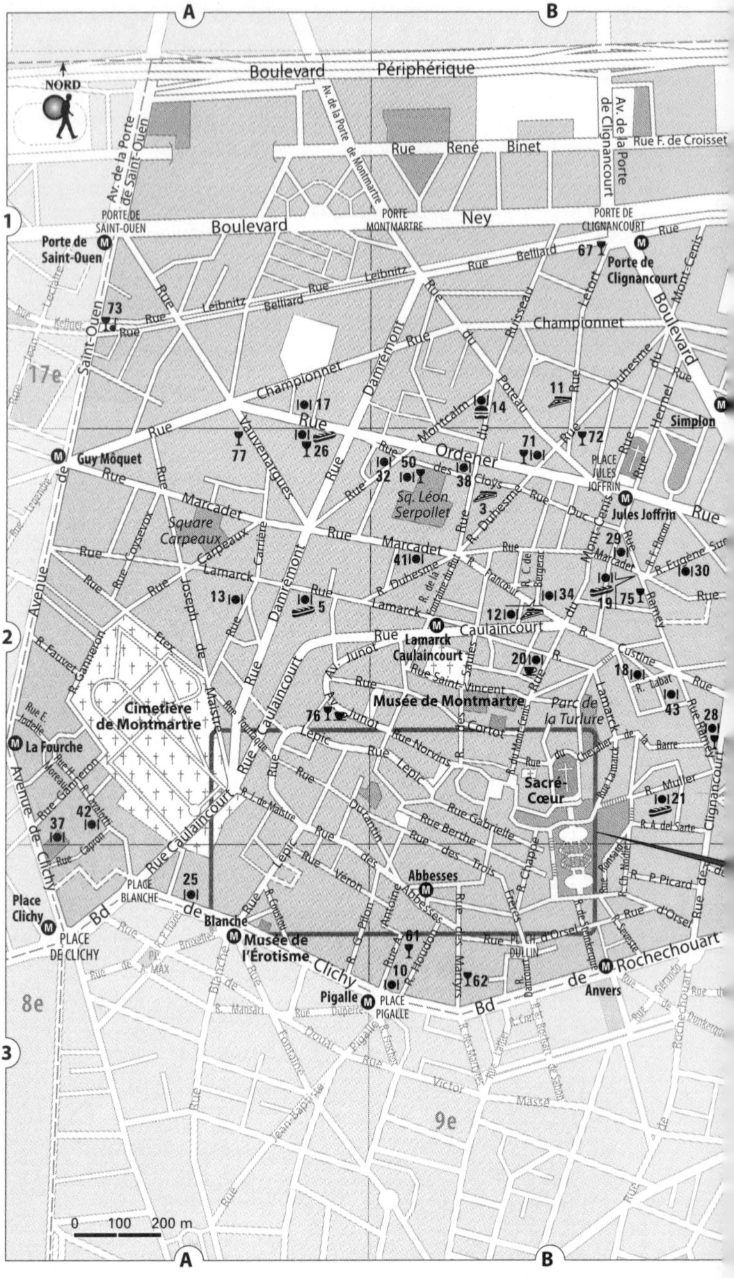
A
B
1
2
3
NORD
Boulevard Périphérique
Av. de la Porte de Saint-Ouen
Av. de la Porte de Montmartre
Av. de la Porte de Clignancourt
Rue René Binet
Rue F. de Croisset
PORTE DE SAINT-OUEN
PORTE MONTMARTRE
PORTE DE CLIGNANCOURT
Boulevard Ney
Porte de Saint-Ouen
Porte de Clignancourt
Rue Belliard
Rue Leibnitz
Rue Championnet
Rue Mont-Cenis
Boulevard
Rue Letort
Rue Ruisseau
Rue du Poteau
Rue Damrémont
Rue Duhesme
Rue Hermel
Simplon
17e
Rue Vauvenargues
Rue Ordener
Guy Môquet
Avenue de Saint-Ouen
Rue Marcadet
Rue des Cloÿs
Sq. Léon Serpollet
Square Carpeaux
Rue Carpeaux
Rue Coysevox
Rue Lamarck
Rue Carrière
Rue Joseph de Maistre
Rue Montcalm
PLACE JULES JOFFRIN
Jules Joffrin
Rue Duc
Rue Ramey
Rue Eugène Sue
Rue Francœur
Lamarck Caulaincourt
Rue Caulaincourt
Rue Custine
Rue Etex
R. Fauvet
R. Ganneron
Cimetière de Montmartre
Rue Saint-Vincent
Musée de Montmartre
Parc de la Turlure
Av. Junot
Rue Lepic
Rue Norvins
Rue Cortot
Rue des Saules
Rue du Chevalier de la Barre
R. Muller
Sacré-Cœur
R. A. del Sarte
La Fourche
Avenue de Clichy
Rue Gabrielle
Rue Berthe
Rue des Trois Frères
Rue Durantin
Rue Véron
Rue des Abbesses
Abbesses
R. Chappe
R. P. Picard
Rue d'Orsel
Rue Caulaincourt
PLACE BLANCHE
Blanche
Place Clichy
PLACE DE CLICHY
Bd de Clichy
Musée de l'Érotisme
Pigalle
PLACE PIGALLE
Rue des Martyrs
Bd de Rochechouart
Anvers
PL. CH. DULLIN
8e
9e
Rue Victor Massé
R. Mansart
Rue Fontaine
Rue Douai
0 100 200 m
1 3 5 10 11 12 13 14 17 18 19 20 21 25 26 28 29 30 32 34 37 38 41 42 43 50 61 62 67 71 72 73 75 76 77

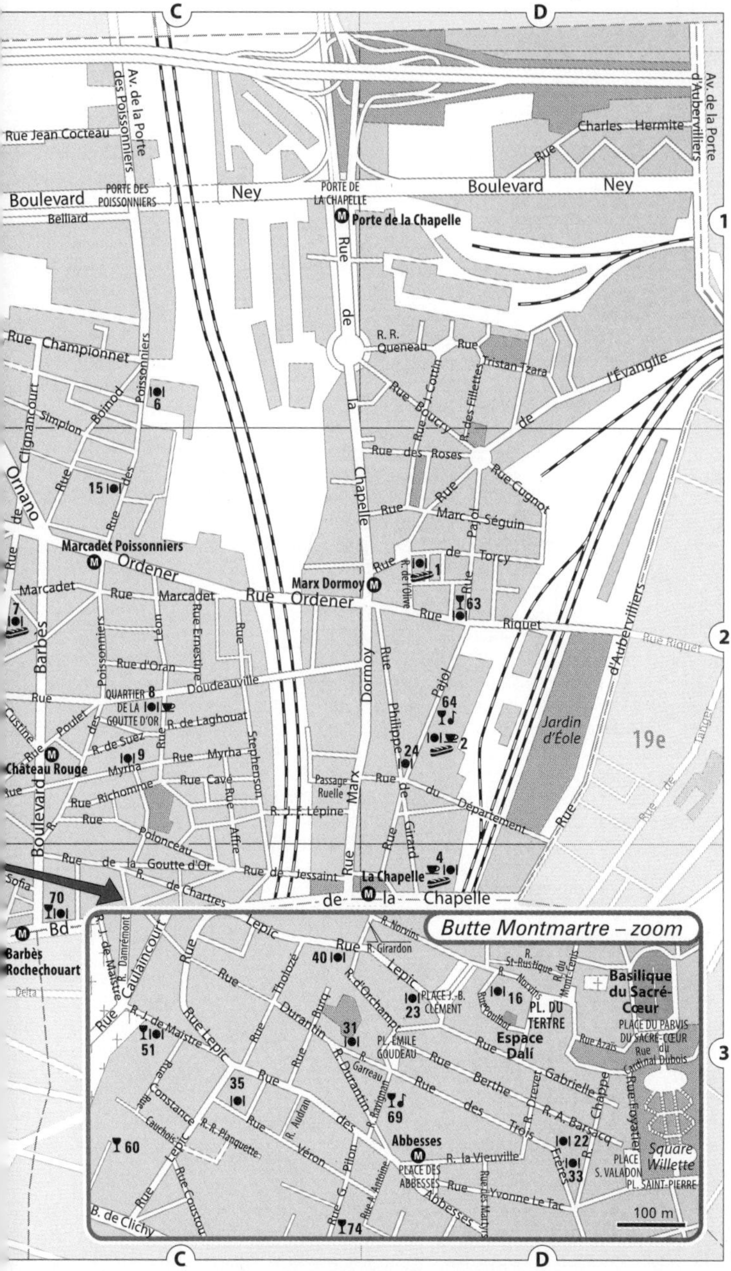


# 18e ARRONDISSEMENT

et d'ailleurs. Saveurs sénégalaises, italiennes (pizzas, *pasta* et *antipasti*), thaïlandaises, marocaines, avec un bel alignement de tajines et de couscous, mais aussi traiteur portugais et son étal de charcuterie...

**Buffet Sandwicherie Fine** *(plan B2, **21**) : 11, rue Muller, 75018. ☎ 09-88-06-68-08. Ⓜ Château-Rouge. Tlj sauf lun 12h-20h. Sandwichs 6-8,50 €.* Nous épater avec un croque-monsieur ? Pari risqué ! Mais la 1re bouchée nous rabat vite le caquet. Jambon blanc des Pyrénées, comté fruité affiné 8 mois et crème (pour la légèreté !) garnissent un pain toasté aux herbes et beurre d'Isigny. Sandwichs jambon-beurre ou rillettes-cornichons pour les classiques, les plus gourmands mordront dans un hot dog (saucisse au couteau, ketchup artisanal et mayo maison s'il vous plaît !) ou dans un sandwich au pastrami avec sa choucroute alsacienne. Haute qualité et prix plancher, on aime cette petite cantoche de quartier, au décor émaillé et à l'accueil chaleureux. *NOUVEAUTÉ.*

18e

**Birdie Num Num** *(plan A2, **5**) : 87, rue Lamarck, 75018. ☎ 01-42-58-07-29. Ⓜ Lamarck-Caulaincourt. Mar-sam 11h-17h (16h mar). Sandwichs env 6-8 €, plats env 9-12 €.* C'est une minuscule cantine de quartier top niveau, un lieu de vie où l'énergique patronne accueille tout le monde comme des amis. Le temps d'une courte parenthèse, on se serre dans la bonne humeur pour savourer des sandwichs généreux, des assiettes végétariennes ou agrémentées de pastrami fleurant bon la Méditerranée et l'Asie, à moins de craquer pour le bol du jour. Dans tous les cas, c'est maison, bio et fait avec amour ! *NOUVEAUTÉ.*

**Bob's Bake Shop** *(plan D2, **2**) : halle Pajol, 12, esplanade Nathalie-Sarraute, 75018. ☎ 09-84-46-25-26. Ⓜ Marx-Dormoy ou La Chapelle. ♿ Tlj 8h-15h (16h w-e). Carte 10-15 €.* Sur la populaire esplanade de la halle Pajol, prenez le temps de vous installer dans ce café à la mode *US* au cadre de *diner* américain. Excellente adresse pour prendre le petit déj ou pour engloutir une généreuse pâtisserie made in America : cookies, cheesecake ou *pecan pie,* ils sont tous là ! Le midi, on peut goûter à l'un des bagels tout juste sortis du four : saumon bio, houmous, *cream cheese,* avocat... Irrésistible et sain. Bon à savoir, on propose tous les jours une option vegan.

**Raffinati** *(plan C2, **7**) : 74 ter, rue de Clignancourt, 75018. ☎ 09-83-54-57-29. Ⓜ Château-Rouge ou Jules-Joffrin. Tlj sauf dim 12h-14h, 18h30-21h. Congés : 1re-2e sem de janv et 2e-3e sem d'août. Le midi en sem, sur place, sandwich 9,50 €, assiette 14,50 € ; carte 25-30 €.* Des prix démocratiques pour des produits aristocratiques. C'est le credo de l'accueillant patron, un Italien intraitable sur les ingrédients qu'il fait venir des quatre coins de la Botte. Accoudé au comptoir de son épicerie fine ou attablé face aux caves d'affinage où vieillissent charcuteries et fromages d'exception, on se régale d'un sandwich haut de gamme, ou carrément d'une assiette de dégustation garnie de légumes, jambons et fromages aussi bons que beaux. Avec un tiramisù maison et un vrai café, c'est l'extase. *NOUVEAUTÉ.*

**Il Brigante** *(plan B2, **3**) : 14, rue du Ruisseau, 75018. ☎ 01-44-92-72-15. Ⓜ Lamarck-Caulaincourt ou Jules-Joffrin. Tlj sauf dim 12h-14h30, 19h30-22h30. Résa conseillée. Pizzas 10-18 €.* Salvatore, un grand gaillard d'origine calabraise, manie la pâte à la perfection et concocte de délicieuses pizzas fines et croustillantes. Ses atouts ? Des ingrédients étonnants et 100 % italiens comme la *nduja* (mélange de porc et de poivrons), la *suppressata* (saucisson aux piments), la *scamorza* (mozzarella fumée), sans oublier tous les légumes qu'il importe de sa région ! En revanche, le minuscule local ne fait pas dans le glamour : quelques tables devant le four ou alignées dans un couloir.

**Sohan Café** *(plan D3, **4**) : 30, bd de la Chapelle, 75018. ☎ 01-42-40-15-66. Ⓜ La Chapelle. ♿ Tlj sauf lun-mar 10h-18h (23h ven-sam). Congés : de fin juil à mi-août. Formules déj en sem 9-16 € ; assortiment de mazzehs 12 € ; brunch dim 24 € (à volonté ; résa conseillée). Café offert sur présentation de ce guide.* Un joli petit lieu à la déco moderne gaie et acidulée pour découvrir une cuisine iranienne maison, concoctée sur place par une équipe féminine enjouée. Des salades, des sandwichs pour les budgets serrés, et toujours un plat du jour (en fait 2, puisqu'il est doublé d'une proposition végétarienne). À goûter absolument, le riz basmati safrané. Le soir, on se partage la ronde des *mazzehs* aux subtilités toutes persanes ! Délicieux desserts. Et le dimanche, on goûte un peut tout au brunch varié. Prolongez la découverte : épices et artisanat iranien en vente !

**Gemüse** (*plan B2*, **19**) **:** *61, rue Ramey, 75018. Ⓜ Jules-Joffrin. Lun-sam 12h-15h, 19h-23h. Fermé dim. Menu 10 € ; kebabs 6-7 €.* Un kebab, oui, mais qui s'inspire de ceux qu'on trouve à Berlin (*Gemüse* signifie « légumes » en allemand), une capitale qui a vu naître le *döner kebab* grâce à l'immigration turque. On choisit entre un pain *pide* ou une galette, garni de légumes grillés croquants, de poulet parfumé (qui a longuement rôti sur sa broche) et d'un peu de fromage. Options végétarienne et sans gluten également. Chaque mois, un kebab spécial s'invite au menu et fait honneur à un pays du monde. À la 1re bouchée, on comprend pourquoi il connaît un tel succès dans le quartier... *NOUVEAUTÉ.*

## Très bon marché

***Chez Foucher – Mère & Fille*** (*plan C1*, **6**) **:** *118, rue des Poissonniers, 75018. ☎ 09-54-33-16-66. Ⓜ Marcadet-Poissonniers ou Simplon. Lun-ven 8h30-17h30 ; service au comptoir tte la journée dans la limite des plats disponibles. Congés : août et Noël. Sandwichs 6-7 € ; formules 8-12 €. Café offert sur présentation de ce guide.* Comme à la cantine, la salle est haute de plafond, et on choisit sa tablée plateau en main. Mais, comme à la maison, le bois, le vaisselier et les fleurs fraîches réchauffent l'atmosphère. Et surtout, le plat unique (à réserver impérativement ou venir tôt) dans sa grosse marmite de fonte, les belles salades ou les sandwichs sont préparés du jour, avec des produits choisis, fermiers, de saison et aussi locaux que possible (même la bière vient de la Goutte-d'Or !). Mère et fille s'activent avec le sourire et proposent, toute la journée, œufs à la coque, gâteaux d'enfance et jus de fruits frais. Un très bon plan !

***Chez Foucher – Mère & Fille Pajol*** (*plan D2*, **24**) **:** *60, rue Philippe-de-Girard, 75018. ☎ 09-54-33-16-66. Ⓜ La Chapelle. Lun-ven 8h30-17h30 ; service 11h45-14h30. Congés : août et Noël. Sandwichs 6-7 € ; formules 8-12 €. Café offert sur présentation de ce guide.* Le succès du 1er établissement (voir plus haut) est tel que la maman a dépêché sa 2e fille pour ouvrir une annexe plus à l'est. Le cadre est plus sobre (une salle lumineuse en proue frangée de bancs et de tables communes), mais les plats sortent des mêmes cuisines ! *NOUVEAUTÉ.*

***Le Café d'ICI*** (*plan C2*, **8**) **:** *19, rue Léon, 75018. 06-58-96-29-52. Ⓜ Château-Rouge. Dans l'Institut des cultures d'islam. Tlj sauf lun 11h-19h. Congés : août. Formules déj 12-14,50 € ; plats 8-10 €. Couscous ven-dim. Thé à la menthe offert sur présentation de ce guide.* Oh la belle surprise que voilà ! Cachée derrière la façade ingrate de l'Institut des cultures d'islam, une agréable cantine décorée d'affiches orientales vintage et de pochettes de disques nostalgiques. Le midi, on adore y prendre le menu du jour, qui propose des plats frais, copieux et parfumés : *harira, chorba,* tagines, pastillas, couscous... Un sympathique patio andalou, où se déroulent parfois des concerts et des spectacles, permet de prendre le soleil en sirotant un thé à la menthe accompagné d'une pâtisserie.

**Sidi Rached** (*plan C2*, **9**) **:** *64-66, rue Myrha, 75018. 06-59-14-96-20. Ⓜ Château-Rouge. Tlj 12h (14h ven)-23h. Compter 5-10 €.* Originellement dévolue aux restos de brochettes maghrébines grillées au feu de bois, la rue Myrha n'en compte plus que 2 ! Ce petit boui-boui ne désemplit pas. Le concept est original : on pioche soi-même les brochettes dans le frigo avant de les apporter au cuisinier. Grillées, elles sont alors servies avec ou sans frites maison, ou en accompagnement de l'excellent couscous. Goûter aussi le *méchouia* et la soupe chorba. Pour une poignée d'euros, on ressort repu... Accueil gentil comme tout.

## Bon marché

**Bouillon Pigalle** (plan B3, **10**) : *22, bd de Clichy, 75018. ☎ 01-42-59-69-31. Ⓜ Pigalle. Tlj 12h-minuit. Plats 9-14 € ; carte 18-23 €.* Les « bouillons » sont nés à Paris au XIXe s. Qualité des plats et addition douce ont fait leur succès, jamais démenti. Celui-ci reprend cette grande tradition. Sur 2 niveaux et avec à l'étage une terrasse chauffée ouverte sur la place Pigalle. Au menu, du simple, du concret, du bon : poireau vinaigrette, navarin d'agneau, bœuf bourguignon... et le fameux œuf mayonnaise (champion du monde 2019) ! Que des plats qui font la réputation de notre cuisine. Quant aux desserts, on salive déjà avec la profiterole au chocolat ou le baba au rhum. Le tout fait maison. Pour le vin, c'est vous qui choisissez la quantité (on dit « à la verse »). Chapeau !

**Jimmy 2 Fois** (plan B1, **11**) : *15, rue Letort, 75018. ☎ 09-81-22-80-84. Ⓜ Jules-Joffrin. Tlj sauf lun, midi et soir. Pizzas 9-17,50 €.* « Et Jimmy 2 fois, parce qu'il répétait tout 2 fois. » Les fans du film de Scorsese *Les Affranchis* reconnaîtront ! Pour les autres, concentrez-vous plutôt sur les excellentes pizzas. *Formaggi, prosciutto, burrata* et autres plaisirs méditerranéens sont importés d'Italie par les 2 potes à la tête de ce petit resto de quartier bien chaleureux. De la qualité à prix sages, ça se fait rare dans le coin. On a adoré l'accueil souriant et le plaisir des proprios à partager leur amour de la bonne bouffe. Alors, on se répète 2 fois aussi : foncez, foncez !

**In Bocca al Lupo** (plan B2, **12**) : *14, rue Francœur, 75018. ☎ 01-42-64-57-92. Ⓜ Lamarck-Caulaincourt. Tlj sauf dim midi et lun 12h-14h30, 19h30-23h (23h30 ven-sam). Congés : août et vac scol de Noël. Pizzas 9-16 €.* « Wohoho, je t'aime à l'italienne ! » Véritable ode aux saveurs de la Botte, ce resto de quartier s'est forgé une solide réputation. Appétits d'oiseau, s'abstenir : ici, qualité rime avec quantité. Les pizzas sont garnies de produits frais : fromages, charcuterie et légumes confits nous font voyager. Le tout est servi avec beaucoup d'attention, dans une salle simple et sobre.

**Le Ruisseau** (plan B1, **14**) : *65, rue du Ruisseau, 75018. ☎ 01-42-23-31-23. Ⓜ Jules-Joffrin. Tlj 12h-15h, 19h30-23h (en continu sam-dim). Burgers 12-15 €.* Aux dires des habitués, sûrement le meilleur burger du 18e. On a vérifié. Buns et frites maison, viande de qualité et sauces bien tournées, on empile le tout et on mord à pleines dents. Verdict : on s'en lèche encore les babines ! Salle aux tons noirs et bois, pas bien grande, alors on se retrouve à jouer des coudes avec ses voisins sur les banquettes ou les tables hautes. Petite terrasse aux beaux jours.

**Étsi** (plan A2, **13**) : *23, rue Eugène-Carrière, 75018. ☎ 01-71-50-00-80. Ⓜ Lamarck-Caulaincourt. Mar-ven 19h30-22h30 ; sam 12h30-14h30, 19h30-22h30 ; dim 12h30-15h. Mezze à partager 6-12 € ; menu dégustation 35 € ; carte env 30 €.* Poussez la porte de ce joli bistrot aux couleurs des Cyclades pour goûter à une cuisine grecque moderne et délicate. La jeune chef, Mikaela Liaroutsos, a fait ses gammes chez Michel Rostang et Cyril Lignac avant d'ouvrir ici le resto de ses rêves. Les *mezze* sont d'une rare finesse et les plats marient habilement bistronomie à la Paname et saveurs de la mer Égée.

**Soul Kitchen** (plan B2, **20**) : *33, rue Lamarck, 75018. ☎ 01-71-37-99-95. Ⓜ Lamarck-Caulaincourt. Lun-ven 8h45-18h, sam-dim 10h-18h. Formules déj 14,50 € en sem, 17,50 € w-e.* Ce petit *coffee shop* d'angle a bien une âme, celle d'une équipe qui décline avec talent et simplicité le beau, le bio et le bon ! Ambiance de cafet' californienne baignée de lumière et animée dès le matin. Formule du jour avec des plats « métisses » ou végétariens et de bons desserts maison. La pause petit déj ou goûter est aussi une fête : muffin, *carrot cake, key lime pie,* scones, crumble, etc. Parfois sans gluten et à se damner ! Un poil cher quand même (ingrédients bio obligent ?).

**Le Colchide** (plan C2, **15**) : *97, rue des Poissonniers, 75018. ☎ 09-80-94-09-68. Ⓜ Marcadet-Poissonniers. Tlj sauf dim 12h-15h, 18h-23h30. Résa conseillée. Formules déj en sem 12-15,50 € ; repas env 20 €.* Cette charmante famille géorgienne nous fait découvrir sa cuisine traditionnelle dans une toute petite cantine aux allures de loft new-yorkais qui ne désemplit pas. *Kharcho, chanakhi* et autres plats mijotés délicieusement parfumés, *kinkhali* le vendredi (raviolis farcis) accompagné du typique pain au fromage *kachapuri* et de différents *pkhali* (caviars de légumes) à partager. Une cuisine populaire généreuse servie avec douceur et à petits prix, et une cave à proximité pour se laisser tenter par un bon vin géorgien...

**La Brasserie Thaï** *(plan zoom,* ***16****) : 5, rue Poulbot, 75018. ☎ 09-86-53-43-32. Ⓜ Abbesses ou Lamarck-Caulaincourt. Tlj 11h45-15h, 19h-22h30 (en continu w-e et j. fériés). Menus déj en sem 14-18 € ; plats 11-24 € ; carte env 20 €.* Et si on vous proposait une touche d'exotisme place du Tertre ? Caché dans une ruelle derrière la plus célèbre place de Paris, ce resto thaïlandais, paré de rouge et d'or, garantit une belle surprise culinaire et pécuniaire dans ce quartier plombé par les attrape-gogos. À la carte, des plats traditionnels savoureux dans lesquels gingembre, curry vert, piment, coriandre et citronnelle titillent les sens. En dessert, on adoucit ses papilles avec un riz gluant à la coco et sa mangue fraîche. Imbattable dans le coin !

**Chez Pradel** *(plan A1,* ***17****) : 168, rue Ordener, 75018. ☎ 01-42-64-24-97. Ⓜ Guy-Môquet ou Jules-Joffrin. Tlj sauf lun, midi et soir. Le midi en sem, formule et menu 14,50-16,50 € ; le soir, carte env 30 €.* Aux nostalgiques des bistrots populaires, de la bonne bouffe française et des desserts de grand-mère, *Pradel* offre une cuisine réconfortante et généreuse. Zinc patiné, mosaïques au sol et suggestions du chef à l'ardoise, on est plongé dans une chaleureuse ambiance de quartier. Au menu, les grands classiques de la cuisine bistrotière : terrine de campagne, bavette, gratin dauphinois, paupiette de veau, purée maison... à arroser d'un p'tit ballon de rouge. Ne zappez pas les desserts, le clafoutis ou la crème brûlée finiront de vous convaincre que chez *Pradel,* on se sent comme à la maison.

**L'Assiette** *(plan B2,* ***18****) : 78, rue Labat, 75018. ☎ 01-42-59-06-63. Ⓜ Château-Rouge, Lamarck-Caulaincourt ou Jules-Joffrin. Tlj sauf dim 12h-14h30, 19h30-22h30. Menus 22-27 € ; carte env 30 €.* Une bonne petite adresse de quartier, où la mention « fait maison » prend tout son sens : produits du terroir, petits producteurs et maraîchers (la plupart d'Île-de-France) sont ici à l'honneur. La clientèle de fidèles, accueillis en amis, se régale d'une cuisine familiale mêlant spécialités régionales et... ukrainiennes. Service sympathique.

**Le Dan Bau** *(plan zoom,* ***22****) : 18, rue des Trois-Frères, 75018. ☎ 01-42-62-45-59. Ⓜ Abbesses ou Anvers. Tlj 19h30-23h30. Résa conseillée. Menus 19,50-29,50 € ; carte env 25 €. Apéritif maison, café ou digestif maison offert sur présentation de ce guide.* Simplement l'un des meilleurs vietnamiens de l'arrondissement ! Salade de papaye verte, bo bun bœuf-citronnelle, rouleaux de printemps : pas de déception, on a tout dévoré de ces petits plats fins et savoureux. Gardez une petite place pour les délicieux desserts maison. La petite salle ne désemplit pas, preuve du succès de la maison.

**La Boîte aux Lettres** *(plan zoom,* ***23****) : 108, rue Lepic, 75018. ☎ 01-42-51-76-84. Ⓜ Abbesses ou Lamarck-Caulaincourt. Tlj sauf dim 12h-14h30, 19h-23h. Menus 16-20 € le midi en sem, 25-35 € le soir.* Voilà une chouette adresse où s'attabler en toute confiance. Ambiance bistrot, de la déco à l'assiette, à base de bons plats traditionnels : potages, terrines, burgers, pièce du boucher, risotto... Service souriant.

18e

## Prix moyens

**B.O.U.L.O.M** *(plan A1-2,* ***26****) : 181, rue Ordener, 75018. ☎ 01-46-06-64-20. Ⓜ Guy-Môquet ou Jules-Joffrin. Lun-ven 12h-14h30, 19h30 (19h ven)-22h30 ; w-e brunch 11h30-15h. Formules buffet à volonté (sans les boissons) 29 € le midi, 39 € le soir ; brunch à volonté 43 €. B.O.U.L.O.M* (la Boulangerie OÙ L'On Mange), c'est 3 en 1 : passez la superbe boulangerie, derrière laquelle se cache l'immense salle façon loft champêtre, avec sa verrière, ses longues tables d'hôtes et son buffet à volonté. Un concept imaginé par Julien Duboué, un chef landais talentueux. Les papilles se baladent entre les excellentes terrines maison, le roulé de jambon-macédoine de légumes, les plateaux de fruits de mer, les asperges landaises, le jarret de bœuf bourguignon ou la daurade en croûte de pain et l'immanquable polenta, selon les saisons. Les amateurs de fromages et les becs sucrés ne seront pas en reste. Seul bémol, la salle bruyante.



**Le Sanglier Bleu** *(plan A3,* ***25****) : 102, bd de Clichy, 75018. ☎ 01-42-51-40-53. Ⓜ Blanche ou Place-de-Clichy. Tlj midi et soir. Formule déj 19 € ; plats 16-26 €.* Cette institution des années 1950, à deux pas du Moulin-Rouge, lieu incontournable pour les gens du quartier, s'est offert un lifting. Le jeune couple qui s'y est installé, monsieur en cuisine et madame en salle, lui a donné une nouvelle jeunesse. La carte suit les saisons, et les plats concoctés par le chef sont issus d'une cuisine familiale revisitée, raffinée et créative. En salle, l'accueil est jeune et sympathique. Terrasse.

**La Traversée** *(plan B2,* ***28****) : 2, rue Ramey, 75018. ☎ 09-54-86-79-95. Ⓜ Château-Rouge. Tlj sauf lun midi et dim ; service 12h-14h, 19h-22h30. Menu déj en sem 22 € ; carte env 35 €.* Un super resto dans l'air du temps, où les copains du 18e se retrouvent pour partager d'excellents plats de saison en descendant un cru bio ou nature, ou une bière parisienne. Belle formule au déjeuner, et le soir courte carte d'assiettes à partager inspirées selon le marché et les influences méditerranéennes : kefta, ravioles de légumes, *burrata,* brochette de volaille... Tout est parfait, jusqu'aux dressages soignés. Et comme les affaires marchent fort, la maison s'est offert une annexe voisine, ***À Côté,*** où l'on propose une restauration sur le pouce simplifiée mais de qualité.

**Fichon** *(plan B2,* ***29****) : 98, rue Marcadet, 75018. ☎ 09-70-94-52-14. Ⓜ Jules-Joffrin. ♿ Tlj sauf dim-lun 12h30-14h15, 19h30-22h30. Congés : 3 premières sem d'août et Noël-Jour de l'an. Formules déj 17-21 € ; le soir, carte env 40 €.* Fichtre ! Pêchons du *fish* chez *Fichon* ! La carte, évoluant selon l'arrivage, décline les saveurs de la mer en version crue (tartare ou carpaccio), en marinades (ceviche) ou en cuisson instantanée (au bouillon, au chalumeau, etc.). Une cuisine fraîche, légère et moderne, aux produits en général bien mis en valeur. Et toujours une proposition carnée et une autre végétarienne. Joli choix de vins bio ou naturels, bières artisanales et cocktails colorés. On aime le décor sobre, style poissonnerie revisitée !

**La Rallonge** *(plan B2,* ***30****) : 16, rue Eugène-Sue, 75018. ☎ 01-42-59-43-24. Ⓜ Marcadet-Poissonniers ou Jules-Joffrin. Mar-sam 12h-14h30, 19h-22h. Congés : 4-27 août et 22 déc-7 janv. Tapas 8-19 €, planches 20-24 € ; formule déj 20,50 € ; le soir, menu 37 €.* Gourmets du quartier et d'ailleurs se tiennent bien chaud, serrés le long du comptoir ou perchés devant des guéridons et quelques longues tablées. Raison d'un tel succès : la qualité des tapas tendance Méditerranée, et les bons produits impeccablement travaillés. Quelques planches de fromages ou de charcuterie aussi, en format varié mais pas données. Service efficace et chaleureux.

**La Part des Anges** *(plan zoom,* ***31****) : 10, rue Garreau, 75018. ☎ 01-55-79-98-53. Ⓜ Abbesses, Pigalle ou Blanche. Tlj sauf dim 19h-minuit, plus le midi sam. Tapas 5 €, plats 17-19 € ; carte env 35 €.* Cadre chaleureux pour ce petit bistrot aux pierres apparentes où trône un beau zinc. La carte est à son image, traditionnelle et généreuse. Pâtés, terrines et belles pièces de viande donnent le sourire à tous, d'autant que les vins n'assèchent pas le porte-monnaie.

**Montcalm** *(plan B2,* ***32****) : 21, rue Montcalm, 75018. ☎ 01-42-58-71-35. Ⓜ Jules-Joffrin ou Lamarck-Caulaincourt. Tlj sauf sam midi et dim-lun 12h-15h, 19h-22h30. Formule déj 17 € ; le soir, carte env 40 €.* Si la déco de bistrot à peine relooké fait dans le rétro, la cuisine pointe son viseur vers le futur. Les bobos trentenaires ne s'y trompent pas et se pressent ici pour profiter de la très courte carte, offrant des plats créatifs (2 le midi, 3 le soir, pas un de plus !), travaillés avec soin selon le marché. Alliances parfois déroutantes de textures et de goûts, mais le résultat est là. Une prise de risque qu'on apprécie.

🍽 ***La Vache et le Cuisinier*** *(plan zoom,* ***33****) : 18, rue des Trois-Frères, 75018. ☎ 01-42-62-22-15. Ⓜ Anvers. Tlj 19h-23h30 (parfois plus tard). Plats env 20-25 € ; carte 35-40 €.* Ce charmant petit resto évoque évidemment le célèbre film avec Fernandel, et on retrouve ce sympathique esprit dans les assiettes. Une cuisine française de tradition parfaitement exécutée, le tout évoluant au gré du marché et des saisons. On termine par de remarquables profiteroles, phare de la partie desserts. Une adresse de qualité, de bout en bout, qui a posé son empreinte néobistrotière dans le quartier, sourire compris.

🍽 ***Le BAL Café*** *(plan A2,* ***37****) : 6, impasse de la Défense, 75018. ☎ 01-44-70-75-51. Ⓜ Place-de-Clichy. ♿ Mer 12h-22h, jeu-ven 12h-19h, sam-dim 11h-15h. Formules déj en sem 18-22 € ; brunch sam-dim (pas de résa) env 20 €.* Le BAL, c'est d'abord un espace d'exposition dédié à l'image. Mais c'est aussi un excellent petit café au cadre sobre et contemporain, bien caché dans une impasse tranquille, hors du tumulte de l'avenue de Clichy. À la carte, une cuisine de marché sans frontière, où se démarquent quelques spécialités autrichiennes comme l'indéboulonnable *wiener Schnitzel* et l'*Apfelstrudel.* Pour le brunch, le *Früstuck* est un must... surtout en terrasse, en face du petit jardin des Deux-Nèthes. Clientèle bobo montmartro-batignollaise.

🍽 ***Seç*** *(plan B2,* ***38****) : 165, rue Ordener, 75018. ☎ 01-42-51-18-46. Ⓜ Jules-Joffrin. Tlj sauf dim 12h-14h30, 19h-23h30. Congés : août. Formule déj en sem 16,50 € ; le soir, menu découverte 29 € ou carte env 25 €. Apéritif maison offert sur présentation de ce guide.* Souvent réduite à sa plus simple expression – le *döner kebab* –, la cuisine turque prouve ici qu'elle est aussi riche et variée. Beau choix de viandes – et quelques poissons – grillées au feu de bois, et plats en sauce accompagnés de yaourt. Bien bon, et servi avec le sourire dans une jolie salle.

## De chic à plus chic

🍽 ***Le Coq Rico*** *(plan zoom,* ***40****) : 98, rue Lepic, 75018. ☎ 01-42-59-82-89. Ⓜ Lamarck-Caulaincourt. Tlj 12h-14h30, 19h-23h. Plat du jour 18 € le midi en sem ; carte env 50 €.* Juste en face du *Moulin de la Galette,* la cantine néochic d'Antoine Weistermann fait courir le Tout-Paris ventre à terre, malgré les côtes, dans l'espoir de trouver encore une table de libre. La carte est tout entière dédiée aux plats d'antan et aux belles volailles d'aujourd'hui. On ne se pose pas de questions existentielles, on savoure poulets, canettes et pigeons cuits à la perfection (pochés au bouillon avant d'être rôtis, hmm) et on redemande un cornet de frites maison à manger avec les doigts. Service chic décalé, on adore.

🍽 ***L'Esquisse*** *(plan B2,* ***41****) : 151 bis, rue Marcadet, 75018. ☎ 01-53-41-63-04. Ⓜ Lamarck-Caulaincourt ou Jules-Joffrin. Tlj sauf dim-lun 12h-14h (12h30-14h30 sam), 20h-22h30. Congés : 3 sem en août. Formules déj 18-23 € ; le soir, carte 45-50 €.* Bien planquée dans ce petit coin branché-bobo juste ce qu'il faut, cette exquise *Esquisse* cumule les atouts. Cadre de bistrot vintage, parquet, bancs et chaises en bois, joli comptoir ouvrant sur la cuisine. L'ardoise suit les saisons et l'humeur du chef, avec de belles combinaisons qui réveillent les classiques revus et corrigés avec une pointe d'originalité. Détonnant ! On se laisse guider pour les vins, là aussi surprenants et toujours convaincants. Même la sélection de bières et eaux-de-vie invite au voyage... Chapeau l'artiste !

🍽 ***Vava*** *(plan zoom,* ***35****) : 42, rue Véron, 75018. ☎ 01-53-41-15-40. Ⓜ Blanche. Tlj sauf dim soir et lun midi 12h15-14h15 (15h dim), 19h30-23h. Résa impérative. Formules déj en sem 14-25 € ; plats 25-35 € ; carte env 45 €.* Un bistrot tendance qui fait le buzz auprès des gourmets. D'emblée, le regard est attiré par la luminosité de la cuisine ouverte, contrastant avec l'éclairage tamisé et l'atmosphère cosy de la petite salle. Les propositions sont comptées sur les doigts d'une main, avec juste ce qu'il faut de surprises dans les associations de saveurs, plutôt méditerranéennes. Du très bon, servi par une présentation soignée. Accueil et service enjoués, pro et sympa.

**Les Inséparables** *(plan B2,* ***34****) : 12, rue Francœur, 75018. ☎ 01-42-55-42-41. Ⓜ Lamarck-Caulaincourt. Ouv le soir tlj sauf dim, plus le w-e pour le brunch. Carte 40-50 € ; brunch w-e 29 €.* S'il continue comme ça, ce resto et nous allons vraiment devenir inséparables ! Dans un décor chaleureux et reposant, on sert une cuisine de saison et de marché où seuls les produits frais ont leur place dans l'assiette. Carte courte, pour des plats colorés et soigneusement travaillés, servis avec brio par une équipe tout sourire. Une excellente adresse.



**L'Atelier Ramey** *(plan B2,* ***43****) : 23, rue Ramey, 75018. ☎ 01-42-51-04-78. Ⓜ Château-Rouge ou Jules-Joffrin. Tlj 12h-15h, 19h-22h. Congés : Noël-Jour de l'an. Formule déj 19 € ; menu-carte 39 € ; carte env 45 €. Café offert sur présentation de ce guide.* Briques, longues banquettes et chaises en zinc, un cadre tendance juste ce qu'il faut pour ce néobistrot. C'est moderne et chaleureux à la fois, à l'image de la cuisine. On se régale avec des plats qui fleurent bon les produits de terroir et de saison. À côté, *Le Petit Atelier Ramey* propose une sélection de vins et des planches de charcuterie et de fromages.

**Le Bouclard** *(plan A2,* ***42****) : 1, rue Cavalotti, 75018. ☎ 01-45-22-60-01. Ⓜ Place-de-Clichy. Tlj sauf sam midi, dim et lun midi ; service 12h-14h, 18h-22h30. Menus 25 € (midi et soir jusqu'à 19h30)-49 € ; carte env 60 €.* L'extérieur de cette vieille institution locale ne paie pas de mine, mais dès la porte poussée, le cadre rustique chaleureux et l'accueil tout sourire mettent à l'aise. Quant à la cuisine, rendant hommage au terroir et à la tradition, elle est préparée avec les meilleurs ingrédients et remporte tous les suffrages. Le menu du midi et celui pré-spectacle le soir sont d'un bon rapport qualité-prix. Passé 19h30, l'addition grimpe vite...

## Bars à vins

**Le Vingt Heures Vin** *(plan zoom,* ***51****) : 15-17, rue Joseph-de-Maistre, 75018. ☎ 09-54-66-50-67. Ⓜ Abbesses ou Place-de-Clichy. Tlj sauf dim-lun 19h-0h30. Planches 12-21 €, plats 16-24 €. Verres de vin env 5-7 €.* Cette petite cave à manger est une pépite. Le choix de vins est judicieux, et les planches, camemberts rôtis (ou mont-d'or en saison), burgers et autres salades font mieux qu'accompagner la dégustation. Cadre chaleureux, ambiance relax, accueil franc et sincère : bonne pioche !

**Au Bon Coin** *(plan B2,* ***50****) : 49, rue des Cloÿs, 75018. ☎ 01-46-06-91-36. Ⓜ Jules-Joffrin. Tlj sauf dim 12h-15h, 19h-22h30. Carte 15-20 € le midi, 25 € le soir. Vin au verre env 4 €. Cave à vins en face.* On l'aime bien, ce bistrot à vins au cadre patiné, ancien bougnat dans la même famille depuis les années 1930. Des vins judicieusement choisis accompagnent sans façon des plats de brasserie traditionnels simples et solides, du genre boudin-purée, confit, ou de bonnes pièces de viande. Les desserts maison (crèmes, tartes aux fruits) sont tout simplement excellents. Une ambiance d'habitués réjouis, la clientèle mélangée d'un authentique petit resto de quartier, des plats généreux dont les prix ont su rester sages : qui dit mieux ?

## Où boire un verre ?

**Le Bar à Bulles** *(plan zoom,* ***60****) : 4, cité Véron, 75018. ☎ 09-73-23-79-72. Ⓜ Blanche ou Place-de-Clichy. Mar-ven 18h-minuit (1h jeu, 2h ven), sam 12h-2h, dim 12h-19h. Cocktails 8-14 €. Tapas 4-13 € ; brunch (sam-dim 12h-14h) 24 €.* Qui n'a jamais rêvé d'apercevoir les coulisses du *Moulin-Rouge* ? Caché derrière les ailes du plus célèbre moulin parisien, ce bar aux couleurs acidulées offre une pause estivale dans un Paris qui fait parfois grise mine. Sous une belle collection d'abat-jour loufoques, le cadre rétro-bobo impose son style : chaises dépareillées, profonds fauteuils, carrelage à motifs et papier peint à damier noir et blanc. Mais la pépite, c'est cette vaste et superbe terrasse en hauteur, bien cachée à l'abri du boulevard. En été, on sirote son cocktail à l'abri d'un parasol en piochant parmi les tapas originales et fraîches (mais pas données). On se croirait à la campagne, sauf que ce moulin-là clignote !

**La REcyclerie** *(plan B1,* ***67****) : 60, rue Belliard, 75018. ☎ 01-42-57-58-49. Ⓜ Porte-de-Clignancourt. Lun-jeu 8h-minuit, ven-sam 12h-2h, dim 11h-22h. Congés : 21 déc-4 janv. Vins au verre 3,50-5 € ; pintes 6,50-9 €.* Un must ! Entre l'agitation des puces et l'effervescence de la porte de Clignancourt, cette ancienne gare réhabilitée est une formidable oasis. Dans une salle de plus de 500 m² surmontée d'une mezzanine cosy, les plantes se mêlent aux poutres métalliques, meubles en formica, vélo d'appartement et autres originalités. Ici se retrouvent les *hipsters* et les bohèmes du quartier autour d'une bonne bière, de *mezze,* ou à l'occasion d'un marché, d'un atelier ou d'une conférence. Mais sur le mode écolo. Car *La REcyclerie,* c'est d'abord un projet vert. On y recycle donc, mais on y achète aussi des fruits et légumes de producteurs d'Île-de-France *(inscription sur • laruchequiditoui.fr • ),* on y bricole... et on peut même y jardiner ! Sur les anciens quais, au bout de l'une des plus belles terrasses de Paname, s'étendent les potagers d'une vraie ferme urbaine. Il y a même un poulailler !

**Le Hasard Ludique** *(plan A1,* ***73****) : 128, av. de Saint-Ouen, 75018. ☎ 01-42-28-35-91. Ⓜ Porte-de-Saint-Ouen. Mar-jeu 12h-minuit, ven-sam 12h-2h, dim 12h-21h. Concerts, soirées et spectacles env 15 €.* Décidément, les gares de l'ancienne Petite Ceinture ont le goût de la fête ! La dynamique équipe du *Hasard Ludique* s'est installée dans celle de l'avenue de Saint-Ouen, où on était plus habitué aux sons des klaxons qu'à ceux des guitares. La rénovation est particulièrement réussie : la salle des pas perdus accueille concerts et spectacles, le bar jaune canari satisfait les assoiffés, et la jolie véranda, avec vue imprenable sur les rails, permet de se poser tranquillement. À la belle saison, déballage de chaises longues sur les anciens quais le long des voies ferrées...

**Nord Nord** *(plan D2,* ***63****) : 80, rue Riquet, 75018. ☎ 01-42-41-12-95. Ⓜ Marx-Dormoy. Tlj 8h-2h. Vins 3,90-5 € ; cocktails 8-9 €. Plats 10-12 €.* On ne perd pas le nord dans ce bar de quartier vivant, qui entend devenir un repère du Paris septentrional : il attire une foule hétéroclite, du petit matin au creux de la nuit. Petits déjeuners sains et gourmands *(avocado toast, matcha latte...),* lunchs légers et savoureux (*burratina,* aloyau d'Angus...), cocktails bien balancés ou carte des vins futée, il y a tout pour avoir envie de revenir ! Le cadre soigné, avec son sol en terrazzo, ses comptoirs en bois et ses murs de brique, tranche agréablement avec les adresses du coin.

**Le Très Particulier** *(plan A2,* ***76****) : 23, av. Junot, 75018. ☎ 01-53-41-81-40. Ⓜ Lamarck-Caulaincourt. Tlj 18h-2h. Vins au verre à partir de 9 € ; cocktails 14-16 € ; coupe de champagne 14 €.* Non, nous ne vous jouons pas un mauvais tour. Cette grande grille noire défend une pépite que seuls les initiés savent dénicher. Sonnez à l'interphone et pénétrez dans cette belle impasse privée bordée de jardins. Là, noyé dans la verdure, se dissimule un hôtel particulier. On entre par le grand salon, où un resto-bar dans le style des années 1930 prend ses aises, avant de descendre dans le *speakeasy* caché au sous-sol. Boudoir de chasse, jardin d'hiver coiffé d'une verrière, terrasse d'un romantisme exquis : quelle classe ! Les cocktails maison, variés, inventifs et pas donnés sont vraiment exceptionnels. Sachez qu'on peut également venir profiter du jardin en journée, le temps d'un petit déj ou d'un thé.

***Marlusse et Lapin*** *(plan zoom,* ***74****) : 14, rue Germain-Pilon, 75018. ☎ 09-51-56-23-62. Ⓜ Abbesses ou Pigalle. Tlj 18h-2h.* Insolite, voire excentrique, ce petit bar ne laisse pas indifférent avec sa déco façon appartement rétro, avec machine à coudre, lit et même une baignoire ! Un rade sympa comme tout, qui brasse une clientèle hétéroclite venue goûter aux nombreux *shots* ou à l'absinthe. On y retourne quand, mon lapin ?

***Sunset*** (plan B2, **71**) : *100, rue Ordener, 75018. ☎ 01-71-28-99-33. Ⓜ Jules-Joffrin. Tlj 9h-2h. Demi 3 €, pinte 5 € ; cocktails 7-12 €. Tapas 7-15 € ; formules déj 15-17,50 € ; brunch dim 23 €.* Le soleil ne se couche jamais sur ce bar à manger du 18e ! Pas étonnant, puisque c'est un Californien qui en est le proprio... On se retrouve à toute heure sur la terrasse, au comptoir ou dans la salle arrière très cosy, à la déco fifties. Que ce soit pour un café, un apéro ou un p'tit creux, *Sunset* est toujours d'attaque. Les petits plats savoureux, de style tapas améliorées, sont particulièrement réjouissants.

***Kiez Biergarten*** (plan A1-2, **77**) : *24, rue Vauvenargues, 75018. ☎ 01-46-27-78-46. Ⓜ Guy-Môquet ou Larmack-Caulaincourt. Tlj 15h (10h w-e)-2h. Fermé fêtes de fin d'année. Snacks 6,50-8,50 €, plats 9,50-15 € ; brunch dim 22 €.* Avec le *Kiez* (le « quartier »), Niklas et Maxime, son acolyte (français), ont voulu recréer l'ambiance d'outre-Rhin. Au coude-à-coude dans une petite salle chaleureuse façon taverne, on sirote des pintes allemandes en dévorant des saucisses, comme dans une bonne brasserie bavaroise, ou un robuste plat à partager. À l'arrière, un *Biergarten* dans la cour, avec fûts de bière et lanternes, qui s'insère au milieu des immeubles du quartier. *Prost ! Une autre adresse a ouvert sur le canal de l'Ourcq, au 90, quai de Loire, dans le 19e.*

***Chez Camille*** (plan zoom, **69**) : *8, rue Ravignan, 75018. ☎ 01-42-57-75-62. Ⓜ Abbesses. Tlj 18h-1h30 (minuit dim). Happy hours 18h-20h. Demi 3 € (hors happy hour) ; cocktail 8 €. Shot maison offert sur présentation de ce guide.* Quelques touristes rusés se glissent parfois parmi la clientèle d'habitués, et pour cause... Perché sur la minuscule terrasse en bois de ce petit bar rétro, on admire Paris au coucher du soleil en sirotant de bons cocktails. Bonne ambiance, simple et authentique, qui s'échauffe à la nuit tombée sur un son résolument rock, blues et rockabilly. Soirées 45 tours et concerts acoustiques à certaines dates.

***Coq & Bock*** (plan B2, **75**) : *57-59, rue Ramey, 75018. ☎ 01-77-16-22-68. Ⓜ Jules-Joffrin ou Marcadet-Poissonnier. Mar-dim 18h-1h.* Les trentenaires du coin se retrouvent dans ce chaleureux pub de quartier pour siroter une bière parisienne ou un p'tit ballon de rouge nature. Oubliez les Coca Machin et les Pepsi Truc, la maison revendique des produits bien de chez nous. Accoudé au zinc ou calé autour de Germaine (la table d'hôtes), on refait le monde avec des tapas maison bien tournées ou une planche à partager. Santé !

***Les Petites Gouttes*** (plan D2, **64**) : *12, esplanade Nathalie-Sarraute, 75018. ☎ 01-42-05-20-83. Ⓜ Marx-Dormoy. Tlj 16h-minuit (2h jeu-sam).* Un très joli lieu installé dans la grande halle Pajol, un ancien entrepôt de la SNCF rénové pour devenir 100 % écolo. On profite de la gigantesque terrasse en été, toujours au soleil, ou du petit salon au-dessus des rails en hiver, toujours au chaud. En toute saison, on apprécie sa vaste salle meublée dans le style scandinave, son long bar et ses concerts et *DJ sets* quasi quotidiens (regardez leur site : • *lespetitesgouttes.com* •). Seul bémol : le service peut être parfois un poil débordé... On reprendrait bien une petite goutte, pas vous ?

***Brasserie Barbès*** (plan C3, **70**) : *2, bd Barbès, 75018. ☎ 01-42-64-52-23. Ⓜ Barbès-Rochechouart. Tlj 8h-2h. Plats 12-38 €.* Dominant le métro, pile en face du magnifique cinéma *Louxor*, la *Brasserie Barbès* est un grand vaisseau sur 4 niveaux. Le décor industriel est vraiment superbe, de la cave au formidable toit-terrasse. Trop beau ? L'ouverture de la brasserie fait polémique, certains trouvant l'établissement et ses tarifs trop loin de la réalité du quartier. Si le repas ne s'impose pas, trop cher, un apéro dans le patio du 1er ou une session danse au 2d, où l'on se croirait au sommet d'un phare, vaut quand même le coup pour le cadre.

***El Tast*** (plan B1-2, **72**) : *70, rue Duhesme, 75018. ☎ 09-50-18-02-26. Ⓜ Jules-Joffrin. Lun-ven 18h-23h, sam 12h-23h, dim 12h-22h. Planches 12-30 € ; paella sur résa sam.* *El Tast,*

18e

c'est la rencontre improbable entre la charcuterie ibérique et les bières... parisiennes. Ce mariage incongru nous a convaincus à 100 % ! Essayez absolument la *cecina de León,* du bœuf séché ultra-fondant en provenance de Castille. Sinon, il y a la paella de compèt', mais le samedi seulement. Côté mousses, laissez-vous conseiller une bouteille parmi les quelque 60 références, qui viennent pour la plupart de la capitale et de ses environs. Pas de panique, pour les bièrophobes, la maison a une jolie carte de vins hispaniques... Olé !

***La Fourmi*** *(plan B3,* ***62****) : 74, rue des Martyrs, 75018. ☎ 01-42-64-70-35. Ⓜ Pigalle. Tlj 8h (9h sam, 10h dim)-2h (4h ven-sam). Vins au verre dès 4 € ; pinte 5,50 €.* Un ancien bistrot de quartier un brin remis au goût du jour – murs patinés, bar en étain, chaises de récup, lustre façon porte-bouteilles... – pour une clientèle Paris-Paname décidément courtisée ces temps-ci. Les libellules sont jolies, les garçons conquis et la playlist vintage comme on l'aime. On feuillette le journal, on s'échauffe au baby, on se refile le tuyau de la prochaine soirée sous un pont, dans une impasse ou sous les étoiles, et on apprécie à sa juste valeur l'accent chantant de la table voisine : « *I love Paris !* »

***Le Bar Fondamental*** *(plan B3,* ***61****) : 6, rue André-Antoine, 75018. ☎ 09-80-64-15-66. Ⓜ Pigalle. Mar-sam 18h-2h. Bières 4-5,50 €.* La *Brasserie Fondamentale,* qui élabore ses bières artisanales dans le 11e arrondissement, a ouvert sa *tap room* en plein cœur de Pigalle. C'est une foule ravie qui envahit chaque soir ce chalet de style néobavarois, venue déguster les rafraîchissantes bières maison, toutes non filtrées et non pasteurisées. Blonde, blanche ou brune, avec des notes d'amertume ou d'acidité... elles sont toutes différentes ! Pas moins de 15 variétés à la pression. Une adresse fondamentale pour les fans de houblon. *NOUVEAUTÉ.*

# 19e ARRONDISSEMENT

• Plan *p. 220-221*

**De Belleville au parc de la Villette, cet arrondissement est, sans aucun doute, le poumon vert du nord de Paris. Truffé de petits bistrots de quartier vers le parc des Buttes-Chaumont ou de cantines asiatiques vers Belleville, il est aussi parsemé de bars à vins conviviaux du côté des métros Jourdain et Pyrénées. Les habitants et habitués du coin aiment s'y retrouver, loin de l'agitation parisienne. Quel meilleur endroit pour se ressourcer que le splendide parc des Buttes-Chaumont ou encore le bassin de la Villette ? Quand les quais de Seine vers Notre-Dame grouillent de monde, réfugiez-vous ici. Entre amis, on aime y boire un verre le long du bassin de la Villette, voire à bord d'une péniche. Et pourquoi ne pas entamer une petite partie de pétanque sur les quais avant de se diriger vers le parc de la Villette pour un concert ou une soirée enflammée ?**

## Où manger ?

### De très bon marché à bon marché

**|●| *Zoé Bouillon*** *(plan B3,* ***3****)* ***:*** *66, rue Rébeval, 75019. ☎ 01-42-02-02-83. Ⓜ Pyrénées. Tlj sauf sam soir et dim ; service 12h-15h30, 18h30-22h. Congés : août et 2de quinzaine de déc. Formules et menus 12,50-19 €.* Parmi les bars à soupes qui fleurissent à Paris, celui-ci est certainement l'un des plus sympathiques. Pour preuve, ses formules honnêtes, qui ne manquent pas de saveur « comme à la maison » : tous les jours, des soupes, des cakes sucrés et salés savoureux, ainsi que quelques légumes grillés, salades et sandwichs. Sans oublier bien sûr la personnalité des propriétaires du lieu, qui distillent avec humour une ambiance copain-copain.

**|●| *L'Artisan Libanais*** *(plan B3,* ***7****)* ***:*** *91, rue de Belleville, 75019. ☎ 01-44-65-95-25. Ⓜ Pyrénées. Tlj 12h-23h (minuit ven-sam, 22h dim). Menus 7,50-16 € ; assortiment pour 2 env 31 €.* Loin des restos libanais au décor oriental et aux nappes en tissu, celui-ci s'inscrit dans l'air du temps, avec son mobilier rétro et sa déco acidulée. La carte reste traditionnelle avec une belle sélection de salades fraîches, pitas garnies ou beignets chauds, concoctés par un chef libanais. Les indécis opteront pour l'assiette de *mezze,* et les pressés pour la vente à emporter.

**|●| *La Trattoria by Gustu*** *(plan A2,* ***2****)* ***:*** *6-8, pl. de la Bataille-de-Stalingrad, 75019. ☎ 01-80-48-33-40. Ⓜ Stalingrad ou Jaurès. Tlj sauf dim soir 12h-14h30, 19h-22h30. Plats 12-22 €, pizzas 9-18 € ; carte env 25 € ; brunch-buffet dim (à partir de 12h) 27 €.* Coiffé par la coupole de la Rotonde, un bistrot italo-corse bien dans l'air du temps. Le bâtiment néoclassique a été repensé comme un lieu de vie cosy avec mobilier dépareillé et lumière tamisée. Dans l'assiette, des produits sourcés, de saison, locaux (certains légumes poussent sur le toit !) et, bien sûr, italiens et corses. Cochon de lait, pizza au *brocciù, mozzarella fior di latte...* Tout est sélectionné avec soin, jusqu'aux vins des copains restés sur l'île de Beauté. Très bien aussi pour siroter un cocktail au *Refuge,* le bar attenant, ou sur l'agréable terrasse (avec barbecue aux beaux jours). Et pour couronner le tout, le brunch est vraiment généreux. *NOUVEAUTÉ.*

**|●| *Le Bastringue*** *(plan B2,* ***5****)* ***:*** *67, quai de la Seine, 75019. ☎ 01-42-09-89-27. Ⓜ Riquet ou Stalingrad. Lun-ven 8h-2h, sam-dim 9h-2h. Formules déj en sem 13,50-16 € ; plats 11-18 € le soir.* Face au canal, ce bistrot fraternel a tout pour plaire : un cadre de troquet parisien à l'ancienne mode (parquet usé, comptoir patiné, mobilier vintage...), une équipe dynamique et tout sourire au service, et des petits plats sans esbroufe qui mettent tout le monde d'accord. Évidemment, avec des produits frais et une ardoise qui change tous les jours, on comprend mieux pourquoi la maison tourne à plein régime. Mieux vaut prévoir de boire l'apéro au comptoir en attendant sa table !

|●| ***Bar Fleuri*** *(plan B3,* ***1****)* **:** *1, rue du Plateau, 75019. ☎ 01-42-08-13-38. Ⓜ Buttes-Chaumont ou Jourdain. Tlj sauf dim et j. fériés 6h30-21h ; service le midi uniquement. Congés : août. Carte 7-17 €.* Voilà un petit bistrot de quartier qui reste (peut-être plus pour longtemps, hélas !) le seul témoin de l'activité qui régnait ici du temps des studios de la SFP. Ce bar date de 1920, et son décor n'a pas changé, pas plus que son nom, sûrement dû au vieux carrelage qui orne les murs. Ici, pas de carte, mais une ardoise posée devant vous. Une cuisine simple, généreuse, traditionnelle et familiale, qui fidélise une ribambelle d'habitués et les curieux attirés par cette adresse vintage. Accueil chaleureux.

|●| ☂ ***Le Bellerive*** *(plan B2,* ***8****)* **:** *71, quai de la Seine, 75019. ☎ 01-40-36-56-77. Ⓜ Riquet, Stalingrad ou Laumière. Tlj 9h-2h ; service 12h-23h30. Résa conseillée le midi. Formule déj en sem 12,50 € ; plats 11-15 € ; brunch 19 € ; carte env 15 €. Apéritif maison ou Lillet tonic offert sur présentation de ce guide.* Ancien bistrot années 1950 dans son jus, pour une authentique cuisine bistrotière, réalisée avec talent et générosité. Excellents produits, viandes sélectionnées (ah, le délicieux rosbif de charolais et de vrais hamburgers maison), frites croustillantes, petits hors-d'œuvre inspirés (carpaccio de légumes extra). Le tout délivré avec gentillesse et sourire. Clientèle branchouille sympa 25-50 ans, atmosphère déliée... Terrasse aux beaux jours, et on vous prête les boules de pétanque.

|●| ***Au Cochon de Lait*** *(plan B1,* ***6****)* **:** *23, av. Corentin-Cariou, 75019. ☎ 01-40-36-85-84. Ⓜ Porte-de-la-Villette. Lun-sam 12h-14h30 seulement. Repas 20-25 €.* Ce petit établissement de la porte de la Villette revendique sa place de dernier bistrot des anciens abattoirs, et ce malgré son décor en faux formica... Quoi qu'il en soit, coincé entre ses concurrents, il affiche une bonne humeur familiale. Bonne petite carte, à base de plats bien franchouillards : œufs mayo, magret de canard, entrecôte ou pavé de rumstek... à engloutir avec une fournée de patates sautées ! Simplicité et efficacité côté desserts : mousse au chocolat, crème brûlée ou tarte maison. Emballé, c'est pesé !

|●| ☂ ***L'Atlantide*** *(plan B2,* ***12****)* **:** *7, av. de Laumière, 75019. ☎ 01-42-45-09-81. Ⓜ Laumière. Ouv le soir tlj, plus le midi sam-dim ; service 12h-14h30, 19h-22h30. Congés : vac scol de Noël. Plats 14-20 €. Thé à la menthe offert sur présentation de ce guide.* On est ici dans une sorte d'ambassade de la cuisine berbère, tout en élégance et raffinement, qui contribue, avec la langue, à l'identité d'un peuple. Décor soigné d'objets authentiques, motifs géométriques des tissus et de la surprenante vaisselle. Quant à la cuisine, variée, elle se hisse bien au-dessus des sempiternels couscous : fine, savoureuse, elle surprend nos papilles point encore blasées. Service courtois et sympathique.

19e

|●| ☂ ***Yaya Halle Secrétan*** *(plan B3,* ***9****)* **:** *33, av. Secrétan, 75019. ☎ 01-42-41-12-86. Ⓜ Bolivar ou Jaurès. Tlj 12h-14h30, 19h-minuit. Carte 25-30 €. Digestif maison offert sur présentation de ce guide.* Belle idée que de redonner vie à cette ancienne halle lumineuse ! Le blanc, le bleu, l'huile d'olive, un olivier au milieu de la pièce... ça a un petit goût de Grèce tout ça, non ? Bingo ! *Yaya* signifie « Mamie » dans la langue d'Homère. À la carte donc, quelques belles recettes de grand-mère, sans doute inscrites par *Yaya* dans un vieux cahier à spirales, pour perpétuer la tradition. Ainsi le *tzatziki* met en appétit, le *kleftiko* (agneau cuit à l'étouffée) est fondant et goûteux, quant au *namelaka* (crémeux au chocolat-huile d'olive), on déguste, on ferme les yeux et on entend la mer... *NOUVEAUTÉ.*

|●| ☂ ***Au Rendez-vous de la Marine*** *(plan B2,* ***4****)* **:** *14, quai de la Loire,*

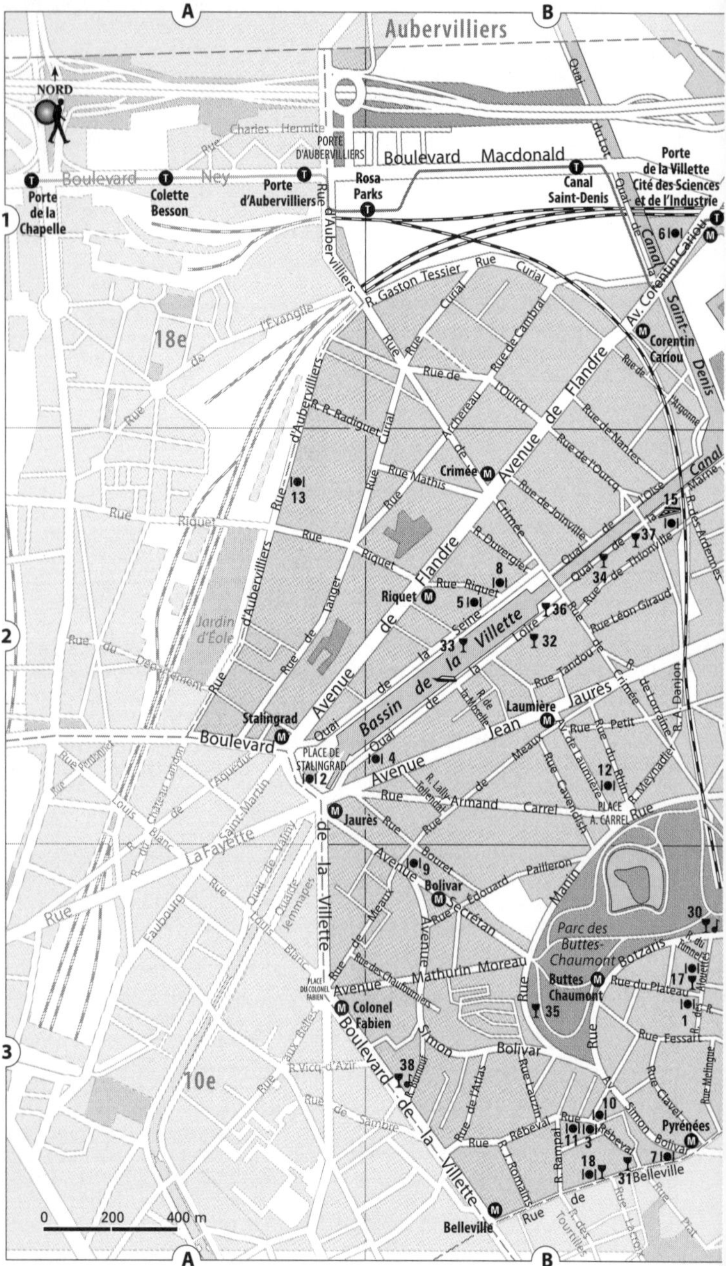
A
B
Aubervilliers
NORD
Charles Hermite
PORTE D'AUBERVILLIERS
Boulevard Macdonald
Porte de la Villette Cité des Sciences et de l'Industrie
Boulevard Ney
Porte de la Chapelle
Colette Besson
Porte d'Aubervilliers
Rosa Parks
Canal Saint-Denis
Quai du Lot
Quai de la Gironde
Canal Saint-Denis
R. Gaston Tessier
Rue Curial
Av. Corentin Cariou
Corentin Cariou
l'Évangile
18e
Rue de Cambrai
Rue de l'Ourcq
Rue d'Aubervilliers
R. Radiguet
Rue Archereau
Avenue de Flandre
Rue de Nantes
Rue de l'Argonne
Crimée
Rue Mathis
Rue de Joinville
Quai de l'Oise
Canal de la Marne
R. des Ardennes
Rue Riquet
Rue de Tanger
R. Duvergier
Rue de Crimée
Quai de la Seine
Quai de la Loire
Rue de Thionville
Riquet
Rue Léon Giraud
Jardin d'Éole
Rue du Département
Bassin de la Villette
Rue Tandou
R. de la Moselle
Laumière
Avenue Jean Jaurès
Rue Petit
R. de Lorraine
R. A. Danjon
Stalingrad
Boulevard
PLACE DE STALINGRAD
Quai de la Loire
Av. de Laumière
Rue du Rhin
R. Meynadier
Rue de l'Aqueduc
Rue Louis Blanc
Rue du Château Landon
R. Lally Tollendal
Rue Armand Carrel
Rue Cavendish
PLACE A. CARREL
Rue La Fayette
Rue Saint-Martin
Quai de Valmy
Jaurès
Rue Bouret
Rue Pailleron
Rue Manin
Rue du Faubourg
Quai de Jemmapes
Rue Louis Blanc
Bolivar
Rue Édouard Pailleron
Rue Secrétan
Rue de Meaux
Parc des Buttes-Chaumont
Rue Botzaris
R. du Tunnel
R. des Alouettes
Avenue Mathurin Moreau
Rue des Chaufourniers
Buttes Chaumont
Rue du Plateau
PLACE DU COLONEL FABIEN
Colonel Fabien
Rue Fessart
Avenue Simon Bolivar
Boulevard de la Villette
Rue de l'Atlas
Rue Lauzin
Rue Clavel
Rue Melingue
R. Vicq-d'Azir
10e
Rue de Sambre
Rue Rébeval
R. J. Romains
R. Rampal
Pyrénées
Belleville
Rue de Belleville
R. des Tourtilles
Rue Lacroix
Rue Piat
Belleville
0 200 400 m
1
2
3
1
2
3
4
5
6
7
8
9
10
11
12
13
15
17
18
30
31
32
33
34
35
36
37
38

## Où manger ?

1 Bar Fleuri (B3)
2 La Trattoria by Gustu (A2)
3 Zoé Bouillon (B3)
4 Au Rendez-vous de la Marine (B2)
5 Le Bastringue (B2)
6 Au Cochon de Lait (B1)
7 L'Atelier Libanais (B3)
8 Le Bellerive (B2)
9 Yaya Halle Secrétan (B3)
10 Mon Oncle le Vigneron (B3)
11 Valentin (B3)
12 L'Atlantide (B2)
13 Le Café Caché (A2)
15 Simonetta (B2)
16 L'Escargot Bar (C3)

## Bars à vins

17 Quedubon (B3)
18 La Cave de Belleville (B3)

## Où boire un verre ?

30 Rosa Bonheur (B3)
31 Combat (B3)
32 Le Pavillon des Canaux (B2)
33 Antipode (B2)
34 Café Odilon (B2)
35 Pavillon Puebla (B3)
36 Paname Brewing Company (B2)
37 L'Atalante (B2)
38 Le 9B (B3)

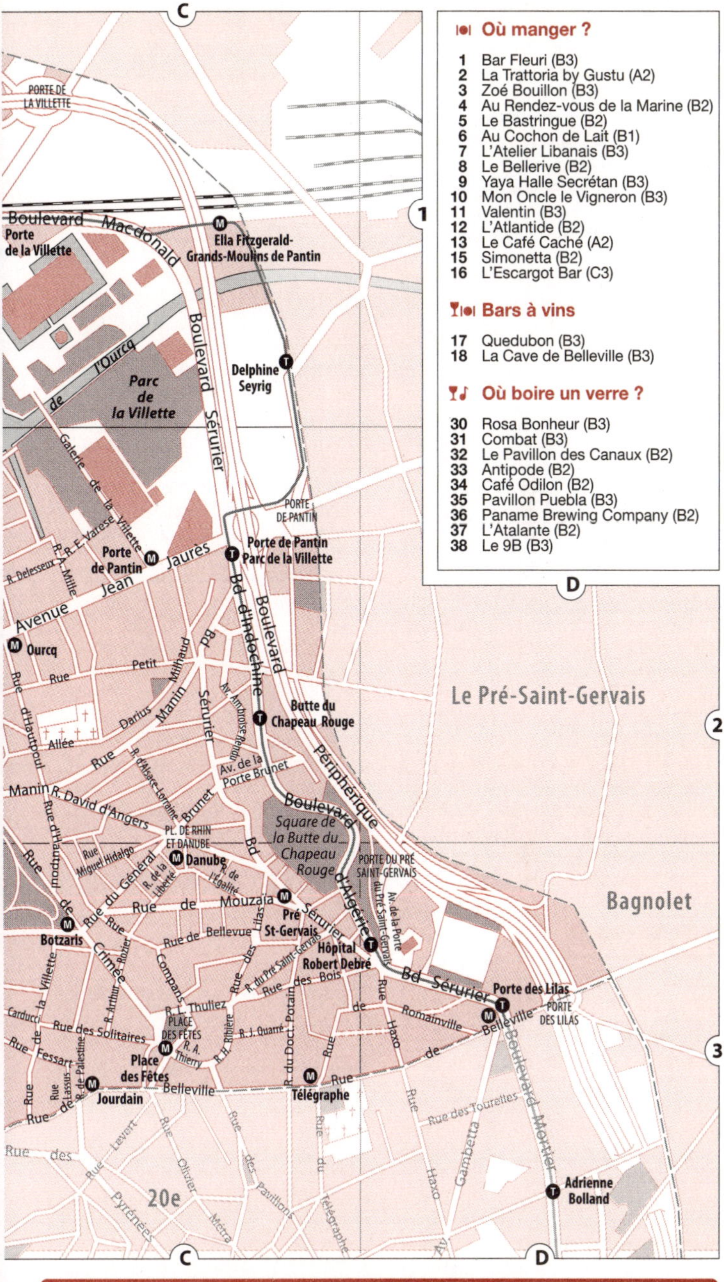


19e ARRONDISSEMENT

*75019. ☎ 01-42-49-33-40. Ⓜ Jaurès. Tlj sauf dim-lun 12h-14h, 19h30-22h30. Résa conseillée. Plats 15-21 €.* On se presse dans ce charmant bistrot, un ancien bougnat de plus d'un siècle. Affiches de cinéma et photos de vedettes, et hop, ça emballe tout le monde ! Ambiance bruyante, surtout le midi. Aux beaux jours, tables en terrasse, avec vue sur le bassin de la Villette. Plats copieux et abordables, d'honnête facture.

19e

**Le Café Caché** *(plan A2, **13**) : 104, rue d'Aubervilliers, 75019. ☎ 01-42-05-38-40. Ⓜ Riquet. Entrée bien cachée (ce n'est pas de la blague !) à l'intérieur du 104, côté rue d'Aubervilliers. Mar-ven 9h-19h, sam-dim 11h-19h. Repas 10-15 €.* Directement inspirée du design scandinave des années 1950-1960, cette cantine bobo arbore un mélange de bois brut et laqué de noir qui lui donne une petite touche presque chic. On s'y sustente d'une carte simple mais variée, axée sur de bons produits. Plats de brasserie (genre cheeseburger-frites maison, croque-monsieur). Aux beaux jours, belle terrasse dans la cour pavée.

**Valentin** *(plan B3, **11**) : 64, rue Rébeval, 75019. ☎ 01-42-08-12-34. Ⓜ Pyrénées ou Belleville. Tlj sauf dim 12h-14h30, 19h-23h. Le midi, menus 15,90-19 € ; carte env 28 €.* Ce petit resto convivial perpétue la tradition du bon gros bœuf argentin, mais pas seulement... La carte fait le grand écart entre des spécialités sud-américaines, des classiques bien français et à l'occasion quelques propositions d'influence asiatique. Bref, un gentil métissage de quartier. Bon accueil, ambiance chaleureuse (beaucoup d'habitués), salle agréable et cuisine très honnête.

### Prix moyens

**Simonetta** *(plan B2, **15**) : 32, quai de la Marne, 75019. ☎ 01-42-81-32-63. Ⓜ Ourcq ou Crimée. Tlj 12h-15h, 19h-minuit (en continu w-e). Pizzas 11-18 €.* Jolie patine, déco soignée, plantes vertes aux murs et cuisines ouvertes, d'emblée le lieu nous plaît ! Concentrons-nous sur l'assiette. Des pizzas à la pâte généreuse et aux garnitures franches, des pâtes al dente aux sauces à s'en lécher les doigts, le tout cuisiné avec de savoureux produits de la Botte. Un bémol pour les *antipasti*, un peu chiches. Mais la terrasse au bord du canal redonne le sourire.

**Mon Oncle le Vigneron** *(plan B3, **10**) : 71, rue Rébeval, 75019. ☎ 01-42-00-43-30. Ⓜ Pyrénées. Ouv le midi lun-ven, plus le soir sur résa. Menu env 35 € (avec le vin) selon plat (unique) proposé.* Ce sont des assiettes aux accents du Sud-Ouest qui arrivent devant les heureux convives : piperade du pays, cassoulet, confit de canard... Vous pouvez acheter conserves et vins (bio) côté épicerie, avant de vous installer dans la salle rétro comme on aime, flanquée de meubles vintage, de caisses de pinard et de plantes vertes.

## Bars à vins

**La Cave de Belleville** *(plan B3, **18**) : 51, rue de Belleville, 75019. ☎ 01-40-34-12-95. Ⓜ Belleville ou Pyrénées. Lun-sam 10h (12h lun)-minuit, dim 11h30-19h30. Horaires réduits en août. Planches 10-20 €. Verre de vin env 5,50 €. Café offert sur présentation de ce guide.* Prenez une épicerie-caviste, ajoutez un bar à vins, mixez le tout dans un esprit bistrot revisité en loft, le cadre est planté. Installez-vous à une table patinée et commandez une planche mixte de fromages et charcuterie bien choisis. Arrosez-la d'un vin (essentiellement bio ou naturel) pioché parmi la sélection du mois ou directement sur les étagères, moyennant un droit de bouchon ; ou un droit de capsule pour la belle sélection de bières made in Paris. Santé !

**Quedubon** *(plan B3, **17**) : 22, rue du Plateau, 75019. ☎ 01-42-38-18-65. Ⓜ Buttes-Chaumont. Tlj sauf sam midi et dim-lun ; service 12h-14h, 19h45-22h30. Congés : 5-31 août. Menus env 15-17,50 € le midi ; carte 35-40 €.* *Quedubon...* avec un nom pareil, il faut tenir ses promesses ! Pari réussi pour ce petit néobistrot-cave à vins, à deux enjambées des Buttes-Chaumont. Sur l'ardoise, une poignée de petits plats bistrotiers et saisonniers, sans esbroufe et bien troussés, ainsi que des assiettes de fromages. Côté vins, tous naturels, on a le choix (environ 150 références). Laissez-vous guider par le sommelier ! On a aussi apprécié l'accueil souriant et décontracté, la déco contemporaine (sans être trop étudiée) et l'addition raisonnable. Que du bon, on vous dit !

## Où boire un verre ?

**Paname Brewing Company** *(plan B2,* ***36****)* **:** *41 bis, quai de la Loire, 75019. ☎ 01-40-36-43-55. Ⓜ Laumière ou Riquet. Tlj 11h-2h.* Une terrasse flottante ! L'argument est assez alléchant pour attirer les foules. Un conseil : arrivez tôt pour y profiter des belles soirées d'été. Posée sur le canal de l'Ourcq, on découvre avec curiosité cette magnifique microbrasserie, installée les pieds dans l'eau. À défaut de place en terrasse (ou de soleil !), investissez sa vaste salle industrielle envahie par les cuves, où l'on goûte avec plaisir aux crus maison (5 bières à l'année et d'autres qui changent au fil des saisons). Rassurons les allergiques à la cervoise, la maison a une belle carte des vins et manie le shaker avec dextérité.

**Antipode** *(plan B2,* ***33****)* **:** *face au 55, quai de la Seine, 75019. ☎ 01-42-03-39-07. 📱 06-69-09-55-10. Ⓜ Riquet. Tlj 12h-2h.* Bienvenue à bord de la péniche « polyvaillante », comme on aime dire ici ! Salle de concerts, de spectacle pour enfants ou lieu de rencontre associatif, les loupiottes multicolores de l'embarcation attirent les oiseaux de nuit à l'heure de l'apéro et les curieux en journée. On sirote ici des bières artisanales ou des thés glacés maison. Petite carte à prix serrés de soupes et tartines concoctées avec des produits issus de circuits courts. Ça rigole fort sur le pont, comme dans un petit bistrot de quartier mais les pieds dans l'eau !

**Rosa Bonheur** *(plan B3,* ***30****)* **:** *dans le parc des Buttes-Chaumont, 2, allée de la Cascade, 75019. ☎ 01-42-00-00-45. Ⓜ Botzaris. ♿ Quand le parc est fermé, on accède alors par la grille en face du 74, rue Botzaris. Ouv jeu-dim en hiver, tlj en été, horaires selon programmation.* Au milieu du parc des Buttes-Chaumont, voici une guinguette chaleureuse et branchée, qui fait briller le soleil toute l'année. Le soir venu, un vent de folie souffle sur le pavillon : on déguste alors quelques tapas accompagnées de vins naturels ou de cocktails, puis on danse sur des *DJ sets.* La clientèle est éclectique, et comme c'est souvent archiplein, mieux vaut arriver tôt. En été, la terrasse et le parc nous feraient presque oublier qu'on est à Paris !

**Le Pavillon des Canaux** *(plan B2,* ***32****)* **:** *39, quai de la Loire, 75019. ☎ 01-73-71-82-90. Ⓜ Laumière ou Riquet. Lun-sam 10h-minuit (1h jeu-sam), dim 10h-22h. Fermé lun nov-fév. Congés : vac scol de Noël.* Traîner dans sa baignoire, inviter une dizaine de potes à dîner, buller en terrasse, boire un coup les pieds dans l'eau... Imaginez la vie à Paris dans une maison de famille ! Planté au bord du bassin de la Villette, *Le Pavillon,* c'est chez vous mais en plus grand. Chambres, salons, cuisine et même salle de bains, chaque pièce est ouverte aux Parisiens en manque d'espace. Mobilier vintage, papier peint coloré, abat-jour loufoques et céramiques à motifs plantent un décor rétro et convivial. Parfait pour le p'tit noir du matin, un thé dans l'aprèm ou quelques bières en soirée.

**Le 9B** *(plan B3,* ***38****)* **:** *68, bd de la Villette, 75019. ☎ 01-40-18-08-10. Ⓜ Colonel-Fabien. Tlj sauf dim 9h (15h sam)-2h. Bière 3 € ; cocktail env 8 €.* Pas de doute, *Le 9B* est le digne héritier du mythique *9 Billards,* qui avait secoué le bas Belleville au début des années 2000. On adore y aligner les pintes dans un décor de rade 100 % parigot, avec baby et pochoirs de Miss.Tic. Vaste terrasse, où la foule se masse au moindre rayon. En fin de semaine, des DJs aussi pointus qu'éclectiques se succèdent dans la cave. Un bar qui a une âme... et aussi un énorme succès !

**L'Atalante** (plan B2, **37**) : *26, quai de la Marne, 75019. ☎ 01-45-26-13-82. Ⓜ Crimée ou Ourcq. ♿ Lun-mar 17h-2h, mer-sam 10h-2h, dim 10h-minuit. Fermé 1er janv et 24-25 et 31 déc. Vin au verre 3,50 €.* Un grand bar à bières ouvert sur le canal de l'Ourcq, qui installe sa superbe terrasse à une enjambée de l'eau. Quand le ciel fait grise mine, on se rapatrie dans la vaste salle au style indus' un peu dénudé. Au comptoir, une vingtaine de pompes à bières, pour trouver et déguster sa mousse préférée, de la *pilsner* à la stout en passant par les *IPA* ou les *cask ales* à l'anglaise. Elles sont sélectionnées au gré des saisons et des coups de cœur de la maison. Le week-end, concerts de jazz en soirée.

**Pavillon Puebla** (plan B3, **35**) : *parc des Buttes-Chaumont, av. Darcel, 75019. ☎ 01-42-39-34-20. Ⓜ Buttes-Chaumont. Accès par le 29-31, rue Manin. Mar-sam (jeu-sam en hiver) 18h-1h30, dim 12h-20h. Brunch dim midi.* Niché dans le très anglais parc des Buttes-Chaumont, un pavillon du XIXe s avec fonte et verrière de rigueur, qui étale sa terrasse colorée et de bois été comme hiver. De nombreux événements organisés, à suivre sur leur page Facebook. Soirées déguisées, bal populaire, souper marin ou barbecue... on ne rate pas une occasion de s'y pointer en bande.

**Combat** (plan B3, **31**) : *63, rue de Belleville, 75019. ☎ 09-80-84-78-60. Ⓜ Pyrénées ou Belleville. ♿ Tlj 18h-2h. Cocktails 12-13 € ; verre de vin nature 5,50 € ; bières artisanales à partir de 6 €. Assiettes à partir de 7 €.* Ce bar à cocktails réputé, étape bienvenue dans la pente de la rue de Belleville, est le rendez-vous préféré des amateurs de *drinks* pointus qui ne veulent pas renoncer à l'esprit festif. Ses délicates créations liquides recherchent autant l'originalité que l'harmonie ; et la carte change tous les 6 mois, histoire de ne pas céder à la routine. Pour s'installer, une salle animée et ouverte sur la rue (non, le cocktail n'est pas forcément élitiste !), ou une petite pièce plus cosy dans le fond, propice aux discussions intimes. *NOUVEAUTÉ.*

**Café Odilon** (plan B2, **34**) : *16, quai de la Marne, 75019. ☎ 01-40-36-18-22. Ⓜ Crimée ou Ourcq. Mer-dim 10h-2h.* Un café chaleureux et cosy, comme le canal de l'Ourcq en a vu pousser ces dernières années. On profite de la belle terrasse au bord de l'eau, le temps de voir le pont levant en action, ou on s'installe confortablement en salle, où la déco colorée invite à la détente. Le soir, l'apéro fait honneur aux vins bio, aux pintes de bière locale et aux pizzas maison à partager avec la bande de copains.

# 20e ARRONDISSEMENT

• Plan *p. 226-227*

**De Ménilmontant à la porte de Bagnolet et de Jourdain à la porte de Vincennes, le 20e a longtemps été boudé par les Parisiens. « Trop loin », disent certains. Alors tant mieux pour nous ! Riche de son mélange de cultures, cet arrondissement populaire fait la part belle aux cuisines du monde. Place aussi aux bistrots de quartier et à leurs généreux plats franchouillards. Du petit rade du coin aux belles salles Empire, à vous de dégotter l'adresse qui vous correspond. Pour continuer la soirée, profitez donc des larges terrasses, des bars spacieux et des petits prix (les trois se font rares à Paris !). Sûrement l'un de nos arrondissements préférés pour échapper à la boboïsation du Tout-Paris. Profitons-en tant que ça dure !**

## Où manger ?

### Sur le pouce

***Pâtisserie-boulangerie par Benoît Castel*** *(plan B1,* ***1****)* **:** *150, rue de Ménilmontant, 75020. ☎ 01-46-36-13-82. Ⓜ Pelleport ou Saint-Fargeau. Mer-ven 7h30-20h, sam 8h-20h, dim 8h-18h. Fermé lun-mar. Brunch-buffet w-e (10h30-15h) 29 €.* Voici une jolie boulangerie contemporaine aux airs faussement rustiques. Le pâtissier Benoît Castel réinvente ici le concept de l'atelier, ouvert aux regards curieux des clients et des passants. Le week-end, on s'installe aux tables de bois brut, devant les énormes et intrigants fours à bois des années 1970, pour déguster un fameux brunch : superbes viennoiseries, salades composées, mais aussi plats chauds et desserts, tout cela à volonté. Allez, tous en chœur : « Meeerciii Beeenoît ! »

### De très bon marché à bon marché

***Tripletta*** *(plan A1,* ***3****)* **:** *88, bd de Belleville, 75020. ☎ 01-42-54-72-80. Ⓜ Couronnes ou Belleville. Tlj 12h-14h30, 19h-23h (service continu 12h-23h w-e). Formule déj en sem 12,50 € ; repas complet env 20 €.* Encore une pizzeria, en plus de celles installées dans ce microquartier branché ? Bah oui... mais celle-ci se distingue tout particulièrement par ses pizzas napolitaines à gros bord, son four à bois géant et son pizzaiolo... aux origines napolitaines ! Sans oublier ses produits D.O.P., une déco chaleureuse, un petit bout de terrasse aux beaux jours et un accueil tout sourire. Un vrai coin d'Italie en somme... Fait aussi vente à emporter.

***Aux Petits Oignons*** *(plan B1,* ***4****)* **:** *11, rue Dupont-de-l'Eure, 75020. ☎ 01-43-64-18-86. Ⓜ Pelleport. Tlj ; service 12h-15h, 19h30 (19h ven-sam)-23h. Fermé 24-25 déc et 31 déc-1er janv. Le midi en sem, formule et menu 14,90-17,90 € ; plats 11,90-20 € ; carte env 25 €.* Carrelage à damier, chaises bistrot, zinc flanqué de tabourets hauts et banquettes rouges entretiennent l'âme et le charme de cette brasserie de quartier. Les plats suivent la tradition : rillettes, saucisses au couteau et sa purée maison, bonnes viandes et desserts classiques mais efficaces comme la mousse au chocolat ou la crème renversée. De la tradition pur jus, du cadre à l'assiette.

***La Petite Fabrique*** *(plan B3,* ***6****)* **:** *15, rue des Vignoles, 75020. ☎ 01-43-73-57-88. Ⓜ Avron ou Buzenval. Tlj sauf dim soir et lun midi 12h-14h30, 19h-22h30. Formule déj en sem 17,50 € ; plat env 15 € ; repas complet env 30 € ; brunch dim 23 €.* Dans cette petite

## Où manger ?

1 Pâtisserie-Boulangerie par Benoît Castel (B1)
3 Tripletta (A1)
4 Aux Petits Oignons (B1)
5 Primeur (A1)
6 La Petite Fabrique (B3)
7 Les Ours (B2)
8 Le Bistrot d'Avron (B3)
9 Moncœur Belleville (A1)
11 Le Bistrot du Poinçonneur (C1)
12 Le Zéphyr (A1)
13 Chez Ramona (A1)
14 Galerna (B2)
15 Lou Tíap (B2)
16 Le Jourdain (A1)
17 An Di An Di (A1)
18 Monsieur Culbuto (B1)
19 Le Baratin (A1)
20 Bistro Chantefable (B2)
21 Le Grand Bain (A1)
22 Les Canailles – Ménilmontant (A2)
23 Mama Shelter (B2)
24 Le Lieu-Dit (B1)

## Bars à vins

25 La Limite (B2)

## Où boire un verre ?

40 Les Mondes Bohèmes (B3)
41 Lou Pascalou (A2)
42 La Commune (A1)
44 Le Bouillon B (B3)
45 Floréal Belleville (A1)
48 Les Pères Populaires (B3)
49 La Laverie (B1)

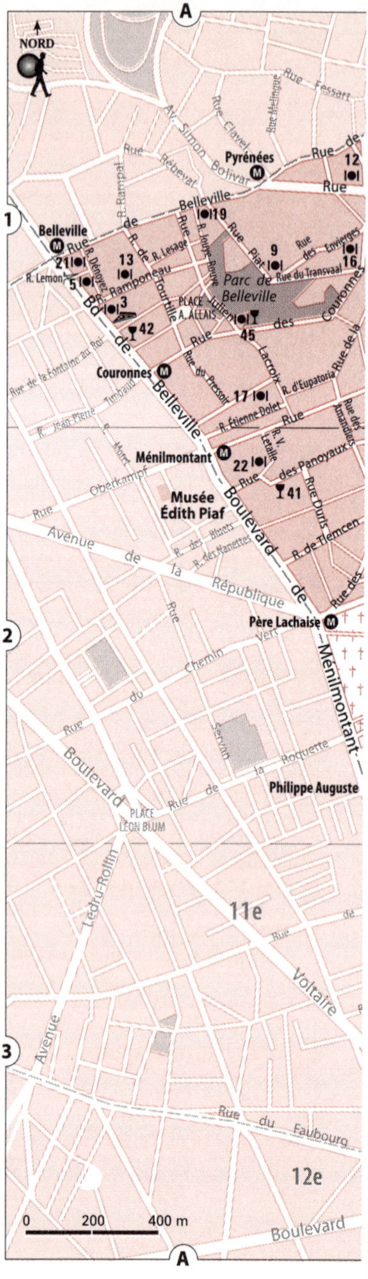

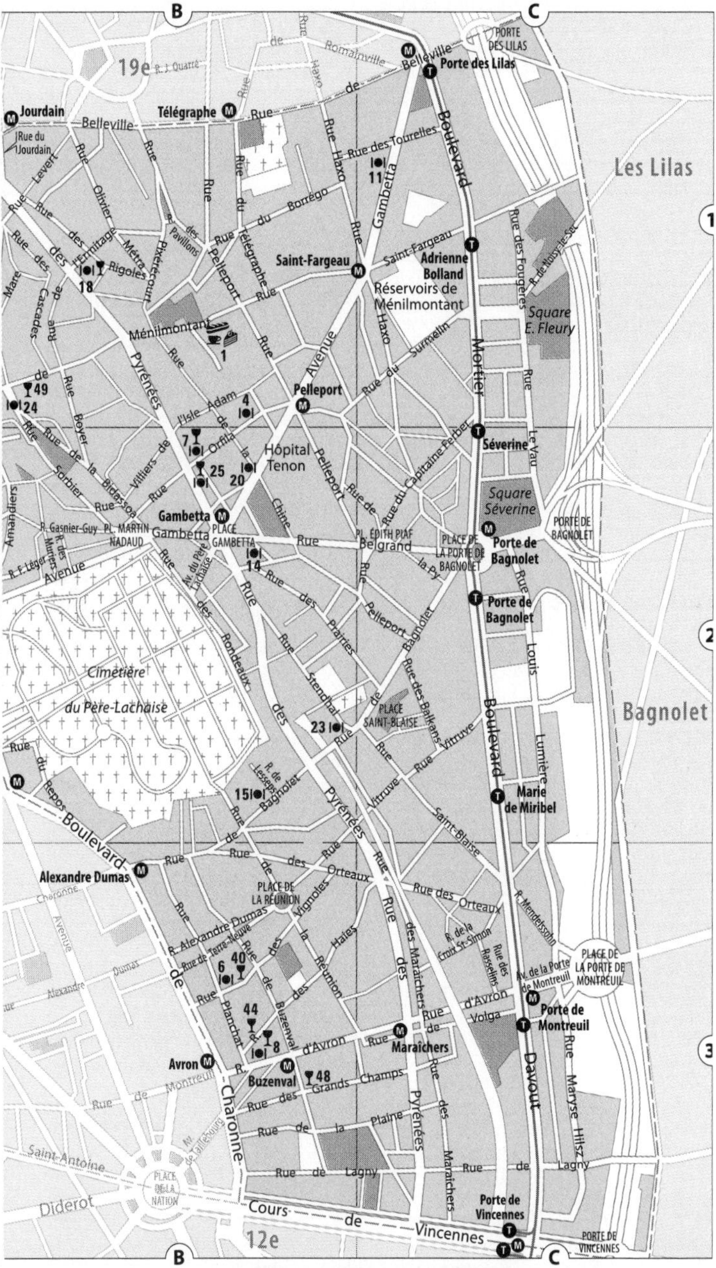


20e ARRONDISSEMENT

*Fabrique*-là, on prépare tout maison, avec des produits frais et de saison. La carte très courte et la cuisine ouverte sur la jolie salle décorée de bois et épurée confirment ce gage de qualité. Quiches, soupes, ravioles, mais aussi quelques viandes abattront vos préjugés sur le bio. Place à des assiettes colorées et généreuses et à des desserts maison gourmands. Une réussite qui fleure bon la campagne et les repas de famille. Accueil charmant en prime.

**Les Ours** *(plan B2, **7**) : 236, rue des Pyrénées, 75020. ☎ 01-46-36-78-76. Ⓜ Gambetta ou Pelleport. Tlj 7h-2h ; service 11h30-15h30, 19h30-23h30. Happy hours 17h-22h. Résa indispensable les soirs et w-e. Plats 13-17 € ; brunch dim 19,90 €.* C'est LA brasserie du 20e, celle où on défile pour le p'tit noir du matin, une pause déj entre collègues, une terrasse en amoureux ou une bonne ripaille entre potes. Burgers, salades et planches s'affichent à prix démocratiques et contentent une clientèle d'habitués. Tables à touche-touche ou grande tablée où l'on case les clients au coude-à-coude, le volume monte vite. À préférer donc avec une joyeuse bande de potes plutôt qu'en tête à tête. En un mot : vivant !

**Le Bistrot du Poinçonneur** *(plan C1, **11**) : 229, av. Gambetta, 75020. ☎ 01-43-61-38-47. 06-61-34-40-54. Ⓜ Porte-des-Lilas. Tlj sauf dim ; service 12h-15h, 17h-22h. Congés : août. Plat du jour 11,50 € ; formules déj en sem 13,50-15,90 € ; carte env 25 €. Apéritif maison offert sur présentation de ce guide.* Ce charmant bistrot parisien aurait bien plu au regretté Gainsbourg quand il chantait « des p'tits trous, des p'tits trous, toujours des p'tits trous ». D'ailleurs, on y retrouve des plaques de métro et des carreaux blancs biseautés. Mais le meilleur est dans l'assiette, où une cuisine traditionnelle fait honneur à notre belle gastronomie. Ne manquez pas, le lundi soir, l'incroyable côte de bœuf de 1 kg ! Plein de vins bio ou naturels. Une adresse qui fleure bon Paris.

**Primeur** *(plan A1, **5**) : 4, rue Lémon, 75020. ☎ 01-71-70-95-28. Ⓜ Belleville. Jeu-dim 12h-15h, plus jeu-sam 19h-22h. Fermé lun-mer. Congés : 3 sem en août et 23 déc-2 janv. Formule déj en sem 16 € ; carte 20-25 €.* Cette ruelle piétonne et tranquille accueille une jolie petite cantine végétalienne. Un bout de salle très sobre et une coquette terrasse où le bio, le local, le veg et le vegan font la loi. Même les plus carnivores de nos lecteurs rendront les armes devant les lasagnes végétariennes. Et tous les jours on se régale.

**Le Bistrot d'Avron** *(plan B3, **8**) : 17, rue d'Avron, 75020. ☎ 01-40-09-81-58. Ⓜ Avron ou Buzenval. Tlj sauf dim soir 7h-1h (service jusqu'à 23h). Menu midi 15 € ; carte env 35 €.* Notre grand coup de cœur dans ce coin du 20e encore populo. Il ouvre de bonne heure pour les derniers ouvriers et offre une belle cuisine de terroir, de délicieuses charcutailles, un vrai œuf bio mayo, le cochon du moment ou une superbe pièce du boucher et son aligot. Desserts au diapason, dans une authentique et animée atmosphère de bistrot. Belle sélection de vins de petits propriétaires à prix corrects. Que demander de plus ?

**Moncœur Belleville** *(plan A1, **9**) : 1, rue des Envierges, 75020. ☎ 01-43-66-38-54. Ⓜ Couronnes ou Pyrénées. Tlj (sauf lun de mi-oct à mi-mars) 10h-23h (2h w-e) ; service 12h-14h30, 19h-22h. Congés : 23 déc-15 janv. Formules déj en sem 13-15 € ; carte env 25 € ; brunchs dim 15-25 €.* Un bien joli cadre pour ce bistrot et sa grande terrasse prisée qui dominent le parc de Belleville et tout Paris ! Déco soignée et meubles de bois plantent un décor cosy. Côté cuisine, des plats de bistrot frais et bien tournés, de qualité constante. Bonnes *pasta*, burgers généreux et tendres pièces de viande. De temps en temps, on profite de la jolie programmation de concerts jazz. Quant au dimanche, place au sacro-saint brunch !

**Le Zéphyr** *(plan A1, **12**) : 1, rue du Jourdain, 75020. ☎ 01-46-36-65-81. Ⓜ Jourdain. ♿ Tlj 8h30-2h (1h en hiver). Plats du jour 12-14 € ; formule 13,50 € ; brunch 20 €.* Dans son décor Art déco de 1928 superbement conservé, *Le Zéphyr* brille d'une flamme naturelle mais modeste, dans ce quartier populaire connaissant des

« faims de mois » parfois difficiles. Que les gourmets se rassurent, midi et soir on y propose en service continu une ardoise de plats maison, une sélection de vins de producteurs à prix doux et de jolis desserts. En résumé, on a rarement vu un lieu qui allie aussi bien une cuisine légère et une bonne gouaille de quartier dans un décor de cette classe !

**Chez Ramona** *(plan A1, **13**) : 17, rue Ramponeau, 75020. ☎ 01-46-36-83-55. Ⓜ Belleville ou Couronnes. Tlj sauf lun ; service 20h-22h30. Paella sur commande 36,60 € pour 2 et à partir de 15,25 €/pers pour 4 ; carte 15-30 €.* La salle de resto se trouve au 1er étage de cette petite épicerie encombrée, en haut d'un escalier étroit. Là, vous débarquez dans une pièce tapissée de souvenirs ibériques à 3 pesetas, royaume du kitsch spontané, en plein Belleville ! D'emblée, on vous reçoit en vous tutoyant, accueil rustique et chaleureux en même temps. L'emblématique paella maison et les plats traditionnels manquent un peu de subtilité, mais les parts sont généreuses. Une adresse dépaysante, qui confirme que Paris est une ville cosmopolite !

## Prix moyens

**Bistro Chantefable** *(plan B2, **20**) : 93, av. Gambetta, 75020. ☎ 01-46-36-81-76. Ⓜ Gambetta. ♿ Tlj 7h (8h dim)-minuit ; service 11h45-23h45. Carte env 30 €.* Dans une grande salle Empire couverte d'immenses miroirs et de reproductions de tableaux du début du XXe s s'affairent des serveurs habillés dans la plus pure tradition. Mais sous ses airs de grand bistrot de gare se cache un restaurant où l'on se régale d'excellents plats de viande ou d'assiettes de fruits de mer. Les produits sont frais, les plats copieux, et l'ardoise change tous les jours. La grande terrasse, chauffée en hiver, est prise d'assaut aux 1ers rayons du soleil.

**Lou Tíap** *(plan B2, **15**) : 81, rue de Bagnolet, 75020. ☎ 01-43-70-77-93. Ⓜ Porte-de-Bagnolet ou Alexandre-Dumas. ♿ À l'angle de la rue de Lesseps. Tlj sauf dim-lun et mer midi ; service 12h-14h, 19h30-22h30. Congés : 1 sem en hiver, 1 sem au printemps et 4 sem en août-sept. Le midi, menus 19-24 € ; autres menus 36-41 € ; carte env 45 €.* *Lou Tíap,* en gascon, c'est le repas, mais aussi le moment convivial que l'on partage à table. Ce sympathique resto fait honneur à son nom. Dans une salle rustico-contemporaine avec cuisine ouverte et bénédiction de la croix occitane, on « tíape » une cuisine maison préparée avec des produits frais et l'accent du Sud-Ouest. En vedette, le cassoulet aux 4 viandes (un monument !), le cochon noir de Bigorre et le canard sous toutes ses formes. Excellent accueil. Le menu du midi est une réelle affaire. Chouette carte des vins genre « copains-paysans », servis à prix d'amis.

**An Di An Di** *(plan A1, **17**) : 9, rue du Liban, 75020. ☎ 09-81-26-97-10. Ⓜ Ménilmontant. Ouv le soir mar-sam, plus le midi jeu-ven. Résa conseillée. Formules déj 16-20 € ; le soir, carte env 35 €.* « Mange, mange », disent les mamans vietnamiennes à leurs enfants. 3 compères issus de l'immigration ont ouvert ce petit bistrot à la déco minimaliste, consacré à la fusion des genres. Fournaux à découvert et courte carte croisant savamment produits et épices asiatiques avec techniques occidentales, ou vice versa. Résultat : un jumelage Hanoï-Paris enthousiasmant pour les papilles, jusqu'aux surprenants desserts. Bière Baleine à la citronnelle, brassée dans le coin, et vins au verre à prix raisonnables.

**Galerna** *(plan B2, **14**) : 7, rue du Cher, 75020. ☎ 09-81-29-27-12. Ⓜ Gambetta. Mar-sam 12h-14h30, 19h30-22h30. Fermé dim-lun. Résa conseillée le soir. Formules déj 15,50-18,50 € ; carte 28-30 €.* Cette goûteuse tempête (*garlena* !) ibérique réveille les papilles, inspirée qu'elle est par les racines (et les *raciones*) du chef (Logroño, en pleine Rioja). Que du « frais maison » créatif, exprimé dans de délicieux petits plats à partager (comptez-en 2-3 par convive – mais pas toujours très simples à diviser, en vrai), déclinés en une courte carte saisonnière aussi terre que mer, le tout dans l'esprit frais et novateur des gastro-bars du Pays basque. Courtes encore les propositions au déjeuner, et plus françaises, mais toujours bien dans le vent gourmet. Les plus curieux se percheront au bar pour profiter du spectacle de la cuisine ouverte, les autres apprécieront la salle claire et les bons conseils de la sommelière (quitte à y laisser leur chemise !). À fréquenter sans modération ! *NOUVEAUTÉ.*

**Monsieur Culbuto** *(plan B1,* ***18****) : 294, rue des Pyrénées, 75020. ☎ 01-47-97-32-02. Ⓜ Pyrénées ou Jourdain. Tlj 7h-2h. Formule déj en sem 15 € ; plats 10-23 €. Monsieur Culbuto,* c'est plein de lieux en un : un coin boudoir à la lumière tamisée pour les amoureux, de grandes tablées pour les bandes de potes affamés, un comptoir pour les soiffards ; on ajoute une déco vintage, un baby-foot et un accueil gentil comme tout... Bref, un beau troquet de quartier où tout ce beau monde se mélange dans la bonne humeur ! À la carte, de traditionnels plats de bistrot, parfois piqués d'une touche d'exotisme : burger, entrecôte, ceviche et tartines évoluent au fil du marché et des saisons. Un conseil : gardez une p'tite place pour les desserts, hyper gourmands ! Une adresse chaleureuse et généreuse, bien à l'image de son quartier.



**Le Baratin** *(plan A1,* ***19****) : 3, rue Jouye-Rouve, 75020. ☎ 01-43-49-39-70. Ⓜ Belleville. Tlj sauf sam midi et dim-lun ; service 12h-14h, 19h30-23h. Congés : 2 sem en fév, 2 sem en août et 2 sem en sept. Résa conseillée. Menu midi 20 € ; carte env 38 €. Café offert le soir sur présentation de ce guide.* Un vrai bistrot de quartier, où Raquel cuisine la simplicité et les saveurs comme personne, et en fonction du marché. Pas d'école, un art spontané, acquis par le plaisir de procurer du bonheur aux autres. Résultat, des cuissons d'une grande justesse et sans chichis, une maîtrise parfaite des jus et des produits. Pour les vins, Philippe Pinoteau, « Pinuche » pour les intimes, s'occupe de tout : ses choix sont excellents et à prix corrects.

**Le Jourdain** *(plan A1,* ***16****) : 101, rue des Couronnes, 75020. ☎ 01-43-66-29-10. Ⓜ Pyrénées. Tlj sauf dim-lun ; service 12h-14h, 19h30-22h30. Congés : 3 premières sem d'août. Le midi en sem, menus 16-19 € ; le soir, carte env 35 € : assiettes 5-10 €, dessert 6 €.* Une jolie découverte que ce bistrot de la mer ! Si la formule du midi, avec sa cuisine du marché, est d'un excellent rapport qualité-prix, les amateurs de saveurs iodées viendront le soir pour se régaler de petites assiettes marines pleines d'idées, fraîches et toniques, à partager entre amis. Les poissons et autres crustacés, du plus classique au plus exotique, sont déclinés en ceviche, tartare, mais aussi croquettes ou ravioles. Bons desserts gourmands. Vins naturels de petits producteurs que l'on vous fera gentiment goûter avant de choisir. Accueil à la fois pro et souriant. On applaudit des 2 nageoires.

**Le Grand Bain** *(plan A1,* ***21****) : 14, rue Dénoyez, 75020. ☎ 09-83-02-72-02. Ⓜ Belleville. Tlj 19h-23h30. Résa obligatoire sur Internet jusqu'à 20h30, puis sans résa après 21h30. Compter 25-40 €.* Non, il n'y a pas que des restos chinois à Belleville ! Pour preuve, ce *Grand Bain* où l'on ne peut que vous encourager à venir vous noyer (rue Dénoyez, le jeu de mots n'est pas de nous !). Adresse bobo-*hipster,* jeune et *arty,* qui témoigne de la gentrification du quartier. Derrière sa baie vitrée, le chef, londonien, donne ses ordres en anglais et concocte des plats en petites portions, à enchaîner et à partager sur le principe des tapas et des *pintxos.* La touche british pour la créativité, associée à de bons produits bien de chez nous, donne une belle et joyeuse image de la bistronomie actuelle. Bref, une jolie cuisine dans l'air du temps.

**Les Canailles – Ménilmontant** *(plan A2,* ***22****) : 15, rue des Panoyaux, 75020. ☎ 01-43-58-45-45. Ⓜ Ménilmontant. Tlj sauf sam-dim et j. fériés ; service 12h-14h30, 19h-21h30. Congés : août. Formules déj 18-19 € ; menus 29-36 €. Café offert sur présentation de ce guide.* On joue ici sur la moleskine et le bois, pour renouer avec un Paris d'antan joliment léché, comme la clientèle qui vient en voisine. Les canailles, c'est du côté des assiettes qu'on les déguste : une cuisine de bistrot contemporain, qui fait la part belle aux abats et autres produits bien terroir, et qui réconcilierait tout un chacun avec la langue de bœuf ! Du fait maison sur une carte courte qui suit gentiment les saisons et ne dédaigne pas quelques pointes vers un exotisme épicé. Ça grimpe raide côté vin (canaillou, va !), mais la qualité, l'accueil et le service – au poil – font vite oublier l'addition.

|●| ☂ ***Le Lieu-Dit*** *(plan B1, **24**) : 6, rue du Sorbier, 75020. ☎ 01-40-33-26-29. Ⓜ Ménilmontant ou Gambetta. ♿ Tlj sauf lun 16h-2h ; service 19h-23h30. Menu 18,50 € ; plats 10-22 € (belle entrecôte). Apéritif maison offert sur présentation de ce guide.* Coup de cœur pour ce lieu, tout à la fois bon resto de quartier et mini-Maison de la culture radicale. Dans un cadre fort simple, on y déguste une cuisine traditionnelle bien tournée et à prix attractifs. Bon choix de copieux petits plats, assiettes à partager, excellents desserts. Juteux hamburger et frites maison. Vins pas chers et gouleyants. En prime, au moins 4 fois par semaine, une des salles se transforme en café philo, café littéraire, café politique, cabaret, salle de concerts divers, d'expos... Accueil chaleureux d'Hossein. Très populaire et vaste terrasse. Un lieu de rencontre incontournable du 20ᵉ ! *NOUVEAUTÉ.*

|●| ☂ ***Mama Shelter*** *(plan B2, **23**) : 109, rue de Bagnolet, 75020. ☎ 01-43-48-45-45. Ⓜ Gambetta ou Alexandre-Dumas. ♿ Tlj ; service 7h-11h (petit déj), 12h-15h, 19h-minuit. Résa quasi indispensable. Formules petit déj 10-17 € ; formules déj sauf dim 21-24 € ; carte 35-40 € ; pizzas 9-16 € ; brunch dim 44 €. Parking payant. Mama Shelter* « superStarck » ! La pièce qui se joue devant vous a été mise en scène par le célèbre designer, et nul ne peut ignorer le gigantesque tableau noir au plafond, graffité à la craie de couleur. La carte se concentre sur des produits simples, des classiques revisités et des plats à partager : *burrata* tomates cerises, parmentier de confit de canard, tartare-frites, pizzas... Simple et efficace, mais pour un peu de calme et d'intimité, c'est loupé.



## Bar à vins

|●| 🍷 ***La Limite*** *(plan B2, **25**) : 62, rue Orfila, 75020. ☎ 01-46-36-54-80. Ⓜ Gambetta. Tlj sauf dim 17h (19h sam)-2h. Planche de fromages et charcuterie 12 €. Vins au verre à partir de 3,50 € ; demi artisanal 4,20 €.* Accueil cool, déconnade et bons petits crus : pas étonnant que les gens du quartier se raccrochent à cette bouée conviviale et se soient approprié les lieux... En outre, l'endroit se révèle chaleureux, avec son vénérable flipper, ses profonds fauteuils pour branchés fatigués et son fumoir pour les derniers addicts. Vins bien choisis et pas chers, bières artisanales, et surtout des cocktails élaborés avec amour et originalité comme sa « Fée Verte ». Une petite faim ? Planches de beaux produits de bons producteurs.

## Où boire un verre ?

🍷 ☂ ***Les Pères Populaires*** *(plan B3, **48**) : 46, rue de Buzenval, 75020. ☎ 01-43-48-49-22. Ⓜ Buzenval. ♿ Tlj 8h30 (10h30 dim)-2h.* Dans un coin perdu du 20ᵉ, ce sympathique bistrot fait le plein toute la semaine. Il en faut, pourtant, du monde pour le remplir ! On s'installe au bar coloré ou dans la salle à la déco seventies avec ses tables en formica, pour bosser la journée et descendre quelques verres le soir. Bonnes planches en cas de fringale. Vivant et bouillonnant !

🍷 ***Le Bouillon B*** *(plan B3, **44**) : 6, rue Planchat, 75020. ☎ 01-43-70-41-03. Ⓜ Avron ou Buzenval. Tlj 17h-2h (minuit dim). Bières pression à partir de 3,20 €. Planche 16,50 €, burger 9,50 €, frites maison 4 €.* Certes, il faut le trouver ce bar, dans ce coin reculé de Paris. Mais le jeu en vaut la chandelle ! 26 pressions et une centaine de bouteilles de la meilleure bière : la belge, bien sûr. Fruitées, d'abbaye ou trappistes, à chacun sa mousse. On accompagne ces doux breuvages de cornets de frites, de burgers ou, plus surprenant, de spécialités philippines. Une découverte, une fois !

**Lou Pascalou** (plan A2, **41**) : *14, rue des Panoyaux, 75020. ☎ 01-46-36-78-10. Ⓜ Ménilmontant. Tlj 16h (12h ven)-2h.* Une clientèle mélangée vient se retrouver dans ce grand café culturel un peu en retrait du boulevard de Ménilmontant. On aime ce lieu pour son atmosphère bon enfant, sa charmante terrasse qui déborde en été, ses concerts (le mardi et le dimanche)... mais aussi pour ses spectacles d'improvisation, ses soirées courts-métrages et ses bœufs musicaux mensuels. Un vrai relais d'initiatives locales !



**La Laverie** (plan B1, **49**) : *1, rue Sorbier, 75020. ☎ 01-43-66-39-64. Ⓜ Ménilmontant. Angle 70, rue de Ménilmontant. Tlj 9h (10h w-e)-2h. Plats 7,90-12,50 € ; le soir, planches et assiettes seulement.* Tambours de lave-linge reconvertis en luminaires et paquets de lessive en appliques murales : un bon point pour la déco. On vient ici rincer non pas ses fringues, mais son gosier, à grand renfort de mousses ou de cocktails. Ambiance sixties, meubles de récup et vieux tubes dans les enceintes. Au choix : on squatte la mezzanine, le comptoir, les salles au sous-sol ou la super terrasse. On relance un cycle ?

**Les Mondes Bohèmes** (plan B3, **40**) : *31, rue des Vignoles, 75020. ☎ 01-43-48-69-38. Ⓜ Avron ou Buzenval. ♿ Tlj 12h-15h (16h dim), 19h30-23h. Cocktail 7,50 € ; verres de vin 5-10 €.* On place ce café bohème dans notre top 10 des terrasses les plus agréables de Paris. Dans une rue calme, on s'installe sous une tonnelle recouverte de végétation : fleurs en pots suspendues, bambous et gloriette plantent un vrai coin de campagne à portée de métro. Un cadre parfait pour bosser au vert en journée, savourer un *teatime* ou boire un cocktail le soir, loin de l'agitation parisienne.

**La Commune** (plan A1, **42**) : *80, bd de Belleville, 75020. ☎ 01-42-55-57-61. Ⓜ Belleville ou Couronnes. Tlj 18h-2h. Saladier de punch à partir de 13 €/pers ; cocktails 8-14 €.* Hommage aux communards de Montmartre ou à la commune de Belleville ? On vous laisse enquêter sur le nom choisi par cet établissement, assez unique dans le quartier. Magnifique et discrète terrasse en forme de jardin d'hiver, bar intime et luminescent : le décor est soigné. Mais la véritable raison de votre venue ici, ce sont les délicieux punchs et cocktails maison. Également une large sélection de rhums 100 % français (cocorico !). Original : les plantes en déco entrent aussi dans la composition des cocktails !

**Floréal Belleville** (plan A1, **45**) : *43, rue des Couronnes, 75020. ☎ 01-43-61-94-66. Ⓜ Couronnes. Lun-jeu 8h30-minuit, ven-dim 10h-2h. Bière 3,50 € ; verres de vin dès 4 €. Formules déj 14-17 € ; plats 12-16 €.* En lieu et place d'une galerie photo qui a marqué le quartier Belleville, ce superbe café, dont la devanture est couverte de boiseries Art nouveau, distille une ambiance séduisante. Son décor, constitué de meubles vintage, canap' confortables, grands miroirs et luminaires choisis, accueille une clientèle un brin artiste, qui aime se retrouver ici pour échanger les dernières nouvelles, autour d'un verre ou de bons petits plats. Expos régulières dans la galerie attenante.

# BANLIEUE DE PARIS

**À l'heure où il est question du Grand Paris, les banlieues limitrophes de Paris sont devenues le prolongement naturel des 20 arrondissements historiques. Les Parisiens qui considéraient autrefois le périph' comme de larges douves séparant 2 mondes le franchissent désormais sans presque s'en rendre compte en métro, à scoot', à vélo, à trottinette électrique et en voiture en autopartage, pour aller voir enfants ou copains installés dans le 92, le 93 ou le 94. Bref, Paname s'agrandit, ce qui n'empêche pas la banlieue de conserver jalousement son bonus de chlorophylle. D'ailleurs, certains restos sont dotés de terrasses verdoyantes ! On a donc naturellement traîné nos estomacs creux dans les bonnes petites adresses qui se cachent aux portes de Paris pour vous faire partager nos coups de cœur.**

## ASNIÈRES-SUR-SEINE

### Bon marché

🍷 🍽 ⛱ ***Rosa Bonheur sur Seine à l'Ouest :*** *20, quai du Docteur Dervaux, 92600. Transilien J et L (arrêt Asnières-sur-Seine). Port-Bas, sous le pont d'Asnières. Mer-dim 12h-0h30 (20h dim). Verre de vin env 4 € ; cocktail 10 €. Brunch.* L'équipe des *Rosa Bonheur* à Paris, au pied du pont Alexandre-III et dans le parc des Buttes-Chaumont (voir les rubriques « Où boire un verre ? » dans les 7e et 19e arrondissements), reprend ses aises dans une charmante péniche, amarrée dans un cadre champêtre. Au moindre rayon de soleil, on s'installe truffe à l'air pour déguster une bière fraîche et/ou grignoter une pizza cuite au four à bois. Parfait en été, mais vous ne serez évidemment pas seul à avoir eu la bonne idée de venir ici.

## CHÂTILLON

### Prix moyens

🍽 ⛱ ***Le Barbezingue :*** *14, bd de la Liberté, 92320. ☎ 01-49-85-83-50. Ⓜ Châtillon-Montrouge. Ⓣ Châtillon-Centre. Bus nos 195 et 295, arrêt Paul-Bert, ou nos 194 et 394, arrêt Châtillon-Centre. ♿ Tlj sauf dim soir et lun ; service 12h-14h30, 19h-22h30. Congés : août et Noël. Résa indispensable. Formule table d'hôtes midi et soir 28 € ; menu dégustation 44 € ; carte env 38 €.* Le propriétaire de *L'Os à Moelle* à Paris, Thierry Faucher, tient cette adresse atypique qu'il a conçue comme un vrai lieu de vie. À l'étage du *Barbezingue*, on s'assoit devant de grandes tablées où l'on partage avec les voisins des entrées et des desserts à volonté, en plus des bons petits plats de résistance concoctés en bas, dans la cuisine visible depuis l'autre salle de resto. Là, on se tape la cloche avec le menu dégustation dans une atmosphère pas plus guindée qu'en haut. Dans l'assiette, une excellente cuisine de terroir, assez élaborée, avec des associations savoureuses de bons produits. Et après le festin, on file dans le jardin faire une petite pétanque ! À moins que vous ne préfériez taquiner les bouteilles de la cave à vins. Le 2e vendredi du mois, le resto organise une jam-session.

## ISSY-LES-MOULINEAUX

### Bon marché

🍽 🍷 ⛱ ***La Poudrière :*** *58, promenade du Verger, 92130. ☎ 01-46-45-87-29. Ⓜ Mairie-d'Issy puis 15 mn de marche ; bus gratuit TUVIM, arrêt Parc-Henri-Barbusse. ♿ Tlj 12h-14h30, 19h-22h30 (en continu sam-dim).*

*Congés : 1 sem autour du 15 août et 1 sem à Noël. Formules déj en sem 15-18 € ; carte env 35 €. Digestif maison offert sur présentation de ce guide.* Près de l'ancien fort militaire, le coup de canon de cette adresse nichée dans les vestiges d'une poudrière a résonné jusqu'à la capitale ! Bistrot, cave à vins, un lieu vraiment plaisant pour laisser les heures s'étirer, depuis l'apéro sur la vaste terrasse jusqu'au repas sous les pierres voûtées. Des plats malins, qui mettent en avant le terroir, mâtiné de touches exotiques. Les légumes viennent du potager et les viandes, en direct des producteurs, sont triées sur le volet. Côté cave, c'est informel avec tapas et petits vins de producteurs. Très bon accueil.

### De prix moyens à chic

**Restaurant Manufacture :** *20, esplanade de la Manufacture, 92130. ☎ 01-40-93-08-98. Ⓜ Corentin-Celton. ♿ Tlj sauf sam-dim ; service 12h-14h30, 19h-22h30. Congés : 15 j. en août. Résa vivement conseillée. Formules 31-39 €.* C'est une forte personnalité que ce chef qui s'est formé chez quelques pointures avant d'investir le rez-de-chaussée de l'ancienne Manufacture des tabacs, relooké en loft. Beaux volumes, décoration contemporaine, et un menu-carte consensuel qui égrène les classiques revus au goût du jour ou les plats de saison préparés avec une touche de modernité. Les nombreux jeunes cadres dynamiques qui en ont fait leur luxueuse cantine au déjeuner ne s'y sont pas trompés.

**Les Quartauts :** *19, rue Georges-Marie, 92130. ☎ 01-46-42-29-38. Ⓜ Porte-de-Versailles ou Corentin-Celton. Lun-ven 12h-14h30. Congés : août. Plat 18 € ; repas complet env 34 €.* Difficile d'imaginer trouver, dans ce petit coin paumé derrière le parc des expositions, une telle bonne adresse. On se dit que, nécessairement, vu qu'il n'y a pas de passage, tout repose sur le bouche-à-oreille. Cadre chaleureux de bistrot à vins et accueil qui l'est encore plus. Simplicité et qualité sont la devise de la maison. Plats de ménage goûteux et servis copieusement chaque jour, ou viande superbe et tendre. Belle sélection de fromages et délicieux desserts maison. Grand choix de petits vins de propriétaires à prix fort raisonnables. Un de nos meilleurs bistrots.

## LE KREMLIN-BICÊTRE

### Prix moyens

**Giallo Limone :** *5, av. du Repos, 94270. 06-87-22-37-76. Ⓜ Kremlin-Bicêtre. ♿ À 100 m du métro. Tlj sauf sam midi, dim et lun soir. Pizzas 12-16 € ; carte 20-30 €.* Au bout d'une impasse tranquille – et pour cause, elle mène au cimetière –, voici un italien spécialisé dans la cuisine du sud de la Botte. Ici, on privilégie la qualité des produits à la quantité. Sélection de pizzas différentes chaque jour, quelques plats du jour et des recettes de famille revisitées et travaillées avec des produits de la région. La terrasse remporte tous les suffrages (penser à réserver, bien sûr).

## LE PRÉ-SAINT-GERVAIS

### Prix moyens

**Le Pouilly-Reuilly :** *68, rue André-Joineau, 93310. ☎ 01-48-45-14-59. Ⓜ Hoche. ♿ Tlj sauf sam midi et dim 12h-14h15, 20h-22h30. Congés : 2e sem de mai, août et Noël-Jour de l'an. Formules 22-29 € ; menu 32 € ; carte env 46 €.* Ce n'est pas exactement donné, et il y a intérêt à rester raisonnable sur le vin (ce ne sont pas les tentations qui manquent), mais il faut reconnaître que la cuisine est à la hauteur, le service à l'ancienne, et que le cadre de vieux bistrot dans son jus (zinc, banquettes et garde-manger d'origine) n'a décidément rien perdu de son charme... Une très bonne adresse, où François Mitterrand avait un temps son rond de serviette. Son plat fétiche ? Les rognons à la moutarde...

# LEVALLOIS-PERRET

## Prix moyens

🍽 ☂ ***Le Petit Poucet :*** *4, rond-point Claude-Monet, 92300. ☎ 01-47-38-61-85. Ⓜ Pont-de-Levallois. Sur l'île de la Jatte, dans le virage de la rue qui en fait le tour, extrémité est. Tlj (sauf dim soir en hiver) jusqu'à 22h30. Fermé 24-26 déc et 31 déc-4 janv. Formule déj en sem 26 € ; menu 34 € ; carte env 50 €. Animations pour enfants dim 14h-15h.* Une adresse presque centenaire où, au début du XXe s, les prolétaires en goguette venaient avec leurs gigolettes se taper une friture en buvant du guinguet dans ce caboulot champêtre. Devenu l'un des restos bobos de l'île de la Jatte, ce *Petit Poucet,* avec sa belle déco où le bois domine, offre une ambiance chaleureuse et chic. 3 belles terrasses dont l'une en bord de Seine, vraiment romantique dès les 1ers rayons du soleil. Bonne cuisine française classique remise au goût du jour, et parfois quelques fantaisies du chef. Service jeune, efficace et ultra-rapide.

🍽 ☂ ***Au Petit Sud-Ouest :*** *4, rue Baudin, 92300. ☎ 01-47-59-03-74. Ⓜ Pont-de-Levallois. Tlj sauf w-e et j. fériés 12h-14h30, 18h-22h. Plats du jour 16-20 € ; carte env 35 €. Apéritif maison offert sur présentation de ce guide.* À la fois boutique, épicerie fine, caviste et restaurant de spécialités du Sud-Ouest. Dès l'entrée, on tombe sur une vitrine garnie de fromages de brebis, de jambon de pays, de conserves gourmandes... Aux murs, des étagères pleines de bonnes bouteilles, et à la carte, les incontournables du terroir : cèpes, foie gras, cassoulet, brouillade (truffes ou cèpes), magret et confit... La Gascogne à deux pas du front de Seine. Terrasse sous les platanes dans une grande cour et véranda pour la mi-saison, voici une adresse qui sonne comme une invite à la détente.



# MALAKOFF

## Prix moyens

🍽 ***Le Timbre Poste :*** *1, rue Rouget-de-Lisle, 92240. ☎ 01-46-56-79-69. Ⓜ Porte-de-Vanves. À 300 m du métro. Tlj 9h-10h. Résa conseillée. Formule 28 €.* À deux pas de la « frontière » du périph', déjà une adresse hors norme par son foisonnant décor, festival de plaques émaillées, affiches de cinoche, objets de brocante et couleurs criardes... Cuisine du Sud-Ouest plantureuse, généreuse et qui tient au corps : cassoulet toulousain en marmite, garbure « royale », viandes et confits à la fête. Accueil à hauteur de la flamboyance du décor. Remarquable carte de bières.

# MONTROUGE

## Prix moyens

🍽 ***Aubergine et Cie :*** *36, av. Henri-Ginoux, 92120. ☎ 01-40-84-00-00. Ⓜ Porte-d'Orléans ou Mairie-de-Montrouge. Bus nos 68, 126 ou 128, arrêt Gabrielle-de-Guerchy. Tlj sf dim-lun ; service 12h-13h45, 19h30-21h30. Congés : 3 sem en août, 1 sem à Noël, et j. fériés. Formules déj 20-26 € ; le soir menu 35 € ; carte env 40 €.* C'est à Montrouge, à deux pas de la Porte d'Orléans, que ce chef amoureux des bons produits s'est installé. Fidèle aux petits producteurs, il propose une cuisine de saison savoureuse et variée, renouvelée toutes les semaines. La carte des vins bénéficie de la même sélection attentive. Décor sobre et moderne. Une adresse qui allie qualité et convivialité.

# MONTREUIL

## Bon marché

**L'Atelier :** *60 bis, rue Robespierre, 93100. ☎ 01-42-87-25-27. Ⓜ Robespierre. Tlj sauf dim ; service 12h-15h, 19h-minuit. Formule déj en sem 14 € ; carte 20-25 €. Digestif maison offert sur présentation de ce guide.* De bois, de brique et de fer, les murs, au rez-de-chaussée comme au sous-sol, développent une rhétorique industrielle. Dans l'assiette, on a rendez-vous avec l'Italie, et en particulier avec la région du Frioul, d'où sont originaires les patrons. Risottos variés, pâtes ou bruschettas côtoient les bonnes viandes grillées ou quelques spécialités étonnantes, comme ce goulasch à la frioulane (en hiver). C'est efficace et sans chichis, tout comme le service.

## Prix moyens

**L'Amourette :** *54, rue Robespierre, 93100. ☎ 01-48-59-99-94. Ⓜ Robespierre. Tlj sauf dim 12h-14h30, 19h-22h. Le midi, formule 15 € et menu 19 € ; carte 40-45 €.* Au cœur de ce quartier un tantinet branchouille et bobo, ce bistrot chic a bien trouvé sa place. Un bel espace, repensé de manière moderne et épurée, accueille une clientèle d'habitués, ravie de trouver, à prix honnêtes, une alternative aux restos exotiques et sans âme qui pullulent dans le coin. Dans une atmosphère à la fois chic et décontractée s'inscrivent à l'ardoise, au gré du marché, des plats de bistrot revisités plutôt réjouissants. Nombreux vins au verre. Belle cheminée à l'étage, dans une salle plus tranquille, avec poutres apparentes.

**La Cave :** *45, rue de Paris, 93100. ☎ 01-42-87-09-48. Ⓜ Croix-de-Chavaux. Tlj sauf dim ; service 12h-14h, 19h30-23h. Fermé 1er janv, 1er mai et 25 déc. Résa conseillée. Carte env 30 €.* Géographiquement montreuillois mais d'esprit parigot, ce caviste cache au fond de son échoppe une salle de resto brute de décoffrage prolongée par une terrasse (abritée et chauffée en hiver) et joyeusement animée de tableaux et de photos sur des murs colorés. Une ambiance de franche camaraderie pour des plats plutôt inventifs, des mélanges malins, canailles et exotiques à la fois. Tout cela passe allègrement, accompagné par de bien jolies bouteilles sorties tout droit des casiers magiques du patron. Et la maison fait fureur depuis qu'elle a investi l'arbre voisin pour une terrasse perchée (10-12 personnes). De quoi prendre réellement de la hauteur !

## Chic

**La Villa 9Trois :** *28, rue Colbert, 93100. ☎ 01-48-58-17-37. Ⓜ Croix-de-Chavaux ou Mairie-de-Montreuil. Accès par le 71, rue Hoche (pour le parking). Tlj sauf dim soir 12h-14h15, 19h-22h15. Menu unique 39 € (48 € avec 2 plats) ; carte 55-65 €. Coupe de champagne offerte sur présentation de ce guide.* Cette maison de maître, construite sur les hauteurs de Montreuil, vous emmènera bien loin de Paris. Aux beaux jours, la terrasse sur l'arrière est un havre de paix. En hiver, un beau feu crépite dans le grand salon. Le genre d'adresse où l'on se sent bien en toute saison ! La cuisine est à l'unisson, se jouant des modes mais sachant jouer avec les arrivages, proposant des recettes fines et créatives qui côtoient de bons petits plats de toujours. Jolie carte des vins, dont certains servis au verre. Pas donné, mais le lieu est vraiment hors du commun.

# NEUILLY-SUR-SEINE

## Prix moyens

**Chez Papinou :** *26, rue du Château, 92200. ☎ 01-55-24-90-40. Ⓜ Pont-de-Neuilly. Tlj sauf sam midi et dim ; service 12h-14h30, 19h-22h30. Congés : 3 sem en août et Noël-Jour de l'an. Plats du jour 14-18 € ; ardoise 30-35 €.* Avec son côté canaille, cette ancienne institution neuilléenne a été reprise avec brio. Toujours ce décor chaleureux de briques et de broc agrémenté de photos de vedettes, dans lequel on se sent bien. Terrine maison, cochonnailles, harengs en entrée ; côte de bœuf pour 2, foie de veau à la vigneronne, confit : du simple, du rustique, mais du bon et même du très bon. Les desserts sont du même tonneau, un tantinet régressifs avec du riz au lait et du pain perdu. Quant aux divins flacons, on va les chercher soi-même à la cave : les prix sont affichés, et on ne tombe pas à la renverse. Accueil tout sourire, bien en accord avec l'atmosphère du lieu. Vive *Papinou* !

## Chic

**Bistrot Quai :** *6, bd du Général-Leclerc, 92200. ☎ 01-47-45-24-57. Ⓜ Pont-de-Neuilly ; RER A : La Défense. ♿ Lun-ven 12h-14h30. Congés : août et Noël. Formule 27 € ; carte env 34 €.* Les vieilles tables chinées, les assiettes dépareillées et le mélange de chaises d'école et d'autres provenant de chez la grande-tante donnent du style à ce lieu fréquenté par des trentenaires moulés dans le même costard-cravate. La Défense est à deux pas, mais ici on déboutonne la chemise pour profiter d'une jolie cuisine française sur le fond, simple et copieuse, joyeuse et sans chichis. À chaque jour son plat de saison. Service pro et souriant.

**Restaurant Foc Ly :** *79, av. Charles-de-Gaulle, 92200. ☎ 01-46-24-43-36. Ⓜ Les Sablons. ♿ Tlj sauf dim 12h-14h30, 19h-22h30. Congés : 3 sem en août. Formule déj en sem sauf j. fériés 24,50 € ; menu 36 € le soir ; carte env 40 €.* Vous ne pourrez pas manquer *Foc Ly*, avec son toit en forme de pagode. La décoration épurée et élégante avec ses lanternes blanches constitue un cadre parfait pour savourer une cuisine chinoise et thaïe aux subtils parfums. *Dim sum* ultra-frais et soupes thaïes divines. À Neuilly, voici un incontournable !



# PANTIN

## Bon marché

**Le Bistrot du Marché :** *37, rue Hoche, 93500. ☎ 01-48-70-17-04. Ⓜ Hoche. ♿ Lun-ven 11h30-22h, dim 9h-16h. Congés : 3-25 août. Le midi, formule 16 € et menu 18,50 € ; carte 25-30 €.* Cette brasserie chaleureuse, au décor de bistrot parisien, s'est installée en plein cœur du nouveau Pantin. Face aux rutilants bureaux d'Hermès, elle propose une cuisine de marché vivante, réalisée avec de bons produits frais. Aux 1ers rayons de soleil, on s'installe en terrasse sur la place et on prend le pouls de cette banlieue qui change à vue d'œil.

## Prix moyens

**Le Relais :** *61, rue Victor-Hugo, 93500. ☎ 01-48-91-31-97. Ⓜ Église-de-Pantin. ♿ Tlj sauf dim. Menus 18 € (midi en sem)-25 € ; carte 30-35 €.* Une de nos adresses préférées à Pantin. C'est un *Relais* à 2 niveaux. Pour vous, c'est l'occasion de faire une pause en dégustant une cuisine gentiment sophistiquée, bien présentée et servie fort classiquement par de jeunes gens. Pour eux et leurs camarades qui œuvrent en cuisine, c'est un passage vers la vie active. En effet, le restaurant est une entreprise d'insertion qui travaille avec un organisme de formation pour offrir à des personnes en situation professionnelle délicate une chance d'apprendre les métiers de bouche. Noble cause et bonne chère font bon ménage dans cette ancienne fonderie chaleureusement réhabilitée, dont les murs en brique et les toiles qui les animent constituent un cadre fort sympathique. Carte française sur le fond, mais qui s'évade vers l'Afrique du Nord ou l'Asie de temps en temps. Un excellent rapport qualité-prix et un accueil tout en gentillesse. Délicieuse terrasse aux beaux jours.

**Les Pantins :** *6, rue Victor-Hugo, 93500. ☎ 01-57-14-38-74. Ⓜ Hoche. Tlj sauf dim 12h30-14h30, 19h30-22h30. Congés : 10 j. en août. Formules déj 18-21 € ; le soir, carte 25-40 €. Apéritif maison offert sur présentation de ce guide.* Face au Centre national de la danse, à quelques pas du canal de l'Ourcq, une adresse animée devenue rapidement la coqueluche des Pantinois. Cuisine de bistrot moderne, fraîche et de saison, qui cultive un goût pour les légumes et les compositions colorées. Produits de 1re qualité, à l'image de la charcuterie ibérique ou des viandes de Salers, ultra-fondantes. Également quelques touches maritimes bienvenues, en provenance des criées de Bretagne ou du Pays basque. Pour accompagner, une bonne sélection de flacons de style nature, qui peuvent aussi s'emporter. Une chouette adresse, qui aimante les gourmands de tout le Nord-Est parisien.

# SAINT-OUEN

## Bon marché

**La Péricole :** *2, rue Jules-Vallès, 93400. ☎ 01-40-12-44-80. Ⓜ Porte-de-Clignancourt ou Garibaldi. Tlj 12h-15h. Résa conseillée dim. Formule en sem 15,90 € ; menu 19 € ; carte 20-25 €. Apéritif maison offert sur présentation de ce guide.* Bonne ambiance dans un cadre à l'esprit rustique mais soigné. Accueil sympathique comme tout. Ça fuse entre le personnel et les clients, puciers, habitués ou acheteurs étrangers en négociation dès 6h du mat autour du petit déj ! Bonne petite cuisine classique, sans prétention mais bien ficelée et sans déception. Une des adresses préférées des puciers, qui se laissent rarement rouler dans la farine.

**Yaya :** *7 bis, rue Frida-Kahlo, 93400. ☎ 01-44-04-27-65. Ⓜ Mairie-de-Saint-Ouen. Lun-sam 12h-14h30, 19h-minuit ; dim 12h-16h. Carte env 25 €. Cocktails 10-12 € le soir. Digestif maison offert sur présentation de ce guide.* Les frères Chiantzos, à l'origine des succulentes huiles d'olive Kalios, ont eu le bon goût d'ouvrir ce vaste *kafenion* moderne dans le quartier des Docks de Saint-Ouen. Installés dans une superbe halle industrielle où Alstom construisait ses TGV, ils mettent à l'honneur la cuisine des *yayas,* les grands-mères du monde hellénique, avec l'aide du chef Juan Arbelaez. La carte, courte et séduisante, change à chaque saison : les salades grecques éclipsent naturellement les robustes *stifados* quand l'été approche. Nous, on a totalement craqué pour le poulpe grillé (servi en hiver seulement) ! Autres classiques, les délicieux *mezze,* servis accompagnés de pita maison, léger et croustillant. 2 superbes terrasses pour déjeuner au soleil ou profiter des cocktails durant l'*happy hour* : de quoi retrouver le goût des vacances en plein 93. *2de adresse dans la halle Secrétan, dans le 19e.*

## Prix moyens

**La Bonne Aventure :** *59, rue des Rosiers. ☎ 01-49-48-09-69. Ouv tlj sauf lun soir et mar. Lun-ven 11h-15h, 17h-21h (23h jeu-ven) ; w-e 10h-minuit (sam), 10h-21h (dim). Formules déj sem 15-18 €, le soir planches 10-16 € et tapas (jeu-sam). Carte seulement au déj les w-e, 25-30 €. Résa préférable.* Ce bistroquet tenu par une jeune équipe aussi sympathique que dynamique est la pépite des puces de Saint-Ouen. En cuisine, Alcydia, une jeune femme talentueuse, élabore une cuisine du moment sans chichis mais bien ciselée et spontanée, qui mise avant tout sur le produit : risotto de boulgour et potimarron

BANLIEUE DE PARIS

rôti, velouté de cresson rehaussé de ricotta, et quelques influences exotiques. Desserts dans la même veine. Le soir, place aux planches et tapas à partager… ou pas, autour d'un bon vin sélectionné en cave *(droit de bouchon 7 €).* Parmi les sélections, des vins majoritairement bio, nature ou en biodynamie, de tous horizons. Au service, Matthias dispense joie et bonne humeur dans une ambiance parfois survoltée. *NOUVEAUTÉ.*

**Ma Cocotte :** *marché Serpette, 106, rue des Rosiers, 93400. ☎ 01-49-51-70-00. Ⓜ Porte-de-Clignancourt. Voiturier. Lun-sam midi et soir jusqu'à 23h, dim 11h-21h30. Formules 19,90-29,90 € (sauf dim) ; carte 30-40 €. Parking payant.* À l'entrée du marché Serpette, le plus beau des puces, un bistrot branché, dessiné par le célèbre designer Philippe Starck, dont on repère vite la patte. Ambiance moderne et chic, avec carreaux de céramique d'autrefois, mobilier chiné et meubles ultra-design joyeusement mélangés. Plats traditionnels, du *fish & chips,* clin d'œil aux puces anglaises de Portobello, au poulet fermier rôti à la broche derrière les cuisines, grandes ouvertes. Toilettes à ne pas louper. Terrasses aux beaux jours. Prévoir de l'attente.

# VANVES

## Bon marché

**La Girafe :** *6, rue de la République, 92170. ☎ 01-75-49-73-38. Ⓜ Corentin-Celton ou Malakoff-Plateau-de-Vanves. Mar-jeu 12h-22h, ven-sam 11h-22h30, dim 12h-18h. Congés : 3 sem en août et Noël-Jour de l'an. Galettes 9-15 € ; brunch dim (tte la journée) 21,50 €.* Une sympathique crêperie à côté de l'église Saint-Rémy, dans un quartier qui a gardé un aspect village avec ses rues pavées et ses terrasses qui débordent sur le trottoir. Ambiance décontractée dans la salle chaleureuse, où les enfants prennent vite leurs marques au coin jeux en attendant leurs assiettes. Les galettes de sarrasin, comme les crêpes, sont évidemment préparées minute avec des produits de qualité made in Bretagne (saucisses aux algues et salicorne) ! Également de grandes salades et beaucoup de produits bio. L'accueil enjoué, François Feroleto et son équipe le réservent aussi aux enfants (lectures pour enfants le 3e mercredi du mois...).

## Chic

**Au Petit Vanves :** *34, av. Victor-Hugo, 92170. ☎ 01-46-42-13-46. Ⓜ Vanves-Malakoff. Tlj sauf sam midi, dim et lun soir. Congés : 3 sem en août. Formule déj 19,50 € ; repas complet à l'ardoise env 40 € avec verre de vin.* Dans un cadre bistrotier tendance Art déco, un resto d'habitués mené de main de maître par Jean-Pierre Anselem, un patron fort accueillant. Et on les comprend, ces fidèles clients venus se faire bichonner avec une côte de veau de lait aux girolles, une enthousiasmante joue de bœuf confite aux épices ou une poêlée de calamars à la basque ! Et l'ardoise, variant au fil des saisons, réserve de belles surprises. Produits de qualité, cuissons sans fausse note, service efficace, cadre agréable... que désirer de plus ?

# VILLEJUIF

## Très bon marché

**Show Devant :** *38, rue Georges-Lebigot, 94800. ☎ 01-49-60-61-70. Ⓜ Villejuif-Paul-Vaillant-Couturier. Tlj sauf dim et lun soir 12h-14h30, 19h30-22h. Congés : 4-25 août. Formules déj en sem 13,50-16 € ; carte env 30 €.* C'est l'adresse qui cartonne dans le coin. Il faut dire que le cadre est séduisant : une salle moderne colorée, haute de plafond façon loft, avec sa cuisine ouverte et ses baies vitrées

BANLIEUE DE PARIS

donnant sur une vaste terrasse. Quant à l'assiette, elle fait le show avec ses plats de bistrot dans l'air du temps. Sympa, comme l'équipe.

## VINCENNES

### De prix moyens à chic

**CO$_2$ :** *2, rue de l'Église, 94300. ☎ 01-49-57-09-96. Ⓜ Château-de-Vincennes. ♿ Tlj sauf dim soir, lun et mar midi ; service 12h-14h, 19h-22h. Formule déj 20 € ; menu 34 € ; carte env 40 €.* De l'ancienne caserne de pompiers qui occupait les lieux, les proprios n'ont gardé que l'escalier de la cour (transformée en terrasse intérieure) et le rouge des camions pour habiller la salle de leur bistrot-brasserie, en plein cœur de la cité royale. Le chef maîtrise son affaire : associations pleines d'idées, dressage soigné, desserts bien gourmands...

***La Rigadelle :*** *23, rue de Montreuil, 94300. ☎ 01-43-28-04-23. Ⓜ Château-de-Vincennes ; RER A : Vincennes. ♿ Tlj sauf dim soir et lun-mar ; service 12h15-14h, 19h30-21h30. Congés : 15 août-14 sept et vac scol de Noël. Résa conseillée. Formule déj sauf dim et j. fériés 28 € ; menus 29-59 € ; carte env 65 €.* La belle adresse bourgeoise de la ville est toujours dans la course, entraînant dans son sillage une clientèle de gourmands réjouis par sa cuisine de la mer classique, sérieuse, préparée avec des produits d'une fraîcheur absolue (poissons sauvages essentiellement). Déco élégante, toute de sobriété, et accueil soigné.

## VITRY-SUR-SEINE

### Bon marché

***L'Imprévu :*** *94, av. Anatole-France, 94400 Vitry-sur-Seine. ☎ 01-46-72-38-01. RER C : Vitry. Bus n° 180, arrêt rue de la Baignade. Tlj 8h-20h sauf sam-dim. Formule 12 € et menu 14 €. Plats autour de 14 €. Déjeuner seulement (plus mar, mer, jeu 19h-22h, résa conseillée).* Cuisine d'anthologie à forte connotation aveyronnaise servie dans un vaste et agréable cadre contemporain ou en terrasse à l'ombre des vignes... Laurent, le patron, derrière sa bonhomie truculente, se révèle un véritable monument à la gloire de l'authentique cuisine de terroir. Vénérables recettes revisitées avec bonheur : aligot, chou farci, charcuteries et viandes d'Aubrac, mon tout servi généreusement. Desserts au diapason. Remarquable sélection de vins de propriété. Une expédition en banlieue qui se révèle une grande expérience bistrotière... Attention, beaucoup de monde le midi (arriver très tôt ou tard). Accueil fort chaleureux.

***Le Casanova :*** *57, av. Danielle-Casanova, 94400. ☎ 01-71-36-57-16. Tlj sauf dim-lun ; service 12h-14h30, 19h-22h30. Congés : 3 premières sem d'août. Formules déj en sem 14,50-18 € ; carte env 28 € ; menu-enfants 8,50 € (une miniportion des plats de la carte).* À deux pas de la place de l'église, pas loin du *MacVal* non plus, dans un vieux bar-épicerie qui a conservé moulures et peintures murales délicieusement vintage. On y sert une cuisine de marché inspirée, avec toujours un petit vin bien choisi pour accompagner son plat. Véritable lieu de vie sociale du quartier (expos, soirées musicales, lectures...), rendez-vous des copains et des familles, c'est le bistrot gourmet et chaleureux comme on les aime.

# PETITS TRUCS ET ASTUCES POUR ÉVITER LES ABUS ET MAUVAISES SURPRISES

Un routard informé en vaut 2 ! Pour éviter les désagréments en tous genres, il est bon de les connaître. Voici un petit vade-mecum destiné à parer aux coûts et aux coups de bambous.

Bien sûr, nos enquêteurs veillent au grain, et les établissements qui ne répondent plus à nos critères ou abusent sont vite supprimés de nos guides. La réciproque est aussi valable. N'oublions pas que les hôteliers et restaurateurs font un métier difficile. S'ils se doivent de toujours garder le sourire, nous nous devons de les respecter en n'arrivant pas chez eux en terrain conquis.

## À L'HÔTEL

**1 – Arrhes ou acompte ? :** au moment de réserver votre chambre par téléphone – par précaution, toujours confirmer par écrit (ou mail) –, il n'est pas rare que l'hôtelier vous demande de verser à l'avance une certaine somme, celle-ci faisant office de garantie. Il est d'usage de parler d'arrhes (et non d'acompte). Légalement, aucune règle n'en précise le montant. Toutefois, ne versez que des arrhes raisonnables : 25 à 30 % du prix total, sachant qu'***il s'agit d'un engagement définitif sur la réservation*** de la chambre. Cette somme ne pourra donc pas être remboursée en cas d'annulation de la réservation, sauf cas de force majeure qu'il vous faudra justifier (maladie ou accident) ou en accord avec l'hôtelier si l'annulation est faite dans des délais jugés raisonnables. Si, au contraire, l'annulation est le fait de l'hôtelier, il doit vous rembourser le double des arrhes versées. Si vous avez réservé une chambre (sans avoir rien versé) et que vous avez un empêchement, ***passez un coup de téléphone pour annuler,*** c'est la moindre des politesses.

**2 – Subordination de vente :** les hôteliers ont interdiction de pratiquer la subordination de vente. C'est-à-dire qu'***ils ne peuvent pas vous obliger à réserver plusieurs nuits d'hôtel si vous n'en souhaitez qu'une.*** Dans le même ordre d'idées, on ne peut vous obliger à prendre votre petit déjeuner ou vos repas dans l'hôtel ; ce principe, illégal, est cependant toléré en pratique, surtout en haute saison, dans les zones touristiques, où la demande est bien plus importante que l'offre !

**3 – Les réservations en ligne :** elles se sont généralisées. Mais voilà, si les centrales de réservation en ligne sont devenues incontournables, elles ne garantissent pas systématiquement de meilleurs prix qu'en direct. En outre, les promesses ne sont pas toujours tenues et l'on constate parfois des dérives, telles que promos bidons, descriptifs exagérés, avis d'internautes truqués... Les hôteliers s'estiment souvent étranglés par les commissions abusives prélevées au passage. ***N'hésitez pas à réserver directement auprès de l'hôtel.*** Aujourd'hui, la plupart alignent leurs prix sur ceux des sites commerciaux. Autre avantage, vous pouvez préciser le type de chambre souhaité (sur rue, sur jardin) et obtenir des renseignements fiables sur l'établissement.

**4 – Responsabilité en cas de vol :** un hôtelier ne peut en aucun cas dégager sa responsabilité pour des objets volés dans la chambre d'un de ses clients, même si ces objets n'ont pas été mis au coffre. En d'autres termes, les éventuels panonceaux dégageant la responsabilité de l'hôtelier n'ont aucun fondement juridique.

## AU RESTO

**1 – Les prix :** ils sont libres, mais ***l'affichage est obligatoire*** à l'extérieur de l'établissement, de manière visible. Tous les menus doivent être affichés, même le moins cher. Ils doivent être identiques à ceux que l'on vous présente à l'intérieur.

**2 – Formule ou menu ?** Généralement, la formule est une proposition écourtée comprenant entrée + plat ou plat + dessert. Avec parfois un verre de vin et/ou le café. De fait, elle est moins chère que le menu, en principe complet (entrée + plat + dessert). Très souvent, les formules et les 1ers menus (les moins chers) ne sont ***servis qu'en semaine et/ou seulement au déjeuner,*** et plus rarement avant certaines heures (12h30 et 20h environ). C'est parfaitement légal, à condition toujours que ce soit clairement indiqué sur le panneau extérieur et sur le menu que l'on vous présente une fois installé. Il arrive qu'il disparaisse comme par enchantement (humm, mauvais signe…). Demandez-les, ça ne mange pas de pain.

**3 – Attention aux suppléments.** Certains menus imposent 3 suppléments pour 5 plats proposés. Cherchez l'erreur !

**4 – Le « fait maison » :** depuis que la législation existe, pour parer au sous-vide et tout congelé, et parallèlement valoriser le travail de restaurateurs scrupuleux, le « fait maison » (logo d'une casserole surmontée d'un toit de maison avec cheminée) apparaît comme un faire-valoir évident et rassurant. Même s'il ne garantit pas le 100 % maison (la loi est un peu tordue, et il n'y a pas de contrôle), ni la qualité du chef ! Cela dit, ***c'est un bon début.***

**5 – La carte en dit long !** Voici, foi d'enquêteur, quelques trucs très simples pour analyser un menu : tout d'abord la ***brièveté de la carte*** est un bon gage de fraîcheur ; quand les produits sont locaux et de saison, c'est encore mieux ! On peut aussi questionner le serveur. Sa franchise (ou son embarras) vous en dira long. Autre indice : si la carte n'est composée que de plats passe-partout dont certains peuvent nécessiter des cuissons très longues (parmentier de canard, suprêmes de volaille en sauce, souris d'agneau, bourguignon...), ce n'est pas forcément bon signe, surtout s'ils sont servis trop rapidement. Même topo avec les desserts bistrotiers type tarte Tatin, mi-cuit ou mousse au chocolat, crème brûlée, panna cotta, tiramisù qui sortent soit du congélateur, soit d'une brique ! Tout comme les mignardises qui accompagnent le café gourmand souvent surfacturé, insipide… et certainement pas « maison ». Un bon chef n'est pas forcément un bon pâtissier. Et il a rarement le temps de préparer 36 desserts ! Enfin, en dehors des zones côtières, on évite les poissons et fruits de mer le lundi… les livraisons ayant rarement lieu le week-end !

**6 – Commande jugée insuffisante :** sachez qu'il est illégal de pousser le client à la consommation.

**7 – *Doggy bag* :** la lutte anti-gaspi a du bon ! Si la pratique du *doggy bag* est déjà bien répandue dans certains pays, en France on a longtemps traîné la patte. À partir de juillet 2021, les restaurateurs seront dans l'obligation de proposer à leurs clients ce qu'ils auront laissé dans leur assiette. Dans les faits, certains le pratiquent déjà. Alors, n'hésitez pas à le demander, même si cela n'est pas (encore) dans nos habitudes culturelles.

**8 – Eau :** une carafe d'***eau du robinet*** est ***gratuite*** à condition qu'elle accompagne un repas. On ne peut pas vous la refuser, sauf si elle est jugée impropre à la consommation par décret. Dans certains restos, on vous l'apporte d'office en guise de bienvenue. Un vrai bon point ! La bouteille d'***eau minérale*** doit, quant à elle, comme le vin, être ouverte devant vous. L'arnaque consiste parfois à proposer d'emblée une eau minérale, facturée au prix fort. À la question du serveur : « … et pour l'eau, plate ou gazeuse ? », vous pouvez répondre : « une carafe, s'il vous plaît ».

**9 – Vins (et autres alcools) :** la marge la plus importante des restaurateurs ! Et certains en abusent… Au-delà de 2 verres (gare aux prix exorbitants), il peut être plus intéressant de commander une bouteille, quitte à l'emporter en fin de repas si elle n'est pas terminée. Sinon, ne pas hésiter à demander un ***petit vin de pays en pichet,*** l'occasion de découvrir ainsi des petites cuvées locales et bon marché.

# les ROUTARDS sur la FRANCE 2020-2021

(dates de parution sur • routard.com •)

## Découpage de la FRANCE par le ROUTARD

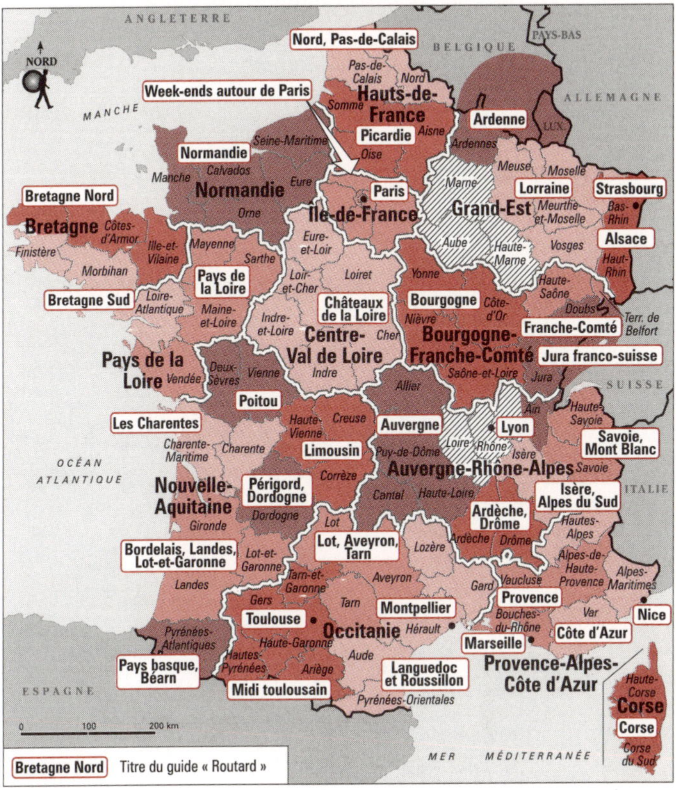


## Autres guides sur la France

- Hébergements insolites en France
- Nos meilleurs campings en France
- Nos meilleures chambres d'hôtes en France

## Autres guides sur Paris

- Paris
- Paris balades
- Paris exotique
- Restos et bistrots de Paris
- Le Routard des amoureux à Paris
- Week-ends autour de Paris

## Le Routard à vélo

- EuroVelo6
- La Bourgogne du Sud à vélo
- La Loire à Vélo
- La Vélodyssée (Roscoff-Hendaye)
- Le Canal des 2 mers à vélo
- Paris Île-de-France à vélo
- ViaRhôna

# les ROUTARDS sur l'ÉTRANGER 2020-2021

(dates de parution sur • **routard.com** •)

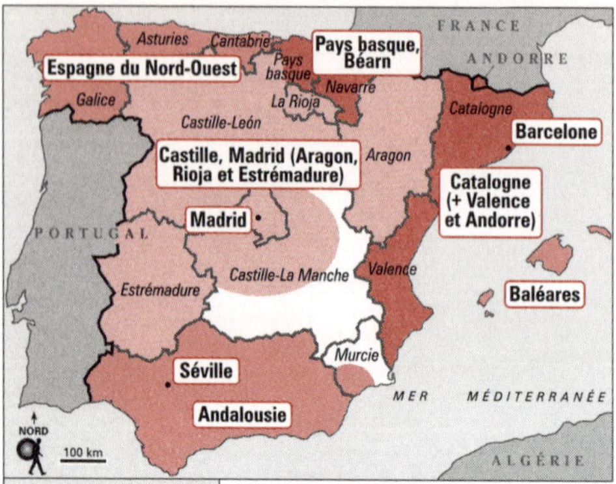


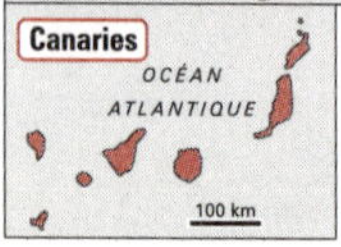


**Découpage de l'ESPAGNE par le ROUTARD**

**Découpage de l'ITALIE par le ROUTARD**

## Autres pays européens

- Allemagne
- Angleterre, Pays de Galles
- Autriche
- Belgique
- Bulgarie
- Crète
- Croatie
- Danemark, Suède
- Écosse
- Finlande
- Grèce continentale
- Hongrie
- Îles grecques et Athènes
- Irlande
- Islande
- Madère
- Malte
- Norvège
- Pays baltes : Tallinn, Riga, Vilnius
- Pologne
- Portugal
- République tchèque, Slovaquie
- Roumanie
- Suisse

## Villes européennes

- Amsterdam
- Berlin
- Bruxelles
- Budapest
- Copenhague
- Dublin
- Lisbonne
- Londres
- Moscou
- Naples
- Porto
- Prague
- Saint-Pétersbourg
- Stockholm
- Vienne

# les ROUTARDS sur l'ÉTRANGER 2020-2021

(dates de parution sur • routard.com •)

## Découpage des ÉTATS-UNIS par le ROUTARD

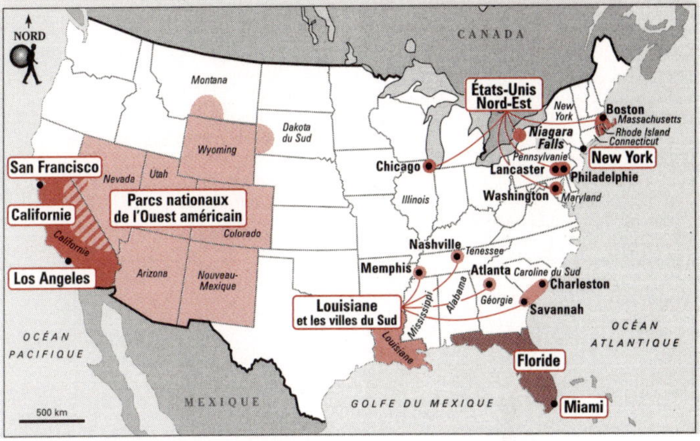


## Autres pays d'Amérique

- Argentine
- Brésil
- Canada Ouest
- Chili et île de Pâques
- Colombie
- Costa Rica
- Équateur et les îles Galápagos
- Guatemala, Belize
- Mexique
- Montréal
- Pérou, Bolivie
- Québec et Ontario

## Asie et Océanie

- Australie côtes est et nord + Red Centre
- Bali, Lombok
- Bangkok
- Birmanie (Myanmar)
- Cambodge, Laos
- Chine
- Hong Kong, Macao, Canton
- Inde du Nord
- Inde du Sud
- Israël et Palestine
- Istanbul
- Jordanie
- Malaisie, Singapour
- Népal
- Shanghai
- Sri Lanka (Ceylan)
- Thaïlande
- Tokyo, Kyoto et environs
- Turquie
- Vietnam

## Afrique

- Afrique du Sud
- Égypte
- Kenya, Tanzanie et Zanzibar
- Maroc
- Marrakech
- Sénégal
- Tunisie

## Îles Caraïbes et océan Indien

- Cuba
- Guadeloupe, Saint-Martin, Saint-Barth
- Île Maurice, Rodrigues
- Madagascar
- Martinique
- République dominicaine (Saint-Domingue)
- Réunion

## Guides de conversation

- Allemand
- Anglais
- Arabe du Maghreb
- Arabe du Proche-Orient
- Chinois
- Croate
- Espagnol
- Grec
- Italien
- Japonais
- Portugais
- Russe
- G'palémo (conversation par l'image)

## Livres-photos/Livres-cadeaux

- Voyages
- Voyages : États-Unis (nouveauté)
- Voyages : France (nouveauté)
- Voyages : Italie
- Road Trips (40 itinéraires sur les plus belles routes du monde)
- Nos 120 coins secrets en Europe
- Les 50 voyages à faire dans sa vie
- 1 200 coups de cœur dans le monde
- 1 200 coups de cœur en France
- Nos 52 week-ends dans les plus belles villes d'Europe
- Nos 52 week-ends coups de cœur en France
- Cahier de vacances du Routard

**Nous tenons à remercier tout particulièrement Loup-Maëlle Besançon, Thierry Bessou, Gérard Bouchu, François Chauvin, Grégory Dalex, Fabrice Doumergue, Cédric Fischer, Carole Fouque, Nicolas George, Michelle Georget, David Giason, Claude Hervé-Bazin, Emmanuel Juste, Dimitri Lefèvre, Fabrice de Lestang, Romain Meynier, Éric Milet, Pierre Mitrano, Jean-Sébastien Petitdemange, Thomas Rivallain et Jean Tiffon pour leur collaboration régulière.**

Brice Andlauer
Jean-Jacques Bordier-Chêne
Agnès Debiage
Coralie Delvigne
Jérôme Denoix
Tovi et Ahmet Diler
Clélie Dudon
Sophie Duval
Alain Fisch
Bérénice Glanger
Adrien et Clément Gloaguen
Sébastien Jauffret
Alexia Kaffès
Augustin Langlade
Jacques Lemoine
Aline Morand
Louis Nagot
Caroline Ollion
Martine Partrat
Odile Paugam et Didier Jehanno
Céline Ruaux
Prakit Saiporn
Nejma Tahri Hassani
Alice Tonasso
Caroline Vallano

**Direction :** Sidonie Chollet
**Direction éditoriale :** Élise Ernest
**Édition :** Matthieu Devaux, Olga Krokhina, Gia-Quy Tran, Julie Dupré, Emmanuelle Michon, Pauline Janssens, Amélie Ramond, Margaux Lefebvre, Aurore Grandière, Anne Le Marois, Camille Lenglet, Lisa Pujol et Astrid Richard
**Ont également collaboré :** Magali Vidal, Natacha Dimakopoulos et Natacha Kotchetkova
**Cartographie :** Frédéric Clémençon et Aurélie Huot
**Contrôle de gestion :** Jérôme Boulingre et Yannis Villeneuve
**Secrétariat :** Catherine Maîtrepierre
**Fabrication :** Nathalie Lautout et Audrey Detournay
**Relations presse :** COM'PROD, Fred Papet. ☎ 01-70-69-04-69.
• *info@comprod.fr* •, Martine Levens (Belgique) et Maureen Browne (Suisse)
**Illustration :** Anne-Sophie de Précourt
**Direction marketing :** Stéphanie Parisot, Élodie Darty et Charlotte Brou
**Couverture :** le-bureau-des-affaires-graphiques.com
**Silhouette du Routard :** Clément Gloaguen (d'après Solé)
**Maquette intérieure :** le-bureau-des-affaires-graphiques.com, Thibault Reumaux et npeg.fr
**Direction partenariats :** Jérôme Denoix
**Contact Partenariats et régie publicitaire :** Florence Brunel-Jars
• *fbrunel@hachette-livre.fr* •

# INDEX DES RESTOS PAR THÈMES

## SANDWICHERIES



## HISTORIQUES

## BRANCHÉS

## CUISINE CRÉATIVE

## CARNIVORES



## PRODUITS DE LA MER

## VÉGÉTARIENS



## FAIM TARDIVE



INDEX DES RESTOS PAR THÈMES

## OUVERT LE DIMANCHE



INDEX DES RESTOS PARTHÈMES

## BRUNCHS

## TERRASSES

INDEX DES RESTOS PAR THÈMES

## AVEC LES Z'ENFANTS !

# INDEX DES RESTOS PAR SPÉCIALITÉS

## CUISINE DU MONDE

### Cuisine du monde



## CUISINE FRANÇAISE

### Cuisine traditionnelle

INDEX DES RESTOS PAR SPÉCIALITÉS

## Cuisine alsacienne



## Cuisine auvergnate



## Cuisine aveyronnaise



## Cuisine basque



## Cuisine bourguignonne

## Cuisine bretonne



## Cuisine corse



## Cuisine lorraine



## Cuisine de la Lozère



## Cuisine lyonnaise



## Cuisine du Midi



## Cuisine normande



## Cuisine des pays de la Loire



## Cuisine provençale



## Cuisine de la région Rhône-Alpes



## Cuisine du Sud-Ouest

# CUISINE EUROPÉENNE

### Cuisine méditerranéenne



### Cuisine portugaise



### Cuisine russe



### Cuisine suédoise



## CUISINE AFRICAINE

### Cuisine africaine traditionnelle



### Cuisine malienne



### Cuisine éthiopienne



### Cuisine sénégalaise

# CUISINE NORD-AFRICAINE ET PROCHE-ORIENTALE

## Cuisine d'Afrique du Nord



## Cuisine algérienne



## Cuisine iranienne



## Cuisine juive



## Cuisine libanaise



## Cuisine marocaine



## Cuisine syrienne



## Cuisine tunisienne



## Cuisine turque



# CUISINE ASIATIQUE

## Cuisine asiatique traditionnelle

## Cuisine du Proche-Orient



## Cuisine afghane



## Cuisine cambodgienne



## Cuisine chinoise



## Cuisine de Hong-Kong



## Cuisine coréenne



## Cuisine indienne



## Cuisine japonaise



## Cuisine kurde

### Cuisine laotienne



### Cuisine thaïlandaise



### Cuisine vietnamienne



## CUISINE DES AMÉRIQUES

### Cuisine américaine traditionnelle



### Cuisine antillaise



### Cuisine nord-américaine



### Cuisine d'Amérique centrale



### Cuisine sud-américaine



### Cuisine argentine

## Cuisine brésilienne



## Cuisine chilienne



## Cuisine cubaine



## Cuisine jamaïcaine



## Cuisine mexicaine



## Cuisine péruvienne



## Cuisine américaine



## Cuisine uruguayenne

# VIVE LA BANLIEUE !

# INDEX DES LIEUX OÙ BOIRE UN VERRE

## BARS À VINS



## OÙ BOIRE UN VERRE ?

# INDEX GÉNÉRAL PAR ORDRE ALPHABÉTIQUE

INDEX GÉNÉRAL PAR ORDRE ALPHABÉTIQUE

INDEX GÉNÉRAL PAR ORDRE ALPHABÉTIQUE

INDEX GÉNÉRAL PAR ORDRE ALPHABÉTIQUE

## LISTE DES PLANS

### Remarque importante aux hôteliers et restaurateurs

Les enquêteurs du *Routard* travaillent dans le plus strict anonymat. Aucune réduction, aucun avantage quelconque, aucune rétribution n'est jamais demandé en contrepartie. Face aux aigrefins, la loi autorise les hôteliers et restaurateurs à porter plainte.

### Avis aux lecteurs

*Le Routard*, ce n'est pas comme le bon vin, il vieillit mal. On ne veut pas pousser à la consommation, mais évitez de partir avec une édition ancienne. Les modifications sont souvent importantes.

Les réductions accordées à nos lecteurs ne sont jamais demandées par nos rédacteurs afin de préserver leur indépendance. Les hôteliers et restaurateurs sont sollicités par une société de mailing, totalement indépendante de la rédaction, qui reste donc libre de ses choix. De même pour les autocollants et plaques émaillées.

### Avec routard.com, choisissez, organisez, réservez et partagez vos voyages !

✓ Rejoignez la plus grande communauté francophone de voyageurs : **plusieurs millions d'internautes.**

✓ Échangez avec les routarnautes : forums, photos, avis d'hôtels.

✓ Retrouvez aussi toutes les informations actualisées pour choisir et préparer vos voyages : plus de 300 guides destinations, une centaine de dossiers pratiques et un magazine en ligne pour découvrir tous les secrets de votre destination.

✓ Enfin, comparez les offres pour organiser et réserver votre voyage au meilleur prix.

## *Les* **Routards** *parlent aux* **Routards**

Faites-nous part de vos expériences, de vos découvertes, de vos tuyaux et de vos coups de cœur. Aidez-nous à remettre l'ouvrage à jour. Indiquez-nous les renseignements périmés. Faites profiter les autres de vos adresses nouvelles, combines géniales... On adresse un exemplaire gratuit de la prochaine édition à ceux qui nous envoient les meilleurs courriers, pour la qualité et la pertinence des informations.
Quelques conseils cependant :

– Envoyez-nous votre courrier le plus tôt possible afin que l'on puisse insérer vos tuyaux sur la prochaine édition.
– N'oubliez pas de préciser l'ouvrage que vous désirez recevoir, ainsi que votre adresse postale.
– Vérifiez que vos remarques concernent l'édition en cours et notez les pages du guide concernées par vos observations.
– Quand vous indiquez des hôtels ou des restaurants, pensez à signaler leur adresse précise et, pour les grandes villes, les moyens de transport pour y aller.

Si vous le pouvez, joignez la carte de visite de l'hôtel ou du resto décrit.
En tout état de cause, merci pour vos nombreux mails.

**122, rue du Moulin-des-Prés, 75013 Paris**

• *guide@routard.com* • *routard.com* •

## **Routard Assurance** *2020*

Enrichie au fil des années par les retours des lecteurs, *Routard Assurance* est devenue une assurance voyage référence des globes-trotters. Tout est inclus : frais médicaux, assistance rapatriement, bagages, responsabilité civile... Avant votre départ, appelez *AVI* pour un conseil personnalisé. Besoin d'un médecin, d'un avis médical, d'une prise en charge dans un hôpital ? Téléchargez l'appli mobile *AVI international* pour garder le contact avec *AVI Assistance* et disposez de l'un des meilleurs réseaux médicaux à travers le monde. *AVI Assistance* est disponible 24h/24 pour une réponse en temps réel. De simples frais de santé en voyage ? Envoyez les factures à votre retour, *AVI* vous rembourse sous une semaine. *40, rue Washington, 75008 Paris.* ☎ *01-44-63-51-00.* • *avi-international.com* • Ⓜ *George-V.*

Édité par Hachette Livre (58, rue Jean-Bleuzen, CS 70007, 92178 Vanves Cedex, France)
Photocomposé par Jouve (rue de Monbary, 45140 Ormes, France)
Imprimé par Jouve Print (Quai n° 2, 733, rue Saint-Léonard, BP 3, 53101 Mayenne Cedex, France)
Achevé d'imprimer le 9 avril 2020
Collection n° 15 - Édition n° 01
74/3973/4
I.S.B.N. 978-2-01-787067-8
Dépôt légal : avril 2020

PAPIER À BASE DE FIBRES CERTIFIÉES